アイム総理

I am the Prime Minister of Japan.

歴代101代64人の内閣総理大臣が
おもしろいほどよくわかる本

スタディサプリ講師
伊藤賀一

KADOKAWA

1789年に始まるアメリカの歴代大統領は、ワシントンからバイデンまで46代・45人。それに対し、約100年遅れの1885年に始まる日本の歴代内閣総理大臣は、伊藤博文から岸田文雄まで101代・64人も存在します。

2006〜12年の間だけでも、小泉③・安倍①・福田・麻生・鳩山・菅・野田・安倍②と7度の政権交代があり、この状態では、毎年開催されるサミット（主要国首脳会議）において、首相が存在感を発揮することは難しいです。去年話した話題が、翌年には「担当者が交代しまして……」となるわけですから。

とはいえ、アメリカの大統領に比べて日本の首相の権限が「弱い」わけではありません。大統領は、軍の総司令官を兼ねはしていても大統領府（行政）の長にすぎず、厳格な三権分立制をとるアメリカでは、連邦議会（立法）、連邦裁判所（司法）と権限が明確に分かれています。

それに対し、三権分立ではあっても「議院内閣制」の日本の首相は、国会（立法）における与党の党首が内閣（行政）の長を務め、さらに自衛隊の総司令官です。日本銀行の総裁人事にも強い影響力を持ち、多数の地方自治体に地方交付税交付金・国庫支出金を拠出しています。これはもはや、裁判所（司法）と東京都政以外を押さえている、といっても言い過ぎではないでしょう。

日本の内閣総理大臣は、ものすごい権力者なのです。

『アイム総理』という題名には、文字通りの「I'm Prime Minister」だけでなく「I'm sorry」という意味を込めました。

太宰治の小説『葉』の冒頭、エピグラフに採用されたフランス詩人・ヴェルレーヌの言葉「撰ばれてあることの恍惚と不安と二つ我にあり」は、プロレスラー前田日明が第二次UWF旗揚げ時、リング上のマイクで引用したことで有名になりました。

この言葉が出発点です。「一体どんな人が恍惚と不安を引き受けてきたのか？」私たちはあまりにも一人一人の首相を知らなすぎました。

今こそ、知った上で考えるべきことが多々あると思います。

伊藤賀一

目次

※本書のデータは、2024年2月現在の情報に基づいています。
※表記年齢は数え年で統一し、没年齢は、実年齢表記としています。
※本書では一部の人名で正字を用いておりません。

第3章 昭和時代（戦前）の総理大臣

第4章 昭和時代（戦後）の総理大臣

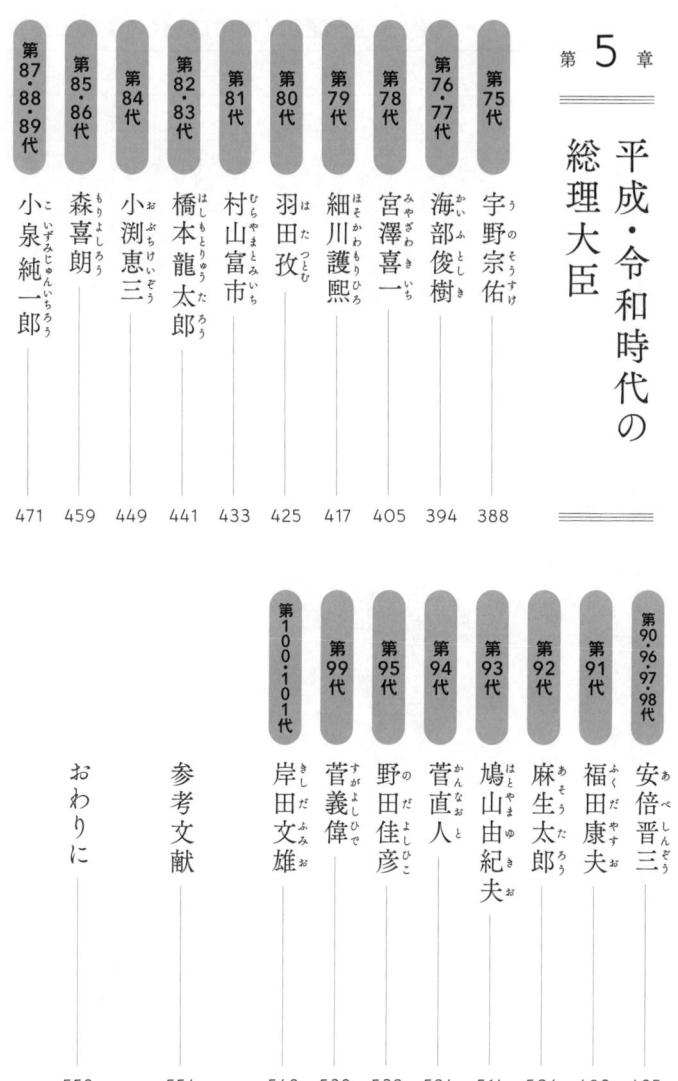

第5章 平成・令和時代の総理大臣

ブックデザイン／krran（西垂水敦、市川さつき）
イラスト／ヤギワタル
DTP／佐藤史子
校正／株式会社友人社

●明治・大正・昭和（戦前）時代の主な出来事

時代	成立年月	代	内閣	内外の主要事項
明治	1885・12	1	伊藤博文①（長州）	ノルマントン号事件　保安条例
明治	1888・4	2	黒田清隆（薩摩）	大日本帝国憲法発布・皇室典範制定　超然主義演説
明治	1889・12	3	山県有朋①（長州）	第一回衆議院議員選挙　教育勅語　第一回帝国議会
明治	1891・5	4	松方正義①（薩摩）	大津事件　樺山資紀海相の蛮勇演説　第二回衆議院議員選挙
明治	1892・8	5	伊藤博文②（長州）	元勲内閣　法権回復　日清戦争　下関条約・三国干渉
明治	1896・9	6	松方正義②（薩摩）	松隈内閣　貨幣法（金本位制スタート）
明治	1898・1	7	伊藤博文③（長州）	憲政党結成
明治	1898・6	8	大隈重信①（憲政党）	初の政党内閣（隈板内閣）　共和演説事件
明治	1898・11	9	山県有朋②（長州）	地租増徴　文官任用令改正　治安警察法　軍部大臣現役武官制　北清事変
明治	1900・10	10	伊藤博文④（立憲政友会）	官営八幡製鉄所操業開始
明治	1901・6	11	桂太郎①（陸軍・長州）	北京議定書　第一次日英同盟協約　日露戦争　ポーツマス条約　日比谷焼打ち事件
明治	1906・1	12	西園寺公望①（立憲政友会）	鉄道国有法　南満州鉄道株式会社　帝国国防方針
明治	1908・7	13	桂太郎②（陸軍・長州）	戊申詔書　地方改良運動　大逆事件　韓国併合　税権回復
大正	1911・8	14	西園寺公望②（立憲政友会）	明治天皇崩御（大正と改元）　上原勇作陸相の帷幄上奏による単独辞任

時代	年・月	代	首相	主な出来事
大正	1912・12	15	桂太郎③(陸軍・長州)	第一次護憲運動　大正政変
大正	1913・2	16	山本権兵衛①(海軍・薩摩)	軍部大臣現役武官制改正　シーメンス事件
大正	1914・4	17	大隈重信②(元首相)	第一次世界大戦参戦　二十一カ条の要求　工場法施行
大正	1916・10	18	寺内正毅(陸軍・長州)	西原借款　金輸出禁止　石井・ランシング協定　シベリア出兵宣言　米騒動
大正	1918・9	19	原敬(立憲政友会)	初の本格的政党内閣　大学令　三・一運動　五・四運動　ヴェルサイユ条約 国際連盟加盟　戦後恐慌
大正	1921・11	20	高橋是清(立憲政友会)	四カ国条約　九カ国条約　ワシントン海軍軍縮条約
大正	1922・6	21	加藤友三郎(海軍)	シベリア撤兵完了
大正	1923・9	22	山本権兵衛②(海軍)	関東大震災による震災恐慌　亀戸事件　甘粕事件　虎の門事件
大正	1924・1	23	清浦奎吾(枢密院・貴族院)	第二次護憲運動　第一次国共合作
大正	1924・6	24	加藤高明(護憲三派のち憲政会)	日ソ基本条約　治安維持法　普通選挙法　五・三〇事件
昭和(戦前)	1926・1	25	若槻礼次郎①(憲政会)	大正天皇崩御(昭和と改元)　金融恐慌
昭和(戦前)	1927・4	26	田中義一(立憲政友会)	初の普通選挙　三・一五事件　三次にわたる山東出兵　張作霖爆殺事件 不戦条約　四・一六事件
昭和(戦前)	1929・7	27	浜口雄幸(立憲民政党)	世界恐慌　金解禁　昭和恐慌　統帥権干犯問題　ロンドン海軍軍縮条約 重要産業統制法
昭和(戦前)	1931・4	28	若槻礼次郎②(立憲民政党)	柳条湖事件(満洲事変勃発)
昭和(戦前)	1931・12	29	犬養毅(立憲政友会)	金輸出再禁止　満洲国建国宣言　血盟団事件　五・一五事件

明治・大正・昭和(戦前)時代の主な出来事

時代	成立年月	代	内閣	内外の主要事項
昭和(戦前)	1932・5	30	斎藤実(海軍)	日満議定書(満洲国承認)　国際連盟脱退通告　塘沽停戦協定(満洲事変停戦)　滝川事件
	1934・7	31	岡田啓介(海軍)	天皇機関説問題(国体明徴声明)　華北分離工作スタート　二・二六事件
	1936・3	32	広田弘毅(文官)	軍部大臣現役武官制復活　帝国国防方針改定　「国策の基準」決定　日独防共協定
	1937・2	33	林銑十郎(陸軍)	喰い逃げ解散
	1937・6	34	近衛文麿①(貴族院)	盧溝橋事件(日中戦争勃発)　第二次国共合作　日独伊三国防共協定　国家総動員法　張鼓峰事件
	1939・1	35	平沼騏一郎(枢密院)	ノモンハン事件　日米通商航海条約廃棄通告　国民徴用令
	1939・8	36	阿部信行(陸軍)	第二次世界大戦勃発(日本は不介入方針)　価格等統制令
	1940・1	37	米内光政(海軍)	斎藤隆夫の反軍演説　新体制運動開始
	1940・7	38	近衛文麿②(貴族院)	北部仏印進駐　日独伊三国同盟　大政翼賛会発足　日ソ中立条約　日米交渉開始
	1941・7	39	近衛文麿③(貴族院)	南部仏印進駐　帝国国策遂行要領　ハル＝ノート　御前会議で開戦決定
	1941・10	40	東条英機(陸軍)	マレー半島上陸と真珠湾攻撃で太平洋戦争開戦　翼賛選挙　ミッドウェー海戦　サイパン島陥落
	1944・7	41	小磯国昭(陸軍)	東京大空襲　沖縄戦
	1945・4	42	鈴木貫太郎(海軍)	広島・長崎に原爆投下　ポツダム宣言受諾　玉音放送

I am the Prime Minister of Japan.

第1章

明治時代の総理大臣

初代・5・7・10代総理

日本のビスマルク

伊藤博文

長州藩

第一次内閣
1885年12月22日～
1888年4月30日

第二次内閣
1892年8月8日～
1896年8月31日

第三次内閣
1898年1月12日～
6月30日

第四次内閣
1900年10月19日～
1901年5月10日

計2720日

●就任の経緯

1885年、長州藩4名（伊藤博文首相・山県有朋内相・井上馨外相・山田顕義法相）、薩摩藩4名（松方正義蔵相・森有礼文相・大山巌陸相・西郷従道海相）、土佐藩1名（谷干城農商相）、旧幕臣1名（榎本武揚逓相）の計10名で初の内閣成立。

※戦前の首相は「同輩中の首席」にすぎず、国務大臣は天皇に対し個々に責任を負った（議院内閣制でもなく帝国議会に対して連帯責任を負わない）ので、首相に国務大臣の任免権はなかった。グループアイドルのリーダーに立場が近い？

●就任時の年齢

第一次内閣44歳（歴代最年少）、第二次内閣51歳、第三次内閣57歳、第四次内閣59歳

●退陣の理由

第一次内閣➡大日本帝国憲法・皇室典範制定に専念するため初代枢密院議長に転任（現

在でいう無任所大臣として閣議には出席）。第二次⬇松方蔵相との対立＋板垣退助の自由党と大隈重信の進歩党を同時に取り込もうとして双方から反発＋陸軍・貴族院の山県閥から反発＝**「日清戦後経営」における挙国一致体制構築に失敗**。第三次⬇地租増徴案に反発した自由党と進歩党の合同＝**憲政党成立**。**第一次大隈内閣（隈板内閣）の短命を見越し退陣**。第四次⬇初代総裁を務める**立憲政友会内の対立**（星亨逓信相の汚職を契機とする伊藤系官僚 vs 旧憲政党員）＋山県閥からの攻撃。

●キャッチフレーズ

「日本のビスマルク」ドイツの〝鉄血宰相〟を彷彿させる権勢の強さに、当初は保守的な明治天皇に警戒されたが、実行力もあることから後に信頼を得た。

●生没年

1841（天保12）年9月2日〜1909年10月26日（68歳没）

木戸孝允の8歳下・井上馨の6歳下・山県有朋の3歳下・高杉晋作の2歳下で、長州藩では最年少の人材。黒田清隆（薩摩）の1歳下・大隈重信（肥前）の3歳下。

●出生

山口県（周防国）出身

山口県光市で、**長州藩**の百姓林家の長男に生まれる。のち父が萩の中間（武家奉公人で足軽と小者の中間にあたる）の養子となり、その家が**足軽**伊藤家を継ぐ。幼名は利助。師の吉田松陰から俊英の「俊」の字を与えられ俊輔と改名。

●学び

萩城下の**松下村塾**に入門し**吉田松陰**に学び尊王攘夷の志士となる（16歳）➡長州藩江戸屋敷で桂小五郎（木戸孝允）の従者（18歳）➡藩命により「**長州ファイブ（長州五傑）**」の一人として、井上馨らとイギリスに秘密留学（22歳）➡井上とともに緊急帰国し四国艦隊下関砲撃事件の講和使節・高杉晋作の通訳を務める（23歳）

●キャリア👉初代〇〇だらけ

1865年、高杉の功山寺挙兵に力士隊を率い参加（24歳、長州藩討幕派の一人に）➡1868年、外国事務係➡参与兼外国事務局判事➡**初代兵庫県知事**（27歳、**英語力**による抜擢※神戸は開港場）➡大蔵少輔・民部少輔・租税頭など（28歳、1871年に**新貨条例**を公布し72年の鉄道開業も準備）➡1871～73年、**岩倉使節団の副使**としてアメリカ・ヨーロッパ・アジアを歴訪（30～32歳、イギリスでヴィクトリア女王に謁見しドイツでビスマルクと会談、帰国して明治六年の政変後に**参議**兼**初代工部卿**）➡1877年、西南戦争で西郷隆盛敗死（36歳、木戸孝允も京都で病死）➡1878年、大久保利通暗殺を受け**参議**兼**内務卿**（37歳、「維新の三傑」が亡くなったため右大臣岩倉具視の下で参議兼大蔵卿大隈重信と二頭体制に）↓1881年、明治十四年の政変で大隈を追放（40歳）↓1882～1883年、渡欧してドイツとオーストリアで憲法調査（41～42歳、ベルリン大学でグナイスト、ウィーン大学でシュタインに学びビスマルクとも再会）↓帰国途中に岩倉が病死し政府の実質トップへ（42歳）↓1884年、制度取調局を設置し長官（43歳、宮内卿として華族令も制定）↓1885年、天津条約全権、内閣制度を創設し初代首相・初代宮内大臣（44歳、第一次内閣）↓1886年、井上毅・金子堅太郎・伊東巳代治・ロエスレルとともに憲法・皇室典範・衆議院議員選挙法・貴族院令起草に着手（45歳）↓1888年、初代枢密院議長（47歳）↓1890年、第一回帝国議会で初代貴族院議長（49歳）↓枢密院議長に再任（50歳）↓1892年、軍備拡張予算を通すため実力者を集め第二次内閣組閣（51歳、〝元勲内閣〟）↓1893年、近代六法制定のため法典調査会を設置し初代総裁（52歳↓1894年、陸奥宗光外相が領事裁判権の撤廃と最恵国待遇の相互平等化に成功↓日清戦争開戦（53歳）↓1895年、下関条約〔日清講和条約〕全権（54歳、陸奥外相とともに）↓1898年、第三次内閣組閣（57歳）↓1900年、星亨の憲政党と合流し立憲政友会初代総裁、第四次内閣組閣（59歳）↓1901年、総辞職（60歳）↓1902年、井上馨とともに日英同盟反対とロシアとの不戦〔日露協商論・満韓交換論〕を主張し退けられる（61歳）↓1903年、立憲政友会総裁を西園寺公望に譲り3度目の枢密院議長

（62歳、以後は憲法に規定のない〝元老〟扱い）➡1905年、第二次日韓協約により初代韓国統監（64歳）➡公爵（66歳）➡1909年、韓国統監を辞任し3度目の枢密院議長、ロシア蔵相と列車会談のため満洲に渡りハルビン駅頭で安重根（アンジュングン）により暗殺（68歳、撃ったのが韓国人と確認すると「馬鹿な奴ぢゃ」とつぶやき亡くなる）。

●**ライバル**

大隈重信、山県有朋（同じ長州閥だが政党に反対）、松方正義（財政政策で対立）。

●**味方**

井上馨（ともにイギリス留学、以後も大親友）、明治天皇。

●**世話になった先生や先輩**

吉田松陰・高杉晋作・木戸孝允（長州藩）、大久保利通（薩摩藩）、三条実美（さねとみ）・岩倉具視（公家）、シュタイン（ウィーン大学法学教授）など。

●**世話をした部下**

渋沢栄一（大蔵省・国立銀行条例）、森有礼（初代文相）、井上毅（憲法・教育勅語起草）、金子堅太郎（憲法起草）、伊東巳代治（憲法起草）、末松謙澄（けんちょう）（伊藤の次女と結婚、井上・金子・伊東とともに〝伊藤の四天王〟）、陸奥宗光（外相）、西園寺公望（第2代立憲政友会総裁・首相）、原敬（たかし）（のち第3代立憲政友会総裁・首相）など。

●名言

1｜「お前に何でも俺の志を継げよと無理は言はぬ。持って生まれた天分ならば、たとえお前が乞食になったとて、俺は決して悲しまぬ。金持ちになったとて、喜びもせぬ」（留学を控えた次男へ）

2｜「動けば雷電の如く、発すれば風雨の如し。衆目駭然として敢て正視する者なし。これ我が東行高杉君に非ずや（ひとたび動けば雷電のよう、言葉を発せば風雨のようだ。周囲は驚き呆然とするばかりで、正視する者はいない。これぞ私の高杉さんなのだ）」（高杉晋作を後年評して）

3｜「我々に歴史は無い。我々の歴史は今ここからはじまる」（近代立憲国家確立者としての自負）

●エピソード

1｜品川御殿山に建設中のイギリス公使館焼打ちに高杉や井上とともに参加した国際問題レベルの放火犯。

2｜イギリス留学時、手違いで上海から違う船に乗せられ、「長州ファイブ」全員が水夫のような扱いで苦労した。

※5人は伊藤が首相・枢密院議長・元老、井上馨が外相・元老、遠藤謹助が造幣局長、山尾庸三が法制局初代長官、

井上勝（まさる）が鉄道庁長官などを歴任した「日本鉄道の父」となる。

3 岩倉使節団のアメリカ大統領グラントとの条約改正交渉時、明治天皇の全権委任状がないことを指摘され、大久保利通とともに日本へ取りに戻り太平洋を往復した。

4 使節団で同じ船に乗った6歳の津田梅子と交流があり、彼女が17歳で帰国後に住み込みの家庭教師に雇い、妻（鹿鳴館での作法）や娘（学業）の教育係をさせたこともある。

5 **フグ料理を解禁**。豊臣政権以来禁食令が出されていたが、山口県下関の春帆楼（しゅんぱんろう）（伊藤が名付け親でのち日清講和条約の舞台となった料理旅館）を首相として訪れた際、大シケで他の魚がなく、女将が処罰覚悟でフグを出したところ「こんな旨い魚を食わせん手はない」と条件付きで解禁令を出した。

6 第二次内閣組閣時、人力車が馬車と衝突し歯を折る。脳震盪（のうしんとう）の後遺症も見られ一時政務不能となり、内相の井上馨が約3カ月首相臨時代理に。

7 井上の三井のように政商・財閥に接近しない性格なので資財に乏しく、明治天皇から10万円の御手許金を下賜（かし）されたことがある。

8 **女好き**が有名で**あだ名は「箒（ほうき）」**（掃いて捨てるほど愛人アリ）。天皇から注意された時も、「皆は隠れてやってるが自分は堂々としてるので潔い」と豪語。人妻だった岩倉具視の次女を首相官邸の仮装舞踏会で誘惑し、ゴシップ記事になったこともある。

●**特徴**

自負心・名誉欲が強く、自らを大きく見せがちだが陽気で女好き。性格が淡泊・無造作で飾らない私生活。必ず汽車賃を払うなど公私混同をしない。英語は得意だが特別な専門領域をもたない、気配りの利くゼネラリスト。調整力は抜群。

●**好き**

女性、葉巻、酒、琵琶演奏を聴くこと。

●**苦手**

1 ベタベタした関係（すぐ抜擢する割には面倒見が悪い）。
2 ドイツ語（憲法調査の際は責務の重さもあり神経症を病むほど苦労）。
3 財政政策（数字が苦手でドンブリ勘定）。

●**豆知識**

1 旧長州藩主の毛利家に対し生涯敬意を払い続け、事あるごとに伺候した。しかも元の足軽身分を考え、必ず末席に着いた。
2 1963年、聖徳太子に代わり千円札の肖像に選ばれる。渋沢栄一と競い、ヒゲがあったことから勝利したか。1984年、夏目漱石に変更。団塊ジュニア世代以上なら「新札も使えます」と表示された券売機が懐かしい。

第2代総理

苦労だ清隆

黒田清隆

薩摩藩

1888年4月30日～
1889年10月25日
544日

●就任の経緯

長州閥のトップ伊藤博文が初代枢密院議長にスライドしたため、薩摩閥のトップとして組閣。また、伊藤内閣の井上馨外相による条約改正交渉「鹿鳴館外交」が民衆の強烈な反発を得ていたことも交代の理由。

●就任時の年齢

48歳

●退陣の理由

条約改正交渉中、大隈重信外相が爆弾テロに遭い右足切断の重傷を負い総辞職。しかし大隈は逆に根性が据わり、病院で「辞めないんである」等と面倒なことに……。臨時首相代行に内大臣・三条実美を用意しつつ、何とか説得に成功。

● キャッチフレーズ

1 |||「酒乱&鶏卵」(根が軍人で腕力が強いがシラフ時は養鶏が趣味)

2 |||「北の王者」(北海道開拓次官・長官を歴任し自負)

● 生没年

1840(天保11)年10月16日~1900年8月23日(59歳没)

同じ薩摩閥では松方正義の5歳下で、大山巌の2歳上・西郷従道の3歳上。長州閥のライバル伊藤博文の1歳上。

● 出生 ☞ **鹿児島県(薩摩国)出身**

鹿児島市で、**薩摩藩**最下級武士の長男に生まれる。通称は了介。

● 学び

薩摩藩独自の武家男児縦割り教育「**郷中教育**」で先輩らに揉まれ育つ。1863年、薩英戦争に参加後ロシア留学の藩命を受けるが、大山巌らとともに江戸の江川塾に入門(23歳~、蘭学者の韮山代官・江川太郎左衛門はすでに亡くなっていた)。

● キャリア ☞ **西郷隆盛・大久保利通の後輩かつ部下としてスタート**

1864年、京都で蛤御門(禁門)の変に参加(24歳)➡1866年、薩長同盟成立に活躍(26歳)➡1868年、鳥羽・伏見の戦いに参加(28歳)➡**1869年、箱館戦争**

に勝利し戊辰戦争を終結させる（29歳、頭を丸め僧形となり旧幕府軍榎本武揚の助命に尽力）↓樺太専任の開拓次官（30歳）↓欧米に渡り帰国後に北海道開拓長官代理（31歳、アメリカ人ケプロンの招聘に成功）↓１８７４年、屯田兵設置、開拓長官に就任（34歳）↓１８７５年、領有コストが見合わないと樺太・千島交換条約締結を主張（35歳、全権は榎本）↓１８７６年、全権として日朝修好条規を締結（36歳、同年、札幌農学校教頭にアメリカ人クラークを招聘）↓１８７７年、西南戦争に参加（37歳、西郷は城山で自刃）↓１８７８年、紀尾井坂の変で大久保利通暗殺される（38歳、同年、黒田夫人が怪死し酒乱による殺害を疑われる）↓再婚（40歳）↓１８８１年、開拓使官有物払い下げ事件のスキャンダルにより辞職（41歳、開拓使廃止に伴う薩摩藩出身の政商五代友厚らへの超安価な払い下げ計画が汚職だと非難される）↓あらゆる職の辞表を出し清国に外遊しようとするも許されず（43歳）↓１８８４年、華族令制定により伯爵（44歳）↓１８８５年、内閣制度創設により第一次伊藤博文内閣が成立し再度辞表を提出するも許されず（45歳）↓シベリア経由で欧米に周遊（46～47歳）↓帰国後、気が済んだのか谷干城の後任として農商務大臣（47歳）↓１８８８年、２代目首相として組閣（48歳、伊藤は枢密院議長に）↓１８８９年２月11日、大日本帝国憲法発布式典↓翌日、鹿鳴館での地方長官（府県知事）たちに対する「超然主義」演説で帝国議会における政党勢力との対決姿勢を示す↓10月、大隈重信外相が爆弾テロに遭い首相辞任（49歳）⬇第二次伊藤内閣（元勲内閣）の逓信大臣（52歳）⬇枢密院議長（55歳、以後は〝元老〟扱い）⬇1900年、脳出血で死亡（59歳）

●**ライバル**

伊藤博文・山県有朋（長州閥）、大隈重信（官有物払い下げ事件をリークされる）。

●**味方**

榎本武揚、井上馨（刃物を持ち出すほどの大喧嘩もしたが仲良し）。西郷・大久保に続く弱体化した薩摩閥第二世代の中心だが、同郷者からの人望はない……。

●**世話になった先生や先輩**

西郷隆盛・大久保利通（薩摩藩）、木戸孝允（長州藩、武術で酒乱の黒田を懲らしめたことがあり、以後黒田は怖れていた）、シュタイン（ウィーン大学法学教授）など。

●**世話をした人々**

津田梅子ら5名の女子留学生（1871年〜岩倉使節団）は開拓使の留学生扱い。同じ薩摩藩出身の森有礼（のち初代文部大臣）の女子教育論に感激したことから派遣。

●**遺言**

「今夜は熟睡すべし」（家族と話している最中に脳出血で昏倒して絶命）

●エピソード

1≡**酒乱**でいつも腰にピストルを付けており危険人物扱い。常に刺客に備えていたらしいが、生涯一度も襲われた形跡がない。また、開拓長官時代に船の大砲をイタズラで誤射して住民を殺害したことがある。

2≡養鶏が趣味で、よく**鶏卵**を人に贈った。大隈外相の負傷時も懐に入れ病院を見舞い、明治天皇にもしばしば献上したが、すべてのタマゴに産んだ日付が記されていた。

●苦労

薩長の均衡維持のための根回しは得意で、交渉の達人。しかし、酒を飲んで暴れて反省し、何もかも嫌になり辞表を提出するクセがある。

●豆知識

1≡薩長同盟の陰の立役者。元土佐藩士坂本龍馬とともに長州藩に赴き、木戸孝允らを京都に引率、同盟成立後は長州藩に同行している。大坂に戻る際には同行の長州藩士山県有朋と友人になるなど、当時、若手ながら長州藩における知名度は抜群だった。

2≡榎本武揚は、箱館戦争で黒田に助命されただけでなく、のち黒田家の娘が榎本家の長男に嫁ぎ血縁で結ばれているほどの大親友。榎本は、晩年に薩摩閥の部下たちから見放されていた黒田の葬儀委員長も務めた。

第3・9代総理

一介の武弁

山県有朋（やまがたありとも）

長州藩

第一次内閣
1889年12月24日～
1891年5月6日

第二次内閣
1898年11月8日～
1900年10月19日

計1210日

就任の経緯

大隈重信外相が爆弾テロに遭い黒田清隆内閣は総辞職。内大臣・三条実美（さねとみ）が臨時首相代行としてつなぎ、約1年の海外視察から帰国した長州閥の山県有朋に交代。初代伊藤首相・井上外相（ともに長州）➡第2代黒田首相（薩摩）・大隈外相（肥前）と、外交問題により有力者が打撃を受ける中、無傷状態の山県の組閣は適任だった。

※山県は、日本陸軍の父として軍国主義の権化、侵略主義の張本人のように誤解されることもあるが、外交には極めて慎重な性格で、欧米列強の実力を理解していた。

就任時の年齢

第一次内閣51歳、第二次60歳

●**退陣の理由**

第一次内閣➡**初の衆議院総選挙**を選挙干渉なしで戦った結果、民党（民権派政党＝立憲自由党・立憲改進党）が過半数を占め、議会運営に苦労の末、自由党土佐派を買収し辛うじて予算を成立させるなど、大いに懲りた山県が自ら退陣を望んだ。第二次➡地租増徴・文官任用令改正・治安警察法・軍部大臣現役武官制などの成立に利用した憲政党の星亨（とおる）らが、伊藤博文系の官僚と合同し立憲政友会が成立。山県はそれなりに達成感もあり、伊藤による新政党結成も気にいらないので自ら退陣を望んだ。

●**キャッチフレーズ**

「**一介の武弁**」

60歳頃まで毎朝、寝巻のまま宝蔵院流の**槍稽古**を欠かさなかった武人。若い頃、家の裏手の大木（たいぼく）を毎日突きまくり枯らしたほど。将来の夢は江戸に道場をもつ槍術（そうじゅつ）師範だった。話に熱中するとよく半身で槍を突くような構えとなった物騒な男。

●**生没年**

1838（天保9）年閏（うるう）4月22日～1922年2月1日（83歳没）

長州藩では、木戸孝允（たかよし）の5歳下・井上馨（かおる）の3歳下で、高杉晋作の1歳上・**伊藤博文の3歳上**。肥前藩の大隈重信と同い年。

●出生 👉 **山口県（周防国）出身**

山口県萩市で、長州藩の中間（武家奉公人で足軽と小者の間に位置する）の長男に生まれる。高杉晋作が創設した奇兵隊に参加（副将にあたる軍監）する25歳頃から狂介という物騒な名を称する。高杉の死後は奇兵隊の実質的トップ。

●学び

松下村塾に入門し吉田松陰に学ぶ（20歳、学問に劣等感があり避けていたが尊王攘夷思想の影響を受け改心）↓松陰が安政の大獄で処刑（21歳、1カ月ほどしか学べず）

●キャリア

1868年、戊辰戦争の北陸道鎮撫総督兼会津征討総督の参謀（30歳、薩摩藩黒田清隆とともに西郷隆盛に高く評価される）↓近代軍制を学ぶため渡欧（31歳、渡欧中に長州閥武官のトップ大村益次郎が暗殺される）↓アメリカを経て帰国、兵部少輔（32歳、直後に長州閥の兵部大輔前原一誠が辞任し武官の中心に）↓兵部大輔（33歳）↓1872年、陸軍大輔・陸軍中将（34歳、徴兵告諭発布）↓1873年、汚職「山城屋事件」に連座し陸軍大輔を辞すも陸軍大臣の前身・初代陸軍卿として復帰（35歳、徴兵令発布）↓文官の参議を兼任（36歳）↓1876年、廃刀令実施（38歳、各地で士族の反乱起こる）、1877年、事実上の司令官として徴兵軍を率い西南戦争を鎮圧（39歳）↓1878年、軍人訓戒発布後に初代参謀本部長（40歳）➡1882年、軍人勅諭発布後、憲法調査のため渡欧した伊藤に代わり参事院（内閣法制局の前身）議長（44歳）➡伊藤帰国後に内務卿（45歳）➡1885年、内閣制度創設により初代内務大臣（47歳、第一次伊藤内閣）➡1887年、陸軍教育総監の前身・初代監軍（49歳、内相として保安条例発布）➡1888年、市制・町村制施行後に渡欧（50歳、ドイツ人モッセの助言で2年後に府県制・郡制も施行）➡1889年、アメリカを経て帰国後に第一次内閣組閣（51歳）➡1890年、初の衆議院総選挙・第一回帝国議会（52歳、「主権線（国境）」「利益線（朝鮮）」演説で信念をぶつけ自由党を切り崩し予算成立）➡総辞職（53歳）➡第二次伊藤内閣（元勲内閣）の司法大臣（54歳）➡枢密院議長（55歳、伊藤首相が自由党と妥協したことに呆れ法相を辞任）➡1894年、日清戦争の第一軍司令官として出征（56歳、本人の強い希望によるが独走し解任される）➡貴族院議員（57歳）➡1896年、ロシア皇帝ニコライ2世の戴冠式に参列し山県・ロバノフ協定締結（58歳、ロシア外相との朝鮮問題における協定）➡元帥府（げんすいふ）設置により他3名とともに陸軍元帥（大将より上の最高位）➡第二次内閣組閣（60歳、全閣僚中半数が武官）➡1900年、憲政党との提携を打ち切り総辞職（62歳、以後は〝元老〟扱い）➡陸軍・長州閥の後継者桂太郎を首相に推薦（63歳）➡枢密顧問官（65歳）、1904年、日露戦争中に参謀総長（66歳、大山巌（いわお）が満洲軍総司令官として出征したため）➡再び枢密院議長（67歳）➡公爵（69歳）

↓1909年、伊藤博文暗殺（71歳、悲しみつつも「死に所を得た点においては自分は武人として羨ましく思う」と述懐）↓1912年、明治天皇崩御により元帥と元老を兼ねる**事実上の最高権力者**となる（74歳）↓1920年、前年からの**宮中某重大事件**（皇太子妃色盲疑惑）に関連し一切の地位・礼遇の辞退を申し出るも大正天皇に慰留される（82歳）↓1922年、病死後に**国葬**とされるも、会場の日比谷公園はほぼ政界・軍部・警察関係者のみで閑散としていた（83歳）

●**追加知識**

1≡**陸軍大臣**（もと陸軍卿）は内閣所属の「軍政」機関トップ。**参謀総長**（もと参謀本部長）は天皇直轄の「軍令」機関トップ。**教育総監**（もと監軍）は「育成」機関トップ。海軍の2トップ（海軍大臣・軍令部総長）に対し、陸軍は3トップの「陸軍三長官」体制で、山県は実質的にすべての初代。

2≡**宮中某重大事件**は、皇太子（のち昭和天皇）妃に内定した久邇宮良子の母方の薩摩藩島津家に色盲遺伝があると噂が出て、結婚に反対する山県ら「純血論」者と賛成の「人倫論」者が対立。陸軍・長州閥と海軍・薩摩閥の対立とされたが、山県らが国家主義者たちを中心とする世論の非難を浴び（原敬首相は山県寄りの姿勢だったが）反対を撤回した。

●ライバル

伊藤博文（政党に関するスタンスを異にする）、前原一誠（徴兵令に反対して下野し萩の乱を起こした松下村塾の先輩）、星亨（板垣退助から自由党を引き継いだ憲政党指導者、山県は評価していた）、**原敬**（第3代立憲政友会総裁でのち首相、皇太子を洋行させた点なども山県は評価していた）、加藤高明（立憲同志会のち憲政会初代総裁でのち首相、第二次大隈内閣の外相として元老の山県らの意見を聞かず独走）など。

●味方 なし？

伊藤と違い後進の面倒をよくみたが、桂太郎・寺内正毅などその大半が離れていった。晩年の明治天皇も、居眠りを杖の音で注意してきたりする山県を煙たがり、大正天皇に至っては人間的に嫌われており、参内すると何かしら下賜され早々に追い返された。

●世話になった先生や先輩

吉田松陰（長州藩）、**西郷隆盛**（薩摩藩、武官として尊敬していた）。

●微妙な関係の先輩

高杉晋作・大村益次郎（長州藩の先輩武官だが反りは合わなかった）、木戸孝允（長州藩の先輩文官だが、薩摩藩の大久保利通とともに微妙な関係だった）。

●**世話をした部下**

品川弥二郎（長州閥の内相、松下村塾出身）、**桂太郎**（陸軍・長州閥の首相、のち対立）、**寺内正毅**（陸軍・長州閥の首相、のち対立）、児玉源太郎（陸軍・長州閥の台湾総督・参謀総長）、田中義一（陸軍・長州閥、のち第5代立憲政友会総裁・首相）、**清浦奎吾**（熊本藩出身の文官だが**山県閥の後継者**、のち首相）、大浦兼武（薩摩藩出身だが山県閥の内相）、北垣国道（京都府知事、琵琶湖疏水の工事を許可）など。

●**名言**

1｜「建部がやっているのか、それならいいじゃないか」（「日本の大学に社会学など置いてはならない」という意見に対し、建部遯吾を信用＝日本に社会学が定着する契機となった）

2｜「雪隠（＝便所）で首をくくったようなものだ」（第一次護憲運動で倒壊した第三次桂内閣を冷評して）

3｜「原はじつに偉い男だった。**あのような人間をむざむざと殺されては、日本はたまったものではない**」（1921年、原首相が東京駅頭で刺殺されたことを嘆いて）

●**エピソード**

1｜長州藩の志士はフグ鍋をつつき宴会をしたが、山県は一人鍋で毒の危険がない鯛を煮て部屋の隅で飲むほど慎重で寡黙な性格。

2 富豪の娘で美人の妻と結婚した時、馴染みの芸妓に「追ゆきし螢は人に取られけり」の哀切の句を贈られた、寡黙だが171㎝の長身・痩身のモテ男。

3 1873年、汚職事件に連座した直後に初代陸軍卿に就任。西郷隆盛らの征韓論にも賛成せず、反発した薩摩閥の将校が大量に辞職、陸軍は結果的に長州閥となり「**陸の長州**」「海の薩摩」状態となった。

4 西南戦争時、城山で陣を敷く西郷に投降を勧める痛切かつ情誼を尽くした書簡を出し、一読した西郷は「山県我にそむかず」と言い、感謝しつつものち自害した。

5 日清戦争出征時「決して敵の生捕りする所となるべからず。寧ろ潔く一死を遂げ……」と捕虜になることを禁じた。

6 第一次護憲運動で苦境に陥った桂太郎を救わなかったのは、日清戦争時に山県召還運動（第一軍司令官だが大本営の方針に従わず独走し解任）の連名者中に、部下だった桂の名を見つけたため。

7 7子がいたが、次女を除く6人が早世し妻に先立たれるなど、家庭的には不幸。

●山県有朋が始めたもの

廃刀令（士族の解体）、徴兵令・軍人勅諭（**近代的軍制**）、市制・町村制と府県制・郡制（**地方制度**）、教育勅語・**治安警察法**・**軍部大臣現役武官制**など。**内務省を中心とする近代**

的官僚制を確立した初代内相。陸軍・官僚・貴族院・枢密院にまたがる**「派閥（山県閥）」を個人として初めて持った**、政界のフィクサーの先駆。**政党内閣には反対し**、もし政党内閣時代になっても二大政党制は避け、キャスティングボートを握る（＝事実上の決定権を握る）第三勢力が必要と主張した。

●**得意・趣味**

1≡**和歌・漢詩**。特に和歌は幼少時から父の影響で得意。代表作は「木留山（きとめやま）　しらむ砦（とりで）のすてかゞり　煙（けぶる）とみしはさくらなりけり」（西南戦争の陣中にて）。

2≡**造園**。東京の**椿山荘**（ちんざんそう）の庭が名園として有名。他に京都の無鄰菴（むりんあん）や小田原の古稀庵（こきあん）の庭など多数あり、近代的日本庭園の先駆となった。

●**苦手・嫌い**

時間にルーズできちんとした格好をしない人。山県は待ち合わせ時間前から常に正装で待機し相手を迎え、これに合わせない人間を嫌った。

●**豆知識**

中年時代の写真が、戦場カメラマンの渡部陽一（わたなべよういち）（ゆっくり喋る人）に似すぎ。

第4・6代総理

安全第一

松方正義

薩摩藩

第一次内閣
1891年5月6日〜
1892年8月8日

第二次内閣
1896年9月18日〜
1898年1月12日

計943日

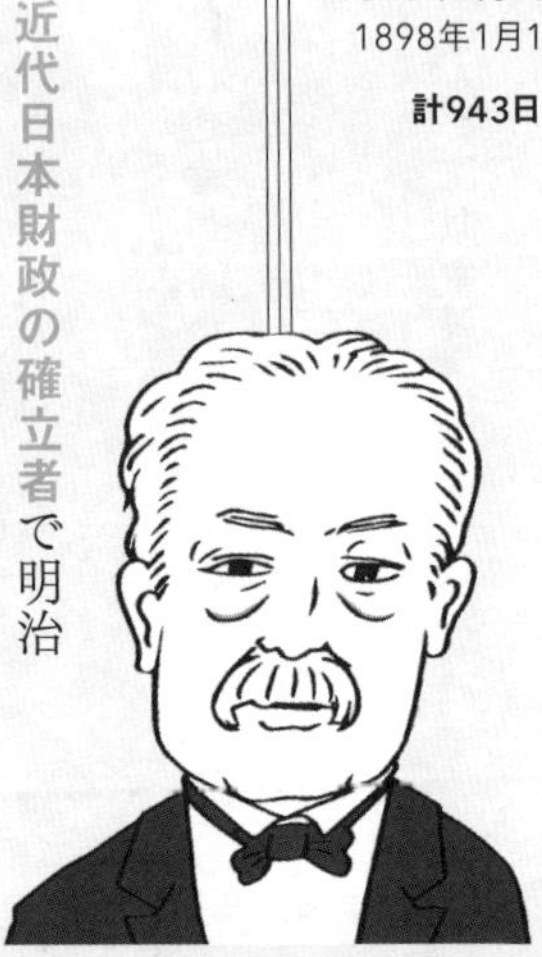

●就任の経緯

第一議会で議会運営に懲りた長州閥の山県有朋に代わり、**近代日本財政の確立者**で明治天皇の信頼も厚い薩摩閥の松方が選ばれた。しかし、有力政治家の多くは松方を軽んじて入閣を渋ったので、本当の役者は裏にいる「緞帳内閣」と揶揄された。

●就任時の年齢

第一次内閣56歳、第二次61歳

●退陣の理由

第一次内閣→第二議会が紛糾し**初の衆議院解散**。**大選挙干渉を行った総選挙で敗れ**、第三議会で予算が不成立だったため（大日本帝国憲法下では予算不成立の場合前年度予算を適用）。第二次→大隈重信外相の進歩党と提携し「**松隈内閣**」と呼ばれたが、松方が地租増徴を求め対立。代わりに板垣退助の自由党との提携を試みるも断られ、**衆議院を解散したが自信がなくなり選挙を戦わず総辞職した**（**内閣史上唯一の例**）。

●キャッチフレーズ

1 ≡「**松方デフレ**」（不況となるデフレ政策＝**緊縮財政**で立身出世した稀有な政治家）

2 ≡「**後入斎**」（蔵相としては優秀でも、首相としては人の尻につき自己の意見を持たずフラフラ動く人。ちなみに山県有朋は「先入斎」と呼ばれた）

●生没年

1835（天保6）年2月25日〜1924年7月2日（89歳没）

薩摩藩では大久保利通の5歳下で、黒田清隆の5歳上・大山巌の7歳上・西郷従道の8歳上。他藩では井上馨（長州）と同い年で、山県有朋（長州）と大隈重信（肥前）の3歳上・伊藤博文（長州）の6歳上。

●出生 ☞ **鹿児島県**（**薩摩国**）**出身**

鹿児島市で、**薩摩藩**のもと城外の郷士の四男に生まれる。幼名は金次郎で、のち何度も改名し正義となった。9歳の時、**父が近親の債務を肩代わりして一家が破産**、苦労の果てに10歳で父、12歳で母を亡くす。この出来事が、**投機的な経済活動を嫌う実直・正直な性格**を形成した。

●学び

12歳から藩校造士館で儒学・兵学を学び、さらに31歳から長崎にある幕府の海軍練習所で西洋数学と測量術を学ぶ。これが財政家としての論理的思考力の土台となった。

●キャリア☞もと島津久光（藩主忠義の父）の側近

1868年、九州鎮撫使参謀、長崎裁判所参謀などを経て日田県知事（33歳、現在の大分県全域と福岡県東部の幕領・旗本領を管轄）↓中央に移り民部大丞（35歳）↓大蔵権大丞のち租税頭（36歳、翌年から地租改正を実行）↓大蔵大輔（40歳、大蔵卿大隈の部下としてインフレ財政〔積極財政〕を実行）↓パリ万博副総裁としてフランス蔵相の知遇を得て欧州を視察（43歳、翌年帰国）↓内務卿（45歳、渡欧中で大インフレの責任を取らなくてもよかったので大出世）↓1881年、参議兼大蔵卿（46歳、松方デフレ財政〔緊縮財政〕開始）↓1882年、日本銀行設立（47歳）↓1885年、内閣制度創設により初代大蔵大臣（50歳、第一次伊藤内閣以降4連続の内閣で蔵相を務める）↓1890年、貴族院議員（55歳）↓1891年、第一次内閣組閣（56歳、蔵相を兼任、直後に警備の巡査が来日中のロシア皇太子に切りつける大津事件が発生し内相の西郷従道・外相の青木周蔵が辞任）↓内相を兼任し選挙干渉の責任を取り総辞職（57歳、栃木県那須の千本松農場を買収し植林・牧羊を成功させる）↓日清戦争後に第二次伊藤内閣で蔵相に就任するが財政計画で伊藤と対立し辞任（60歳）

➡1896年、第二次内閣組閣（61歳、蔵相を兼任）➡1897年、貨幣法を改正し金本位制導入（62歳）➡翌年に総辞職し、のち第二次山県内閣の蔵相（63歳、2年後に辞任した後は〝元老〟扱い）➡1902年、欧米を外遊（67歳、日英同盟を結ぶ、イギリス国王エドワード7世、ドイツ皇帝ヴィルヘルム2世、ロシア皇帝ニコライ2世、アメリカ大統領セオドア＝ローズヴェルトら各国トップと会見）➡帰国して日本赤十字社社長➡1917年、宮中に入り内大臣（82歳）➡1921年、前年から続く宮中某重大事件に振り回される（86歳）➡公爵（87歳）➡1924年、病死後に国葬（89歳）

●**追加知識**
大隈や伊藤に比べ遅咲きの政治家。薩摩閥の巨頭・大久保の「（藩閥に捉われない）公平アピール」に利用され出世が遅れたが、参議・大蔵卿に就任する1881年までのさまざまな失政の責任を取る必要がない立場で、結果的に遅咲きがプラスに作用した。

●**ライバル？** 👉 舐められまくり
伊藤博文（財政政策で話が合わず、松方を格下と舐めていた）、井上馨（明治初期の財政担当者で、松方を格下と舐めていた）、大隈重信（インフレ財政を推進、奔放な理想主義者であることから地道な現実主義者の松方と性格・思想が合わず「薩摩に生まれなかったならばせいぜい知事くらいだ」と舐めていた）、陸奥宗光（むつむねみつ）（「松方程度の人間は地方の村役場に行くと一人や二人はきっといる」と舐めていた）。

●味方

明治天皇（絶大な信頼を寄せていた）、佐野常民（1880年、同じ肥前藩出身の大隈の後任で大蔵卿となり内務卿の松方とともに外債導入のインフレ財政に反対）、徳富蘇峰（ジャーナリスト、政治・外交に関しては保守的な松方の理解者）など。

●微妙な関係の上司

大久保利通（薩摩藩、元は親しかったが維新後は「地方官などは松方でも務まるものだ」と便利屋扱いで、松方が「地租改正と他事業の兼務は不可能」と辞退を申し出た時は「死ぬまでやるべし」と激励？し却下したブラック上司）

●名言

1 「**我に奇策あるに非ず**、我は寧ろ奇策を忌む。**唯正直あるのみ**、正直に之を行へば人民必ず之を信ぜん」（その割には第一次内閣で品川弥二郎内相が大選挙干渉を行っている）

2 「**いずれ取り調べてお答えいたします**」（明治天皇から子は何人いるのかと尋ねられて※実際は早逝した子を含め15男11女の計26人）

●エピソード

1 薩摩閥の先輩・大久保利通に賭け事を止めるよう忠告したところ困惑され「俺から

勝負事を取ったら何も残らない」と言われた。また、大阪を拠点に代表的な政商となった同い年の五代友厚（薩摩藩出身）にも「相場を止めない限り屋敷への出入りを許さぬ」と言い放つなど、博打や投機的な行為を徹底的に嫌った。

2　西南戦争時、鹿児島の私邸を預かっていた夫人は、兵火に包まれた家財には目もくれず松方が幕末までの重要事項を記した一冊のみ持ち出し、難を逃れた。

3　「私が大蔵卿を拝命したについては、断然自分が確信するところをもって紙幣整理のことを決行する。世間の議論などは決して顧みないのである」と部下に訓示するなど、財政に関してはブレが一切なく積極果断。

4　第二次内閣組閣時、明治天皇に「自らの首を皇居西の丸に埋める覚悟で大任に当たる」と熱すぎる決意を表明。

5　1902年、英国滞在中にオックスフォード大から「長年財政の局にあたり、国家の福祉を増進した」として**法学博士の学位を贈られる**が「自分は横文字も読めず学問もしたことがない、人違いではないか」と一度は断った。翌年の帰国後には、国王から騎士「ナイト」の最高勲章も贈られている。

6　『二十一カ条の要求』を袁世凱政権に突き付けた第二次大隈内閣の加藤高明外相に対し、「中国を恫喝して日本に敵対させるとは何事か。信義を世界に失えば、いかなる奇策ありといえども成功はありえぬ」と元老の立場で叱りつけた。

●**松方正義が始めたもの**

日本銀行、初の衆議院解散（薩摩閥樺山資紀海相「蛮勇演説」による）、金本位制。

●**特徴**

人々が真面目に生産事業に従事しようとしない風潮が経済不振の元凶と見抜き、インフレ期待・放漫な財政を鎮静化しようとした。労働・資本の流れを安易な投資・投機（「虚業」）から地道な生産事業（「正業」）へと向け変えることが、日本経済の発展にとり極めて重要と思っていた。ある意味、令和の日本にこそ必要な財政家？

●**得意・趣味**

弓道・剣道（示現流）は免許皆伝、馬術にも長け、若かりし頃は武道の人。また、明治天皇に対する忠誠心は極めて高い。

●**豆知識**

三男の幸次郎は川崎造船所社長。私財を投じて美術品を1万点以上収集し、「松方コレクション」として東京国立博物館や国立西洋美術館に収蔵されている。四男の正雄は阪神電鉄や大阪ガスの社長で、大阪タイガース（のちの阪神タイガース）初代オーナー。孫娘のハルは戦後、駐日アメリカ大使となるライシャワーと結婚した。

第8・17代総理

ビッグベア

大隈重信

肥前藩

第一次内閣
1898年6月30日〜
11月8日

第二次内閣
1914年4月16日〜
1916年10月9日
※16年間という首相再任ブランクの長さは未だ破られない記録

計1040日

●就任の経緯

地租増徴をはかる第三次伊藤博文内閣に対し、反対する**板垣退助の自由党**と**大隈重信の進歩党**が合同。議会で圧倒的多数を誇る**憲政党**が結成されたことで**初の政党内閣**（大隈は衆議院議員ではないので「本格的」ではない）が成立。首相・外相に大隈、内相に板垣を擁し「**隈板内閣**」と呼ばれた。肥前藩出身の大隈は薩長藩閥ではないが、語学力や実務能力、押しの強さや不屈の精神でのし上がった。「何でもあり」の楽天家で節操のない部分もあるが、「薩長・軍部でもなく党人でもなく首相を任せられる人物」として元老たちに選ばれた、第二次内閣時の**国民的人気は前代未聞**。

●就任時の年齢

第一次内閣60歳　第二次76歳（**退任時の78歳6カ月は最高齢記録**）

●**退陣の理由**

第一次内閣➡尾崎行雄文相による舌禍「**共和演説事件**」を契機とした**憲政党内の派閥争い**により約4カ月で崩壊。党は憲政党（板垣退助・星亨らの旧自由党系）と憲政本党（大隈重信・犬養毅らの旧進歩党系）に分裂。第二次➡第一次世界大戦中、中華民国に『二十一カ条の要求』を叩きつける与党・立憲同志会総裁でもある加藤高明外相の強硬外交を放置し、**元老（山県有朋・松方正義ら）の反発**を生む。

●**キャッチフレーズ**

1 「**在野の精神**」（下野後に首相や各大臣を歴任したが〝元老〟は固辞）

2 「人生一二五歳説」（早稲田大学大隈講堂の高さは125尺〔38m〕）

3 「東西文明の調和」「支那保全論」（理想主義者）

※大量の留学生を受け入れるなど日中友好に尽力したので、中国では大隈や早稲田の知名度は驚くほど高い。

●**生没年**

1838〔天保9〕年2月16日～1922年1月10日（83歳没）

肥前藩では、佐野常民の15歳下・副島種臣の10歳下・大木喬任の6歳下、江藤新平の4歳下と最年少の人材。井上馨（長州）と松方正義（薩摩）の3歳下で山県有朋（長州）は同い年。黒田清隆（薩摩）の2歳上・**伊藤博文（長州）の3歳上**。

●出生☞佐賀県（肥前国）出身

佐賀市で、肥前藩の上級武士の長男に生まれる。大隈家は菅原道真の子孫とされる。幼名は八太郎。12歳で父を亡くす。母の三井子は可愛い名前だが気合満点の女丈夫。

●学び☞何でも学ぶ

佐賀藩の藩校弘道館初級の外生寮や私塾で儒学を学ぶ（6歳）↓内生寮に進級（16歳、同級生中最速）↓朱子学偏重・藩至上主義の教育に対し改革を訴え退学（17歳、私塾で国学も学ぶ）↓佐賀藩蘭学寮で洋学を学ぶ（18歳）↓蘭学寮が藩校に吸収され教授に就任（23歳、藩主にオランダ憲法を進講しつつ英学を学び始める）↓長崎の蕃学稽古所で教頭格として英語を講義（27歳、副島種臣とともに校長のフルベッキから英語・キリスト教・政治学・法学・数学を学ぶ）↓1867年、副島とともに脱藩、京都で15代将軍徳川慶喜に大政奉還進言を試み捕縛され送還（29歳）。

●キャリア

外国事務局判事（30歳、浦上信徒弾圧事件でのイギリス公使パークスとの堂々たる交渉で名を上げる）↓会計官副知事を兼務のち大蔵大輔（31歳）↓参議（32歳）↓岩倉使節団派遣を提案（33歳、師のフルベッキの発案だが大隈は行けず留守政府の監視役に）↓1873年、内務卿となった大久保利通の後をうけ大蔵卿（35歳、インフレ財政〔積極財政〕を展開し工部卿伊藤博文とともに大久保政権を支える)➡博覧会事務局総裁を兼務(36歳)➡1881年、明治十四年の政変で参議を罷免され下野(43歳)➡1882年、立憲改進党を設立し総理(44歳、漸進的な民権派政党)➡閑職にあった黒田清隆と和解(45歳)➡1884年、副総理の河野敏鎌とともに立憲改進党を脱党(46歳、党そのものは巧妙に延命)➡1886年、旧自由党の星亨を中心に大同団結運動スタート(48歳、大隈はあまり協力せず)➡1888年、第一次伊藤内閣の外務大臣で初入閣(50歳、黒田内閣でも外相に留任)➡不平等条約改正交渉中に外務省門前で爆弾テロに遭い重傷を負う(51歳、外相を依願免官となり枢密顧問官)➡1890年、初の衆議院総選挙で立憲改進党は300議席中41議席獲得(52歳、立憲自由党は130議席)➡立憲改進党に復帰(53歳)➡1896年、立憲改進党を中心に5党派が合同し進歩党を結成、第二次松方内閣の外相として入閣(58歳、「松隈内閣」)➡農商務大臣を兼任するも松方と決裂し辞任(59歳)➡1898年、板垣退助の自由党と合同し憲政党結成➡初の政党内閣として第一次内閣組閣➡約4カ月で瓦解し憲政党(旧自由党)と憲政本党(旧進歩党)に分裂(60歳、「隈板内閣」)➡1900年、立憲政友会(伊藤系官僚+憲政党)結成に対抗し憲政本党総理(62歳)➡1907年、憲政本党総理の座を降ろされ政界を引退し早稲田大学総長(69歳、『告別演説』が新聞報道され同情もあり人気沸騰)➡1914年、政界復帰し第二次内閣組閣(76歳、首相と内相のち外相も一時兼任、

与党は加藤高明外相率いる立憲同志会）⬇同年、**第一次世界大戦開戦・参戦**⬇1916年、総辞職し再度政界引退（78歳、侯爵・**貴族院議員**）⬇1922年、死去後「**国民葬**」（83歳）

●学校設立

1882年、**東京専門学校**（のちの**早稲田大学**）設立。「進取の精神」「**学の独立**（日本語による速成教育&政治権力からの独立）」を謳い、同年設立の**立憲改進党とは無関係を貫く**。

初代校長は婿養子の大隈英麿だが**創立者は実質的に小野梓**、のち中心となったのも高田早苗らで、大隈自身は1907年の**政界引退までノータッチ**。

●ライバル→長州藩の2名

伊藤博文（互いに認め合い晩年は仲が良かった。暗殺の一報を聞いた大隈は大泣きし食事も喉を通らなかった）、**井上馨**（伊藤の親友だが大隈にも気を配り続けた）。

●敵

島津久光（維新後に左大臣となった薩摩藩主の父、開明的政策を嫌った）、西郷隆盛（薩摩藩、大隈を嫌う）、**松方正義**（薩摩藩、性格・政治信条ともに反りが合わず）。また、大隈は明治天皇への忠誠心は大いにあったが、天皇から好かれなかった。

●味方

パークス（イギリス公使、論戦後に大隈を高く評価）、鍋島家（大隈は肥前藩主鍋島直正〔閑叟」をあまり評価しなかったが、直正は遺言で「大隈を大切にせよ」と子孫に言い残した）、河野敏鎌（土佐藩、初代農商務卿だが明治十四年の政変で大隈とともに下野し立憲改進党副総理）、大正天皇（皇太子時代から楽しい大隈の話が大好きで小うるさい山県有朋の話は嫌い）など。

●ブレーン

福沢諭吉（会う前は互いに嫌っていたが初対面で意気投合）、矢野文雄〔龍渓〕（福沢の門下生）、小野梓（東京専門学校の実質的創立者）など。

●世話になった上司

大久保利通（薩摩藩、藩閥にこだわらず大隈や伊藤を抜擢）

※肥前藩出身者は、維新後にそれぞれが個人的才能によって昇格したので、薩長土のようなまとまりはない。1874年、必死で止めたのに佐賀の乱を起こした江藤新平の助命を行わず、以後郷里に20年以上足を踏み入れられなかった。しかし、江藤の遺児新作の面倒をよく見て、のち彼は大隈系政党の衆議院議員となった。

●世話をした部下

「憲政の神様」コンビの尾崎行雄・犬養毅や、鳩山和夫、田中正造など。大隈は部下に細かい指示を出さず大まかな方向性しか示さないので、彼らは途中で出て行ったり大隈を追放したり、好き勝手にふるまった。そして大隈は、それを許していた。

●世話をした相手

三菱の岩崎弥太郎・弥之助兄弟（台湾出兵・西南戦争の軍事輸送を委託、以後三菱と親密だったが政治資金が出ていたかどうかは噂の域を出ない）、関西貿易社の五代友厚（開拓使官有物払い下げ事件では相互の立場があったが、じつは友人）、白瀬矗陸軍中尉（大隈は南極探検後援会会長に就任、南極には白瀬が恩返しで命名した大隈湾〔ＯｋｕｍａＢａｙ〕がある）。また、済生学舎（のち日本医科大学）の長谷川泰や、東京女医学校（のち東京女子医科大学）の吉岡彌生が学校設立の際、支援したことも有名。

●名言

1 「両腕を取られたよりも悲しく思ったんである」（右腕とも頼んでいた小野梓が33歳で病死、大隈は「あるんであるんである」など独特の語尾を使う）

2 「男女の間に優劣なし」「孔子はあんな人であるから、女にモテなかったのに違いない。それで彼はあんな間違ったこと（「女性と小人は養い難し」）を云うたのである。」（女子教育の必要性を強く主張し成瀬仁蔵・広岡浅子らの日本女子大学校設立を援助、早稲田大学も私立としては初めて女子学生を受け入れた）

3 「幾多の失敗を重ねたが、しかし恐縮はせぬ。失敗はわが師なり、失敗はわが大なる進歩の一部なり。」「停滞は死滅である」（死ぬまで変化と成長を遂げ続けた）

●エピソード

1≡長崎での英語講師時代の生徒に前田正名(まさな)(農政家『興業意見』の著者)や高峰譲吉(じょうきち)(薬学者、アドレナリンやタカジアスターゼを発見)がいる。大隈は**海外渡航経験が一切ない**。

2≡1869年の上京時に政府から賜った築地の邸宅が広すぎて若手政治家や思想家のたまり場となり、「築地梁山泊(りょうざんぱく)」と呼ばれた。

3≡明治十四年の政変の不運は、大隈が明治天皇の東北巡行に供奉し東京を離れていたことにある。留守の間に参議罷免が決定し、何の対策・根回しもできなかった(そもそも大隈は出たとこ勝負の臨機応変な性格だが……)。

4≡**2度の暗殺危機**。外相時代の1889年、条約改正交渉に反対する政治結社玄洋社元社員の来島恒喜(くるしまつねき)に**爆弾を投げられ右足の膝から下を切断**(51歳)。さらに第二次内閣時代の1916年、対中外交に反対する国家主義者に爆弾を投げられるも不発(78歳)。「早稲田カラー」のエンジ(えび茶)は、負傷時にコートについた鈍い血の色で「(学問は)テロには屈しない」という意味の説もある(一般には1905年の日本初の野球部の海外=米国遠征でのユニフォームの色)。爆弾を投げた直後、短刀で首を突き自害した29歳の来島青年を「国を思う気持ちからの行動」と責めず、毎年命日には墓参りしたらしい。

5≡子連れの来訪者があると子どもにおもちゃを持たせ、女性の来訪者には自邸で栽培していた花で作ったブーケを用意して贈ることを常とした。

6≡老人になっても「青年」を自称、かつ彼らを援助したので「元老の敵、青年の味方」というイメージがつき「国民政治家」として大人気に。

7≡死亡後、日比谷公園で早稲田大学主催の**「国民葬」**が営まれ、約30万人の一般国民が参列、この時、日本で初めて宮型霊柩車を使用した。なお、大隈の20日後に亡くなった同い年の山県有朋の国葬も同会場で営まれたが、閑散としていた。

●大隈が始めたもの

1≡**指で円形に示すお金のサインを考案**

2≡**鉄道を狭軌に設定**

3≡会計検査院と統計院

4≡外国為替専門の横浜正金銀行（のち東京銀行）

5≡大臣演説で「本大臣」ではなく「私」と自称（しかし本人の口癖は「我輩」）

6≡**初の政党内閣**（政党中心だが実質は他勢力との連立の「責任内閣」）

7≡**初の百科事典編纂の総裁**（三省堂『日本百科大辞典』）

8≡**初の始球式**（右足が義足だからかすっぽ抜けて転がり大隈が帰ってしまい、打者がわざと空振りしストライク宣告される慣例ができた）

9 首相として初の地方遊説（第二次内閣時、駅に停車するごとにホームに集う群衆に向け車内から演説し、大喝采の中で次の駅へ出発する「車窓演説」を行う）

10 軽井沢ブームの火付け役（外国人の別荘地だった軽井沢に別邸を持ち、大隈の死後に皇太子＝のちの昭和天皇が8日間滞在してブームとなった。今も軽井沢には「大隈通り」がある）

● **特徴**

1 約180㎝と背が高い（近衛文麿と並ぶ歴代首相最長身）

2 字が下手で書こうとしない（近年唯一の筆跡が見つかり、意外と愛嬌のある字だった）

3 言うことが大きく、しかもよく変わるので「大風呂敷」「二枚舌」と言われる（真面目な松方正義は大隈のこのような側面を嫌った）

4 滅多に怒らず「憤怒、愚痴、貪欲等」を避けるよう心掛けていた（その代わり物言いがかなり適当で、相手はよく怒っていた）

● **得意・趣味**

園芸（蘭や菊）、新聞を読むこと（「新聞は浮世の写真である」と言っていた）、演説・講演（若い頃は苦手だったが晩年は精力的にこなし、原稿を手に持たず話した）

● **好き**

1 メロン（現在の大隈庭園にあたる大隈邸の温室で栽培。新種「早稲田」も開発し、日本初のメロン品評会も開いた。大隈が「長生きするにはメロンを食べるのが良い」と発言したことからメロンが一般に広く認知された。また、朝食時には牛乳1合を飲み、豆腐料理も毎日食べた）

2≡**花火**（煙火協議会会長に就任し、事あるごとに花火を打ち上げた）

3≡自動車（日本初の自動車オーナーズクラブである日本自動車倶楽部会長に就任。愛車は中古のフランス車オチキスのち新車のアメリカ車キャデラック。なお、帝国飛行協会会長にも就任）

4≡**慶應義塾**（4歳上の福沢諭吉はそもそも大隈に学校開設を勧めた人で、東京専門学校の開校式に出席している。早稲田と慶應は野球をはじめとする**早慶戦**（慶早戦）で有名で、創業者も学校も仲良し）

5≡同志社大学と日本女子大学。それぞれの創設者で4歳下の新島襄、20歳下の成瀬仁蔵と親交が深い（現在でも早稲田大学と同志社大学・日本女子大学の交流は盛んで、京都の同志社大学とは交換留学制度、すぐ近くの日本女子大学とは単位互換制度がある）

●豆知識

1≡政界引退時に侯爵に叙せられたので「**大隈侯**」。最高位の公爵ではないので「大隈公」は間違い。五爵位は「公・侯・伯・子・男」。

2≡大隈が「政治は吾輩の生命である」と言い放っていた国民（民衆）政治家だからこそ、早稲田大学は政治経済学部が看板学部。在籍生、特に東大落ちの生徒は自己紹介で

「早稲田です」と言わず「早稲田の政経です」と言う。

3≡大隈が、日本は「法律に対する理解が乏しく健全なる権利意識が発達していないこと」を非常に気にしていたため、早稲田大学は法学部も政治経済学部に次ぐ看板学部。

4≡大隈が、日本の教育は「中央集権的でありかつ学問が西洋の受け売りで独自の発想を生み出すに至っていないこと」を非常に気にしていたため、早稲田大学には教育学部が存在する。その結果〝命のビザ〟杉原千畝、〝走る修行僧〟瀬古利彦、〝アレ〟岡田彰布監督に〝ピースボート〟辻元清美や〝クールビューティー〟荒川静香、そして〝そんなの関係ねえ〟小島よしおなど多彩すぎる人材を輩出。しかし、自己推薦で入学後3カ月間登校しなかった〝ヒロスエ〟広末涼子はキャンドルが燃え尽きるかのように中退……。「16号館ボロすぎたから」「正門から16号館遠すぎたから」等と「震度2で倒れる」「早稲田のチベット」と呼ばれる校舎のせいにされていたが、教育学部ＯＢの筆者のもとに「２０２７年新9号館誕生の予定」と寄付の案内が来ている。

5≡**大「熊」じゃないのにビッグベア**➡大学のマスコットキャラ「ＷＡＳＥＤＡ ＢＥＡＲ」のデザインは法学部出身の漫画家〝リアル島耕作〟弘兼憲史。アメフト部は「早稲田ビッグベアーズ」を名乗り、２０２４年3月現在、薬物問題もなくかなり強い。

第11・13・15代総理

ニコポン

桂太郎

長州藩

第一次内閣
1901年6月2日〜1906年1月7日

第二次内閣
1908年7月14日〜1911年8月30日

第三次内閣
1912年12月21日〜1913年2月20日

計2886日

●就任の経緯

初代立憲政友会総裁・伊藤博文の第四次内閣の後継に井上馨が指名されたが、渋沢栄一に蔵相就任を断られ組閣を断念。**初の第三世代**として、**陸軍・長州閥**の桂太郎が山県有朋の勢力を背景に組閣（第一世代が「維新の三傑（西郷隆盛・大久保・木戸）」、第二世代が伊藤・黒田・山県・松方・大山・西郷従道ら薩長の「元勲」＋大隈）。以後、第2代立憲政友会総裁・西園寺公望と持ち回りの「**桂園時代**」に突入した。

※首相在任期間の合計2886日は、3188日の安倍晋三に次ぐ2位。第三次内閣の62日という短命ぶりは、第一次岸田文雄内閣の38日、東久邇宮稔彦王内閣の54日に次ぐ3位。

●就任時の年齢

第一次内閣54歳、第二次61歳、第三次65歳

●**退陣の理由**

第一次内閣⬇日露戦争に勝利したが賠償金を獲得できず、講和条約締結に反対する民衆が**日比谷焼打ち事件**を起こし、東京市に戒厳令を出すなど混乱を招いたため。第二次⬇**大逆事件**（幸徳秋水ら無政府主義者12名が明治天皇暗殺計画の嫌疑で死刑となる）と南北朝正閏問題（国定教科書に「南北朝並立」の記述があり、政府は南朝正統論だったため文部省の喜田貞吉が休職となる）が続けて起き、責任を負う。第三次⬇**第一次護憲運動**により辞職に追い込まれる（＝**大正政変**）。

●**キャッチフレーズ**

「**ニコポン**」（ニコニコ近づきポンと背中を叩いて相手との距離を縮めた）

●**生没年**

１８４７（弘化４）年11月28日〜１９１３年10月10日（65歳没）

長州藩では、山県有朋の9歳下・伊藤博文の6歳下で、寺内正毅の5歳上。他に、西園寺公望の2歳上・加藤高明の13歳上。

●**出生**☞**山口県**（**長門国**）**出身**

山口県萩市で、**長州藩**士の長男に生まれる。桂家の祖先は、藩主毛利家と同じ鎌倉幕府初代政所別当・大江広元とされる。

学び

6歳から私塾で習字・素読を学び、10歳からは違う師に通い和漢の学を修めた。18歳で世子毛利元徳（のち最後の長州藩主）の小姓役を命じられ、務めつつ**藩校明倫館**の文学寮員外生として和漢の学をさらに修めた。21歳の1868年、戊辰戦争で劣勢の部隊を率いて東北を転戦し、苦労の連続で隊長としてはほぼ失格だが、勝ちはしたので評価される。22歳で中隊指令を務め家督を相続、陸軍修行のため上京し**横浜語学所**へ入学、フランス人教師から7カ月間語学特訓を受けた。23歳の時、横浜語学所が大阪兵学寮に統合されたが官費留学がないことを知ると、**私費によるフランス留学を計画**した。横浜からの同船者には長州藩士品川弥二郎と薩摩藩士大山巌がいた（この2名は普仏戦争で敗れたフランスの視察が目的）。フランスは敗戦後の混乱にあったので、**プロイセン（ドイツ）に留学先を変えて語学を習得**、翌年から予備役の陸軍少将邸に同居して**軍事学を研究**した（長州藩の青木周蔵も公費留学生として2年前から滞在）。翌年、岩倉使節団が首都ベルリンに到着、長州藩の木戸孝允や伊藤博文と会い、案内役を務めたのち26歳の1873年に帰国し、**木戸邸に下宿**した。

キャリア

1874年、木戸孝允の紹介で陸軍に任官し大尉➡少佐（27歳、山県有朋の側近）➡ドイツ公使館付武官となり渡独し軍政研究に従事（28歳、ベルリン大学で法律・経済を学び名将モルトケ将軍にも接近）↓1878年、大久保利通暗殺を契機に帰国し中佐（31歳、渡欧中の井上馨とともに帰国）↓大佐（35歳）↓陸軍卿大山巌の欧州視察に随行（37歳）↓少将（38歳）↓陸軍次官（39歳）↓同年、獨逸学協会学校（のちの獨協学園）の第2代校長を兼任↓1890年、中将（43歳、第一議会で山県首相の側近として予算成立に尽力）↓第三師団長として名古屋に赴任（44歳、軍政だけでなく軍務を経験したかった）↓1894年、第三師団を率い日清戦争へ（47歳、苦戦するも奮闘し翌年凱旋して病床につく）↓1896年、第2代台湾総督（49歳、伊藤博文首相・西郷従道海相とともに視察旅行はしたが病み上がりのため赴任せず国内で業務を進め、同年中に乃木希典に総督を譲る）↓1898年、第三次伊藤内閣の陸軍大臣として初入閣（51歳、第一次大隈内閣でも陸相に留任）↓大将に昇進し第二次山県内閣・第四次伊藤内閣でも陸相に留任（～53歳、最後は体調不良を名目に立憲政友会の内閣を嫌がり児玉源太郎に陸相を譲る）↓1901年、第一次内閣組閣（54歳、「緞帳内閣」「小山県内閣」と揶揄される）↓1902年、第一次日英同盟協約締結（55歳、小村寿太郎外相・駐英公使林董の尽力）↓内相を兼任（56歳）↓1904年、日露戦争開戦（57歳）↓1905年、日露戦争に勝利しポーツマス条約を締結するも日比谷焼打ち事件起こる（58歳、文相を兼任）↓1906年、年始早々に総辞職（59歳）↓貴族院議員（60歳）↓1908年、第二次内閣組閣（61歳、蔵相を兼任し戊申詔書を軸に翌年から地方改良運動を展開）⬇1910年、韓国併合（63歳、翌年その功により公爵）⬇1911年、小村外相が条約改正を完全達成するが総辞職し政界引退（64歳、〝元老〟待遇となるがそれを元老とみなすかは諸説アリ）⬇1912年、内大臣兼侍従長となり宮中に入るが政界復帰して外相兼任で第三次内閣組閣（65歳、第一次護憲運動起こる）⬇1913年、立憲国民党を切り崩し〝桂新党〟（のちの立憲同志会）を結成するも、総辞職に追い込まれ年内に病死（65歳、「大正政変」）

●ライバル

西園寺公望（交互に政権担当した「桂園時代」には〝情意投合（＝気持ちピッタリ）〟路線でともに愛妾を連れて食事するなど仲良し）。軍人では、桂太郎・児玉源太郎（長州藩）、川上操六（薩摩藩）を「明治陸軍の三羽烏」と呼ぶ。

●味方

明治天皇（伊藤博文死去後、最晩年は桂を信頼）、お鯉（愛妾である芸者）。

●世話になった先輩

木戸孝允（世話になりすぎて感謝しまくり、ドイツ駐在時には宛名が「木戸尊大人様閣下」と大げさすぎる手紙を毎月送った）、山県有朋（桂が自立した晩年は関係が悪化）、伊藤博文、品川弥二郎、青木周蔵など長州藩の先輩たちから可愛がられた。

●世話をした部下

小村寿太郎（外相、ポーツマス条約締結・条約改正完全達成）、後藤新平（逓相）、加藤高明（外相のち立憲同志会初代総裁）、若槻礼次郎（蔵相）など。

●名言

1≡「一日に十里の路を行くよりも、十日に十里行くぞ楽しき」（楽天的性格）

2≡「天が私を試しているのだ」（長男の訃報に際して。しかし、気落ちした桂は同年に病死）

●エピソード

1≡頭がデカい（あだ名は「大きな赤ん坊」「大黒様」「巨頭公」など）。背は低かったが脳の重量は1600gもある（日本人成人男子の平均は1300g台）。「遺体を解剖して脳味噌の重さを計ってほしい」というのが遺言。東大医学部の標本室に脳が保存されている。ちなみに浜口雄幸や三木武夫のものもある。

2≡口が上手い。人に取り入るのが得意で、伊藤博文曰く「十六方美人」。

3≡27歳下の3番目の妻は、長州藩の先輩井上馨の養女ということにしてもらったので、桂は井上の義理の息子といえる。

●桂太郎が始めたもの

参謀本部創設を建議、ドイツ陸軍メッケル少佐の陸軍大学校教官としての招聘（旧知のモルトケ将軍の厚意)、台湾協会学校(のちの拓殖大学)、桂・タフト協定(アメリカのフィリピン支配を認め、日本の韓国における外交権を認めさせる)、条約改正完全達成、工場法制定、恩賜(おんし)財団済生会(日本最大の社会福祉法人として医療機関・福祉施設を運営)、立憲同志会(63歳、のち憲政会➡立憲民政党➡戦後に日本進歩党)など。

●**得意・趣味**

語学。欧米の言語だけではなく、将校には中国語習得も必要と力説していた。

●**大好き**

ドイツの国民的英雄モルトケ将軍。留学時は近くに引っ越し散歩姿を眺めていたほど。

●**苦手**

世話にはなったが、晩年は山県有朋から最終的に自立したかった。山県を反面教師に政党結成を目論み「政治家」として生きようとしたので、元老扱いは良くても、「軍人」最高の栄誉である元帥は辞退したほど。

●**豆知識**

1 長州藩士時代の写真は、細身でお洒落な超イケメン。

2 日露戦争時、ハーグ陸戦条約という戦時国際法にのっとり、7万数千人のロシア軍捕虜を人道的に扱った。

第12・14代総理

最後の元老

西園寺公望（さいおんじきんもち）

公家

第一次内閣
1906年1月7日〜1908年7月14日

第二次内閣
1911年8月30日〜1912年12月21日

計1400日

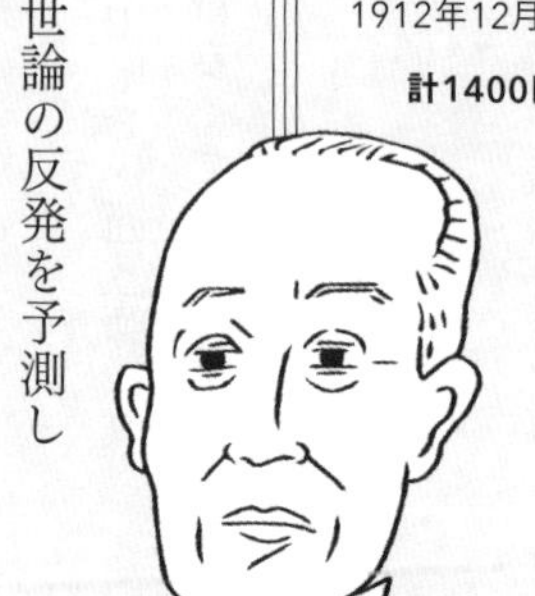

● 就任の経緯

日露戦争を戦う第一次桂太郎内閣は、講和条約の内容を不満とする世論の反発を予測して立憲政友会幹部の原敬（たかし）・松田正久（まさひさ）らと水面下での交渉を事前に進めており、予定通り西園寺公望に政権を禅譲した。桂①→西園寺①→桂②→西園寺②と続き桂③で破綻（はたん）する「桂園時代」には、軍閥・藩閥＝閥族と政党勢力が妥協し合った。

● 就任時の年齢

第一次内閣57歳、第二次62歳

● 退陣の理由

第一次内閣➡1906年制定の鉄道国有法による国有化の進め方があまりに地方の政友会支持者に寄りすぎたことへの元老井上馨（かおる）らの反発や、1908年の赤旗事件（社会主義者10数名を検挙）など社会主義運動が活発化する中で取り締まりが不十分であると元老山県有朋による批判が強まったことなど。また、総選挙に大勝した西園寺が「まあええ潮時やろ」といったん政権を返上したかったこともある（当時は別荘が隣どうしの伊藤博文が韓国統監で相談相手がいなかった）。第二次⬇朝鮮に駐屯する**陸軍の二個師団増設要求**に、日露戦争後の財政難もあり応じなかったところ、陸軍大臣上原勇作が「帷幄上奏」して明治天皇に辞表を出し、後任陸相を山県らが推薦しなかったため（＝軍部大臣現役武官制を利用した「**陸軍のストライキ**」）。

●キャッチフレーズ

1「**最後の元老**」（1924年、松方正義死去により唯一の〝元老〟となる）

2「**スフィンクス**」（パリ講和会議ではほぼ無言で周囲を睨み、外国新聞記者に名付けられた）

●生没年

1849（嘉永2）年10月23日～1940年11月24日（91歳没）

岩倉具視の24歳下・三条実美の12歳下で、明治天皇の3歳上・近衛文麿の42歳上。他に、伊藤博文の8歳下・桂太郎の2歳下で、原敬の7歳上。

●出生→京都府（山城国）出身

京都市で、五摂家に次ぐ名門公家である**清華家**の一つ、徳大寺公純の次男に生まれる。

幼名は美丸（よしまる）のち望一郎（ぼういちろう）。2歳で同じ清華家の西園寺家の養子となるが、その年に養父は亡くなり、さらに9歳で養母も失う。14歳の時、実父は右大臣に就任。

●学び

12歳から私塾古義堂（こぎどう）に入門し儒学を学び、孝明天皇が設置した**学習院**にも通う。戊辰（ぼしん）戦争に従軍後、20歳で東京の開成所に入学しフランス語や法制を学ぶ。在学中に京都で**私塾立命館を開く**が、勝手に帰省したため謹慎。21歳で長崎に学び、翌年、官費留学生として**従者も連れず一人でフランスに渡る**。その後、官費を辞退して自費留学に切り替え、政治学者アコラスの私塾などにも通い**若き日のクレマンソー首相らと交流**。26歳からは**ソルボンヌ大学**（パリ大学中の一校）に学ぶ。途中、明治天皇から個人的に2年間学費の援助を受けつつ、31歳まで**10年間もフランス留学を継続**。

●キャリア

1867年、王政復古の大号令で新政府の**参与**（18歳）➡戊辰戦争で軍人として活躍（19歳、新潟府知事になるが嫌がり赴任はせず）➡1871年、**フランス留学**（22歳、途中のアメリカでグラント大統領に面会）➡帰国（31歳）➡フランスで知り合った中江兆民（なかえちょうみん）主筆の**『東洋自由新聞』創刊に参画し社長**となるが岩倉具視・三条実美から「華族やからあかん」と言われ反論するも退社して参事院議官補（32歳）➡1882年、**憲法調査のためヨーロッパ**

に派遣された伊藤博文に随行（33歳、ともに学ぶ）↓帰国して参事院議官（34歳）↓1884年、華族令により侯爵（35歳、のち帝国議会開設当初から貴族院議員）↓渡欧してオーストリア公使（36歳、憲法調査時に続きウィーン大学シュタインの講義を受講）↓帰国して法律取調委員（37歳）↓渡欧してドイツ・ベルギー公使を兼任（38歳、宰相ビスマルクと何度も会見）↓帰国して賞勲局総裁（42歳、井上馨が旧知の財界人を推挙してきた時には断るなど清廉）↓民法商法施行取調委員長（43歳）↓法典調査会副総裁・貴族院副議長（44歳）↓1894年、枢密顧問官・叙勲局総裁のち第二次伊藤内閣の文部大臣として初入閣（45歳、女子・英語・科学教育に力を入れる）↓前年からフランスに外遊し帰国（48歳、京都帝国大学を創設）↓第三次伊藤内閣の文相（49歳）↓1900年、立憲政友会結成に参加・枢密院議長（51歳）↓1903年、第2代立憲政友会総裁（54歳）↓1906年、第一次内閣組閣（57歳）↓総辞職（59歳）↓1911年、第二次内閣組閣（62歳）↓総辞職（63歳）↓1914年、立憲政友会総裁を原敬に譲る（65歳、以後は〝元老〟に徹し組閣を固辞）↓1919年、パリ講和会議首席全権としてヴェルサイユ条約に調印（70歳、会議開始1カ月後に料亭「なだ万」の主人と板前2名に妾を伴い悠然と渡欧、イギリス国王ジョージ5世にも拝謁）↓翌年帰国して公爵（71歳、以後、春秋は京都・夏は御殿場・冬は興津の坐漁荘で暮らす）↓1924年、加藤高明を首相に推挙（75歳、この年に松方正義が死去しており「最後の元老」として首班推挙を続ける）⬇1928年、張作霖爆殺事件に際し田中義一首相に犯人処罰と軍紀維持を進言（79歳、田中は誤魔化し昭和天皇に叱責される）⬇1937年、元老を辞退（88歳、同年の第一次近衛文麿内閣を最後に後継首班は内大臣ら重臣会議の協議方式に変更）⬇1940年、病死により日比谷公園で**国葬**（91歳）

●**ライバル**

桂太郎（「桂園時代」には〝情意投合（＝気持ちピッタリ）〟路線で仲良くし、山県・井上・松方ら明治政府「第2世代」の元老支配を抑えたがった）。

●**味方・好き**

明治天皇（少年期の遊び相手、死後は遺志通り京都の伏見桃山陵を造営したが東京にも明治神宮の建立を決定）、松田正久（肥前藩、フランス留学中に知り合い立憲政友会の後継総裁と目されたが病死）、政商・財閥の**住友**（実弟が住友家を継いだ）、**陸奥宗光**（オーストリア公使時代に知り合い親友に）、秘書の中川小十郎（彼が「京都法政学校」を創った時に私塾「立命館」の名称使用を許した＝のちの**立命館大学**）。

●**嫌い**

陸軍や国家主義者。穏健な自由主義者の西園寺は、晩年は発言力を失った。特に国家主義団体国本社を率いた枢密院議長**平沼騏一郎**を嫌い、組閣に反対していた。

●世話になった人

岩倉具視や伊藤博文。ただし、あまり世話になったつもりがない様子。

●世話をした人

1 原敬（立憲政友会第3代総裁・首相）。権力・富・名誉に興味がない西園寺は政党人・政治家としての気力・意欲に欠けており、原は常にイライラしていた。

2 木戸幸一（木戸孝允（たかよし）の養子）。内大臣として重臣会議の中心となり、西園寺の意向もあり〝元老〟制度を終わらせた。

●名言

1 「ぼんくら」（松方正義への強烈な低評価、言動・物腰が丁寧な割に毒を吐く京都人の典型）

2 「ここから日本に帰りなはれ」（パリ講和会議に随行する近衛文麿が寄港先のイギリス領セイロンの植物園で車窓から手を出し枝を折ったことを叱責）

3 田中義一首相に「ぜひ思い切ってやりなはれ。しかも、もし調べた結果、事実日本の軍人であるということが判ったら、その瞬間に処罰しなはれ」（張作霖爆殺事件に際し国際的な信用を維持するためにも）

4 「世界の大勢（たいせい）」（内容のない独善的な国家主義を嫌いこの言葉を好んだ）

エピソード

1≡ 1869年、京都で長州藩出身の武官・大村益次郎を訪問する予定が、友人が来て飲んでしまう。しかし、その夜に大村が不平士族に暗殺され、奇跡的に難を逃れる。

2≡ フランス留学時代、泥酔した友人がカフェの窓ガラスを1枚割ってしまい、店員から居丈高(いたけだか)に弁償を要求された。その態度にキレた西園寺は「弁償したら文句あらへんな」と確認後、ステッキで他の窓から窓を叩き割り、現金で全額支払い店を出た。

3≡ 公家なのに和歌や国文学に興味がない。儒学とフランスの書物ばかり読んでいたが、大変な読書家で、知識・教養は一級品。

4≡ **生涯結婚せず正妻なし**。出自の家格を云々(うんぬん)されるのが面倒だったらしい。

5≡ 自己顕示を嫌い「おれは死んでも坊主や神主の世話にはならぬ。国葬も辞退したし」と言ってた割に、盛大な国葬にされてしまった。葬儀委員長は近衛文麿。

※遺言に「我が伝記編纂すべからず、する者あらば一切断ること」とあったが、私もこんなの書いてすみません……。

豆知識

静岡市清水区興津(おきつ)にあった別邸「坐漁荘」は、現在、愛知県犬山市の野外博物館明治村に保存されている。

I am the Prime Minister of Japan.

第2章

大正時代の総理大臣

第16・22代総理

がんばれゴンベエ

山本権兵衛

薩摩藩

第一次内閣
1913年2月20日〜
1914年4月16日

第二次内閣
1923年9月2日〜
1924年1月7日

計549日

●組閣の経緯

第一次護憲運動で陸軍・長州閥の第三次桂太郎内閣が倒れ（＝大正政変）、海軍・薩摩閥の山本権兵衛が立憲政友会勢力を背景に組閣。山本は「海の薩摩」の巨頭で、薩摩閥第三世代の中心。しかし、長州閥に比べ人材が乏しく「薩派」と呼ばれた。

※第二次内閣は、加藤友三郎首相が病死したため、同じ海軍の山本が組閣。

●就任時の年齢

第一次内閣61歳、第二次71歳

●退陣の理由

第一次内閣➡軍艦・兵器の輸入をめぐる海軍高官の汚職・シーメンス事件の責任を負う（本人は無関係）。第二次➡無政府主義者難波大助が摂政宮裕仁親王（のちの昭和天皇）を狙撃した虎の門事件の責任を負う。2度の政権はともに短命だった。

● キャッチフレーズ

「日本海軍の父」(近代海軍教育を受けていない軍人の大粛清を断行している)

● 生没年

1852(嘉永5)年10月15日~1933年12月8日(81歳没)

海軍・薩摩閥では、西郷従道の9歳下・東郷平八郎の5歳下で、加藤友三郎の9歳上。陸軍・長州閥の桂太郎の5歳下で、寺内正毅と同い年。

● 出生→鹿児島県(薩摩国)出身

鹿児島市で、薩摩藩の右筆・槍術師範の六男に生まれる。

● 学び

11歳で薩英戦争、16歳で戊辰戦争に従軍。17歳で藩から東京留学を命じられ勝海舟に弟子入りし、昌平黌➡開成所➡海軍操練所を経て翌年から海軍兵学寮に学ぶ。

● キャリア

1874年、前年からの征韓論に与し鹿児島に帰郷したが西郷隆盛の説諭で再び上京し学業に専心(22歳、台湾出兵従軍後に海軍兵学寮を卒業)➡「筑波」に乗り組みアメリカ巡航(23~24歳)➡実習でドイツ軍艦に乗り組み世界周航(24~26歳、少尉)➡少佐(33歳)➡「天城」艦長（34歳）→海軍次官樺山資紀に随行し欧米を巡航（35歳）→「高雄」のち「高千穂」艦長（38歳）→西郷従道海相の官房主事（39歳）→海軍省主事（41歳、参謀本部から**海軍軍令部を独立させる**）→1894年、**日清戦争**で大本営海軍大臣副官（42歳、実質的に軍政を回し「権兵衛大臣」の異名を得て**10年がかりで海軍を近代化し陸軍と対等に**）→少将として軍務局長に（43歳）→中将として海軍次官に（45歳）→第二次山県有朋内閣で**海軍大臣として初入閣**（46歳）→第四次伊藤博文内閣の**海相**（48歳）→第一次桂太郎内閣の**海相**（49歳）→男爵（50歳）→1904年、大将として戦闘態勢が整うまで**日露戦争**の開戦回避を唱える（52歳、開戦後は功一級扱い）→**伯爵**（55歳）→**1913年**、**大正政変**を受け**第一次内閣組閣**（61歳、**軍部大臣現役武官制を廃止**し予備役・後備役も可に、文官任用令も再改正し自由任用を復活）→1914年、**シーメンス事件**で総辞職し予備役に編入される（62歳、元老にも元帥にもならず）→**1923年**、革新倶楽部の犬養毅を抱き込み**第二次内閣を組閣**（71歳、組閣中の9月1日に**関東大震災**が起きた〝**地震内閣**〟で一時は**外相**を兼任）→同年、**虎の門事件**で引責辞任→1933年、病没し海軍葬（81歳）

●世話になった先生や先輩

勝海舟（旧幕臣）、西郷隆盛・従道、大久保利通（薩摩藩、同じ加治屋町の出身）。

●**世話をした人々**

依怙贔屓せず、ともすれば非情なほど公平な人事を行い、後継に仙台藩出身の斎藤実(海相のち首相)を想定していた。日露戦争で活躍した秋山真之や〝軍神〟広瀬武夫も積極的に海外留学させ、優秀な近代海軍士官に育てている。

●**エピソード**

1 ≡ 酒・煙草・賭け事を一切せず、夫婦仲が良く浮いた話もない。身だしなみも自ら整えた。

2 ≡ 海相の山本は、同じ薩摩藩出身で年上だが舞鶴鎮守府長官の閑職にあった東郷平八郎を、日露戦争の連合艦隊司令長官に大抜擢した。明治天皇に話したその理由は「東郷は運のよい男でありますので」だった。

3 ≡ 日露戦争時、カレーや肉じゃが、パン食を導入するなど海軍の食事を改良し、陸軍と違い脚気患者がいなくなった。

4 ≡「虎の門事件」の責任を取り懲戒免官となった警視庁警務部長は、のちに日本テレビ創業者となる正力松太郎。

●**豆知識**

本名は「ごんべえ」だが地位が上がると「ごんのひょうえ」とも称した。

第18代総理

ビリケン〈非立憲〉

寺内正毅

長州藩

1916年10月9日〜
1918年9月29日
721日

● 就任の経緯

元老山県有朋が勧める加藤高明の憲政会との提携を拒否、原敬の立憲政友会の閣外協力を得て組閣。

※寺内は「陸の長州」の巨頭。第一世代の大村益次郎・前原一誠、第二世代の山県、第三世代の桂太郎・乃木希典・児玉源太郎らに続く、陸軍・長州閥の第四世代。

● 就任時の年齢

64歳（年齢的には第三世代と同じだが出世が遅れていた）

● 退陣の理由

シベリア出兵の決定に伴い全国で発生した米騒動の責任を取る。警察に加え軍隊まで出動させ、非難を浴びた。

●**キャッチフレーズ**

「ビリケン（非立憲）内閣」当時大流行したアメリカ発のキャラクター人形にトンガリ頭とツリ目が似ており、政党勢力を排した超然内閣を組閣したことから。

●**生没年**

1852（嘉永5）年2月5日〜1919年11月3日（67歳没）

陸軍・長州閥では、山県有朋の14歳下・桂太郎の5歳下・乃木希典の3歳下。児玉源太郎と同い年で田中義一の12歳上。海軍・薩摩閥の山本権兵衛と同い年で、立憲政友会原敬の4歳上。

●**出生↓山口県（周防国）出身**

山口市で、長州藩の足軽宇多田家の三男に生まれる（子孫は宇多田ヒカルにもつながる）。幼名は寿三郎。7歳の時、母方の寺内家の養嗣子となり家督を相続。

●**学び**

12歳から大楽源太郎の門下に入り、西山塾で国学を学び尊王攘夷の志士となる。14歳で第二次幕長戦争、16歳で戊辰戦争に従軍。1869年、五稜郭まで転戦し大村益次郎に認められる（17歳、戦後に山田顕義の口利きにより京都のち大阪の練兵所でフランス式歩兵術を修め、ナポレオン1世に憧れる）⬇1870年、長州藩奇兵隊脱隊騒動の鎮圧に従軍（18歳）

↓1871年、廃藩置県に際し御親兵に（19歳、歩兵少尉のち中尉）↓御親兵が近衛兵と改称（20歳、大尉）↓フランス留学の夢かなわず戸山出張所（のちの陸軍戸山学校）に入学（21歳）↓翌年卒業（22歳）

●キャリア

陸軍士官学校に勤務（22歳）↓1877年、西南戦争に出征し田原坂で右上腕に銃創を受ける（25歳）↓少佐（27歳）↓1882年、フランス留学（30歳）↓フランス公使館付武官（31歳）↓中佐（32歳）↓欧州各国を視察して帰国（34歳）↓1887年、大佐として陸軍士官学校長に（35歳、この年に陸軍はフランス式からドイツ式に変更）↓参謀本部第一局長（40歳）↓1894年、日清戦争で少将として大本営運輸通信長官（42歳、後方支援の最高責任者）↓1896年、軍務局長（44歳、翌年にかけ欧州を視察）↓初代教育総監（46歳、中将）↓参謀本部次長（48歳）↓陸軍大学校長（49歳、山県有朋の庇護を受け、桂太郎に続く陸軍・長州閥の後継者と目される）↓第一次桂内閣の陸相として初入閣（49歳）↓1904年、陸相として日露戦争の軍政を担当（52歳）↓1906年、第一次西園寺公望内閣の陸相および南満洲鉄道設立委員長（54歳、大将）↓子爵（55歳）↓第二次桂内閣の陸相（56歳）↓1910年、曾禰荒助に代わる第三代韓国統監を兼任し韓国併合（58歳、初代朝鮮総督として憲兵警察制度による武断政治を行うも近代化に貢献）↓伯爵（59歳）↓1916年、帰国して元帥となり**超然内閣を組閣**（64歳、一時的に**蔵相**を兼任）➡**1917年**、私設秘書西原亀三(かめぞう)を通じ北京の段祺瑞(だんきずい)政権に巨額の借款(しゃっかん)を与える（65歳、**西原借款**）➡**1918年**、**シベリア出兵**を実施するが**米騒動**により退陣（66歳）➡病没（67歳）

●ライバル

児玉源太郎（長女が児玉の長男に嫁ぎ親戚に）、乃木希典（明治天皇死去時の夫妻での自決時に、寺内宛の手紙もあった）。

●側近

明石元二郎(もとじろう)（日露戦争時に革命扇動を命じて以来、朝鮮総督時代を含め側近の軍人）、**西原亀三**（借款が失敗に終わり「亀さん葬(ほうむ)らる」と報道された私設秘書）。

●名言

「世の中は悉(ことごと)く假(かり)、人間が世に生まれたのも假、**此の世は假の世だからしっかり遣(や)らねばならぬ**」と堅物ぶりを発揮。

●エピソード

1 **西南戦争で右腕を撃たれ、生涯不自由となる**。左手で敬礼しつつ首相にまで昇りつめた稀有(けう)な武官で、ニックネームは「左敬礼」。

2 韓国併合で初代朝鮮総督となり、祝宴で「**小早川 加藤小西が 世にあらば 今宵**(こよい)

の月をいかに見るらむ」と豊臣秀吉の侵略を回顧し得意げに詠んだ。

3☰米騒動の時、現在の「夏の甲子園」にあたる「全国中等学校優勝野球大会」が中止。

4☰晩年、郷里の山口県の旧邸跡に図書館「桜圃（おうほ）寺内文庫」を作った。桜圃は寺内の号。

5☰1951年、日本で初めて公共空間に置かれた女性裸体像は、三宅坂・最高裁判所の建物を背に建つ「平和の群像」。ここには寺内のマント姿の騎馬像があったが、太平洋戦争中の金属供出で撤去された。

●寺内正毅が始めたもの

戦死者の遺族や傷病兵を対象にした「軍事救護法」は、**初の本格的な生活保護政策**。

●豆知識

1☰寺内はビリケン似であることを喜び、養嗣子の**寿一（ひさいち）**が手に入れた掌（てのひら）に載るほど小さな人形が、神奈川県大磯（おおいそ）の寺内邸に残る。寿一も元帥・陸軍大将となり、「親子で元帥」は皇室を除けば唯一の例。

2☰『失楽園』『愛の流刑地』で有名な作家渡辺淳一が直木賞を受賞した『光と影』（1970年）は、寺内の生涯がモデル。

第19代総理

ハラケイさん

原敬（はら たかし）

立憲政友会

1918年9月29日〜
1921年11月4日
1133日

● 就任の経緯

米騒動の混乱もあり元老たちも「民衆のガス抜き」的についに認めた、立憲政友会を与党とする**初の本格的政党内閣**。当時は法的に陸・海相は武官〔軍人〕、慣習的に外相は文官〔事務官僚〕が就任したので、陸・海・外相を除く閣僚が政友会員。

● 就任時の年齢

62歳

● 退陣の理由

東京駅頭で18歳の国鉄職員中岡艮一（こんいち）に短刀で刺殺されたため。理由は不明だが政党政治の腐敗を訴えたか？　中岡は死刑にはならず無期懲役だった。

●**キャッチフレーズ**

「平民宰相」（華・士族でも藩閥でもない衆議院に議席を持つ初の首相）

※士族出身だが分家で平民となり、自力で地位を獲得後、叙爵も断り続けたため。首相就任時には、「平民食堂」「平民酒場」など平民を冠したあやかり商法が流行した。

●**生没年**

1856（安政3）年2月9日〜1921年11月4日（65歳没）

立憲政友会総裁（3代）としては、初代伊藤博文の15歳下・2代西園寺公望の7歳下・4代高橋是清の2歳下。6代犬養毅の1歳下。5代田中義一の8歳上。

●**出生** ☞ 岩手県（陸奥国）出身

岩手県盛岡市で、南部藩（盛岡藩）の下級の家老職の次男に生まれる。幼名は健次郎。父は藩主の子に軍学を教える側用人だったが、8歳の時に亡くなる。

●**学び**

5歳で寺子屋に入り、11歳ごろ私塾に移り習字・算術・漢学を学ぶ。南部藩が戊辰戦争に敗れた後、14歳で藩校作人館に入学。その後、母リツが蔵を売った金で上京、16歳で旧藩主が設立した共慣義塾へ入るも学費・生活費が尽きる。海軍兵学寮の試験に落ち、授業料・寄宿料が免除されるカトリック神学校へ移る（洗礼名ダビデ）。その後、布教のため新潟に赴任したエブラル神父に付き添いフランス語を学ぶ。19歳で盛岡に一時帰郷、分家して平民となる。再び上京し、箕作秋坪の三叉学舎で学び外交官養成所試験と海軍兵学校の試験に落ち、20歳で司法省法学校（のち東京大学法学部に吸収）に合格（試験が得意の漢文のみだった）。しかし3年後、「賄征伐事件（寄宿の食事の粗末さに学生が抗議し学校と対立）」の代表の一人として放校処分に。その後、半年ほど中江兆民の私塾で学ぶ。

●キャリア

郵便報知新聞に入社（23歳）↓宮城監獄の視察に付き添った際、政治犯として服役中の陸奥宗光に出会う（25歳）↓明治十四年の政変で下野した大隈重信らが郵便報知新聞を買収し乗り込んできたため退社↓大阪で創刊の政府系新聞大東日報の主筆となるが半年で退社↓外務省御用掛に採用されフランス文書を翻訳（26歳、取材で親しくなった外務卿井上馨の口利き）↓外務省文書局で『官報』立ち上げに関与した後に天津領事（27歳）↓1885年、伊藤博文と李鴻章の間を取り持ち天津条約調印に尽力（29歳、伊藤に認められ外務書記官として帰国）↓同年末から公使館書記官としてフランスに留学しオーストリア・ドイツ公使の西園寺公望と知り合う（29～32歳）↓1889年、農商務大臣となった井上の引きで帰国し農商務省参事官（33歳）↓陸奥農商相の秘書官（34歳）↓外相となった陸奥の下で外務省通商局長（36歳）↓外務次官として日清戦後処理にあたる（39歳）

↓朝鮮公使（40歳）↓大隈外相と合わず外務省を退官して下野（41歳、大阪毎日新聞社へ）↓大阪毎日新聞社社長（42歳、発行部数を3倍に）↓１９００年、立憲政友会初代幹事長（44歳、第四次伊藤内閣の逓信大臣として初入閣）↓逓相を辞任し在京のまま大阪北浜銀行頭取（45歳）↓衆議院議員に初当選（46歳）↓古河鉱業会社副社長（48歳、古河財閥を継いだ陸奥の子を後見）、第一次西園寺内閣の内務大臣（49歳、逓相を一時兼任）↓第二次西園寺内閣の内相（55歳、鉄道院総裁を兼任）↓第一次山本権兵衛内閣の内相（57歳）↓１９１４年、伊藤・西園寺に次ぐ第3代立憲政友会総裁（58歳）↓１９１６年、寺内正毅内閣成立後は「是々非々」の立場から閣外協力（60歳）↓臨時外交調査委員会委員（61歳）↓１９１８年、米騒動後に初の本格的政党内閣を組閣し司法大臣を兼任（62歳、四大政綱として「教育の改善整備」「交通通信の整備拡充」「産業および通商貿易の振興」「国防の充実」の積極政策を掲げる）↓１９１９年、衆議院議員選挙法を改正して小選挙区制を導入し総選挙に圧勝（63歳）、１９２０年、戦後恐慌が発生（64歳、鉄道院を鉄道省に昇格させるが政友会員の汚職事件も起こる）↓１９２１年、東京駅頭で刺殺（65歳、丸の内南口に「遭難現場」のプレートと刺された地点を示す印が残る）

●ライバル

松田正久（肥前藩出身、原とともに西園寺の後継候補だった）。

●友人

陸羯南（司法省法学校の同級生、新聞『日本』を創刊したジャーナリスト）など。

●世話になった人

母リツ（教育熱心で原の人生に多大な影響を与えた）、エブラル神父（フランス語を教わる）、「東洋のルソー」中江兆民（フランス流自由主義思想を学ぶ）、井上馨（新聞記者や官僚・政党人としての機会をくれた恩人）、陸奥宗光（官僚として育ててくれた大恩人で、手厳しく容赦ない。『原敬日記』中で一切批判がない唯一の人物）。

●世話をした上司→立憲政友会の先輩総裁×2

伊藤博文（初代）、西園寺公望（第2代）。実質的に原が政友会を回した。特に面倒くさがりでコンニャクのような態度の西園寺に手を焼き、晩年は険悪な関係となった。

●意見を異にした人物

1 ≡ 大隈重信（2度外相となり外務省勤務時代の上司だったが、イギリス贔屓でフランスのちアメリカを軸に考える原と晩年まで意見が合わない）

2 ≡ 田中正造（足尾銅山鉱毒事件で政友会と対立した大隈系の元代議士。原は世話になった陸奥宗光の子が足尾銅山を経営する古河財閥を継ぎ、その後見人だった）

●敵→味方

山県有朋。政党政治を嫌ったが晩年は原を高く買っており、ともに皇太子（のちの昭和天皇）の欧州外遊を実現させた仲。原の暗殺時には、その死を大いに嘆いた。

●名言

「余十六歳にして郷里を出、他郷に在ること五十年、今は六十六歳の老翁となりぬ――わけ入りし霞の奥も霞かな――」（生涯最後の正月に記した日記）

●エピソード

1 幼少時から超オシャレ（母の影響で高価な和装・洋装を着こなし、頭頂から爪先まで気を遣った）

2 初の上京時は一文無し（途中の仙台で学資を全額だまし取られ、事情を知った船長の好意で上京できた）

3 30過ぎで総て白髪に

4 南部藩の歴史書『南部史要』を編纂

5 後妻のアサが、蕎麦好きの原のために中蓋つきの器を考案し客人にふるまったことで、現在の「わんこそば」の器につながったとの説もある。

●原敬が始めたもの

1 **東北地方出身者初の大臣・首相**↓薩長藩閥に「**白河以北一山百文**（白河の関以北は一山百文の価値しかない）」と揶揄された東北人のプライドを回復。原は号を「一山」としたり印を「東夷迂人（東国の世情に疎い野蛮人）」にしたりして、藩閥に負けずやってきたことに自信を示した。

2 大学・旧制高校の拡大↓**大学令**と改正高等学校令により、官立単科・公立・私立大学の設置を認めるなど、各地で教育の拡充を行った。

3 利益誘導型の選挙＝**地方に基盤を置く保守政治を創始**↓教育機関創設に加え鉄道政策などは「**我田引鉄**」と批判されたが、**原個人は利益誘導を嫌う性格で地方の産業発展を考えていた。**

4 既成勢力の掌握に手腕を発揮↓山県閥の牙城である内務省の末端組織の郡役所も廃止。

5 **直接国税3円以上を納める25歳以上の男子まで選挙権を拡大**（従来は10円以上）↓**普通選挙運動に冷淡**だったのは、一気に有権者が増えすぎることの弊害を憂慮したため。原は良識ある市民の熟慮の上での「**輿論**」に従うつもりはあったが、大衆の扇動的な「**世論**」を排除する傾向が強い。

6≡**感染症の予防法を制定し国民の健康を増進**⬇1919年、結核予防法・トラホーム予防法制定。ちょうど**スペイン風邪が流行**していた事情もあった。

7≡**アメリカ重視の外交への転換**⬇第一次世界大戦後の国際協調体制に協力、国際連盟にも常任理事国として参加。しかし人種差別的思考の民主党・ウィルソン大統領は冷淡だった。

8≡**外地長官の文武官併用制**⬇1919年、朝鮮の三・一独立運動、中国の五・四運動を受け、朝鮮・台湾総督府官制を改正。文官でも総督に就任できるようにした。朝鮮総督には海軍の斎藤実が就任したが、憲兵警察による「武断政治」から普通警察による「文化政治」に転換。台湾総督には貴族院議員の田健治郎が就任し、初の文官総督となった。

9≡**初の国勢調査**⬇1920年10月1日調べで総人口約5600万人。

10≡**度量衡法の改正**⬇尺貫法から**メートル法・キログラム法へ国内単位の統一**をはかる。

11≡**皇太子の欧州外遊**⬇大正天皇の皇后（＝皇太子の母）には反対されたが1921年に断行。半年間見聞を広めた裕仁親王（のちの昭和天皇）は大喜び。しかし、宮中某重大事件」に続き国家主義者を刺激し、戦後恐慌や政友会員の汚職事件とともに刺殺の遠因となった。

12 **初の殺害された現役首相**➡就任順に原敬・浜口雄幸・犬養毅の3名（浜口は辞任後に亡くなる）。

●得意・趣味

1 **フランス語**

2 **読書**（一万冊を超える蔵書を本当に読んだのかと記者に聞かれた時、あらゆる内容をスラスラ答えたという。蔵書には傍線や読後の批評、感想などを大量に書き込んだ）

3 日記（19歳から始め、死の直前までつけた詳細な『**原敬日記**』は、近代日本屈指の政治史料）

4 囲碁・将棋（他人の対局にああしろこうしろと口出しするクセがあり、誰と指してるかわからないと苦情が多かった）

5 政治資金の調達と運用（どこから得ていたかは不明だが、財界との関係は極めて密接。ただし、金銭には几帳面で、公私混同はせず私財を蓄えることはなかった）

●豆知識

盛岡市の「原敬生家」、隣接する「原敬記念館」、書籍化され広く読まれた『原敬日記』の3つのみハラケイと読む。他はすべてハラタカシ。

第20代総理

ダルマ宰相

高橋是清

立憲政友会

1921年11月13日〜
1922年6月12日

212日

●就任の経緯

原敬首相が東京駅頭で刺殺され、**大蔵大臣の高橋是清が首相を兼任**（政権交代があるとテロが成功したことになるため）。高橋は政党政治家としての能力は皆無だが、元日本銀行総裁・横浜正金銀行頭取で蔵相を7度経験した、世界的に有名な**財政家**。

●就任時の年齢

67歳

●退陣の理由

高橋首相ら内閣改造派と、床次竹二郎内相ら非改造派の対立による閣内不一致。

※途中から立憲政友会に参加した高橋に、総理・総裁としての指導力はなかった。

●キャッチフレーズ

「ダルマさん」丸顔の巨体で、サンタクロースにも似ている。

●生没年

1854（嘉永7）年閏7月27日〜1936年2月26日（81歳没）

立憲政友会総裁（4代）としては、6代犬養毅の1歳上、3代原敬の2歳上、5代田中義一の10歳上。日本銀行総裁・蔵相としては、井上準之助の15歳上。

●出生 ☞ 東京都（武蔵国）出身

幕府御用絵師川村庄右衛門の私生児として江戸に生まれる。行儀見習いの娘に手を出し孕ませた上、すでに6子がいたこともあり、生後間もなく仙台藩江戸屋敷の足軽高橋家に引き取られ実子として育つ。幼名は和喜次。

●学び

11歳で英学修行のため横浜に行き、ヘボン塾（明治学院大学の前身）でヘボン夫人に英語を学ぶ。御雇外国人のイギリス人銀行家シャンド宅でボーイ勤務ののち、13歳で仙台藩の留学生として勝海舟の息子らとともに渡米。騙されて奴隷契約でアメリカ人家庭に売られるなど、散々な目に遭いながらも英語を習得。15歳で帰国後、森有礼（薩摩藩出身、のち明六社社長を経て初代文部大臣）邸で住み込みの書生となる。その後、森の配慮で開成学校（のち大学南校＝東京大学の前身）に入学。オランダ出身のアメリカ人宣教師・教頭フルベッキの薫陶を受ける。

●キャリア

大学南校の英語教官（15歳）↓悪友たちと放蕩に走り退職（16歳、芸妓屋の三味線持ちに）↓唐津藩の英語塾教員として九州に（17歳、当時の生徒に建築家の辰野金吾がいる）↓東京に戻り駅逓寮で翻訳に従事するも退職（18歳、上司の前島 密と鋭く対立）↓1873年、開成学校（大学南校が旧称に戻る）の試験を受け入学（19歳、以前は教官だったが生徒に）↓アメリカから帰国した森有礼の紹介で文部省に出仕し通訳などを務める↓東京英語学校教官を兼任（22歳、翌年退職）↓翻訳や進学予備校の英語教員で食いつなぐ（23歳、再興した共立学校では校長に）↓東京大学予備門英語教官（24歳）↓米相場に手を出し仲買商店を興すが4カ月で廃業（26歳）↓再度文部省に出仕するが新設の農商務省へ転じる（27歳）↓1887年、初代特許局長（33歳、2年後には東京農林学校校長を兼任）↓農商務省の先輩前田正名たちに依頼され海外雄飛を志し退官してペルーの銀山開発に赴く（35歳）↓現地で騙され財産も名誉も失い帰国（36歳、失業状態で各新聞にも酷く書かれる）↓川田小一郎総裁の世話で日本銀行に入行（38歳）↓西部支店長として下関に赴任（39歳）↓1895年、外国為替専門の横浜正金銀行（のちの東京銀行）へ本店支配人として出向（41歳、2年後に副頭取）➡日本銀行副総裁（45歳）➡1904年、ロンドン・ニューヨークで欧米からの戦時外債募集に成功（50歳、日露戦争の勝利に貢献）➡1905年、貴族院議員（51歳、再度渡航し英・米・独・仏の外債募集に成功）➡横浜正金銀行頭取を兼任（52歳）➡男爵（53歳）➡1911年、日本銀行総裁（57歳）➡1913年、第一次山本権兵衛内閣の大蔵大臣として初入閣（59歳、立憲政友会に入党）➡1918年、原敬内閣の蔵相（64歳）➡子爵（66歳）➡1921年、刺殺された原の後を受け蔵相兼任で組閣（67歳、第4代立憲政友会総裁に）➡ワシントン会議で徳川家達（貴族院議長）、加藤友三郎（海相）、幣原喜重郎（駐米大使）が全権となり四カ国条約を調印➡1922年、九カ国条約・ワシントン海軍軍縮条約を調印（68歳、閣内不一致で総辞職）➡1924年、憲政会加藤高明・革新倶楽部犬養毅と「護憲三派」を組み第二次護憲運動を起こす（70歳、長男に爵位を譲り衆議院議員に鞍替え当選）➡加藤高明「護憲三派」内閣で初代農林大臣兼初代商工大臣➡1925年、政友会総裁を田中義一に譲る（71歳）➡1927年、金融恐慌収拾のため田中内閣で蔵相（73歳、わずか44日で任務完了）➡政界引退（74歳）➡1931年、昭和恐慌収拾のため犬養内閣で蔵相に復帰（77歳、金輸出再禁止）➡1932年、五・一五事件で犬養首相が殺害され斎藤実「挙国一致」内閣の蔵相（78歳）➡1934年、岡田啓介内閣の蔵相（80歳）➡1936年、二・二六事件で陸軍皇道派の青年将校らに自宅で暗殺

される（81歳、行き過ぎたインフレ防止のための軍事費抑制が陸軍の反感を買う）

●特徴☞省務・党務より国務の意識が強い

身体が大きく、明るく人懐っこいが、人の顔や名前をあまり覚えない。不運や失敗に頓着（とんちゃく）しない楽天家で、幼少時から自らを強運と認識していた。

●恩人

シャンド（日本から帰国後パース銀行ロンドン支店の支配人となり、日露戦争時に外債募集を助ける）、森有礼、フルベッキ、川田小一郎（日本銀行総裁）、シフ（アメリカのユダヤ人銀行家、日露戦争時に大量の外債を購入）ら。

●友人☞基本的に高橋は他人にあまり興味を持たない。

斎藤実（仙台藩出身の首相・内大臣、二・二六事件でともに暗殺される）など。

●名言

「栄枯盛衰は、人生の常である。順境はいつまでも続くものではなく、逆境も心の持ちよう一つで、これを転じて順境たらしめることもできる」

●エピソード

1 紙幣「五拾円」札の肖像（50円札は1951～58年に発行。日銀総裁経験者が紙幣の肖像に選ばれた唯一の例で、首相の肖像は千円札の伊藤博文と高橋の2名）

2 ガセネタ（暗殺時に寝巻だったので、陸軍が「高橋これ着よ」と言った、は作り話）

● **高橋是清が始めたもの**

1 商標・特許制度

2 共立学校＝現在の開成中学・高校初代校長（廃校寸前だった進学予備校を立て直し、正岡子規・秋山真之・床次竹二郎らに英語を教えた。在任中に東京大学予備門（のちの第一高等中学校）への合格者数No.1に）

● **得意**

1 英語（特に教授能力に優れていた）

2 インフレ財政（積極財政）（松方正義によるデフレ財政（緊縮財政）の「松方財政」に対し、「高橋財政」と呼ばれるが、軍事費を割き過ぎるようなインフレは抑制しようとしていた）

● **趣味**

酒と芸者遊びなどの放蕩。若い頃はケタ違いのデタラメさで、生涯を通じて酒豪。

● **豆知識**

都立小金井公園内にある「江戸東京たてもの園」に、暗殺された邸宅の母屋が移築復元されている。

第21代総理

キャンドル・オブ・ネイビー

加藤友三郎（かとうともさぶろう）

海軍

1922年6月12日〜
1923年8月24日
440日

● 組閣の経緯

立憲政友会の内紛で高橋是清（これきよ）内閣が倒れ、憲政会の加藤高明（たかあき）も候補に挙がったが国民に不人気で、元老の松方正義（まさよし）がワシントン会議首席全権の加藤友三郎を推挙した（＝「加藤にあらずんば加藤」）。組閣時、非政党内閣（とはいえ立憲政友会が協力＝中間内閣）であることから、「変態内閣」「憲政の逆転」と批判された。

● 就任時の年齢

61歳

● 退陣の理由

首相の病死。蝋燭（ろうそく）の残り火のような「残燭（ざんしょく）内閣」と言われていた。

●キャッチフレーズ

1 (燃え残りの)ロウソク」「ミイラ」生来胃腸が弱く、青白く痩身で、病による帝国議会の欠席も多かった。

2 「日本海軍の三祖」山本権兵衛(ごんべえ)・東郷平八郎とともに、海軍大将〔アドミラル〕としての名声は世界的。

●生没年

1861〔文久(ぶんきゅう)元〕年2月22日～1923年8月24日(62歳没)

海軍では、東郷平八郎の13歳下、山本権兵衛の9歳下、斎藤実(まこと)の3歳下。

●出生 広島県(安芸国(あきのくに))出身

広島市で、広島藩士の儒学者の三男に生まれるが、2歳で父が亡くなる。17歳上の長兄種之助(たねのすけ)(のち海軍大尉を最後に退官)が父代わりとして養育にあたった。

●学び

私塾、後に藩校学問所や修道館にも通う。11歳で長兄に伴われ上京し、築地本願寺に寄宿して英語・数学・漢学を学ぶ。12歳の最年少で海軍兵学寮に入学。在学中に改称された海軍兵学校を2番の成績で卒業(19歳)→少尉(22歳)→大尉(25歳、一時期中尉が無くなったため)→1888年、海軍大学校甲号1期生となる(27歳)→翌年卒業(28歳)。

●キャリア

「高千穂」の砲術長（29歳）↓造船造兵監督官としてイギリス出張（30歳、3年後に新造の巡洋艦「吉野」を引き取り帰国）↓1894年、日清戦争で「吉野」の砲術長として活躍（33歳）↓少佐（34歳、山本権兵衛軍務局長の下で軍政経験を積む）↓中佐（36歳）↓「筑紫」艦長（37歳）↓軍務局で大佐に（38歳）↓常備艦隊参謀長（41歳）↓1904年、日露戦争に第二艦隊参謀長として出征（43歳、少将に昇進し第一艦隊兼連合艦隊参謀長）↓1905年、日本海海戦でロシアのバルチック艦隊に大勝（44歳、旗艦「三笠」に東郷平八郎連合艦隊司令長官と同乗）↓海軍次官（45歳、斎藤実海相を補佐）↓中将（47歳）↓呉鎮守府司令長官（48歳）↓第一艦隊司令長官（52歳）↓1914年、シーメンス事件で第一次山本内閣が退陣（53歳、清浦奎吾が組閣を試みた際、海軍拡張を主張して海相就任を断り不成立）↓第二次大隈重信内閣の海相で初入閣（54歳、大将に昇進）↓寺内正毅内閣の海相（55歳）↓原敬内閣の海相（57歳）↓男爵（59歳）↓1921年、高橋是清内閣の海相（60歳）↓徳川家達（貴族院議長）、幣原喜重郎（駐米大使）とともにワシントン会議の首席全権としてシベリア撤兵と軍縮を基軸とする3条約を締結し翌年帰国↓1922年、官僚と貴族院を母体に立憲政友会の協力を得て海相兼任で内閣組閣（61歳）↓北樺太を除くシベリア撤兵・軍縮を断行（陸軍は山梨半造陸相が「山梨軍縮」を行う）↓1923年、大腸ガンで倒れ病死

（62歳、死の直前に元帥。子爵を授かる）

●**特徴**

非常に無口だが、たまに口を開けば皮肉屋で、相手の神経を逆なでするような発言が多い。普通選挙には反対だったが、選挙法改正による有権者の拡大は認めていた。また、ロシアという従来の仮想敵国が無くなった後の海軍はどうあればいいのか、という明確な答え（＝海軍を国家の平和外交手段の後ろ盾にする）を持っていた。

●**好き**

風刺漫画と酒。胃腸が弱いのに酒はガンガン飲んだ。

●**名言**

1≡「艦長、取り舵一杯！」（日本海海戦で敵前大回頭〔T字戦法〕を指示。激戦中、東郷司令官と加藤参謀長の2人は「三笠」の最上艦橋に立ち続けた）

2≡「日本は、米国政府の軍備制限案に現れたる其目的の誠実なるを深く多とするものなり。日本は、本提案が各国民をして著しく冗費を免れしめ、且つ必ずや世界の平和を助長すべきを思いて満足するものなり」（ワシントン会議で演説し、その深い見識や誠実で堂々たる態度をフランス首相になぞらえ「日本のクレマンソー」と絶賛された。各国の海軍軍人からは「世界の海軍軍人の中から加藤のような偉大なアドミラル・ステイツマン（政治力のある提督〕が出たことは、我々の誇りである」との声も聞かれた。

●エピソード

1☰日本海海戦の大勝後、「三笠」内で若い士官や候補生に「やあ、今日はご苦労だった」とニッコリ語りかけて去った時、一同は「参謀長の笑顔を初めて見た」と感嘆した。

2☰東京の自宅に帰った時、祝いのため自宅に人々が押しかけてきたが、お祭り騒ぎの嫌いな加藤は居間から浴衣姿で現れて「何の御用ですか」と不愛想に言い放った。

3☰ワシントン海軍軍縮条約締結に伴い廃艦が決定し、研究射撃の標的艦に指定されたのが姉妹艦「薩摩」「安芸」。海軍閥を象徴する山本・東郷の出身地名と加藤の出身地名を冠した初の自国建造戦艦に対する非情な仕打ち。「海軍育ての親」加藤の死の2年後に2艦とも沈没させせられ、海軍軍人・兵たちは涙した。

●加藤友三郎が始めたもの

1☰「月月火水木金金」（日本海海戦に臨む「三笠」における猛訓練の様子を表した言葉）

2☰**シベリア撤兵**（加藤は「外交上まれにみる失政」と考えていた）

3☰**陸・海軍の大軍縮**（組閣の4カ月前に、陸軍・長州閥の元老山県有朋（やまがたありとも）も亡くなっていた）

●豆知識

広島市の比治山公園には、金属供出された銅像の台座のみが残る。

第23代総理

ぬらりひょん

清浦奎吾（きようらけいご）

枢密院

1924年1月7日〜6月11日
157日

就任の経緯

虎の門事件で総辞職した第二次山本権兵衛内閣の後は、来るべき皇太子の結婚式・総選挙を無難に終わらせる意図もあり、元老の西園寺公望が清浦奎吾を推挙した。

※清浦は、山県有朋の下で司法・警察官僚を歴任。山県の死後、山県閥の文官部門（官僚・貴族院・枢密院勢力）を引き継ぎ、枢密院議長となった側近。

就任時の年齢

74歳

退陣の理由

1924年、「護憲三派」（憲政会・立憲政友会・革新倶楽部）による第二次護憲運動の結果、総選挙に敗れたため。なお、清浦は普通選挙に反対はしていなかった。

● **キャッチフレーズ**

1 「鰻香内閣」 1914年、第一次山本権兵衛内閣がシーメンス事件で総辞職した後、組閣の大命を受ける。しかし、加藤友三郎が予算削減に反対し海相就任を断ったことで流れ、鰻の蒲焼の匂いを嗅いだだけのように幻に終わった、と表現された。本人の容貌はウナギに似ているが関係はない。

2 「特権内閣」 1923年、第二次山本内閣が虎の門事件で総辞職し、年が明けてから組閣。組閣時の清浦は高齢の枢密院議長で、貴族院の院内会派である研究会を母体とした**超然主義**の「貴族院内閣」だったため、〝大正デモクラシー〟の風潮の下で批判された。しかし本人は熊本の平民出身で、藩閥も軍閥も学閥も関係なく昇進してきた努力の人だった。

● **生没年** ☞ 晩年は〝**重臣**〟として重臣会議の一員となった

1850（嘉永3）年2月14日〜1942年11月5日（92歳没）

山県有朋の12歳下。同じ準元老的扱いの人物としては山本権兵衛の2歳上。

● **出生** ☞ **熊本県（肥後国）出身**

熊本県山鹿市で、熊本藩の**浄土真宗の僧**である大久保家の五男に生まれる。幼名普寂。11歳で熊本城下の名門寺院の養子となるが、帰ってきてしまう。

●学び

10歳から学んでいた漢学の素養を活かし、15歳で豊後国日田（現在の大分県日田市）の咸宜園（広瀬淡窓が創始した全国最大規模の私塾で淡窓はすでに死去）に入門。明治維新を挟む6年間の苦学で大舎長（都講）（＝生徒代表・塾頭）となり、この頃から清浦奎吾と名乗る。当時、日田県知事だった松方正義とも面識があった。

●キャリア

熊本城下に私塾を開く（21歳）→上京して埼玉県の小学校校長（22歳、前日田県知事で初代埼玉県令となっていた野村盛秀の紹介）→埼玉県庁で近代教育改革にあたる（23歳）→司法省へ出仕（26歳）→検事（27歳）→1880年、フランス人顧問ボアソナードの下で治罪法（のちの刑事訴訟法）制定に関わる（30歳）→新設の参事院（のちの内閣法制局）へ（31歳）→内務省へ（32歳）→山県有朋内相の下で警保局長（現在の警察庁長官）として警察の近代化に取り組む（36歳）→貴族院議員（41歳、警察・監獄・地方自治制度視察のため渡欧）→帰国後に司法次官（42歳）→法典調査会委員（44歳）→中国視察後に第二次松方正義内閣の司法大臣で初入閣（46歳）→第二次山県内閣の法相（48歳）→第一次桂太郎内閣の法相（51歳）→男爵（52歳）→農商務大臣に転任（53歳）→内相を兼任（55歳）→枢密顧問官（56歳）→1914年、第一次山本権兵衛内閣退陣後に組閣の大命を受けるも加藤友三郎が海相就任を断り不成立（64歳）➡枢密院副議長（67歳）➡1922年、元老山県の死を受けて枢密院議長（72歳）➡1924年、貴族院を母体に内閣組閣（74歳、第二次護憲運動により総選挙に敗れ総辞職）➡伯爵（78歳）➡重臣会議で元老西園寺公望・内大臣牧野伸顕らとともに岡田啓介を首相に推薦（84歳）➡1941年、木戸幸一・若槻礼次郎らと重臣会議に出席し東条英機内閣が成立（91歳）➡1942年、病死（92歳）

●ライバル

清浦は、平田東助・白根専一・大浦兼武とともに山県系官僚「四天王」と称された。

●世話になった人

山県有朋（内相時代から清浦を引き立てる）、ボアソナード（フランス法を伝授）。

●味方

床次竹二郎（政友本党を結成して立憲政友会から独立、清浦内閣の準与党に）

●名言

「人生、ぬらりと生きてひょんと死ぬ。そんなものじゃあないのかね」

●豆知識

妻の錬子は、荏原女学校（のちの品川高等女学校）初代校長。現在の品川女子学院で、高等部は広末涼子が通い有名に。また、玄孫（ひ孫の子）は歌手・女優の清浦夏実。

第24代総理

信念のスリーダイヤ

加藤高明

憲政会

1924年6月11日～
1926年1月28日
597日

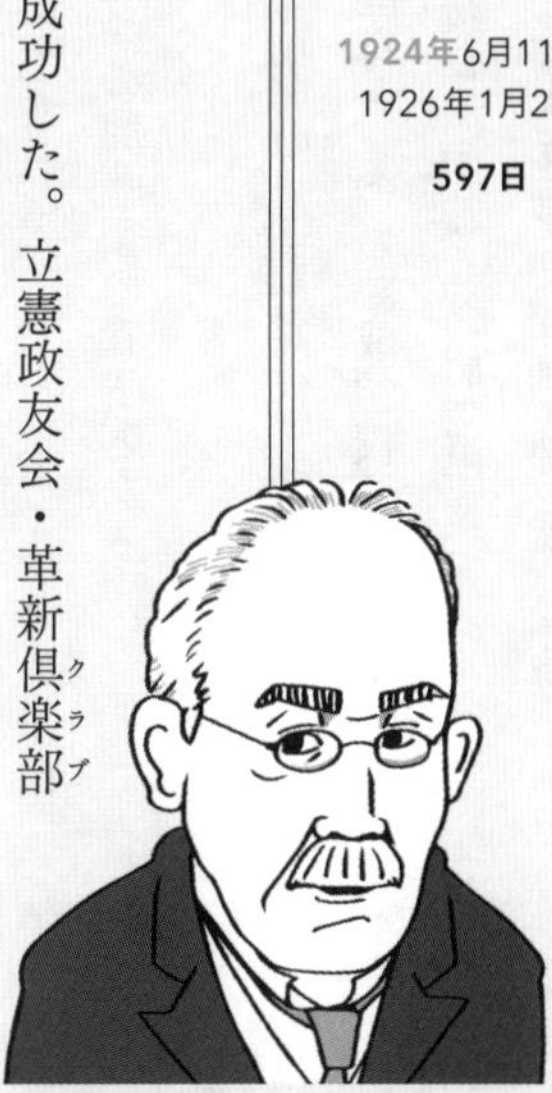

●組閣の経緯

第二次護憲運動後の総選挙で清浦奎吾内閣の倒閣に成功した。立憲政友会・革新倶楽部との「護憲三派」連立、のち加藤高明の憲政会単独に改造。

●就任時の年齢

64歳

●退陣の理由

衆議院で答弁中に倒れ、数日後に亡くなる（史上唯一の議会で倒れ亡くなった首相）。

●キャッチフレーズ

1 「信念の人」仏頂面の堅物で信念を曲げることがない。

2 「三菱の大番頭」「三菱の婿」妻は三菱の創始者・岩崎弥太郎の長女で、社交性に富み夫をよく助けた。岩崎家・三菱には「政治に接触してはならない」という家訓・社訓があり癒着を避けたが、確かに経済的心配はなく、加藤は意思や主義を貫きやすかった。

3 「イギリス趣味」イギリス貴族のような性格で、**急進を嫌い漸進を好んだ。**

●生没年

1860（安政7）年1月3日〜1926年1月28日（66歳没）

高橋是清の6歳下・犬養毅の5歳下・原敬の4歳下。憲政会では、若槻礼次郎の6歳上・浜口雄幸の10歳上。妻の妹の夫である幣原喜重郎の12歳上。

●出生👉愛知県（尾張国）出身

愛知県愛西市で、**尾張藩**の下級武士、服部家の次男に生まれる。幼名総吉。父は佐屋代官所の手代頭で裕福。10歳で母を亡くし、12歳で遠縁の加藤家の養子となる。

●学び

10歳で藩校明倫堂に入学し、藩立のち県立洋学校（現在の旭丘高校）で英語を学ぶ。13歳で上京し、翌年から東京外国語学校（東京英語学校）、のち開成学校予科にも通う。1877年、17歳で新開校の**東京大学**に入学。4年後に**法学部を首席で卒業**。

※加藤が学校教育を終えた1881年まで官立学校はイギリス流教育が主流。この年に明治十四年の政変で大隈重信一派が失脚し、以後はドイツ流が優勢となる。

●キャリア

郵便汽船三菱会社に入社（21歳、東大卒業後に官僚にならないのは異例）↓イギリスに赴任（23歳、ほぼ留学扱い）↓ロンドンで矢野龍渓や陸奥宗光の調査を助ける（24歳）↓帰国して三井系の共同運輸会社との合併により成立した日本郵船会社に移る（25歳）↓岩崎弥太郎の長女春路と結婚（26歳）↓井上馨外相の下で外務省に出仕（27歳、陸奥の推薦）↓大隈重信外相の秘書官（28歳）↓大隈外相遭難により辞職（29歳）↓大蔵省に出仕（30歳）↓銀行局長のち監査局長（31歳）↓主税局長（32歳）↓陸奥外相の下で外務省に戻り駐英公使（34歳、当時は公使が最上級）↓帰国（39歳）↓1900年、第四次伊藤博文内閣の外相として初入閣（40歳）↓第四次伊藤内閣総辞職（41歳、第一次桂太郎内閣での外相留任を断る）↓無所属で衆議院議員選挙に出馬し初当選（42歳）↓次の総選挙で落選するも繰り上げ当選（43歳）↓伊東巳代治から保守系の東京日日新聞を買収し社主・社長（44歳、のちの毎日新聞）↓1906年、第一次西園寺公望内閣の外相（46歳、鉄道国有化に反対し辞職）↓ロンドンで駐英大使（48歳）↓1911年、第三次日英同盟協約締結後に一時帰国し男爵（51歳、東京日日新聞の経営権を大阪毎日新聞に譲渡）↓桂と面会し意気投合した後ロンドンへ帰任（52歳）↓第一次護憲運動の中で帰国して第三次桂内閣の外相（53歳、大正政変で総辞職後は第一次山本権兵衛内閣での外相留任を断る）↓病身の桂を中心に設立された立憲同志会初代総理に選出↓1914年、第二次大隈内閣の外相として第一次世界大戦に参戦（54歳、日英同盟を口実にドイツへ宣戦布告）↓1915年、『二十一カ条の要求』を中華民国袁世凱政権に提出（55歳）↓同年、「大浦事件（大浦内相の選挙干渉・買収事件）」で総辞職を唱えたが容れられず外相を単独辞職し貴族院議員に↓1916年、立憲同志会が中正会・公友倶楽部と合同し憲政会へ発展（56歳、憲政会初代総裁、子爵）↓寺内正毅内閣が臨時外交調査委員会を設置するが「外交は首相の下で外相が専管すべき」と委員就任を断る（57歳、立憲政友会原敬と立憲国民党犬養毅は就任、原は「加藤は馬鹿な男だ」と呆れた）↓1920年、普通選挙実施論に転換し総選挙で敗北（60歳、それまでは政友会と同様に反対していたが階級闘争の激化を懸念し転換）↓1922年、高橋是清内閣総辞職後に首相候補の一人となる（62歳、結局は海軍の加藤友三郎が組閣）↓1924年、第二次護憲運動で総選挙に勝利し「護憲三派」連立内閣を組閣（64歳）↓1925年、日ソ基本条約・治安維持法・普通選挙法（65歳、この年「護憲三派」提携が破れ憲政会単独内閣に改造）↓1926年、施政方針演説に対する質問答弁中に倒れ亡くなる（66歳、伯爵）

●ライバル

原敬（立憲政友会第3代総裁のち首相）、林董（駐英公使↓大使のち外相）、内田康哉（のち外相）は外務省時代から競い合った。政党人となってからは、日露提携と挙国一致型政党を主張する後藤新平（各大臣を歴任）もライバル。

●**世話になった上司**

大隈重信・陸奥宗光。大隈の「国民葬」では加藤が葬儀委員を代表し弔辞を読んだ。

●**味方→敵**

井上馨（官僚時代は世話になったが、外相時代は外交機密が漏れるからと加藤が元老の井上を無視し続けたので、「見ることをも快（こころよ）しとせざる」と嫌われた）

●**敵→味方**

加藤は当初、山県系の桂太郎を認めず、第一次内閣の組閣時には外相留任を断った。しかし第三次内閣で外相を引き受け、桂の立ち上げた新党＝立憲同志会も引き継いだ。

●**好き**

1 ═ 人物➡大隈重信（イギリス流が好き）、陸奥宗光。
2 ═ 国家➡同じ海洋国家のイギリス。
3 ═ 組織➡海軍（イギリス流が好き）。

●**嫌い**

1 ═ 人物➡官僚時代に板垣退助を「時代遅れの老漢」と侮っていた。また、青木周蔵外相の力も認めていなかった。

2≡国⬇ロシア、ドイツ（とにかくイギリスが好き）。

3≡組織⬇藩閥と陸軍（ドイツ流は嫌い）。イギリス流議院内閣制・二大政党制を理想とする加藤は、特に閣外の元老が国政に口出しするな、と正論を主張し続けた。

●**名言**

「苦節十年」立憲同志会は1913年に野党としてスタート、憲政党に発展後の1924年にようやく政権奪取。

●**エピソード**

朝寝坊。忙しい時にも必ず朝8時まで寝る。

●**加藤高明が始めたもの**

1≡在外大使・公使の地位を高める（これまで重要事項は日本に駐在する各国の大使・公使と外務省の間で交渉され、在外の外交官は軽んじられていた）
2≡「憲政の常道」（衆議院の多数党の党首が内閣を組織し国民の支持を失えば野党第一党の党首に政権を譲る慣習）
3≡初の「総選挙に勝利した結果組閣した首相（戦前で唯一）」
4≡初の「東大出身の首相」
5≡普通選挙法と治安維持法＝〝飴（アメ）と鞭（ムチ）〟の政策（枢密院・貴族院の圧力もあり、生活援助

を受ける者に参政権は認められなかったが、有権者は約4倍となった）

6 陸軍の軍縮完了と軍事教練の正課化（**宇垣一成陸相による4個師団削減**、現役将校による男子中等学校以上の軍事教練を創設）

●得意

1 **英語**（高レベルに使いこなし英語演説の方がやりやすいと語る）

2 学業全般（**文系最難関の東大法学部を首席卒業**、のち若槻礼次郎・岸信介・福田赳夫も首席）

3 財政と外交（唯一の「局長級以上の大蔵・外務官僚をともに経験している首相」）

●趣味

相撲観戦。毎場所のように加藤の相撲評が新聞に掲載されていた。

●豆知識

1 イギリス流の海洋国家論者で、一貫して海軍拡張・陸軍縮小を唱えた。

2 **妻の妹が幣原喜重郎に嫁いだ**。2人とも三菱・岩崎弥太郎が岳父の〝義兄弟〟。

3 東急グループの総帥五島慶太は、東大の学生時代に加藤夫妻がロンドンへ再赴任する際に家庭教師として息子を託され、2人で屋敷に暮らしたことがある。

第25・28代総理

東大王

若槻礼次郎（わかつきれいじろう）

憲政会→立憲民政党

第一次内閣
1926年1月30日～
1927年4月20日

第二次内閣
1931年4月14日～
12月13日

計690日

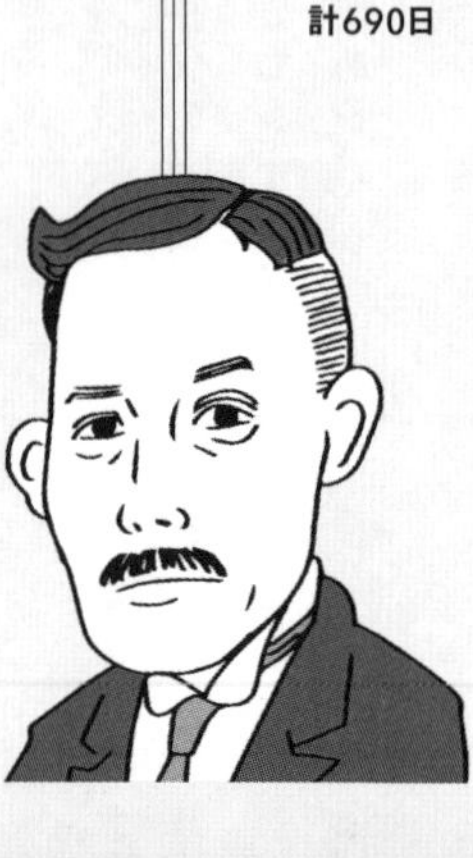

● 就任の経緯

同じ党の加藤高明（憲政会）、浜口雄幸（立憲同志会）が急死したことによる2度の**代打**。

● 就任時の年齢

第一次内閣60歳、第二次65歳

● 退陣の理由

第一次内閣➡**金融恐慌**の収拾をはかり、国会閉会中に「台湾銀行救済緊急勅令案」を提出したが、枢密院に否決されたため。枢密顧問官の伊東巳代治は、憲政会の協調的な「幣原外交」に反対していた。第二次➡昭和恐慌の本格化と**満洲事変勃発に際しての閣内不一致**（安達謙蔵内相vs井上準之助蔵相・幣原喜重郎外相）。

●**生没年**

1866(慶応2)年2月5日〜1949年11月20日(83歳没)

加藤高明の6歳下。浜口雄幸の4歳上で幣原喜重郎の6歳上。

●**キャッチフレーズ**

1 「**昭和初の宰相**」在任中に大正天皇が病死。

2 「ワカツキはウソツキ」「嘘ツキ礼次郎」前者は1926年、政界汚職「**松島遊郭事件**」の尋問を受けた時の非難。後者は1927年、閣僚や党員に内緒で開いた憲政会・政友本党・立憲政友会の三党首会談で「然(しか)るべき時期に政権交代する」と約束し不信任案・総選挙を回避したが、なかなか交代しなかったことから。

3 「カネのできない総裁」清廉潔白だが、政治とは清濁併せ呑み全体を生かす優先順位を考えるものなので、党首としての魅力に欠けた。

●**出生**☞**島根県(出雲国(いずものくに))出身**

島根県松江市で、**松江藩**の足軽奥村家の次男として生まれる。実家は極めて貧乏で、2歳の時に母を失う。のち上京して司法省法学校に在学中、叔父の若槻家の養子となり、数年後に従妹(いとこ)と結婚し婿養子扱いに。

●学び

松江第一中学校（現在の松江北高校）に進むが、学費が続かず中学を中退。15歳から小学校の代用教員を務めつつ陸軍士官学校を受験するが体格検査で落ちる。18歳の時、叔父の若槻家に借金して上京、学費のない司法省法学校を経て第一高等中学校➡帝国大学。26歳で帝国大学法科首席卒業（総合98.5の歴代最高成績）。

●キャリア

大蔵省に出仕（26歳）➡愛媛県収税長（28歳）➡主税局長（38歳）➡第一次西園寺公望内閣の阪谷芳郎大蔵大臣の下で大蔵次官（40歳、西園寺首相と占領下の満洲を視察）➡特派財政委員としてロンドン・パリに駐在（41歳）➡第二次桂太郎内閣の桂首相兼蔵相の下で大蔵次官（42歳）➡第二次桂内閣退陣とともに大蔵省を退官（45歳、貴族院議員）➡1912年、桂の訪欧に随行しモスクワへ➡明治天皇崩御により帰国し第三次桂内閣の大蔵大臣で初入閣（46歳）➡立憲同志会結成に参加（47歳、党総務）➡第二次大隈重信内閣の蔵相（48歳）➡立憲同志会総理の加藤高明外相とともに辞任（49歳）➡憲政会結成に参加（50歳、副総裁）➡1924年、加藤「護憲三派」内閣の内務大臣（58歳）➡1925年、加藤「憲政会単独」内閣でも内相として普通選挙法・治安維持法制定に関わる（59歳）➡1926年、加藤首相の病死で第2代憲政会総裁となり第一次内閣組閣➡年末の大正天皇崩御により「昭和」と改元（60歳）↓1927年、片岡直温蔵相の失言を契機に金融恐慌が起き総辞職↓憲政会が政友本党と合同し立憲民政党に（61歳、浜口雄幸が初代総裁で若槻は顧問）↓1930年、ロンドン海軍軍縮会議首席全権として海軍軍縮条約に調印（64歳、猛勉強した専門知識を駆使し「シヴィル・アドミラル（文官提督）」と称賛される）↓1931年、前年に東京駅で撃たれた浜口首相に代わり第2代立憲民政党総裁となり第二次内閣組閣（65歳、男爵）↓同年、満洲事変勃発に対し不拡大方針を発表するも閣内不一致で総辞職↓1934年、重臣会議に列席し岡田啓介内閣成立に関わる（68歳）↓立憲民政党総裁を町田忠治に譲る（69歳）↓以後、「現状維持派」「新英米派」と攻撃されながらも重臣として日米開戦に反対↓1944年、重臣会議で東条英機首相を詰問し退陣に追い込む（78歳、戦争末期は岡田啓介らと和平工作に尽力）↓1945年、終戦（79歳、ポツダム宣言受諾を決定する重臣会議にも出席）↓1949年、病死（83歳）

●エピソード

1≡法政大学との関係↓大蔵官僚時代、東京帝大の恩師梅謙次郎（松江藩の6歳先輩で法政大学初代総理）に呼ばれ、和仏法律学校↓法政大学の講師を務める。政治家となった後も理事や顧問を務めた。

2≡朴烈夫妻の怪写真↓関東大震災時の爆弾による大正天皇暗殺未遂として1926

年に死刑判決が出た「朴烈事件」で、朴烈・金子文子夫妻が東京地裁の一室でイチャつく怪写真が流出。若槻内閣は「取り締まりが甘い」「そういえば優柔不断」「そもそも頼りない」等と、特に関係ない立場なのにとばっちりを受けた。

3 平和主義者➡極東国際軍事裁判（東京裁判）のキーナン首席検事は、1948年の結審前に、若槻（元首相）、岡田啓介（元首相）、宇垣一成（元陸相・外相など）、米内光政（元首相）の4人を「戦前を代表する平和主義者」としてパーティーに招いた。

4 若槻を信頼していた昭和天皇に戦後「満洲事変をどうして阻止できなかったのか？」と尋ねられて、他人に迷惑がかかると思い「忘れました」と答えた。

● **趣味**

酒と漢詩。

● **著書**

『古風庵回顧録』は近代日本史の一級史料。

● **豆知識**

狭心症で亡くなった静岡県伊東市の別邸は「伊東わかつき別邸」という温泉旅館だったが2010年に閉館。その後、日帰り温泉施設となったが2015年に廃業。

I am the Prime Minister of Japan.

第3章

昭和時代（戦前）の総理大臣

第26代総理

おらがおらが

田中義一

立憲政友会

1927年4月20日～1929年7月2日

805日

●組閣の経緯

金融恐慌で憲政党の第一次若槻礼次郎内閣が退陣。「憲政の常道」の慣習にのっとり、元老の西園寺公望が元陸軍人で立憲政友会総裁の田中義一を首班に推挙。

※政党（立憲政友会）・軍閥（陸軍）・藩閥（長州）が妥協し合った極みといえる存在。

●就任時の年齢

63歳

●退陣の理由

張作霖爆殺事件（満州某重大事件）の犯人捜しの報告において、古巣である陸軍の圧力から二枚舌を使い関東軍参謀河本大作大佐をかばったことで、激怒した昭和天皇から「お前の最初に言ったことと違うじゃないか」「辞表を出してはどうか」と叱責され恐懼。

再度の拝謁も断られて今後の政権運営を絶望したため。天皇は上奏の場に隣席した鈴木貫太郎侍従長に「田中総理の言うことはちっとも判らぬ。再び聞くことは自分は厭だ」と発言、それも田中に直接伝えられた。3カ月後に田中が急死し、**昭和天皇は自らの叱責が総辞職と死につながったのではと悩み、以後は政府の方針に不満があっても口を挟むことを慎んだ**という。また天皇は、陸軍出身の元老山県有朋から長州閥から薩摩藩島津氏の血を引く皇后良子との結婚に反対された宮中某重大事件（1920〜21年）を恨み、同じ陸軍・長州閥の田中に不信感があったか？

●生没年

1864（元治元）年6月22日〜1929年9月29日（65歳没）
陸軍・長州閥としては桂太郎の17歳下・寺内正毅の12歳下。立憲政友会総裁（5代）としては、高橋是清（4代）の10歳下・犬養毅（6代）の9歳下。

●キャッチフレーズ

「おらが首相」「おらが大将」方言丸出しで、自らを指して「おらが、おらが」を連発。初対面だろうが誰にでも気さくに話しかけ、大衆的人気を売りにした。ちなみに寿屋（現在のサントリー）は、田中義一をヒントに**「オラガビール」**を発売している。

●出生 ☞ 山口県（長門国〔ながとのくに〕）出身

山口県萩市で、長州藩の足軽（藩主の御陸尺〔ごろくしゃく〕〔六尺〕＝駕籠〔かご〕かき）の三男として生まれる。幼名は乙熊〔おとくま〕。１００ｍほど離れた場所に高杉晋作の生家がある。田中家は明治維新後に傘の製造・販売を生業としたが、あまり振るわなかった。

●学び

役場の給仕に採用され働く（10歳、のち漢学者の育英塾に通う）↓小学校の代用教員に採用（12歳、前原一誠〔まえばらいっせい〕が起こした萩の乱に参加したが年少のため許される）↓石部誠中〔いしべせいちゅう〕（桂太郎の従弟でのち岡山県令）に師事（13歳）↓石部の推挙で長崎裁判所判事の書生に（15歳）↓上京し陸軍教導団砲兵科に入学（19歳、下士官の養成所）↓同年、陸軍士官学校歩兵科に入学↓卒業（22歳、同期に山梨半造ら）

●キャリア

少尉（22歳）↓陸軍大学校入学（25歳、中尉）↓卒業（28歳）↓第一師団副官（29歳）↓１８９４年、第二旅団副官として日清戦争に出征（30歳、大尉）↓参謀本部部員（32歳）↓陸軍大学校教官（33歳）↓諜報部員としてロシアに4年間留学（34歳）↓少佐（36歳）↓帰国（38歳）↓再び陸軍大学校教官（39歳）↓１９０４年、満洲軍参謀として日露戦争に出征し児玉源太郎の下で活躍（40歳、中佐）↓長大な意見書『随感雑録』を執筆（42歳）↓１９０７年、山県有朋の下で『帝国国防方針』の草案作成（43歳、大佐）➡陸軍省軍事課長（45歳）➡少将に昇進し帝国在郷軍人会を設立（46歳、初代会長は寺内正毅）➡陸軍省軍務局長（47歳）➡1912年、2個師団増設問題で第二次西園寺公望内閣の上原勇作陸軍大臣を単独辞職に導く（48歳、桂園時代の「情意投合」路線を破綻させ第一次護憲運動が起こる）➡欧米各国に出張（49歳、途中の大連で発病し三カ月間の入院中に意見書『滞満所感』を執筆）➡帰国（50歳）➡参謀次長（51歳、中将）➡各地で在郷軍人のために講演（52〜53歳、その間に2個師団増設を実現し中国にも出張）➡1918年、原敬内閣の陸相として初入閣（54歳）➡男爵（56歳）➡大将（57歳）➡1922年、元老山県有朋が病死（58歳、名実ともに陸軍・長州閥の最高指導者に）➡第二次山本権兵衛内閣の陸相（59歳）➡予備役に編入され第5代立憲政友会総裁（61歳、この時の持参金300万円が陸軍機密費の横領ではないかとの疑惑あり）➡貴族院議員（62歳）➡1927年、首相兼外相として内閣組閣（63歳、のち内相・拓相を一時兼任）➡前政友会総裁高橋是清を蔵相に金融恐慌を収拾➡第1次山東出兵、東方会議開催のかたわらジュネーブ海軍軍縮会議に首席全権として斎藤実を派遣（田中「積極外交」「二面外交」）➡1928年、第2・3次山東出兵（その間に済南事件起こる）➡国内では初の普通選挙実施後、三・一五事件で共産党員を弾圧（治安維持法に死刑を追加するなど改悪）➡張作霖爆殺事件、パリ不戦条約に内田康哉を派遣（64歳、国内では昭和天皇即位の御大典を京都

で挙行）➡1929年、**四・一六事件**で共産党員を再弾圧➡**昭和天皇の不興を買い総辞職**

後に狭心症の発作で急死（65歳）

●友人

日露戦争で散った海軍の〝軍神〟広瀬武夫中佐。ロシア駐在時代に一緒に酒を飲んだり社交ダンスを習ったりした。

●世話になった上司

山県有朋、**桂太郎**、児玉源太郎、**寺内正毅**ら歴代の陸軍・長州閥の面々。

※張作霖爆殺事件で関東軍をかばい切れなかった田中の退陣・引退後は、陸軍内で長州藩・山口県出身者は冷遇されることとなった。陸軍自体は処罰されず昭和天皇は口出しに反省、これが後の陸軍暴走につながるターニングポイントになった。

●側近

陸軍では宇垣一成（かずしげ）（のち組閣の大命が下るも流れる）や小磯国昭（のち首相）。外務省では**政務次官森恪**（つとむ）が東京での**東方会議**（1927年）を仕切った。

●エピソード

1≡ロシア駐在武官時代、溶け込むためにさまざまな努力を惜しまなかった。「ギイチ・ノブスケビッチ・タナカ」というロシア風の名刺を持ち歩き、東方正教会にも入信、社交ダンスまで修得した。また、ロシアの連隊にも所属し、内部から軍を観察した。

2 58歳の時、招待によるフィリピン訪問の帰途、上海で朝鮮独立運動家に狙撃されたが、無傷だった。

3 田中の死後、東アジア侵略政策を天皇に極秘上奏したとされる怪文書「**田中上奏文**（**田中メモランダム**）」が特に中国において流布されたが、日本の歴史学界では贋作というのが定説。

●田中義一が始めたもの

1 初の普通選挙実施（1928年）

2 治安維持法に死刑を追加（1928年、特別高等警察（特高）も全国に拡大）

3 初代**拓務大臣**（1929年、首相と兼任）

●得意

1 ロシア語（通訳抜きで済ませた）

2 人前で話すこと（堂々たる雄弁で、原稿を見ずにいくらでも喋れた）

3 お洒落（羽織や礼服などを大量に作り、着替えることが趣味。長身でスタイルも良く、和装も洋装も似合っていた）

●豆知識

タモリの本名である森田「一義」は、田中「義一」の名を反転しつけられたもの。

第27代総理

ライオン宰相

浜口雄幸(はまぐちおさち)

立憲民政党

1929年7月2日～
1931年4月14日
652日

● **組閣の経緯**

張作霖(ちょうさくりん)爆殺事件で昭和天皇の不興を買い、立憲政友会の田中義一(ぎいち)内閣が総辞職。「憲政の常道」にのっとり元老・西園寺公望(きんもち)が立憲民政党の浜口雄幸を首班に推挙。

● **就任時の年齢**

59歳(初の明治生まれの首相で、憲政会が立憲民政党となってから初の組閣)

● **退陣の理由**

海軍軍令部・枢密院・立憲政友会などの反対を押し切りロンドン海軍軍縮条約を調印・批准(ひじゅん)したことが批判を浴び、東京駅のホームで国家主義者の青年に狙撃されて重傷を負ったため。臨時首相代理に立憲民政党員ではない幣原喜重郎(しではらきじゅうろう)外相が立ったが、浜口は9カ月後に死亡した。

●生没年

1870（明治3）年4月1日～1931年8月26日（61歳没）
加藤高明の10歳下、若槻礼次郎の4歳下。幣原喜重郎の2歳上。

●キャッチフレーズ

「ライオン宰相」その風貌から。また、根回しを嫌い、断固たる姿勢で政局に臨む（頑固で融通が利かない）性格から。政財界のみならず大衆人気も高かった。

●出生 ☞ **高知県（土佐国）出身**

高知市で、土佐藩の御山方として山林管理を務める郷士（ただし長宗我部家臣の系統ではない）水口家に、三兄弟の末子として生まれる。

●学び

尋常小学校・高等小学校を経て**高知中学**（現在の高知追手前高校）に入学（13歳）↓当時大阪にあり翌年京都に移転した**第三高等中学校**に入学（18歳）↓在学中に高知県東部の郷士浜口家の養嗣子に（19歳、翌年娘と結婚し婿養子状態に）↓**帝国大学法科**政治学科に入学（21歳）↓好成績で卒業（25歳）

●キャリア

大蔵省に入省（25歳）↓山形県のち島根県収税長（26歳）↓大蔵省書記官兼参事として本

省勤務（27歳、大臣官房会計課長時に上司の大臣秘書官と対立・論争）↓名古屋のち松山税務管理局長（28歳）↓熊本税務管理局長（29歳）↓東京税務監督局長（32歳、先輩の若槻礼次郎らの尽力で東京に戻れた）↓煙草専売局書記官（34歳）↓専売局第一部長（36歳）↓**専売局長官**（37歳）↓**逓信次官**（42歳、第三次桂太郎内閣の逓信大臣後藤新平の誘いで政界入り）↓1913年、大正政変による第三次桂内閣総辞職とともに逓信次官辞任↓桂の死後加藤高明を党首に結党された**立憲同志会**に入党（43歳）↓第二次大隈重信内閣の大蔵大臣若槻礼次郎の推薦で**大蔵次官**（44歳）↓**衆議院議員総選挙に初当選**、大蔵省参政官を務めるが大隈内閣総辞職により辞任（45歳、現在の大臣政務官）↓中正会などと合同し結党された**憲政会**の総務となる（46歳、総裁に次ぐ7名の重要ポスト）↓総選挙で落選（47歳、浪人中もクサらず議会や党本部に精勤し地方遊説にも出向く）↓補欠選挙で当選（49歳、**衆議院議員を終生貫く**）↓総選挙で当選（50歳）↓1924年、第二次護憲運動の結果成立した**加藤高明「護憲三派」内閣の蔵相として初入閣**（54歳）↓1925年、加藤「憲政会単独」内閣でも蔵相に留任（55歳）↓第一次若槻内閣の**蔵相**のち**内相**（56歳）↓1927年、金融恐慌で若槻内閣総辞職↓新党倶楽部（政友本党）と合同し結党された**立憲民政党初代総裁**（57歳、気管支炎・肺炎を併発していたので固辞し続けたのち受諾）↓1929年、立憲政友会田中義一内閣総辞職にともない**内閣組閣**（59歳、「**十大政綱**」を閣議決定のうえで首相声明として発表、蔵相に井上準之助を登用）⬇1930年、金解禁⬇ロンドン海軍軍縮条約調印・批准による統帥権干犯問題⬇東京駅で狙撃され重傷を負う（60歳、この年に昭和恐慌始まる）⬇1931年、重要産業統制法を公布するが、手術後の容体悪化のため総辞職のち死去（61歳）

●**追加知識**

浜口内閣のマニフェストである「十大政綱」は、①政治の公明、②国民精神の作興、③綱紀の粛正、④対支（＝中国）外交の刷新、⑤軍備縮小の完成、⑥財政の緊縮整理、⑦国債総額の低減、⑧金解禁の断行、⑨社会政策の確立・国際貸借の改善・関税改正、⑩教育の改善・税制整理・義務教育費国庫負担の増額・農村経済の改善。

●**味方**

若槻礼次郎（大蔵省時代の先輩で先に首相となる）。幣原喜重郎（第三高等中学校と帝国大学の同級生で外相として協調外交「幣原外交」を展開）

●**敵**

統帥権干犯問題（＝大日本帝国憲法第11条で天皇が有する統帥権の干犯を追及されるが浜口は内閣の輔弼事項の第12条編成権と反論）で対立した、加藤寛治（海軍軍令部長）、鳩山一郎（立憲政友会総務委員、入院中の浜口に執拗な議会登壇要求）ら。

●名言

「かかることは**男子の本懐だ**」狙撃後に東京駅の貴賓室で、駆けつけた幣原外相に。

●エピソード

1≡両親が女子誕生を願い「お幸（さち）」という名を考えていたが男子だったので反転させ「幸雄（さちお）」と命名されるはずが、役所に行く途中で泥酔した父親が間違えて出生届を前後逆に書きそのまま「雄幸」に。

2≡毎日帰宅後に少し仮眠を取った後、夜中の2～3時まで読書と勉強を欠かさなかった。朝は6時過ぎから日刊新聞全紙に目を通すなど、終生勤勉ぶりが際立つ。

●浜口雄幸が始めたもの

1≡1917年の寺内正毅（まさたけ）内閣以来停止されていた**金輸出を解禁**。井上準之助蔵相が緊縮財政〔デフレ財政〕を展開。

2≡ラジオで国民に直接自分の政策を訴えた初の首相。

●豆知識

その風貌から同じく「ライオン宰相」扱いされた小泉純一郎首相の祖父又次郎は、浜口内閣の逓信大臣。また、城山三郎の小説『男子の本懐』で個人としての生きざまは英雄視されているが、首相としては根回し下手で柔軟さを欠いた。

第29代総理

話せばわかる神様
犬養毅

立憲政友会

1931年12月13日～
1932年5月16日

156日

●組閣の経緯

満洲事変勃発で閣内不一致となった立憲民政党の第二次若槻礼次郎内閣が総辞職。「憲政の常道」にのっとり、元老・西園寺公望が第6代立憲政友会総裁の犬養毅を首班に推薦。約8年続いた戦前の二大政党政治「憲政の常道」最後の内閣。

●就任時の年齢

76歳

●退陣の理由

五・一五事件で海軍青年将校・陸軍士官候補生・橘孝三郎主宰の農本主義団体愛郷塾員らに殺害される。この後、第7代総裁となった鈴木喜三郎は政友会内閣を継続できず、海軍の斎藤実が「挙国一致内閣」を組閣。テロによる初の政権交代。

●生没年

1855（安政2）年4月20日～**1932年5月15日**（77歳没）

高橋是清（これきよ）の1歳下で、尾崎行雄の3歳上・加藤高明（たかあき）の5歳上。

●キャッチフレーズ

1 「**憲政の神様**」第一次護憲運動以来、**尾崎行雄**とともに呼ばれたが、メインは初回から衆議院議員（選挙25回連続当選（最後は落選）の尾崎で、常に「じゃないほう」扱い。しかし犬養は、尾崎に次ぐ18回・補選込みで19回連続当選（落選なし）の記録を持ち、首相にまで駆け上がっている。

2 「**話せばわかる**」襲撃された時に何度もこう言って毅然と対処したが、「**問答無用**」と一斉に射撃された。

3 「産業立国主義」世界の大勢上、産業競争に乗り出す必要を説き、大陸への侵略主義には反対していた。

●出生 ☞ **岡山県（備中国（びっちゅうのくに））出身**

岡山市で、庭瀬藩の大庄屋（郷士）犬飼家の次男に生まれる。

●学び

父から四書五経の素読（そどく）を受け、6歳から元藩医に漢学を学ぶ。10歳で私塾に移り**漢学の**

経典（＝経学）を修めた。13歳で父が亡くなり、翌年から自宅で寺子屋を開く。師が倉敷の教諭所明倫館に移った後は伯父の家に住み込んで通った。1872年、岡山県西部〜広島県東部に設置されていた小田県庁に17歳で出仕するも2年で退職。洋学（＝英学）を志して20歳で姓を「犬養」に改め上京、共慣義塾に通い、二松學舍で漢学も学ぶ。この頃から『郵便報知新聞』に記者として寄稿を始め、学費を賄いながら21歳で福沢諭吉の慶應義塾に転学して英学や経済を学んだ。

●キャリア☞元ジャーナリスト

1877年、郵便報知新聞社から西南戦争の従軍記者として特派され104回にわたる『戦地直報』が大好評となる（22歳）↓常に首席だったが卒業直前の試験のみ2番だったことを恥じ慶應義塾を退学↓『東海経済新報』を創刊し『東京経済雑誌』の田口卯吉と経済学論争を展開し大評判となる（25歳、犬養は保護貿易・田口は自由貿易を説く）↓1881年、矢野龍溪（文雄）の推薦で参議大隈重信の下で統計院に出仕するが3カ月で退官（26歳、明治十四年の政変で大隈が下野したため）↓1882年、大隈の立憲改進党結成に参加（27歳、東京府議会議員にも当選し『東海経済新報』は廃刊）↓『秋田日報』主筆として秋田市に赴任（28歳、「致遠館」という塾を設け経済なども講じたが8カ月で帰京し郵便報知新聞社に復帰）↓特派員として朝鮮に赴く（29歳）↓帰国して『朝野新聞』に移る（30歳）↓尾崎行雄らとともに朝野新聞社幹部に（34歳）↓1890年、東京府会議員を退任し**第一回衆議院議員総選挙で初当選**（35歳、朝野新聞社も退社）↓立憲改進党を脱党し地域政党の中国進歩党を組織（39歳）↓1896年、大隈の**進歩党結成に参加**（41歳、アメリカから中国に帰る途中の孫文と横浜で初会談）↓来日した孫文と再度会談（42歳、宮崎滔天が仲介）↓1898年、進歩党と自由党が合同し憲政党となり**第一次大隈重信内閣（隈板内閣）**組閣↓文部大臣尾崎行雄の共和演説事件での辞任を受けて**文相で初入閣**↓憲政党（旧自由党・星亨ら）と**憲政本党**（旧進歩党・大隈重信ら）に分裂し総辞職（43歳）↓**孫文が日本に亡命し犬養が保護**（44歳、犬養はフィリピン独立革命勢力も支援）↓1905年、孫文が日本で**中国同盟会**を結成（50歳、犬養が玄洋社の頭山満・平岡浩太郎や宮崎滔天とともに支援）↓1910年、憲政本党を母体に**立憲国民党結成**（55歳）↓1912年、立憲政友会に移っていた尾崎行雄とともに「閥族打破」「憲政擁護」を掲げ**第一次護憲運動**の先頭に立ち第三次桂太郎内閣を攻撃（57歳）↓1913年、第一次山本権兵衛内閣の入閣要請を断る（58歳）↓1914年、第二次大隈内閣の入閣要請を断る（59歳、好意的中立を約束）↓三浦梧楼邸にて立憲政友会原敬・憲政会加藤高明と三党党首会談（61歳）↓寺内正毅内閣が設置した**臨時外交調査会委員**となる（62歳）↓原内閣に対し普通選挙運動の先頭に立つ（65歳）↓立憲国民党を解党し**革新俱楽部結成**（67歳）↓1923年、**第二次山本**

内閣の逓信大臣兼文部大臣に就任（68歳、同年「虎の門事件」で総辞職）➡1924年、三浦梧楼邸で立憲政友会高橋是清・憲政会加藤高明と三党党首会談の末「護憲三派」結成➡第二次護憲運動の結果総選挙に圧勝し清浦奎吾内閣を打倒➡加藤内閣の逓相に就任（69歳）➡1925年、革新倶楽部を立憲政友会に合流させ政界引退を表明➡補欠選挙に当選し復帰（70歳）➡1929年、第5代総裁田中義一が急死し第6代立憲政友会総裁（74歳）➡1930年、ロンドン海軍軍縮条約の統帥権干犯問題で浜口雄幸内閣を攻撃（75歳）、1931年、満洲事変後の閣内不一致で総辞職した立憲民政党の第二次若槻礼次郎内閣に代わり組閣（76歳、外相のち内相を兼任）➡1932年、血盟団事件で暗殺対象となるが免れる➡五・一五事件で射殺される（77歳、犯人たちへの国民の助命嘆願があり一人も死刑にはならなかったが、それを批判したジャーナリストは、『信濃毎日新聞』の桐生悠々と『福岡日日新聞』の菊竹六鼓のみだった）

●ライバル

尾崎行雄（咢堂）。慶應義塾の同窓かつ統計院の同僚で、立憲改進党➡進歩党➡憲政党設立や革新倶楽部創設も一緒。少数派になろうとも立憲改進党結党の精神を守り続ける犬養毅（木堂）とは違い、尾崎は党派や態度に一貫性がなく立憲政友会に行ったり中正会を立ち上げたりで、2人は（尾崎の側が勝手に）くっついたり離れたりした。

●**友人**

頭山満（アジア主義を採る玄洋社の総帥で犬養とともに中国問題で活躍※女優黒木瞳の夫の曾祖父）、宇垣一成（軍縮を進めた同じ岡山県出身の陸軍大臣で犬養より13歳下※元アナウンサー宇垣美里の祖父の大叔父）。

●**私淑した政治家**

大隈重信、後藤象二郎（土佐藩→自由党）。

●**世話になった人**

福沢諭吉、矢野龍渓〔文雄〕ら。

●**世話をした人**

孫文（中国から亡命した彼に屋敷を斡旋するなど支援、犬養は蔣介石ら他の中国要人とも親しい）、町田忠治（第3代立憲民政党総裁、『秋田日報』主筆時代の塾生）。

●**名言**

1☰「いまの若いモンを呼んでこい、話して聞かせることがある」五・一五事件で撃たれた直後、介抱する女中に向かって（「話せばわかる」〝大正デモクラシー〟の論理が通じない「問答無用」の昭和7年だった）。

2☰「あんな近いところから撃って、たった2発しか当たらんとは、兵隊の訓練もなっとらんな」※7発撃たれた後、駆け付けた息子の健に(実際は9発中3発命中)。

● **性格**

1 忖度せず毒舌。不用意に敵を作ってしまい、側近の古島一雄は常に困り果てていた。

2 困っている人を放っておけず面倒を見ることが多い。特に数多くの亡命者を庇護したことが有名。中国革命派の孫文のみならず、改良派の康有為、朝鮮独立党の金玉均、インド独立運動者ラス゠ビハリ゠ボース、ベトナム皇太子クォン゠デなど。

● **エピソード**

1 第二次山本内閣の逓相兼文相時、関東大震災で郵便貯金通帳を失った人たちに「この場合に虚偽の申告をするような国民は唯の一人もないと我が輩は深く信じている。日本人は正直だからなァ」と微笑し、自己申告通り全額支払った。

2 革新倶楽部を立憲政友会に合流させた後、加藤内閣の逓相も辞職して政界を引退したが、地元の岡山県でそれに伴う補欠選挙が行われた時、引退を許さない地元の支持者たちが勝手に立候補届を出し、当選してしまい復帰する羽目に。逓信省を去る時も、男女職員約1000名が会費10銭の送別会を開き大臣を招待。下の者に優しかった犬養は大いに慕われていた。

3 1932年、朝鮮の独立運動家李奉昌の手榴弾投擲による昭和天皇暗殺未遂「桜田門事件」が起き、即日内閣総辞職を決意するが、天皇の慰留により翻意し「心境の変化」という言葉を残している。

4≡五・一五事件当時はアメリカの喜劇王チャップリンが来日しており、彼も暗殺の標的だった。しかし、犬養との会談を「相撲が見たい」という理由でキャンセルしていたことで命拾いした。

●犬養毅が始めたもの

1≡逓信大臣となった時、「大臣」「閣下」と呼んでも犬養が（他にも沢山いることから）なかなか反応しないのを見た省内の官僚たちが、「先生」と声をかけるようにした（政治家を「先生」と呼ぶ風習の始まり）。

2≡1925年、逓相としてラジオ放送開始。

●趣味

熱中しすぎた囲碁の他に、若い時からの読書。書や漢詩も巧み。

●豆知識

歴代首相一とも言われる150cm前後の低身長だが、品や気迫があった。同じく150cmほどで「身長5フィートの巨人」と呼ばれ国際的に活躍した緒方貞子（国連難民高等弁務官）と、女優の安藤サクラ（母の和津が犬養健の子）は犬養の曾孫。

第30代総理

スローモーション

斎藤実

海軍

1932年5月26日〜
1934年7月8日
774日

●組閣の経緯

元老・西園寺公望は、五・一五事件後、政党内閣の継続が国内対立を激化させることを危惧し、**海軍の穏健派**とみなされていた斎藤実を後継首相に推薦した。反対派を含む諸々の政治勢力から広く閣僚を選び組閣した、「**挙国一致内閣**」の初め。

●就任時の年齢

74歳

●退陣の理由

台湾銀行が所有していた帝国人造絹糸会社の株式をめぐる汚職事件で、結果的に全員無罪だった**帝人事件**の責任を取る。倒閣を目論む平沼騏一郎ら司法・検察勢力による「**司法ファッショ**（検察ファッショ・法律ファッショ）」「空中楼閣」の典型か。

●生没年
1858（安政5）年10月27日〜1936年2月26日（77歳没）
海軍で山本権兵衛の6歳下。加藤友三郎の3歳上・岡田啓介の10歳上。

●キャッチフレーズ
「スローモーション」「ノーモーション」　満洲事変の後始末など、何かにつけて待ちの姿勢を採ったことや、口数の少なさから鈍くさく見えた。本人は「確かにそうかもしれないがノーモーションではない」と言い、頭脳は極めて明晰。

●出生👉岩手県（陸奥国）出身
岩手県奥州市、仙台藩領水沢で、水沢伊達氏（留守氏）の重臣の長男に生まれる。

●学び
藩校立生館で学んだ後、1872年に14歳で上京。翌年海軍兵学寮に入学し、改称された海軍兵学校を21歳で卒業。

●キャリア
少尉補（21歳）➡少尉（24歳）➡中尉に昇進後アメリカ留学（26歳、英語が得意に）➡大尉（28歳、身体を鍛え頑強な体格に変貌）➡帰国して海軍参謀本部に出仕（30歳、当時は参謀本部から海軍軍令部は独立しておらず）➡「高雄」砲術長（31歳）➡少佐（35歳）➡イギリスで建造された「富士」副長として日本回航の任に当たる（38歳）↓中佐さらに大佐に昇進し「秋津洲」艦長（39歳、翌年に「厳島」艦長）↓1898年、前代未聞の大佐の身で海軍次官に就任（40歳、以後7年にわたり山本権兵衛海相を補佐し軍政畑を歩む）↓少将（42歳）↓中将（46歳）↓1906年、第一次西園寺公望内閣の海相で初入閣（48歳、以後5代連続の内閣で海相を務め日露戦争後の海軍拡張計画の推進役に）↓男爵（49歳）↓第二次桂太郎内閣の海相（50歳）↓第二次西園寺内閣の海相（53歳）↓第三次桂内閣の海相（54歳、大将に昇進）↓第一次山本権兵衛内閣の海相（55歳）↓1914年、海軍高官の汚職であるシーメンス事件の責任を取り山本首相とともに辞任（56歳、予備役に編入）↓1919年、第3代朝鮮総督として三・一独立運動後に「文化政治」を推進（61歳、原敬首相の登用により現役に戻る）↓子爵（67歳）↓1927年、米英の対立で条約締結に至らなかったジュネーブ海軍軍縮会議の首席全権（69歳、朝鮮総督を辞任し枢密顧問官）↓再び朝鮮総督（71歳）↓朝鮮総督を辞任（73歳）↓1932年、五・一五事件の後を受けて「挙国一致内閣」を組閣し日満議定書で満洲国を承認↓時局匡救事業による農山漁村経済更生運動など内政にも力を注ぐ（74歳、外相のち文相を兼任）↓1933年、国際連盟脱退（75歳、塘沽停戦協定で満洲事変終結）↓1934年、帝人事件で総辞職（76歳）↓内大臣として宮中に入り重臣となる（77歳）↓1936年、親英米派・「現状維持」派の重臣と目され「現状打破」

を唱える陸軍皇道派青年将校たちに二・二六事件で暗殺される（77歳）

●追加知識

薩摩藩出身の仁礼景範（にれかげのり）海相の長女と結婚したことで、海軍の主流である薩摩閥〔薩派〕に名を連ねることができ、出世は早かった。この春子夫人は、斎藤が陸軍皇道派に47カ所も銃撃され刀傷まで浴びた際、身体の上に覆いかぶさり「私も撃ちなさい！」と言い放ち自らも負傷した女傑で、戦後も長生きした。

●性格

床に落ちているゴミを必ず拾う几帳面さ。贈物に対しても必ず礼状を出した。

●エピソード

朝鮮総督時代、爆弾テロに遭った時も全く動ぜず馬車を進め、官舎に着くなりシャンパンを抜き「雨降って地固まるさ」と朗らかに笑った。

●斎藤実が始めたもの

首相・蔵相・外相・陸相・海相からなる五相会議。

●豆知識

強靭な体力を誇るショートスリーパーで、若い頃は1週間寝なくてもいける（壮年期も「4日ぐらい大丈夫」）と豪語していたが、真面目な割に誇張が過ぎる。

第31代総理

2度死んだ男

岡田啓介（おかだけいすけ）

海軍

1934年7月8日〜
1936年3月9日
611日

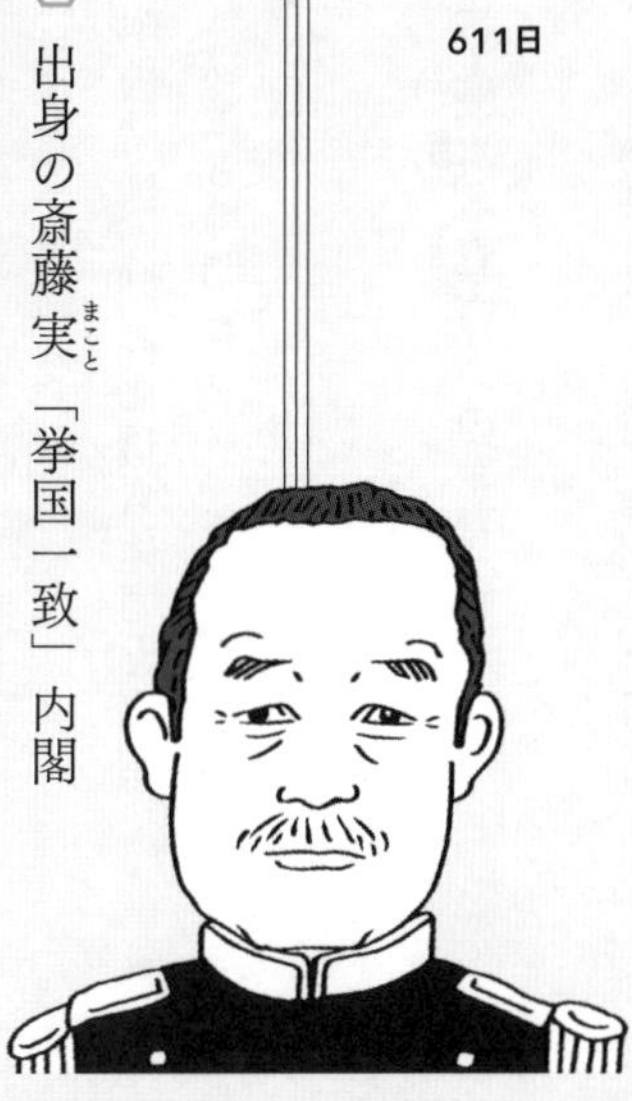

●組閣の経緯

帝人事件で総辞職した、同じ**海軍の条約派（穏健派）**出身の斎藤実「挙国一致」内閣の後継。しかし、立憲政友会・陸軍・海軍の艦隊派（強硬派）の協力を仰ぐのに大苦戦した。元老・西園寺公望単独ではなく**初めて「重臣会議」で選ばれた内閣**。

●就任時の年齢

66歳

●退陣の理由↓陸軍皇道派の青年将校たちによる**二・二六事件**

高橋是清蔵相、斎藤実内大臣、陸軍統制派の渡辺錠太郎教育総監らが殺害され、**岡田首相は奇跡的に助かった**が、強い自責の念に駆られ総辞職した。この時、昭和天皇は岡田が自殺してしまうのではないかと心配した。

●**生没年**

1868（慶応4）年1月12日〜1952年10月17日（84歳没）

海軍では、斎藤実の10歳下・加藤友三郎（ともさぶろう）の7歳下・財部彪（たからべたけし）（海軍大臣）の1歳下。鈴木貫太郎と同い年。加藤寛治（かんじ）（軍令部総長）の2歳上。

●**キャッチフレーズ**

1≡「**狸**（たぬき）」しんどい時は「なんでもない」、なんでもない時は「大変だ大変だ」など、本心と裏腹のことを言いトボけるクセがあった。これが、のらりくらりとかわす議会の答弁や、海軍内で対立者同士の間に立って根回しをする時に役立った。文字通りしたたかな性格だが、嫌われることはほとんどない、軍人には珍しい常識人。

2≡「**水雷屋**（すいらい）」「（水雷）艇乗り」海軍兵学校や海軍大学校時代、訓練に最も体力と忍耐力が必要とされる水雷（魚雷・機雷など）が主担当で、以後も専門とした。これが後年、タフ・ネゴシエーター（調停人）たる特質につながった。

●**出生**☞**福井県（越前国**（えちぜんのくに）**）出身**

福井市で、越前藩士の長男に生まれる。祖父は藩主松平慶永（よしなが）〔春嶽（しゅんがく）〕の教育係。

●**学び**

明新館中学校（のち福井中学校と改称）に入学（12歳、現在の藤島高校）➡**福井中学校**を卒業

（16歳、一期生）↓上京し受験予備校の共立学校のち有斐学校に入学（17歳、英語の私塾にも通い海軍兵学校に合格）↓海軍兵学校が広島県江田島に移転（20歳）↓海軍兵学校卒業（21歳、同期に財部彪や〝軍神〟広瀬武夫ら）

●キャリア

少尉（22歳）↓海軍大学校入学（24歳）↓1894年、日清戦争開戦（26歳、大尉）↓少佐（31歳）↓海軍大学校甲・乙・丙過程すべてを卒業（33歳、海軍大学校教官に）↓1904年、日露戦争開戦（36歳、中佐）↓水雷学校長（40歳、大佐）↓「春日」艦長（42歳）↓「鹿島」艦長（44歳）↓少将（45歳）↓1914年、第一次世界大戦開戦（46歳、第二水雷戦隊司令官）↓海軍省人事局長（47歳）↓佐世保海軍工廠長（49歳、中将）↓艦政局長（50歳）↓艦政本部長（52歳）↓1922年、ワシントン海軍軍縮条約締結時に高橋是清内閣の海軍次官代理（54歳）↓加藤友三郎内閣の海軍次官（55歳、海相は加藤兼任のち財部彪）↓大将に昇進し連合艦隊司令長官（56歳、在任中の訓練演習に無事故で「無事故艦隊」と呼ばれた）↓横須賀鎮守府司令長官（58歳）↓1927年、田中義一内閣の海相で初入閣（59歳、金融恐慌に苦しむ川崎造船所を海軍の管理下に置き救済）↓軍事参議官兼議定官（61歳、財部彪が海相・加藤寛治が軍令部総長・鈴木貫太郎が侍従長）↓1930年、ロンドン海軍軍縮条約締結で海軍内を調整（62歳、統帥権干犯問題も起こるが政治的手腕を認められる）↓斎藤実内閣の海相（64歳、立憲政友会森恪と協力し「挙国一致内閣」維持に奔走）↓海相を辞任（65歳）↓1934年、帝人事件で斎藤内閣が退陣した後を受けて内閣組閣（66歳、一時的に拓務大臣と逓信大臣も兼任）↓1935年、天皇機関説問題を受けて2度の国体明徴声明発表（67歳）↓1936年、二・二六事件後に総辞職（68歳）↓1937年、昭和天皇から前官礼遇を受け重臣の一員となる（69歳）↓1940年、重臣会議で第二次近衛文麿内閣を推薦（72歳）↓1941年、重臣会議で東条英機の組閣に反対するも阻止できず（73歳、太平洋戦争開戦に反対した重臣は、若槻礼次郎・岡田啓介・米内光政の3名）↓1944年、重臣会議の中心として東条英機内閣を総辞職に追い込む（76歳）↓1945年、鈴木貫太郎内閣に協力し終戦工作に奔走（77歳、内閣書記官長として娘婿の迫水久常を送り込み影響力を行使）↓1946年、公職追放（78歳）↓1950年、終戦の5年後に『岡田啓介回顧録』出版（82歳）↓1952年、死去（84歳）

●友人

財部彪。海軍兵学校の同期で首席卒業。「日本海軍の父」山本権兵衛の娘婿として「財部王子」と陰口を叩かれるほど出世街道をひた走ったが、ロンドン海軍軍縮会議に夫人同伴で参加して東郷平八郎元帥に叱られるなど浮世離れしたところもあり、首相にはなれず。

●私淑した海軍軍人

加藤友三郎。岡田は「自分は加藤さんのお弟子さんだと思っている」と発言。

●名言

「もみくちゃになるまでやってみよう」組閣の大命が下り拝受した時の決心。その後、陸軍や立憲政友会により本当にもみくちゃに。

●特徴

貧乏。首相拝命後の挨拶に行く夏用の礼服やシルクハットすらなく娘婿に借りたほど。組閣作業中も、首相官邸に取材に来ている新聞記者たちにふるまう冷たい飲み物がなく、少しばかりの氷だけを用意した。それでも記者たちは「大将、無理をしたな」と大いに喜び、自分たちでビールなどを持ち込み、岡田の首相就任を祝福した。極端な貧乏・清貧ぶりは、汚職疑惑の帝人事件で斎藤内閣が退陣した直後だったこともあり、大衆人気につながった。また、二・二六事件で岡田が総辞職した時、記者たちの間で「四谷の大将（四谷に住む海軍大将）を慰めよう」という話が持ち上がり、丸の内の料亭で慰労会が開かれた。新聞記者たちが前総理を招待するのは前代未聞。

●エピソード

1 ≡ 岡田家はなかなか男児に恵まれなかったので、生まれた時に父が「しめた！」と大喜びしたことから、幼年時代の岡田は「占太（しめた）」「〆太」と呼ばれていた。

2≡受験予備校だった共立学校（のちの開成高校）時代の英語の先生は、蔵相就任をお願いした元首相の高橋是清。

3≡二・二六事件の時、中庭で殺害されたのは4歳下の義弟（＝妹の夫）で私設秘書の松尾伝蔵（襲撃者たちの大半が岡田の顔を知らなかった）。**岡田は女中部屋の押し入れに隠れ、死んでもいない自身の弔問に来た客たちに紛れ奇跡的に脱出した**が、それには陸軍憲兵隊（皇道派の決起部隊とは別→統制派）の助力があった。

●**岡田啓介が始めたもの**

福井県出身初の首相。満洲の中央機関である対満事務局（総裁は陸相が兼任）を設置。

●**趣味・好き**

酒。とにかく酒。

●**著書**

晩年に口述筆記した『岡田啓介回顧録』は、日本が満洲事変・日中戦争・太平洋戦争に至り敗戦する課程を考察する際の貴重な史料。

●**豆知識**

松竹芸能のお笑いコンビ「ますだおかだ」の岡田圭右（けいすけ）とは特に関係ない。

第32代総理

落日燃ゆ
広田弘毅

文官

1936年3月9日～
1937年2月2日
331日

組閣の経緯

二・二六事件直後に組閣。発言力を増した陸軍が組閣作業や以後の政策に大きく干渉した。元老・西園寺公望は近衛文麿を推したが、近衛は体調を理由に断っている。

※岡田啓介内閣で高橋是清蔵相が採用した軍備縮小予算案を修正し、馬場鍈一蔵相が軍備拡張予算を成立させた（＝馬場財政）。

就任時の年齢

58歳

退陣の理由

衆議院本会議における立憲政友会浜田国松と陸軍大臣寺内寿一の「腹切り問答」。政友会と陸軍の対立を収拾できず閣内不一致に陥った。浜田が軍部を批判したと寺内が非難したが、「速記録を調べて僕が軍隊を侮辱した言葉があったら割腹して君に謝する。なかったら君、割腹して謝せよ」と浜田が応酬し紛糾して議事を終えた。寺内は衆議院解散を主張したが海軍大臣は消極的、政党出身閣僚らは賛同せず……。

●**生没年**

1878（明治11）年2月14日〜1948年12月23日（70歳没）

外交官としては、幣原喜重郎の6歳下。吉田茂と同い年で芦田均の9歳上。**極東国際軍事裁判（東京裁判）で絞首刑にされた7名のうち唯一の文官。**

●**キャッチフレーズ**

1 「石屋の倅」華族や士族（足軽などを含む）ではない、**完全な平民出身として初の首相。**

2 「ヒロッタ内閣」二・二六事件の後、誰も首相になりたがらない中で「火中の栗を拾った」広田なので。

3 「**落日燃ゆ**」**城山三郎の同名小説**において「悲劇の外交官」「悲劇の宰相」という感じで同情的に美化され、ファンが多い。しかし、低調な業績と本人の人柄とは分けて考えるべき、とよく議論の対象になる。

●**出生** 👆 **福岡県出身**

福岡市で、石材店を営む広田家の長男に生まれる。本名は丈太郎だが、中学卒業直前に『論語』の「士はもって弘毅（＝度量が広く意志が強い）ならざるべからず」から採り、自ら改名した。

●**学び**

大名小学校・高等小学校を卒業後、修猷館中学（現在の修猷館高校）予科を経て2年に編入（16歳）↓1895年、三国干渉に衝撃を受け外交官を志す（17歳、それまでは陸軍士官学校志望）↓卒業後に上京し第一高等学校に入学（20歳、柔道の講道館にも通う）↓修猷館出身の6名で下宿として一軒家を借り「浩浩居」と名付け同居（21歳）↓第一高等学校を卒業し東京帝国大学法科に入学（23歳）↓親友の平田知夫と『日英同盟と世界の輿論』を刊行（24歳）↓外務省政務局長で同郷の先輩山座円次郎の密命で朝鮮と中国を視察（25歳）↓1904年、日露戦争中に愛媛県の松山捕虜収容所に通訳として赴きロシアの情報を探査（26歳）↓東京帝国大学を卒業するも外交官領事館試験に不合格（27歳、韓国統監府に採用され再受験の機会を待つ）↓再受験で首席合格（28歳）

●**キャリア**

外務省に出仕（28歳）↓北京に赴任（29歳）↓ロンドンの駐英大使館に勤務（31歳、大使は加藤高明↓帰国して通商局第一課長（35歳）↓1915年、加藤高明外相の対華『二十一カ条の要求』を最後通牒の形で出すことに反対（37歳）↓ワシントンの駐米大使館一等書記官（41歳、赴任時にサンフランシスコ日系移民の視察を行い現地で評価される）↓帰国して情報部第二課長（43歳）↓情報部次長（44歳）↓欧米局長（45歳）↓ハーグの駐オランダ公使（48歳、翌年着任）↓ドイツ賠償問題や国際連盟総会で国際会議デビュー（51歳）↓モスクワの駐ソ連大使（52歳）↓1933年、強硬的な「焦土外交」内田康哉の後を受け斎藤実内閣の外相で初入閣（55歳、協調的な「協和外交」を展開）↓岡田啓介内閣の外相に留任（56歳、在任中にワシントン・ロンドン両海軍軍縮条約脱退を決定）↓1935年、陸軍が中国で華北分離工作を推進（57歳、これを放置し中国の親日派から失望される）↓1936年、二・二六事件後に内閣組閣（58歳、陸軍が「親英米派」吉田茂の外相就任を潰したことで当初は外相を兼任）↓軍部大臣現役武官制復活↓「帝国外交方針」と南北併進の「国策の基準」決定↓日独防共協定締結↓1937年、「腹切り問答」で閣内不一致に陥り総辞職、貴族院議員に（59歳）↓林銑十郎内閣の早期退陣により第一次近衛文麿内閣で副総理格の外相と企画院総裁を兼任↓7月の盧溝橋事件後に日中和平工作「トラウトマン工作」をドイツに依頼し失敗（12月の南京事件も閣議にかけず放置）↓1938年、第一次近衛声明「国民政府を対手とせず」の後に外相を辞任（60歳）↓1940年、重臣として重臣会議に出席し第二次近衛内閣を決定（62歳）↓1941年、重臣会議で東条英機内閣の成立に賛成（63歳、日米開戦を決める重臣会議にも出席）↓1944年、重臣会議で小磯国昭内閣を決定（66歳、この年に頭山満が亡くなり葬儀委員長を務める）↓1945年、重臣会議で鈴木貫太郎内閣を決定（67歳、終戦をめぐる最後の重臣会議にも出席）↓1946年、〝A級戦犯〟容疑者として巣鴨プリズン（拘置所）に収容（68歳、極東国際軍事裁判〔東京裁判〕開始）↓1948年、結審し**絞首刑**を宣告される（70歳、文官だが昭和殉難者として**靖国神社に合祀**されている）

● **世話になった人**

頭山満（国家主義団体玄洋社の事実上トップ）、山座円次郎（外務省の上司）ら福岡県出身者の人脈が太い。広田は「アジア主義」的な傾向が強い**玄洋社のメンバー**で、外交官でありながら国士（憂国の士）でもあったことから、常に英米協調とアジア主義の間を揺れ動いた。「アジア主義」は、日本は欧米を志向するのではなく、あくまでもアジアの一員として行動すべきと主張する思想。大陸に渡り活動する多くの〝大陸浪人〟を生んだ。

● **反りが合わなかった人**

幣原喜重郎ら外務省の主流である「欧米派」グループ。また、広田は部下からの信用もあまりなく、省内で孤立しがちだった。

●**名言**

「みんな一人ずつよく顔をお見せ」と金網に顔をこすりつけ「これから寒くなるから身体に気をつけてくれ」（処刑が目前に迫る中、拘置所に面会に来た息子2人と娘3人にかけた言葉）

●**性格**

合理性が求められる外交官時代は理想主義者、柔軟性が求められる外相・首相・重臣時代は軍部に流されがちな現実主義者で、信用を失うことが多かった。**広田の軸の定まらなさは、アジアと欧米の間を揺れ動く日本という国家を象徴していた。**戦後、昭和天皇にも揺らぎ続ける外交方針や態度を酷評されている。

●**エピソード**

1≡静子夫人は隣家に住む玄洋社員の次女で7歳下の初恋の人。戦後、極東国際軍事裁判開廷前に玄洋社との関係で夫の足手まといになると危惧し、別荘で服毒自殺した。

2≡オランダ公使在任中、母が広田に会えないことを悲観して自殺、受験に3度失敗した次男も自殺という悲運に見舞われた（自殺後に補欠合格通知が届いた……）。

3≡駐ソ連大使に任命された時、東京駅朝9時の特急「つばめ」号出発に合わせ幣原外相ら約200名が見送りに来てくれていた同じホームに浜口雄幸（おさち）首相が姿を見せ（岡山で行われる陸軍特別大演習を視察予定）、国家主義者の青年に狙撃された。浜口も同じ六両目の一等車に乗るはずだったが、広田を乗せた列車はそのまま出発した。浜口首相と幣原外相は高校・大学の同級生だが、この日は偶然東京駅に居合わせた。

●得意

1☰書道は幼少時から秀でており、水鏡天満宮に残る「水鏡神社」の石碑に小学生時代に書いた文字が残る（父が石碑を奉納）。

2☰柔道にもかなり打ち込む。少年時代から玄洋社の敷地内にある柔道場に通い、東京の講道館からは五段を認められている。

●苦手

英語。最初の外交官試験もこれで落ちた。以後も英会話が得意でないことは有名。

●豆知識

「自ら計らわず」を信条とし、極東国際軍事裁判でも一度も証人台に立つことなく処刑台に散る。罪状認否でためらいがちに「無罪」と答えたのが2年半の裁判中、法廷で唯一の言葉。生涯一貫したこの態度は高く評価されることもあるが、楽観的な無責任さの裏返しでもあった。しかし、後輩外交官の「日本のシンドラー」杉原千畝は広田をいたく尊敬し、長男に一文字を使い弘樹と命名している。

第33代総理

何にもせんじゅうろう

林銑十郎

陸軍

1937年2月2日～6月4日

123日

●組閣の経緯

組閣の大命が下った元陸相・朝鮮総督の宇垣一成が、以前軍縮を断行した関係で陸軍の反対を受け不成立（軍部大臣現役武官制が復活しており協力が得られないと陸相が欠ける）。次の候補の平沼騏一郎も辞退し、陸軍の林銑十郎が消去法で組閣。

●就任時の年齢

61歳

※立憲政友会・立憲民政党が圧倒的多数の衆議院では大劣勢で当初からヤル気がなく、「早く片付けて、あとは玄人（＝貴族院議長の近衛文麿）に譲りたい」などと言っており早々に退陣。おかげで次の近衛に必要以上の期待が集まってしまった。

●退陣の理由

予算が成立した翌日の会期末に特に理由もなく衆議院解散。この「食い逃げ解散」の結果、議会勢力は特に変わらず二大政党に批判され約4カ月で政権を投げ出した。

※下手に行動力はあるので周囲は茫然自失。「史上最も無意味な内閣」の称号を独占。

●生没年

1876（明治9）年2月23日～1943年2月4日（66歳没）

皇道派の真崎甚三郎と同い年で、荒木貞夫の1歳上。統制派の東条英機の8歳上。

●キャッチフレーズ

1 ||| 「**越境将軍**」朝鮮軍司令官だった満洲事変時、関東軍参謀石原莞爾の要請を受け、奉勅命令を待たず**独断で国境を越え中国東北部の満洲へ侵攻**して世論に持て囃され、得意になっていた。

2 ||| 「**何にもせんじゅうろう**」本当に何もせず退陣したので。アメリカから初来日したヘレン・ケラーの歓迎晩餐会を催したことが唯一の仕事か。

3 ||| 「ロボット首相」組閣時は満洲派の思惑通りに動かされていたので。石原から「**林大将なら猫にも虎にもなる。**自由自在にすることができる」と舐められていた（だが裏切る。満洲派は茫然自失……）。

4 ||| 「二人三脚内閣」兼任大臣が多かったため。本人も組閣直後は首相と外相と文相を兼任した。

●出生 ☞ **石川県出身**

石川県金沢市で、旧加賀藩士の地方公務員の長男に生まれる。

●学び

尋常師範附属小学校（現在の金沢大学附属小学校）を経て旧制四高（現在の金沢大学）の予科に。18歳の時、日清戦争が始まると中退し**陸軍士官学校**に入学。20歳で卒業。

●キャリア

歩兵少尉（21歳）↓中尉（23歳）↓**陸軍大学校**に入学（24歳）↓卒業（27歳）↓1904年、金沢の第9師団歩兵第6旅団副官の大尉として日露戦争に出征（28歳、旅順攻囲戦では撤退命令を拒否し「鬼大尉」と呼ばれるほど活躍）↓少佐（32歳）↓朝鮮軍司令部附（34歳）↓下士官一人を伴い60日間徒歩で朝鮮・中国国境を調査（35歳）↓ドイツのちイギリスに3年余り留学（37歳、その間に中佐）↓帰国して福岡県久留米の俘虜収容所所長（41歳）↓大佐（42歳）↓千葉県佐倉の歩兵第57聯隊隊長（43歳）↓陸軍技術本部で臨時軍事調査委員（44歳）↓陸軍士官学校予科長（45歳、少将）↓渡仏して国際連盟陸海軍問題常設諮問委員会に出席（47～48歳、帝国陸軍代表のち平和条約実施委員を兼任）↓歩兵第2旅団長（49歳）↓東京湾要塞司令官という閑職に（50歳、中将）↓**陸軍大学校長**（51歳、真崎甚三郎ら反長州閥の佐賀県出身者たちの根回しで出世ルートに乗る）↓**近衛師団長**（53歳）↓**朝鮮軍司令**

官（54歳）↓1931年、満洲事変に際し独断で侵攻（55歳）↓五・一五事件後に陸軍教育総監兼軍事参議官（56歳、越境行為も追認され大将に昇進したが陸軍大臣になりたかったのに皇道派の荒木貞夫が居座り不満を抱える）↓1934年、斎藤実内閣の陸相で初入閣（58歳、荒木は陸士同期の真崎を陸相にしたかったが、林は彼ら皇道派の動きに不満で統制派の永田鉄山を軍務局長に登用）↓続く岡田啓介内閣でも陸相に留任（この頃、石川県出身者を大量に登用し「加賀陸軍」と呼ばれ中間派を標榜した）↓皇道派の真崎教育総監を更迭し統制派の渡辺錠太郎に変更（59歳、これが皇道派青年将校たちを刺激し永田鉄山暗殺の相沢事件や翌年の二・二六事件につながる）↓中間派の川島義之と陸相を交代↓1936年、二・二六事件後に予備役に編入（60歳、陸相を辞任していたので暗殺対象から外されていた）↓1937年、宇垣一成が組閣できず代わりに内閣を組閣するが4カ月余りで退陣（61歳、石原ら満洲派が協力するも林が主流派へと変節）↓宗教結社大道社社長（62歳、神道・儒教・仏教を一体としていた前社長に私淑していた）↓1940年、内閣参議（64歳）↓1943年、病死（66歳）

●ライバル

荒木貞夫、真崎甚三郎は陸軍士官学校の1期下で出世争いのライバル。3人とも長州閥でなかったからこそ、青年将校たちから人気があった。また、同期の渡辺錠太郎は、愛知県出身だが陸大首席でエリート街道をひた走り、統制派の代表格となるが、皇道派の青年将校たちに二・二六事件で暗殺される。

●名言

「**祭政一致**の精神を発揚して」宗教結社の影響で時代錯誤なことを言い出し、元老の西園寺公望にも呆れられた。

●性格

立派なカイゼル髭をたくわえた強面の見た目に反し温厚な性格。圧力に弱く、皇道派か統制派か、満洲派か主流派か何だかよくわからない中間派。趣味はビリヤード。

※無口で酒も一切飲まないから人の話をよく聞いているように見え、大胆な提案や助言に軽々しく乗るクセがあることから、相手は扱いやすく感じる。しかし想像の斜め上を超えて、本能で動きまくるので、周囲は茫然自失となる。

●エピソード

組閣時、軍部と財界の融和を図り蔵相に元日本銀行総裁・安田財閥トップで日本商工会議所会頭の財界人**結城豊太郎**を登用して「**軍財抱合**」財政を目指した。結城は拓務大臣を兼任。一連の動きは、軍と財閥の関係が再構築される転機となった。

●林銑十郎が始めたもの

自身は信者ではないが、**大日本回教協会の初代会長**を務めるなどイスラーム教を保護。当時、陸軍では「反中国」という共通意識からイスラームへの注目が高かった。

第34・38・39代総理

スーパーサラブレッド

近衛文麿（このえふみまろ）

（華族）

第一次内閣
1937年6月4日〜
1939年1月5日

第二次内閣
1940年7月22日〜
1941年7月18日

第三次内閣
1941年7月18日〜
10月18日

計1035日

● **組閣の経緯**

名門出身・若年・長身（約180㎝）・男前と四拍子揃っていたことから、常に**国民の期待を集めていたので3度とも本人さえ乗り気なら組閣**。その代わり、思い通りにならないと狼狽して意気消沈、投げやりになり体調を崩すクセが抜けなかった。

● **就任時の年齢**

第一次内閣46歳、第二次49歳、第三次50歳

● **退陣の理由**

第一次内閣➡陸軍の支持を得て絶大な権力を得たが、**日中戦争の収拾や国論統一のための体制づくりのメドが立たず政権を投げ出す**。第二次➡日独伊三国同盟締結、日ソ中

立条約でアメリカに刺激を与え続ける松岡洋右外相外しのためいったん総辞職。第三次

➡戦争回避の日米交渉が失敗に終わったため。

●**生没年**

1891（明治24）年10月12日～1945年12月16日（54歳没）

西園寺公望の42歳下、東条英機の7歳下、木戸幸一の2歳下。昭和天皇の10歳上。A級戦犯容疑者として拘束直前の夜中、青酸カリを飲み自殺。

●**キャッチフレーズ**

「マネキンガール」四方八方に受けが良い＝どこにも真の支持者がいない、という意味で自嘲していた。

●**出生**☞東京都（東京府）出身

東京都千代田区で、五摂家（＝藤原摂関家の近衛・鷹司・九条・二条・一条）筆頭格である近衛篤麿の長男に生まれる。その血筋は、江戸時代初期の後陽成天皇にもつながり、曾祖父は関白・左大臣、祖父は左大臣と、代々朝廷のトップを務めた。また、父の妹は15代将軍徳川慶喜の養子・家達（のち貴族院議長）に嫁いだので、文麿から見れば徳川16代目は義理の叔父にあたる。母は出産の8日後に亡くなってしまい、父は翌年に母の異母妹と再婚。

※父・篤麿は貴族院議長・学習院院長。日本主導による欧米からの東アジア独立＝「アジア主義」（東南アジアを含めると「大アジア主義」）を掲げた政治団体、東亜同文会の結成者でもある。日露戦争開戦前には対露同志会結成の中心となり強硬外交を唱えたが、日露戦争開戦直前に40歳で病死。

※文麿と弟・妹たちは母違いで、特にすぐ下の弟、秀麿（ひでまろ）は山田耕筰（こうさく）の教えを受けて指揮者・作曲家として活躍。新交響楽団（現在のＮＨＫ交響楽団）を創始している。

●学び

学習院中等科入学（12歳）⬇父が亡くなり公爵を継ぐ（13歳）⬇第一高等学校英文科入学（18歳、学習院高等科に進まず受験したのは校長新渡戸稲造（にとべいなぞう）の講演に感動したため）⬇東京帝国大学文学部哲学科に入学後1カ月で退学して京都帝国大学法学部へ転学（21歳、在学中に孫文と初面会）⬇毛利千代子と結婚（22歳）⬇貴族院議員（25歳）⬇京都帝国大学卒業（26歳、国家学専攻で大学院に在学）

※東大から京大への転学は、①少し授業を受けたがつまらなかった、②東大哲学科入学の条件である高校での数学・物理の単位を落とし、追試がなかなか実施されず入学の取り消しを怖れた、という程度のものらしい。

●キャリア

１９１８年、内務省事務嘱託（しょくたく）（27歳）⬇同年、初の論文『英米本位の平和主義を排す』発表⬇１９１９年、首席全権西園寺公望の随員としてパリ講和会議に参加（28歳）⬇帰国後に初の著書『戦後欧米見聞録』刊行（29歳）↓日本青年館初代理事長（30歳）↓貴族院最大会派である研究会に入会（31歳）↓研究会常務委員（33歳）↓研究会を脱会し貴族院内に火曜会を結成（36歳）↓貴族院副議長（40歳）↓1932年ごろから陸軍に接近し軍備拡大を肯定（41歳）↓貴族院議長（42歳）↓1934年、帝人事件で退陣した斎藤実内閣の後継を期待されるが元老の西園寺に潰される（43歳）↓1936年、二・二六事件後に西園寺から組閣を打診されるが断る（45歳）↓1937年、第一次内閣組閣（46歳、組閣後に盧溝橋事件で日中戦争開戦）↓1938年、第一次〜第三次近衛声明（47歳、一時的に外務大臣・拓務大臣も兼任）↓1939年、総辞職し枢密院議長と平沼騏一郎内閣の無任所大臣（当時は「班例」と呼ばれた）を兼任（48歳、この年に第二次世界大戦開戦）↓1940年、自らを中心とする挙国的・全体的・公的な超政党の国民運動と定義した「新体制運動」の先頭に立ち第二次内閣組閣（49歳、枢密院議長を辞して大政翼賛会を結成）↓1941年、松岡洋右外相外しのため総辞職して第三次内閣組閣（一時的に司法大臣を兼任）↓グルー駐日大使とともに日米首脳会談を画策するも実現できず総辞職↓東条英機内閣が太平洋戦争開戦（50歳、重臣としても戦争回避に奮闘するが手遅れ&そもそも開戦の主要因は本人の政策）↓1942年、ゾルゲ事件が明らかに（51歳、ドイツの新聞特派員を装ったソ連のダブルスパイ事件で近衛に近い存在の元朝日新聞記者尾崎秀実がリヒャルト＝ゾルゲに情報を流し続けていた)↓1943年、東条内閣打倒を画策するも達成できず(52歳、戦争拡大は陸軍と共産主義者の陰謀という奇説を展開)↓1944年、側近に請われしぶしぶ終戦工作に着手するがメインは同じ重臣の岡田啓介(53歳、あまりの無責任ぶりに周囲は愛想を尽かしていた)↓1945年、昭和天皇に「敗戦は遺憾ながら最早必至」「最も憂うべきは、敗戦よりも敗戦に伴うて起こることあるべき共産革命」と『近衛上奏文』を提出して軍部の粛正と和平に向けて動く↓終戦後、東久邇宮稔彦王内閣の無任所国務大臣として入閣↓マッカーサーと二度会見を行い憲法改正を委託されるなどしたがGHQから戦犯に指名される(特にカナダの外交官ハーバート=ノーマンは近衛を痛烈に批判)↓法廷で被告となる屈辱を避け出頭期限直前に服毒自殺(54歳)

※開戦時は戦争回避に、その後は和平に向けて動いたが全体的に無責任。昭和天皇に対しても「最悪の場合は退位して仁和寺か大覚寺の門跡となって戦没将兵の供養をすべき」等と主張し、「僕ももちろん其の時は御供する」と、悲劇に酔っていた。

●**追加知識**

政治家としての根本的なスタンスは、弱者救済のために個人より国家を優先するという自由主義的な「国家社会主義」(下部は社会主義だが上部は国家主義＝一種の右翼的全体主義思想でヒトラーのナチ党と類似)であった。

●**先輩**

学習院中等科の先輩である原田熊雄（元老西園寺公望の側近）、木戸幸一（内大臣などを務めた重臣）とは長く親しかったが、そのうち愛想を尽かされた。そもそも近衛は優柔不断な割に頑固なので、首相就任後は周囲が持て余した。

●**友人**→一高時代の同級生

『路傍の石』『真実一路』『女の一生』などで有名な新思潮派の作家**山本有三**。

●**先生**→京都帝大時代の恩師

経済学の**河上肇**や哲学の**西田幾多郎**（当時の河上はまだ左翼思想家ではなかった）。

●**微妙な関係の人**

西園寺公望（同じ公家出身で当初は可愛がられたが、後年完全に嫌われた）。**昭和天皇**（天皇とはよい関係だったが、後年完全に嫌われた）。

●**名言**

1「**爾後国民政府を対手とせず**」（第一次）、「**東亜新秩序建設**」（第二次）、「善隣友好・共同防共・経済提携（＝**近衛三原則**）」（第三次）➡**1938年**、駐華ドイツ大使トラウトマンによる日中戦争の和平工作が挫折したため、**三次にわたる近衛声明**を出す。日本自ら蒋介石の国民政府との和平の道を閉ざし、汪兆銘の新政府に期待したが、戦争は泥沼化して完全に失敗だった。

2≡「戦争に私は自信がない。自信ある人にやってもらわねばならん」⬇1941年、日米交渉が行き詰まり、東京・荻窪の私邸「荻外荘(てきがいそう)」で東条陸相らを前にうなだれて発言。

●エピソード

1≡名前の読みは本来「あやまろ」だが、「謝ろう」みたいで語呂が悪いことから「ふみまろ」とした。

2≡第一高等学校時代、電車で見かけた華族女学校（現在の学習院女子大学）生に一目ぼれして猛アタック。それが京都帝大時代に結婚した妻の千代子。当時としては珍しい**恋愛結婚**だが、のち何名かの芸妓(げいぎ)・芸者と浮気三昧(ざんまい)（ちなみに妻の妹は弟の秀麿に嫁いでいる）。

3≡長男・文隆は、のち自らの首相秘書官ともなるが、太平洋戦争に出征し、シベリア抑留の果てに1956年に現地で亡くなった。次男・通隆(みちたか)は、戦後、東大史料編纂所の教授を務めた日本史学者。

●近衛文麿が始めたもの

1≡鳩山一郎・田中角栄・小泉純一郎のように組閣時に「熱狂的フィーバー」を引き起こした首相の先駆け。内閣自体への期待感よりあくまでも個人的人気。また、知人・友人を大量に入閣させた「お友達内閣」の元祖。

2　1937年、国民精神総動員運動をスタート。翌年、事実上政府への全権委任である国家総動員法・電力国家管理法を制定し、「戦時体制」を確立。

3　厚生省（現在の厚生労働省）を設置。

4　1940年、すべての政党を解党して政治団体ではない公事結社大政翼賛会を設立。当初はドイツのナチ党のような国家社会主義的組織を目指すも、頂点に天皇を頂く日本では元から無理な話。

5　1941年、国民学校令により8年制（尋常6年・高等2年）の国民学校を設置。「皇国民の錬成」を目的とし、軍国主義教育を行った。

6　自殺した唯一の首相経験者。

●趣味・好き

浮気、ゴルフ、書道、読書など。また、常に不眠症だったので毎日昼寝をした。

●豆知識

第79代首相細川護熙の母方の祖父。近衛の次女と結婚し秘書を務めた細川護貞（護熙の父）は熊本藩主細川家の17代当主で、祖先は安土桃山時代に織田信長・豊臣秀吉に仕えた細川藤孝（幽斎）・忠興（三斎）父子。

第35代総理

複雑怪奇

平沼騏一郎

枢密院

1939年1月5日〜8月30日

238日

●組閣の経緯

平沼は、政党政治と国際協調体制の打破を目指し、共産主義への警戒から国家主義の高揚を図るが、具体的な政策体系は有さず。組閣時も近衛文麿の「延長内閣」と呼ばれたが、近衛の革新＝現状打破政策を引き継がない**現状維持**政策。

●就任時の年齢

72歳

●退陣の理由

1939年、共産主義拡大に対する危機感から、日独伊三国防共協定を軍事同盟へと発展させるか否かを（ドイツからの申し入れで）協議している最中、**ドイツが独ソ不可侵条約を締結**したため。当時ノモンハン事件でソ連と戦闘中だったこともあり、ドイツの裏切り？」に衝撃を受け「欧州の天地は複雑怪奇なる新情勢」が生じ、再度外交政策を形成しなければならないという声明を発し、枢軸国（独・伊）への当てつけのような形で政権を投げ出した。ドイツは「あくまでも軍事同盟は防共の強化のためで、英米を対象とすることには反対」という平沼の姿勢を快く思っていなかった。

● **生没年**

1867（慶応3）年9月28日〜1952年8月22日（84歳没）

西園寺公望の18歳下。広田弘毅の11歳上・近衛文麿の24歳上。

● **キャッチフレーズ**

「**反共（反共産主義）**」しかし当時の国際政治はイデオロギーではなく、国家の利害と権力関係を軸に動いていた。平沼の共産主義嫌いからくる国家主義的言説は、現状に不満を持つ幅広い勢力を集約することには機能したが、警戒を招く要因ともなった。

● **出生** ☞ **岡山県（美作国）出身**

岡山県津山市で、渉外の仕事をする津山藩士の次男に生まれる。3歳上の兄は経済史学者で第3代早稲田大学学長・商学部長の平沼淑郎（商学部校舎に朝倉文夫作の胸像アリ）。5歳の時、旧藩主松平氏が東京で徳川16代当主・家達の後見人となるのに従い、一家で上京。

●学び

4歳で地元の学者に漢学・国学を学ぶ。5歳で上京後、箕作秋坪（津山藩の蘭学者箕作阮甫の娘婿で数学者菊池大麓の父）が開いた三叉学舎で10歳まで英語・漢学・算術を学ぶ➡東京大学予備門（のちの第一高等学校）入学（11歳）➡学生・生徒の暴動である明治十六年事件に関わり一時退学処分となるが卒業（16歳）➡東京大学法学部に入学（17歳、のち帝国大学へ改組）➡**帝国大学英法科を首席卒業**（21歳、穂積陳重の法学講義には惹かれたが授業が西洋学問ばかりであることに違和感を感じていた）

※また、大学時代から25歳まで、鎌倉の円覚寺で禅の修行もしている。

●キャリア

1888年、内務省が希望だったが司法省から給費を受けていたため不本意にも**司法省**に出仕（21歳、約10年間**判事**（**裁判官**）を務める）➡**検事**（**検察官**）となる（32歳）➡司法制度調査のため後輩の鈴木喜三郎とともに英・独・仏に派遣される（40歳、この中に法学博士号を得る）➡次席検事（42歳）➡1910年、**大逆事件が発覚し幸徳秋水らに死刑を求刑**（43歳）➡1911年、第二次西園寺公望内閣の松田正久司法大臣の下で司法次官（44歳）➡**検事総長**（45歳）➡1914年、第一次山本権兵衛内閣下で起きた**シーメンス事件の総指揮**を執る（47歳、海軍高官の疑獄事件）➡1915年、第二次大隈重信内閣下で前年から続く大浦事件の総指揮を執る（48歳、大浦兼武内相の選挙干渉・疑獄事件）↓立憲政友会の原敬内閣組閣時に司法大臣就任を打診されるが固辞（51歳、政党内閣を嫌ったため）↓1919～21年、原内閣による陪審制や司法官定年制導入に協力（52～54歳、鈴木喜三郎とともに協力）↓1921年、**大審院長**（54歳、大審院は最高裁判所のようなものだが天皇の名の下に裁判を行う）↓**第2代日本大学総長を兼任**（55歳）↓1923年、関東大震災直後に成立した第二次山本内閣の**司法大臣で初入閣**（56歳）↓1924年、**貴族院議員**のち枢密顧問官（57歳、この年に国家主義的教化団体**国本社**を社団法人化し会長、また**初代大東文化学院総長**）↓枢密院副議長（59歳、**男爵**）↓1936年、**枢密院議長**（69歳、国本社会長は辞任して解散）↓1937年、広田弘毅内閣総辞職にあたり首相候補の一人となるが辞退（70歳、陸海軍を統制する自信がないため？）↓1939年、第一次近衛文麿内閣の後を受け枢密院議長を辞して**内閣組閣**（72歳、同年に独ソ不可侵条約締結を受けて総辞職）↓1940年、第二次近衛内閣で副総理格の無任所の**国務大臣**のち**内務大臣**（73歳、**重臣**として日米戦争回避を模索するが開戦賛成派と思われる言動も多い）↓1941年、第三次近衛内閣無任所相兼内閣参議（74歳、自宅で親独派に狙撃され銃弾5～6発分の重傷を負い辞任）↓太平洋戦争中は時期により態度を変える一貫性のない複雑怪奇な重臣ぶり↓1945年、終戦工作のため組閣した鈴木貫太郎に代わり**再び枢密院議長に就任**（78

歳）↓ポツダム宣言受諾後に陸軍軍人たちから自宅を襲撃・放火され全焼↓GHQから戦犯容疑者指定を受け枢密院議長を辞任↓1946年、巣鴨プリズン（拘置所）に入所し〝A級戦犯〟に編入され極東国際軍事裁判（東京裁判）始まる（79歳）↓1948年、侵略政策への関与を否定するも終身禁錮刑の判決（81歳、拘置中に突然奇声を上げて泣くなど情緒不安定）↓1952歳、刑期中に病気で仮釈放され病院で亡くなる（84歳）

●**追加知識**

1‖判事・検事時代には日本法律学校（現在の日本大学）・英吉利（イギリス）法律学校（現在の中央大学）・東京専門学校（現在の早稲田大学）・慶應義塾などで講師や教授を兼任した。

2‖国本社は、もとは国家主義団体（右翼団体）だが、平沼を会長として社団法人となってからは伝統的な道徳を広める教化団体となる。しかし、教化という手法は国民の具体的な利益を汲み上げたものではなく、地方の有力者からの支持は得ても全国的な大衆運動とはならず、結局平沼は「右翼的な政治団体のボス」とみなされてしまう。実際、頻繁に講演旅行に出るなど教化活動に入れあげすぎて枢密院内で浮いていた。

●**後輩**

平沼と同じく帝大首席で三学年下の司法省の後輩・鈴木喜三郎（のち第7代立憲政友会総裁）。弟分の鈴木が1926年に立憲政友会に入党したことで、政党へ接近が進む。

● **天敵**

元老・**西園寺公望**から「観念右翼」「迷信家」と嫌われ、逆に「西洋かぶれ」「新しい物好き」等と嫌った。平沼は、1930年代には政権交代のたびに首相候補と目されたが西園寺の反対により妨げられたことに終生怒りを感じていた。また、敗戦に至る大半の責任は西園寺にあると思っており、「老公のなまけ心がついに少数の財閥の跋扈(ばっこ)を来たし政党の暴政を生んだ。之(これ)を矯正せんとした勢力は皆退(しりぞ)けられた」等と述べている。

● **微妙な関係**

昭和天皇。平沼は若い昭和天皇には不安を抱き、心底ではその権威をほとんど認めておらず、そして、それがバレていた。天皇は戦後の回想で「陸軍に巧言、美辞を並べながら、陸軍から攻撃される不思議な人だ。結局二股をかけた人物というべきである」と酷評している。太平洋戦争に関しても、平沼は反対派だがその理由が「開戦となると思想が混乱するから面白くない」とかなり抽象的で、天皇は呆れていた。

● **名言**

「**欧州の天地は複雑怪奇**」

● **エピソード**

戦後、官僚としては距離を取っていたはずの元老・山県有朋(やまがたありとも)について「えらい人」と評価した。明治天皇、陸軍の山県、海軍の山本権兵衛の後継者がいなかったことが戦争の原因であり「指導者がいないことが一番困る」と述べ、日本の行く末を案じながら亡くなった（山県も生前「将来性があるのは原敬と平沼騏一郎」と評価していた）。

●平沼騏一郎が始めたもの

1 **初の無任所大臣（無任所相）**。1940年、第二次近衛文麿内閣に副総理格として迎えられたさい、管轄する省のない「国務大臣」となった。

2 パーマネントの禁止。戦時体制確立のため女性の髪型にまで規制を入れた。

3 **歴代唯一の生涯独身首相**（20代後半で結婚しすぐ離婚しているが公的には独身扱い）で、兄の孫夫婦を家族ごと養子としたことから**一応養子とされる平沼赳夫**（たけお）（存命中の元衆議院議員で「たちあがれ日本」などの代表を歴任）は、厳密には兄の曾孫にあたるという複雑怪奇ぶり。

●特徴

無口で意志が強固。生真面目で我慢強く、研究熱心で慎重な性格。テロに遭っても「日本と日本人中心」という意志・価値観を曲げることはなかった。

●趣味

書道・囲碁・謡曲など。上手いわけではないが、すべてよく研究した。例えば行書は研究が足りない、という理由で楷書のみを生涯使用した。

●**好き**

国民統合のための**国家主義（ナショナリズム）**。ただし、極端な右翼思想・ファッショという感じではなく、あくまでも国内秩序の維持が目的の保守思想的なもので、「国家主義を掲げて権力を握り、現実の政治では保守的・現状維持的な思想に基づき行動した」官僚系政治家だった。

●**嫌い**

共産主義（コミュニズム）という外来思想。この点においては近衛文麿と危機感を共有しており、1943年ごろには「陸軍の一部が共産主義革命を目的として日中戦争・太平洋戦争を起こした」という陰謀論を2人とも信じていた。

※共産主義も自由主義もユダヤ人が糸を引いているという迷妄な陰謀史観と、白人至上主義に対する正当な反発が交錯する、複雑怪奇な思想を持っていた。

●**苦手**

外交。そもそも携わった経験がなく、国際法についても十分研究していなかった。首相就任時も、完全に有田八郎外相任せだった。

第36代総理

消去法

阿部信行（あべのぶゆき）

陸軍

1939年8月30日～
1940年1月16日
140日

●就任の経緯

ドイツと陸軍に振り回された平沼騏一郎（きいちろう）内閣は退陣し、あまり目立たず陸軍内に敵が少なかった阿部に消去法で白羽の矢が立った。また、重臣木戸幸一や海軍の井上成美（しげよし）ら他勢力の有力者と姻戚関係があり、さらに昭和天皇に人柄を気に入られていた。

●就任時の年齢

64歳

※陸軍内では統制派でも皇道派でもない中立派で、政党・財界との関係も良く温厚・円満な性格だった（＝八方美人だった）ため起用された。

●退陣の理由

外交では親独路線を反省して米英協調路線を採り、開戦したばかりの第二次世界大戦

〔欧州大戦〕を静観したが、アメリカの態度は硬かった。内政では米の流通を促進しようと価格等統制令を出したが裏目に出て、インフレと米不足を招く。これらのことで、陸軍と政党勢力に見切りをつけられた。特に出身母体の陸軍が、計算違いの阿部の不人気ぶりに批判の矛先が向くことを怖れ、自ら倒閣に動く体たらくだった。

●**生没年**

1875（明治8）年11月24日～1953年9月7日（77歳没）

同郷の林銑十郎（せんじゅうろう）と同学年（林は1歳下だが早生まれ）。陸軍士官学校は阿部が1期下で、陸軍大学校は2期下。

●**キャッチフレーズ**

1☰「当て馬内閣」「木炭自動車」**消去法**で「本命内閣」ではないことから軽んじられた。しかしそもそも本命などおらず、陸軍が作り陸軍が壊した内閣。

2☰「石川内閣」「阿部一族」閣僚に同郷者が多数いたことから、森鷗外の人気小説にかけて。

3☰「**処世の将軍**」戦闘経験がほとんどなく軍政で出世してきたこと、反東条派だったが東条派に変節するなど機を見るに敏な人物と見なされていたこと、終戦時に朝鮮総督だったが特に何もせず米軍に護られ早々に帰国したことなどから、「野戦の将軍ではなく処世の将軍」「戦わぬ将軍」等と揶揄された。ただし、本人は軍政にはほとんど興味がなかった。

●出生 ☞ **石川県出身**

石川県金沢市で、旧加賀藩士の長男に生まれるが、4歳で父を失う。

●学び

東京府尋常中学校（のち東京府立第一中学校→現在の日比谷高校）に学んだ後、故郷の旧制四高（現在の金沢大学）に入学（18歳）↓在学中、日清戦争に刺激され中退・上京して**陸軍士官学校**に進み成績優秀で卒業（22歳）↓砲兵少尉（23歳）↓中尉（25歳）↓陸軍砲工学校（のちの陸軍科学学校）高等科を卒業（26歳）↓**陸軍大学校**に入校（27歳）↓大尉（28歳）↓1904年、日露戦争開戦により陸軍大学校中退（29歳）↓日露戦争に出征（30歳、実戦には参加せず）↓陸軍大学校に復学（31歳）↓陸軍大学校を卒業（32歳、卒業席次3位と優秀で明治天皇から「恩賜の軍刀」を授けられる）

※陸軍砲工学校や陸軍大学校は、尉官の将校が通う上級学校。

●キャリア

参謀本部へ出仕（32歳）↓少佐（33歳）↓陸軍大学校教官（34歳）↓ドイツ駐在（35歳）↓オーストリア大使館付武官（38歳）↓1914年、第一次世界大戦開戦前に帰国し再び陸軍大学校教官（39歳）↓中佐（40歳）↓大佐（43歳）↓シベリアに出征（44歳、実戦には参加せず）↓参謀本部課長（45歳）↓少将（47歳）↓1923年、参謀本部総務部長（48歳、関東大震災により戒厳参謀長を兼任）↓陸軍省**軍務局長**（51歳）↓中将（52歳）↓陸軍次官（53歳）↓宇垣一成陸軍大臣の病気療養中に陸相代理のち第4師団長（55歳）↓台湾軍司令官（57歳）↓1936年、二・二六事件後の粛軍で予備役に編入（61歳、のちアジア主義団体東亜同文会理事長）↓**1939年**、平沼騏一郎内閣の後を受け**内閣組閣**（64歳、当初は**外務大臣**を兼任）↓1940年、総辞職（65歳、のち元首相として**重臣扱い**）↓同年、米内光政内閣の特派大使として中国に渡り「日華基本条約」を締結し汪兆銘政権（南京政府＝新国民政府）を承認↓1942年、翼賛政治体制協議会のち**翼賛政治会会長**（67歳、貴族院議員）↓1944年、**最後の朝鮮総督**（69歳）↓1945年の終戦後、〝A級戦犯〟容疑で逮捕される（70歳）↓なぜか起訴されず公職追放（71歳、現在でも謎）↓1952年、公職追放解除（77歳）↓翌年死去（77歳）

●追加知識

組閣直後の9月1日にドイツがポーランドに侵攻して第二次世界大戦が始まり、日独伊三国防共協定を結ぶ日本に何の相談もなかったこともあり阿部は不介入方針を採って静観し、日中戦争の処理に集中した。これは経緯を踏まえれば当然のことで、「**親英米派**」

扱いは同情の余地がある。ただし、外相に海軍出身でフランクリン＝ローズヴェルト大統領と親しい野村吉三郎を登用し、日米交渉に当たらせたのは事実。

●ライバル

皇道派の荒木貞夫と真崎甚三郎は陸軍士官学校の同期。柳条湖事件時の関東軍司令官本庄繁、南京事件の責任を取り極東国際軍事裁判で死刑となった松井石根を含め、陸軍士官学校の第9期は著名な人物が多い。

●エピソード

1 二・二六事件後の粛軍＝リストラで他の大将らとともに現役を退いたが、中立派で責任はないのに潔い態度だったので好感を持たれた。

2 「今度のことは、陸軍の責任が最も重い。平沼は、むしろ辞職しなくてもいいくらいのものだ」と側近に漏らすほどだった昭和天皇から組閣の大命を降下され参内した時、「憲法の条章を順守し、外交は英米と協調の方針を採り、財界に急激な衝撃を与えず、陸軍大臣には梅津（美治郎）か畑（俊六）を選び、それ以外は、陸軍三長官（＝陸軍大臣・参謀総長・教育総監）の決定でも許さない」と厳しいお言葉があった。陸相の人選にまで天皇が言及するのは前代未聞どころか空前絶後。陸相は侍従武官長だった畑俊六に決まったが、阿部は「まるで叱られているような感じを受けた」と話している。

3 外務省・大蔵省・商工省などが分割所管していた貿易行政の統合をはかり**貿易省を新設しようとした**が、「縄張り主義（セクショナリズム）」傾向の強い外務省通商局の官僚のほとんどが辞表を出すなど抵抗され、**立ち消え**になった。

● **阿部信行が始めたもの**

1 「金鵄（きんし）勲章のない大将」。日露戦争とシベリア出兵には出征したが実戦に参加せず、初の金鵄勲章（＝武功のあった人に与えられる勲章）をもたない陸軍大将だった。「金鵄」は金色の鳶（とび）。

2 **価格等統制令**（1939年）。国家総動員法に基づく勅令。価格を据え置き、**公定価格制を導入**して経済統制を強化。しかし物資不足とインフレ（物価高）を招き、闇価格が横行し不評だった。

3 1942年の翼賛選挙（戦中の出来レース的な総選挙）を前に結成された翼賛政治体制協議会が後日発展した**翼賛政治会**（のち大日本政治会）の初代会長。

● **豆知識**

最後の朝鮮総督として半島では知名度が高い。ハングルを使用する韓国では「あべ」という読みが同じことから、安倍晋三の祖父と誤解されることも多い。

第37代総理

海軍のおくりびと

米内光政

（海軍）

1940年1月16日～7月22日

189日

●組閣の経緯

近衛文麿が再登板を固辞したこともあり、宮中（昭和天皇＆湯浅倉平内大臣）の強い意向を受けて組閣。また、4人の政党人が入閣し、議会をも味方につけていた。

※陸軍（陸軍省・参謀本部）の推進する日中戦争拡大と対独接近に反対する、海軍（海軍省・軍令部）や政党（立憲政友会・立憲民政党）、宮中（内大臣・宮内大臣・侍従長）勢力を結集した「反陸軍」系内閣。

●就任時の年齢

60歳

●退陣の理由

枢密院議長を辞職した近衛文麿が「新体制運動」を始め、陸軍がそれと連携して畑俊六陸相を辞任させ、後継を推薦しなかったため（当時は「軍部大臣現役武官制」（1900～13

年、1936〜45年）」で、陸相が欠ければ総辞職せざるを得ない）。前年に始まり、ドイツが連戦連勝していた第二次世界大戦を背景に、ドイツ・イタリアと提携を強化したい陸軍が、日独伊三国同盟に反対する「親英米派」米内内閣を倒した。

※宮中では、内大臣が湯浅から木戸幸一に代わり、背後の「革新派」＝現状打破派の枢密院議長近衛文麿が、現状維持派の米内に協力的でなかったことも大きかった。議会では、立憲民政党斎藤隆夫の「反軍演説」をきっかけに政党勢力が日和り、陸軍と歩調を合わせつつあった。

●生没年

1880（明治13）年3月2日〜1948年4月20日（68歳没）

海軍では、鈴木貫太郎の13歳下・岡田啓介の12歳下で、山本五十六（いそろく）の4歳上。同郷（岩手県）では、陸軍の東条英機の4歳上・板垣征四郎の5歳上。

●キャッチフレーズ

1 「ナイス・アドミラル（素晴らしき提督）」 計7内閣の海相を勤め上げた人格者として、戦後もGHQからの評価が高い（日本最後の海相・海軍の「葬儀委員長」）。海軍は、海軍省の海軍大臣の権限が、軍令部の軍令部総長に比べて高い。米内は、海軍を優先する傾向があり、首相として国全体をまとめ上げる手腕は足りなかった。

2 「金魚大臣」 海相就任当初は見た目が立派なだけと、海軍内で中堅士官たちから揶揄された。

3 「光（み）っつあん」同郷の岩手県人には幼少時からこの愛称で親しまれた。

●出生 岩手県出身

岩手県盛岡市で、旧南部藩（盛岡藩）士の長男（姉がいる）に生まれる。江戸時代、米内家は剣道師範の家柄だったが、幕末時点では15石取りの下級武士。父は発明家として野心を持ち一人で上京したりしていたので、まるで母子家庭のように育った。

●学び

高等小学校を経て➡盛岡中学校入学（13歳、現在の盛岡第一高校）➡学費がかからないこともあり上京して海軍兵学校入学（18歳、無口で鈍重（どんじゅう）に見え「グズ政（まさ）」というあだ名）➡海軍兵学校卒業（21歳、席次〔ハンモックナンバー〕は半分以下）

●キャリア

少尉（23歳）➡中尉（24歳）➡1905年、砲術練習所学生（25歳、日露戦争の日本海海戦に参加）➡卒業し大尉（26歳）➡1912年、少佐となり海軍大学校入学（32歳、遅い入学）➡海軍大学校卒業（34歳、中国の旅順要港部参謀）➡1915年、第一次世界大戦中のロシア大使館付武官事務補佐（35歳、首都サンクトペテルブルク）➡中佐（36歳）➡帰国して佐世保鎮守府参謀（37歳）➡海軍軍令部参謀としてロシアのウラジオストク駐在（38歳）➡帰国（39歳、ロシア革命の報告論文が評価される）して海軍大学校教官（40歳、大佐）➡ポーランド駐在員監督（41歳）➡「春日」艦長（42歳）➡練習艦「磐手」艦長（43歳）➡「扶桑」のち「陸奥」艦長（44歳）➡第二艦隊参謀長（45歳、少将）➡中国の第一遣外艦隊司令官（48歳）➡中将（50歳、朝鮮の鎮海要港部司令官という閑職に）➡第三艦隊司令長官（52歳）➡佐世保鎮守府司令長官（53歳）➡第二艦隊司令長官（54歳）➡横須賀鎮守府司令長官（55歳）➡連合艦隊司令長官兼第一艦隊司令長官（56歳）➡１９３７年、林銑十郎内閣の海軍大臣で初入閣（57歳、大将）➡第一次近衛文麿内閣の海相に留任（日中戦争に関してはイケイケ）➡１９３９年、平沼騏一郎内閣の海相に留任（59歳、日独伊三国防共協定の軍事同盟化に反対）➡同年、阿部信行内閣の組閣にあたり辞任し軍事参議官➡１９４０年、阿部内閣総辞職に伴い内閣を組閣し自ら予備役に編入（60歳、同年陸軍の圧力により総辞職、以後は重臣扱い）➡１９４４年、小磯国昭内閣で副総理格の海相として事実上の連立内閣を組閣（64歳、四度目の海相として現役に復帰）➡１９４５年、鈴木貫太郎内閣の海相に留任し御前会議で戦争終結を支持➡終戦後に東久邇宮稔彦王内閣の海相に留任➡幣原喜重郎内閣の海相に留任➡海軍省廃止により廃官（65歳、戦犯指定はされず）➡１９４６年、公職追放となり極東国際軍事裁判〔東京裁判〕に2度出廷（66歳、昭和天皇やA級戦犯容疑者をかばう）➡元大臣秘書官たちに誘われ北海道で牧場経営に参加➡１９４８年、長らく

帯状疱疹に悩まされていたが脳溢血と肺炎で死去（68歳）

●信頼されていた人

昭和天皇。人として信頼されており、阿部内閣総辞職後、後継首相に米内を強く薦めた。後年、「あの（米内）内閣が続けば、戦争にならなかったかもしれない」と悔いた。米内の死後も小泉信三（慶應義塾塾長）の前で「惜しい人であった」と公言。

●信頼していた部下

山本五十六と井上成美。日独伊三国同盟や日米開戦にともに反対した部下であり後輩。

●名言

「努力、努力、努力」同郷の岩手県出身の海軍兵学校生たちを座談会で激励。

●特徴

1≡面倒くさがり・無造作で口数が少なく、生涯東北訛りが取れなかった。

2≡親孝行。母はもちろん、微妙な父に対しても死後も借金を返済し続けた。しかし、結果的に母より先に亡くなるという親不孝。葬儀の際、母は火葬場へ向かう棺にすがり「光、光、なんで、わだしのごど残して先に逝ったんだ？」と泣きながら話しかけた。

●エピソード

1≡モテモテ。173㎝80㎏と当時としては長身で体格も良く色白の男前で、死後「米内さんの愛人でした」と言う女性とあちこちで出会い、長男が困惑していた。欧米では四人の髪型とされる**短髪を嫌い、髪を伸ばした珍しい軍人**。海相時代と首相時代に2度、ニューヨークの雑誌『タイム』で特集を組まれ表紙になったこともある。

2 二・二六事件の際は、芸者街の柳橋（やなぎばし）で飲んだ後に宿泊していたため事件発生を知らず、始発電車で司令長官だった横須賀鎮守府に帰った。その後すぐに上京し、陸軍皇道派を「反乱軍」と断定して厳しい制圧に動いた。

3 戦後、ＧＨＱのマッカーサーたちから軍刀を所望され自らの『国重（くにしげ）』をこともなげに差し出した。生涯貧乏だったが軍人として天下の名刀を使用していた。

4 日本海軍の最期を看取った翌日、宮中に召されたが、昭和天皇から労いの言葉と使用したばかりの硯箱を賜り、退室後の廊下で男泣きに泣いた。

5 元駐日米大使グルーは「米内は信用できる人物」と著書で述べている。

6 内閣退陣のきっかけとなった畑俊六陸相を当時から気遣い、戦後も東京裁判の証言でトボけ続け、バカのふりをしてかばった。米内の死から12年後の１９６０年、故郷の盛岡八幡宮に立てられた米内の銅像の除幕式当日の早朝、80歳を超えた畑老人が人目を避けるように黙々と会場の草むしりや掃除をしていたことが目撃されている。

米内光政が始めたもの

1≡海軍の軍人・兵に対する（戦闘負傷以外での）医療問題の解決。林内閣の海相時代、結城豊太郎（とよたろう）蔵相の承認を得た上で、財界の有力者から多額の寄付を集めることに成功し、各地の病院建設などに充てた。

2≡現役をあえて退き組閣した唯一の軍人首相。首相が現役武官だと「統帥権の干犯につながりかねない」と公言。

3≡首相時代の秘書官たちが（就任も辞表提出も日付が偶然16日だったことから）「一六会（いちろくかい）」という親睦会を結成、米内の死後も存命者のいる平成時代まで開催し続けた。

好き

1≡酒。「米内が酒か、酒が米内か」と言われるほどの酒豪。人前で酔って崩れることはなく、好物の豆腐やオカラをつまみに黙々と飲む。

2≡読書。出世する前は各地の閑職が多かったが、その時に特に多く読んだ。

嫌い

1≡公私混同や二重取り。首相辞任後「公職についていない」と公用車を断り、公共交通機関を使い病院に通ったくらいの清廉さ。また、現役武官として海相を務めている間、海軍と内閣の両方から一時金（賞与・手当）が支給されることを「二重取り」と嫌がり、内閣のぶんは秘書官たちに「君らで分けなさい」と言っていた。

2≡あまりにもドイツ寄りの陸軍。なぜ海軍が勝てそうもないアメリカ・イギリスや、あまり関係のないソ連（ロシア駐在経験もあるので結構好き）と対立するんだ、面倒くさい、と嘆いていた感がある。そもそも海軍の弱いドイツ・イタリアには興味がなく、日本陸軍に対しても「海軍がいなきゃ陸軍を戦場に運べないじゃないか」と思っていた。

3≡軍人の神格化。葬儀委員長を務めた山本五十六の国葬後も、（生前の山本も望んでいなかったとして）神社建立の動きを阻止した。

● **得意**

ロシア語。ロシア駐在時代、あっという間に修得した。

● **豆知識**

阿川弘之の小説『米内光政』のおかげで異様に評価が高い。しかし、仮に信念は立派でも、理解し合えない相手は説得しようとせず、諦めが早かった。ポツダム宣言受諾に関しても、海相として「早期講和論」を主張しながらも曖昧な態度を取り、陸相阿南惟幾（あなみこれちか）・参謀総長梅津美治郎（よしじろう）、（海軍）軍令部総長豊田副武（とよだそえむ）らの「一撃講和論」に押されて対応が遅れ、原爆投下やソ連参戦を引き起こしたと批判される。

※終戦の8月15日、阿南は陸軍軍人たちに「米内を斬れ」と遺言して自決している。

第40代総理

ヒデキ登場
東条英機（とうじょうひでき）

陸軍

1941年10月18日～
1944年7月22日
1009日

●組閣の経緯

重臣会議の中心であった内大臣木戸幸一が、9月6日の御前会議の決定（10月上旬までに対米交渉がまとまらない場合の対米英蘭開戦）の白紙還元を条件に、陸軍大臣東条英機を単独で首相に推挙。

※それまで態度が頑なで攪乱要因であった陸軍自身に責任を負わせることにより、日米交渉を成立させることを図った（たとえ開戦となっても陸軍の責任にできる）。

●就任時の年齢

57歳

※東条は昭和天皇の意図を受け、和平に積極的な東郷茂徳・賀屋興宣をそれぞれ外相・蔵相とし開戦回避に動いた。

●**退陣の理由**

サイパン島陥落など戦局の悪化に伴い、岡田啓介・近衛文麿ら重臣により追い込まれた。また、軍需省次官で無任所の国務大臣の岸信介の裏切りも大きかった。

●**生没年**

1884（明治17）年12月30日〜1948年12月23日（63歳没）

陸軍では、阿部信行の9歳下・林銑十郎の8歳下・小磯国昭の4歳下。また、米内光政の4歳下、近衛文麿の7歳上。

●**キャッチフレーズ**

1 「カミソリ東条」政治には向かないが、軍事官僚としては切れ者だったことから。

2 「憲兵政治」「東条幕府」陸軍の憲兵警察を批判者の監視・摘発に多用したため。

3 「電撃宰相」「人情宰相」戦時に無理に作られた「強くて優しい」イメージ。

●**出生** 東京都（東京府）出身

東京都千代田区で、旧盛岡（南部）藩士の陸軍士官の三男に生まれる。長男と次男はすでに亡くなっており、実質的には長男。

※父の英教は陸軍大学校を首席で卒業した著名な戦略家だが、長州閥に阻まれたり日露戦争時に失策したりで出世できず（中将になった途端に予備役編入＝引退）。

●学び

四谷小学校から学習院初等科3年に編入（8歳）↓4年時に中退し青山小学校卒業後、東京府立城北中学校（現在の戸山高校）入学（13歳）↓在学中に東京陸軍地方幼年学校に転じる（15歳）↓陸軍中央幼年学校に進む（18歳）↓陸軍士官学校入学（20歳）↓陸軍士官学校卒業（21歳、成績は凡庸）

※昭和期には、陸幼↓陸士↓陸大という（幼年学校のない海軍に比べ）独善的・偏狭的なエリート教育に適応できた人物が陸軍の要職に就いた。彼らは陸軍省軍務局長↓陸軍次官↓陸軍大臣と出世していく過程で、本来は軍人勅諭で禁じられている政治への介入を進めていく傾向があった。

●キャリア

歩兵少尉（21歳）↓中尉（23歳）↓陸軍大学校入試に2年連続で失敗（26〜27歳、新婚の妻にプレッシャーをかけられる）↓陸軍大学校入学（28歳）↓陸軍大学校卒業（31歳、大尉）↓1919年、スイス駐在（35歳、単身赴任）↓少佐（36歳）↓ドイツ駐在（37歳）↓帰国して陸軍大学校教官（38歳）↓参謀本部員を兼任（39歳）↓中佐（40歳）↓陸軍省整備局動員課長（44歳、大佐）↓歩兵第1連隊長（45歳、将校全員の身上調書を丸暗記して着任し「人情連隊長」と好評）↓1931年、参謀本部総務部第1課長の時に満洲事変勃発（47歳）↓少将（49歳）↓久留米の歩兵第24旅団長（50歳、左遷人事）↓1935年、関東憲兵隊司令官兼関東局警務部長として満洲に渡る（51歳、統制派の永田鉄山軍務局長暗殺を受け危険回避のための人事）↓１９３６年、二・二六事件で上層部が大量に退役し出世のチャンス広がる（52歳、中将）↓関東軍参謀長（53歳）↓１９３８年、第一次近衛文麿内閣の板垣征四郎陸相の下で陸軍次官兼陸軍航空本部長（54歳、陸軍内の主導権争いや「中ソ二正面作戦」を提唱した舌禍などにより約半年で更迭され新設の陸軍航空総監に）↓１９４０年、第二次近衛内閣の陸相で初入閣し対満事務局総裁を兼任（56歳、第三次近衛内閣でも留任）↓１９４１年、陸相・内相兼任で大将に昇進した上で組閣（57歳、同じ陸軍の東久邇宮稔彦王を首相にすると開戦決断の責任が皇族に降りかかるため）↓ハル＝ノートを蹴り開戦↓１９４２年、翼賛選挙ののちミッドウェー海戦に大敗（58歳、外相を兼任）↓１９４３年、ガダルカナル島撤退とイタリア降伏ののち大東亜会議開催（59歳、文相・商工相・軍需相を兼任）↓１９４４年、参謀総長まで兼任するようになったがサイパン島陥落に伴い退陣（60歳、予備役に編入され以後は重臣として和平工作に反対し戦争完遂を主張）↓１９４５年、ＧＨＱにより〝Ａ級戦犯〟容疑者として逮捕（61歳、逮捕の瞬間に自宅で拳銃自殺を図るも失敗）↓１９４８年、極東国際軍事裁判（東京裁判）で死刑判決（63歳、巣鴨プリズン〔拘置所〕で仏教に帰依し念仏を唱えながら絞首刑）

●追加知識

関東軍は外地の駐屯軍で、陸軍省や参謀本部より格落ちの職場。また、軍隊内の警察である憲兵も、歩兵・騎兵・砲兵・航空兵など実戦に関わる兵種より格下扱い。

●名言

1≡「人間、たまには清水の舞台から目をつぶって飛び降りることも必要だ」陸相時代、太平洋戦争開戦を決断できない近衛文麿首相に対して。

2≡「敵機は精神で落とすのである」首相時代、三重県の明野陸軍飛行学校においての訓示。

3≡「今や〜であります」国民によく物真似された口癖・代名詞。

4≡絞首刑前の辞世の句は、「我ゆくもまたこの土地に帰り来ん　国に報ゆることの足らねば」という愛国者。

●性格

1≡努力家で正直者。特技は丸暗記。妻一筋でスキャンダル一切なしで「まじめにやっとるか」が口癖。

2≡視野が狭く小心者。反抗や諫言をしない限り義理堅い好漢だが、反対派のジャーナリスト中野正剛を弾圧して割腹自殺に追い込んだり、気に入らない陸軍軍人や官僚を激戦地に送るなど、冷酷さも目立った。

3 座右の銘は「努力即権威」。その代わりプライベートの私利私欲はなく、自宅もつましいものだった。

4 **メモ魔**↓ノート整理が日曜の趣味。同僚や部下がメモと違うことを話すと「言ってたことと違うじゃないか」などと糾弾し、大いに鬱陶しがられた。

5 **何でも自分でやらねば気が済まない**「マイクロマネジメント」の人。戦局の悪化とともに権力集中を進め、この感覚に拍車をかけた。

6 女性を総力戦の直接要因とみなし啓蒙を図った。米軍パラシュート部隊くらいなら相手にできるだろうと**竹槍訓練を導入**。

●影響を受けた人

永田鉄山（統制派の軍務局長）。陸大受験の浪人中にも勉強をみてもらい、彼の結成した私的結社二葉会（のち木曜会と合体して一夕会）にも参加した。

※対ソ戦志向で軍事クーデターの脅威をチラつかせ一部の隊付将校（陸士は出ても陸大には行けない佐官で終わる部隊勤務の将校）らの熱烈な支持を得る精神主義の**皇道派**（荒木貞夫や真崎甚三郎）に対し、**統制派**（永田鉄山や渡辺錠太郎）は、あくまでも合法的に総力戦体制の構築を図ろうとした陸大出のエリート。真面目・律儀な性格で思想的にも統制のとれた軍隊を理想とする**東条も統制派**だった。

●ライバル

5歳下の石原莞爾。頭が切れ黙ってられない性格の、皇道派でも統制派でもない生意気な後輩とは犬猿の仲。次官時代は左遷、陸相時代は予備役に編入と厳しく接した。

●エピソード

1☰実戦経験は、日中戦争中に（満洲にいて部外者のはずの）関東軍参謀長として「東条兵団」を率いて内蒙古のチャハルへ動いた一度のみで、戦線拡大派だった。

2☰陸相時代の1941年、参謀本部の要求通り85万人の関東軍特種演習（関特演）に同意。独ソ戦でドイツの調子が悪く途中で中止となったが、部下がかかった経費の報告をした時「君たちは一体何をしていたんだ！　こんなに金を使わせて！」と叱りまくり、彼らに内心「あなたが動員に賛成したからではないか」と呆れられた。

3☰第三次近衛内閣倒壊の件を叱責されると思い参内したら昭和天皇から組閣の大命を受けたので、突然のことに茫然となった。同じ陸軍でも東久邇宮か宇垣一成が次期首相だと思っていた。

4☰首相就任後には非戦派の昭和天皇の意を受けて公平に立ち回った。しかし結果的に開戦となったので、東条は上奏時に申し訳なさから涙を流した。

5☰民情視察のため、東京市街に出没してゴミ箱を覗いたり、いきなり役所を訪れるなどパフォーマンスが多かった。祖父が能役者だったこともあり「いちいち芝居がかってる」とも言われた。大衆性がある割には、一般国民をなびきやすい存在と考え腹の底では舐めていた模様。

6 ||| 移動や視察の際にオープンカーを常用。ヒトラー・ムッソリーニ・スターリンのような「カリスマ指導者」たる自己を演出。しかし傍目（はため）にはいいとこ「水戸黄門」だった。

7 ||| 東京裁判の法廷で**民間右翼の大川周明（しゅうめい）に背後から坊主頭を叩かれた**シーンは有名。梅毒の症状が出ていたらしい大川は精神異常だとして免訴（めんそ）された（のちに回復したので巧妙な演技説もある）。

8 ||| 絞首刑にされた7名の遺体は家族に返されることなく火葬、遺骨は粉砕され航空機によって太平洋に投棄された。1978年、〝A級戦犯〟の14名は**靖国（やすくに）神社に合祀（ごうし）**されている。

●**東条英機が始めたもの** ☞ 戦時の非常態勢下なので多い

1 ||| **戦陣訓**。1941年、陸相として各部隊に示達（じたつ）。「**生きて虜囚（りょしゅう）の辱（はずかし）めを受けず**」という一節が有名で、自決や玉砕〔全滅〕など死者を増やした要因として汚点の一つとなった。ただし作成したのは前任の板垣征四郎で、完成した時にたまたま陸相だっただけ。作成目的は、中国戦線で著しく乱れていた軍紀の引き締め。

2≡**「欲しがりません勝つまでは」**。1942年、大政翼賛会が戦意高揚のため新聞社と共同で「国民決意の標語」を募集。国民小学校5年の少女の作品が選ばれた（実際は父親の作）。

3≡**大東亜省**。1942年、外務省から分離独立。これにより朝鮮と台湾は内務省の管轄下に置かれ「内地」となり、1944年には朝鮮、45年には台湾に徴兵義務が課せられた。

4≡**軍需省**。1943年、特に航空機の飛躍的増産を目指し、商工省の軍需部門と企画院を統合。東条首相が初代軍需大臣を兼任。次官に岸信介を入れ、無任所の国務大臣と兼任で実質的に任せるつもりだったが気分が変わり、他にも大臣を1名増やしたことで岸が怒って退任。これが内閣崩壊の遠因となった。

5≡**首相としての外遊**。1943年から日本の勢力下の各地（満洲国・フィリピン・タイ・ジャワなど）を歴訪。

6≡**大東亜会議**。重光葵（まもる）外相の提案により**東京**で開催。東条、満洲国の張景恵（ちょうけいけい）国務総理、南京政府の**汪兆銘**（おうちょうめい）行政院長、ビルマのバーモウ行政府長官、フィリピンのラウレル大統領、タイのワンワイ＝タヤコン親王（首相代理）の6名に加え、自由インド仮政府のチャンドラ＝ボースが陪席（ばいせき）者で計7名が出席。連合国の「大西洋憲章」に対し「**大東亜**

共同宣言」を採択するなどカラ元気の茶番だったが、首脳が集まったことは、戦後のアジア諸国の独立運動に好影響を与えた。また、日本が南京政府と形式的に同盟のような関係となったことから、蔣介石（しょうかいせき）の重慶政府との和平の道は完全に閉ざされ、同月に米英中のカイロ会談における「カイロ宣言」が出た。

7 **学徒出陣**。1943年、大学・高等学校・専門学校の文科系学生の徴兵猶予を停止。**学徒動員〔勤労動員〕**や**女子挺身隊**など、若年者への労働の強制も同年から始まっていた。

●得意

1 神刀流の剣舞。精神教育の一助として父が習わせた。

2 首相の立場から他の国務大臣・省への干渉。本来の首相は「同輩中の首席」にすぎず権限はなく憲法違反。しかしそれでは総力戦は戦えない、と割り切っていた。

3 陸軍省（政治・国務）の立場から参謀本部（作戦・統帥）への干渉。1944年には首相と陸相と参謀総長を兼任したが、参謀本部から大いに嫌がられた。海軍でも、御しやすい嶋田繁太郎（しげたろう）に海相と軍令部総長を兼任してもらったが、このような「国務と統帥の不一致」は、大きな敗因と言われる。国務と統帥は、明治時代後期には憲法外の存在である元老が統一していたので日清・日露戦争に勝つことができたが、元老亡き後は誰かがリーダーシップを発揮しようにもそのシステムがない。本来、そこで天皇が出るべきかもしれないが、政治利用すると皇室が直接国民から怨嗟の的になることを恐れた。とにかく支配層は外国勢力よりも国民の内乱や革命を恐れるなど国民不信が甚だしかった。

● **苦手** 『戦陣訓』を出していたのに……

自決。拳銃を使用し短刀を用いず失敗したことは、玉音放送前に割腹した阿南惟幾陸相（史上唯一の閣僚自殺）らと比較され、批判された。

● **好き**

1 昭和天皇。天皇からも「東条ほど自分の意見を実行してくれた者はいない」と好意的な評価をされており、東条も「上奏癖」と言われるくらい逐一報告を入れた。退陣時も天皇は積極的に賛成した感じではない。以前、田中義一首相を叱責した時の反省や、そもそも東条以外に力量ある人間がいないと思っていたこと、占領地を外遊していた東条が退陣すると、大東亜の人心収拾ができなくなると考えていたことなどが理由。

2 航空機。「国防の将来は正しく空に在り」と考えていた陸軍航空総監部の初代総監。1939年、大阪で行われた新聞社主催の「飛行技術コンテスト・学生鳥人大会」に出席し、航空総監賞を贈っている。

3 シャム猫を飼って以来の猫好き。

●嫌い

1≡**海軍。**陸軍エリートとしては当たり前で、予算の奪い合いは日常茶飯事。タイプの全く違う米内光政は特に苦手。陸海軍の対立は敗戦の大きな要因。

2≡長州閥。盛岡藩出身の父が不遇に終わったことを根に持っていた。

3≡政治。「水商売」と言い陸相に就任する際も断っており、政治家も全く信用していない。努力型秀才の軍人である東条は、**重臣・枢密顧問官・官僚・政治家のような高学歴のインテリが苦手。**特に帝大首席の若槻礼次郎や岸信介のような天才には、論戦で全く歯が立たなかった。

4≡皇道派の真崎甚三郎。嫌いというよりも、兄事（けいじ）していた統制派の永田鉄山とセットで先方から嫌われていた。

5≡近衛文麿を筆頭とする重臣たち。嫌いというより敗色濃厚になったせいで先方から憎まれていた。重臣は陸軍に敗戦の責任をすべて負わせ、天皇制国家体制維持を図ろうとし、近衛は「せっかく東条がヒトラーとともに世界の憎まれ者になっているのだから、彼に全責任を負わしめるほうがよいと思う」と言い放った。

●豆知識

亡くなった人気歌手の西城秀樹と一文字も漢字が被っていない。

第41代総理

ミスキャスト 小磯国昭（こいそくにあき）

陸軍

1944年7月22日〜
1945年4月7日
260日

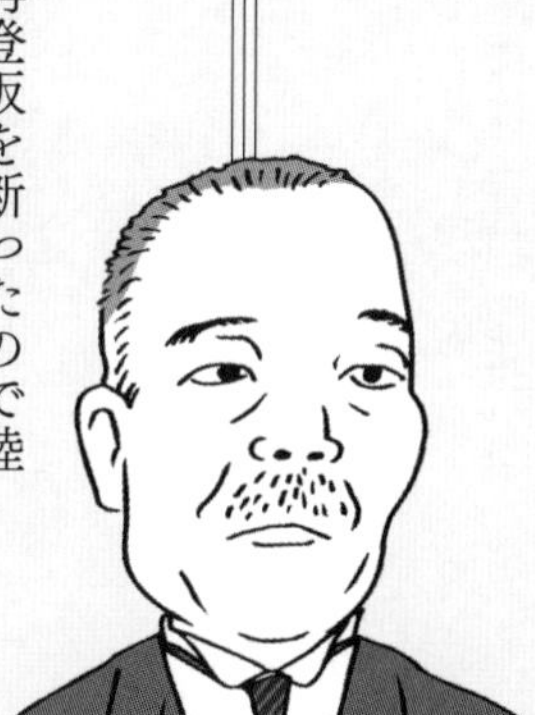

●組閣の経緯

重臣たちが東条英機内閣に何とか引導を渡し、海軍の米内光政（よないみつまさ）が再登板を断ったので陸軍の寺内寿一（ひさいち）が候補となった。しかし、彼は南方軍司令官として前線で指揮を執っており、朝鮮総督小磯国昭と中国方面司令官畑俊六（しゅんろく）が残り、米内の「（以前自らの内閣の拓務大臣だったこともあり）より政治力に長けている」との意見で小磯が選ばれた。昭和天皇は「小磯は神がかりの傾向あり、経済を知らない」とあまり乗り気でなく、信頼する米内を現役に復帰させて海軍大臣とし連立の形を取った（小磯は大命降下の際にそれを初めて知った）。しかし、呑気（のんき）で責任感に欠ける2人の陸・海コンビは、余裕のない戦争末期には明らかな**ミスキャスト**だった。

●就任時の年齢

64歳

●退陣の理由

レイテ沖（比島沖）海戦の敗北→米軍の硫黄島占領→東京大空襲→米軍の沖縄上陸と追い込まれた上、蔣介石の重慶政府との和平工作**「繆斌工作」の失敗**が決定打となった。汪兆銘の南京政府の要人という触れ込みの繆斌を通じた（いかにも怪しく失敗しそうな）この和平工作は、重光葵外相が「外交大権の干犯」と激怒、さらに杉山元陸相の猛反対にあい、内閣不一致を招いた。

※梅津美治郎参謀総長や内大臣木戸幸一、昭和天皇にまで反対される体たらくで、小磯と緒方竹虎情報局総裁によるスタンドプレーは完全に失敗（小磯は情報調略関係の経験が長く、中国通を自認していた）。

●生没年

1880（明治13）年3月22日～1950年11月3日（70歳没）

林銑十郎の4歳下で阿部信行の5歳下。東条英機の2歳上。

●キャッチフレーズ

1 「朝鮮の虎」朝鮮総督時に強面の容貌から。物騒なあだ名の割には「日鮮同祖論」を信奉し、日本人と朝鮮人を同化させ平等に扱おうとしていた。

2 「一億総武装」「本土決戦」「一億玉砕」陸海軍の仲が悪く、軍部（武官）と政府（文官）の統率も取れない中で、戦争指導の一元化すらできなかった。

●**出生** 👉 **山形県出身（栃木県生まれ）**

父が警察幹部として各地に赴任していた時、栃木県宇都宮市で長男として生まれるが、一家が新庄藩という小藩の上級武士出身だったことから、山形県新庄市で育つ。

●**学び**

山形中学校（現在の山形東高校）を卒業後に士官候補生（18歳）➡**陸軍士官学校**に入学（19歳）➡陸軍士官学校を卒業（20歳）➡歩兵少尉（21歳）➡中尉（23歳）➡1904～05年、日露戦争に従軍（24～25歳、従軍中に大尉）➡**陸軍大学校**に入学（27歳）➡陸軍大学校を卒業（30歳、席次は中位以下）

●**キャリア**

陸軍士官学校教官（30歳）➡関東都督府参謀（32歳）➡少佐（34歳）➡参謀本部部員として中国の内蒙古に派遣（35歳）➡帰国（37歳）➡1918年、シベリアに出征（38歳、中佐）➡大佐（42歳）➡陸軍大学校教官のち歩兵連隊長（43歳）➡参謀本部課長（45歳）➡少将（46歳）➡陸軍省整備局長（49歳）➡陸軍省**軍務局長**（50歳）➡1931年、三月事件に関与（51歳、中将）➡1932年、犬養毅内閣の荒木貞夫陸相の下で**陸軍次官**（52歳、のち関東軍参謀長）→第五師団長（54歳）→朝鮮軍司令官（55歳）→大将（57歳）→予備役に編入（58歳）→1939年、平沼騏一郎内閣の拓務大臣で初入閣（59歳）→1940年、米内光政内閣の拓相（60歳）→1942年、朝鮮総督（62歳）→1944年、海軍の米内光政を副総理とし連立状態で内閣組閣（64歳）→1945年、沖縄戦の最中に総辞職（65歳、辞表提出の4月7日は戦艦「大和」沈没の日）→1946年、〝A級戦犯〟容疑者として起訴（66歳）→1948年、極東国際軍事裁判〔東京裁判〕で終身刑の判決を受ける（68歳）→1950年、巣鴨プリズン〔拘置所〕で服役中に病死（70歳）

●追加知識

拓務大臣〔拓相〕は拓務省のトップ。1929年に新設された拓務省は、植民地や占領地（台湾・澎湖諸島・朝鮮・南樺太・南洋諸島）の統治、東洋拓殖会社〔東拓〕・南満洲鉄道株式会社〔満鉄〕の業務監督、海外移民事務などを行う。ただし、台湾総督府・朝鮮総督府・樺太庁・南洋庁への影響力はあっても、満洲事変以後の占領地には関与できない。1942年に大東亜省が設置されると分割・解体された。

●名言

「統帥離れて政治なし」組閣第一声で、これを実現するため、小磯は現役に復帰し軍令〔統帥〕や軍政にも影響力を持とうとしたが陸軍は認めなかった（武官は文官＝政府や重臣による作戦指導への介入を一貫して拒んだ)。大本営会議への首相列席も認められず、妥協点として従来の**大本営政府連絡会議**(1937年に第一次近衛文麿内閣が設置)に比べ正規構成員を首相・外相・陸相・海相・参謀総長・軍令部総長に絞った**最高戦争指導会議**が置かれたが、実質的には何も変わらなかった。

※小磯は7年前に現役を離れていた予備役の元軍人なので、「**日本はこんなに負けているのか**」と驚いたほど戦局に疎かった。辞職の3週間前にようやく大本営会議への列席が認められたが、近代戦を理解しておらず発言は封じられた。

●性格

如才ない世渡り上手(=明るく柔軟な考えの持ち主)で、人付き合いも良く情報通。声が通り表現力豊かで、演説も歌もとても上手い。

※小磯が歌い出すと芸者が聞き惚れ、三味線のバチを取り落とすほどだったとか。

●世話になった人

統制派でも皇道派でもない宇垣一成。1931年の三月事件では、桜会の陸軍中佐・橋本欣五郎や民間右翼・大川周明とともに、宇垣を首相とする軍事政権樹立を図る首謀者の一人であったが失敗した。また1937年、組閣の大命が下るも統制派の協力が得られず悩んだ宇垣から陸相就任を要請されたが、小磯が固辞したことで不成立となり、宇垣は「勝手に三月事件を起こして迷惑をかけた末に、自己保身に走るのか」と呆れ果てた。

ライバル

士官学校の同期に元帥まで進んだ畑俊六や杉山元がいるが、小磯は大将止まり。しかし首相の小磯に対し、彼らは陸相止まり。

エピソード

総辞職を迷っていた4月5日に、ソ連が日ソ中立条約不延長を通告してきた（＝ソ連を仲介とする米英との和平工作が挫折）。事実上、この時点で敗戦が決定した。

小磯国昭が始めたもの

最高戦争指導会議、学童疎開（集団疎開）。

趣味

読書。宴会への参加（歌が上手い）。

豆知識

世界最大の超弩級（＝イギリス戦艦「ドレッドノート」を超える）戦艦「武蔵」「大和」の姉妹を、それぞれレイテ沖海戦と沖縄戦で沈めてしまった首相。そもそも予備役の軍人かつ朝鮮総督で、戦局にも国内情勢にも暗い人間が選ばれたわけで、小磯個人が劣っていたわけでもなかった。単なるミスキャスト。

第42代総理

マスターカード

鈴木貫太郎

海軍

1945年4月7日～8月17日

133日

●組閣の経緯

昭和天皇も望む終戦工作のため、重臣の岡田啓介・近衛文麿・若槻礼次郎らに擁立され組閣。重臣の一人となっていた東条英機は「（陸軍以外の者が首相になれば）陸軍がソッポを向く恐れあり」と畑俊六（元陸相・元帥）を推したが、岡田に「いやしくも陛下の大命を拝したる者にソッポを向くとは何事か」等と喝破され、海軍出身者の内閣を納得した。前任の小磯国昭首相（陸軍）と同様に、予備役のままでも統帥を司る大本営会議に列席が許されたのでその点も問題はなし。

※外相に早期和平論の東郷茂徳、陸相には鈴木の侍従長時代の侍従武官で気心の知れた阿南惟幾を配置、海相は穏健な米内光政を留任させ、表向きは徹底抗戦を叫びつつ、裏では内大臣木戸幸一とともに終戦工作に奔走した。

●就任時の年齢

77歳2カ月は**歴代最高齢**

※高齢であるし、何より自分は明治天皇の「軍人勅諭（1882年）」の通り政治に関与しないようにしてきた、と固辞したが旧知の天皇に押し切られた。

●退陣の理由

最後の切り札（マスターカード）として組閣したので、仕事を終えれば退陣は当然。

●生没年

1867（慶応3）年12月24日～1948年4月17日（80歳没）

斎藤実の9歳下・加藤友三郎の6歳下。岡田啓介の1歳上・米内光政の13歳上。

●キャッチフレーズ

1 「**不死身の男**」幼少時には水難、将校時代には錨ごと海に落ち、二・二六事件では4発の銃弾を撃ち込まれるも、奇跡的な生還を幾度もしてきた。

2 水雷艇艦長時代は「鬼貫太郎」日露戦争ではロシア艦隊に魚雷攻撃を仕掛け、3隻撃沈している。

3 「一終戦内閣」結果的にそうだった、のではなくそれが目的の内閣だった。

●出生☞大阪府（和泉国）出身

関宿（下総国・現在の千葉県野田市）藩士の長男として、藩の飛び地だった大阪府堺市で生まれる。父が代官としての赴任から戻った4歳から千葉県関宿で育つ。

●学び

父が新政府の官吏になったことから群馬県前橋に転居し小学校も転校（9歳）➡前橋中学校の前身校（現在の前橋高校）に入学（11歳）➡中退して上京（15歳、受験のため近藤真琴の私塾攻玉社＝現在の攻玉社中学・高校に入る）➡海軍兵学校入学（16歳、同期含め初の関東出身者）➡海軍兵学校卒業（19歳）

●キャリア

少尉候補生として練習艦「筑波」で遠洋航海（19歳、この時の生徒に一期後輩の岡田啓介がいる）➡少尉（21歳）➡水雷術練習教程終了（23歳、閑暇を得て大量の兵学書を読む）➡大尉（24歳）➡1894年、日清戦争に従軍し勇敢に水雷艇を操り「鬼貫太郎」と呼ばれるほど活躍（27歳）➡海軍大学校入学（29歳、最初の結婚）➡海軍大学校を卒業（30歳、少佐）➡海軍大学校・陸軍大学校・学習院の教壇に立つ（31歳）➡ドイツ駐在武官（33歳）➡ヨーロッパ各地を巡る（34歳）➡中佐（35歳、手柄のない後輩の下とされる序列に不満があり退官まで考えるが父からの手紙で踏み留まる）➡1904年、アルゼンチン政府から購入した

「春日」回航委員としてイタリアのジェノヴァから出航し帰国↓日露戦争に従軍（37歳）↓1905年、第四駆逐隊司令として日本海海戦で戦功を挙げる（38歳）↓大佐（39歳）↓「明石」艦長として航行中に広島湾で座礁事故を起こす（40歳）↓練習艦「宗谷」艦長（41歳）↓水雷学校校長（42歳）↓戦艦「敷島」艦長（43歳）↓予備艦「筑波」艦長（44歳、妻が病死）↓少将に昇進し海軍省人事局長（45歳）↓1914年、第二次大隈重信内閣の八代六郎海軍大臣の下で**海軍次官**（47歳、この年にシーメンス事件の責任を取り山本権兵衛や斎藤実が予備役編入となり上が一気に空く）↓**皇太子（のちの昭和天皇）の養育係**だった元幼稚園教諭の**足立タカと再婚**（47歳）↓練習艦隊司令官（49歳、中将）↓**海軍兵学校校長**として江田島へ（50歳）↓第二艦隊司令長官（52歳）↓第三艦隊司令長官（53歳）↓呉鎮守府司令長官（54歳）↓大将（55歳、加藤友三郎内閣の海相就任を固辞）↓**連合艦隊司令長官**（56歳）↓**海軍軍令部長**（57歳）↓1929年、前任者の珍田捨巳の急死により**侍従長**となり予備役に編入（62歳、一木喜徳郎宮内大臣の懇請）↓枢密顧問官を兼任↓前年の張作霖爆殺事件の処理を巡り昭和天皇が田中義一首相に激怒（田中の釈明のための上奏を取り次がず）↓1930年、ロンドン海軍軍縮条約調印に「統帥権干犯」と不満の海軍軍令部長加藤寛治の上奏を内大臣牧野伸顕と協力の上で本人を諫めて止める（63歳、これが2人とも二・二六事件で襲撃される遠因に）↓1931年、満洲事変勃発に際し朝鮮軍司令官林銑十郎の越境進撃を「統帥権干犯」と非難（64歳）↓1932年、五・一五事件での海軍青年将校による犬養毅首相暗殺を深く憂う（65歳）↓1935年、岡田啓介首相による2度の国体明徴声明（68歳、この年に鈴木暗殺の噂が流れる）↓1936年、二・二六事件で陸軍皇道派の襲撃を受け瀕死の重傷を負う（69歳、9カ月後に侍従長を辞し枢密顧問官専任となり男爵に叙される）↓1940年、枢密院副議長・教育審議官総裁（73歳）↓1944年、前任者の急死により枢密院議長（77歳）↓1945年、小磯国昭内閣の総辞職を受け枢密院議長を辞して内閣組閣（78歳、大東亜大臣を兼任）↓ポツダム宣言受諾後に総辞職、枢密院議長に再任される↓1946年、枢密院議長を退任（79歳）↓1948年、肝臓ガンで病死（80歳）

●世話になった人

1 山本権兵衛。大佐と少尉として出会い直接指導を受け「生涯忘れ得ない思ひ出」となった。

2 関宿の人々。引退後は故郷に戻り、周囲が何くれと世話を焼いてくれた。

●補佐を受けた人

1 迫水久常（岡田啓介の娘婿、当時は大蔵省銀行局長）。岡田の意を受けて政治には完全に素人だった組閣作業以下を手伝い、書記官長として玉音放送の文面起草の責任者となった。のち鈴木の推薦で貴族院議員。

2≡阿南惟幾（陸相）。陸軍の強硬意見を代表して徹底抗戦を唱え続けるが、要所要所では倒閣や過激行動に出ようとする陸軍内を身体を張って抑え、影で首相の鈴木を支えた。最後も陸軍の暴発を抑えながら、前日の深夜、総理大臣室に鈴木を訪ね、これまでのお礼とお詫びを述べると、玉音放送を聴かず早朝に自宅で割腹自殺。見事な最後であった。

※四男惟道（これみち）が野間家の一人娘の養子に入り講談社五代目社長となった。六代目は妻の野間佐和子、現在の七代目省伸（よしのぶ）は、阿南の孫にあたる。

●名言

1≡「まず私が一億国民諸君の真っ先に立って、死に花を咲かす。国民諸君は、私の屍（しかばね）を踏み越えて……」（就任時の表明）

2≡「今日、アメリカがわが国に対し優勢な戦いを展開しているのは亡き大統領の優れた指導があったからです」（フランクリン＝ローズヴェルト大統領の訃報を聞いて）

3≡「永遠の平和、永遠の平和」（死の床での遺言）

●特徴

酒は飲まずよく本を読んだ。

●エピソード

1 駐日アメリカ大使グルー夫妻の晩餐会に夫婦で出て、帰宅して寝た早朝4時頃に二・二六事件で襲撃された時、問答の後に「それならやむを得ません、お撃ちなさい」と直立不動で立ち4発喰らった。だがタカ夫人が「トドメだけはやめてください」と軍刀をかざす将校を制したことで一命をとりとめた。その後、自力で起き上がり「もう賊は逃げたかい」と尋ねた不死身ぶりだが、大量に出血しており部屋に駆け付けた医師が滑って転んだという逸話がある。

2 1945年4月12日、アメリカ大統領フランクリン＝ローズヴェルトが病死した時、ヒトラーは故人を貶めた口汚い声明を出したが、鈴木は故人の事跡を持ち上げた上で深い哀悼の意を示し、アメリカに亡命していたドイツ人の大作家トーマス＝マン（『魔の山』『トニオ＝クレーゲル』などの著者）をはじめ欧米人たちを「武士道精神だ」と感嘆させ、講和に賛成する人々が増えたとも言われる。

3 2発目の原爆が長崎に落とされた8月9日、最高戦争指導会議が開かれた。鈴木貫太郎首相・米内光政海相（海軍の軍政）・東郷茂徳外相の3人がポツダム宣言受諾派、阿南惟幾陸相（陸軍の軍政）・梅津美治郎参謀総長（陸軍の軍令）・豊田副武軍令部総長（海軍の軍令）の3人が徹底抗戦派で、さらに午後から9時間の臨時閣議を経ても話し合いは決着がつかず、23時30分から宮中の防空壕において天皇隣席のもとで議論再開。夜中の2時を過ぎても結論が出ない中、突然鈴木が「陛下の御聖断を仰ぐべし」と言い（信頼関係の深い2人は以心伝心）、天皇が受諾を決めて2時20分に終了した。もと侍従長・枢密院議長という天皇に身近な存在ならではで、余人をもって代えがたい仕事だった。

4＝8月14日の夜に陸軍の一部が玉音放送の録音盤を盗もうとする宮城事件が起き、15日の夜中に鈴木・平沼騏一郎・木戸幸一の自宅が襲撃・放火され、それぞれ脱出したが、鈴木は生涯に2度暗殺危機に遭った。

●**大手柄**
天皇の御聖断を引き出し終戦に導いたこと。

●**大失態**
1945年7月28日16時、「ノーコメント」のつもりで一旦はポツダム宣言「黙殺」の声明を出し、それが自然に「拒否」ととられ2発の原爆投下を招いたこと。

※「政府としてはなんら重大の価値あるものとは思わない。ただ黙殺するのみである。我々は断固戦争完遂に邁進するのみである」という発言が世界に報道された。

●**鈴木貫太郎が始めたもの**
国民義勇隊。大政翼賛会など（大日本産業報国会を除く）ほぼすべての官製団体を廃止して一本化。戦災復旧作業以外特に活動しないまま敗戦を迎えた。

●豆知識

1 二・二六事件で撃たれた弾丸の一発は心臓の裏に留まり、生涯摘出できなかった(火葬後の遺灰の中に混じっていた)。

2 終戦間際、陸海軍からの信用を得たまま無条件降伏に持ち込む必要があったことから、あえて裏腹な強気発言をして、将校・下士官・兵を鼓舞したこともある。それが二枚舌と批判する人も当然おり、賛否両論。

●昭和（戦後）・平成・令和時代の主な出来事

時代	成立年月	代	内閣	内外の主要事項
昭和（戦後）	1945・8	43	東久邇宮稔彦王（皇族）	ミズーリ号上で降伏文書調印　人権指令
	1945・10	44	幣原喜重郎（元外相）	五大改革指令　天皇の「人間宣言」　公職追放令　金融緊急措置令 農地改革開始
	1946・5	45	吉田茂①（日本自由党）	日本国憲法公布・施行　二・一ゼネスト中止指令　教育基本法・学校教育法 独占禁止法
	1947・5	46	片山哲（日本社会党）	労働省設置　内務省廃止
	1948・3	47	芦田均（民主党）	政令201号
	1948・10	48	吉田茂②（民主自由党）	経済安定九原則実行指令
	1949・2	49	吉田茂③（民主自由党のち自由党）	朝鮮戦争勃発　サンフランシスコ平和条約　日米安全保障条約　日米行政協定 破壊活動防止法
	1952・10	50	吉田茂④（自由党）	
	1953・5	51	吉田茂⑤（自由党）	奄美群島返還　ビキニ水爆実験で第五福竜丸被爆　MSA協定 防衛庁・自衛隊発足
	1954・12	52	鳩山一郎①（日本民主党）	神武景気により高度経済成長スタート
	1955・3	53	鳩山一郎②（日本民主党）	第一回原水爆禁止世界大会　左右の日本社会党統一 保守合同により自由民主党結成
	1955・11	54	鳩山一郎③（自由民主党）	55年体制スタート　日ソ共同宣言　国連加盟
	1956・12	55	石橋湛山（自由民主党）	
	1957・2	56	岸信介①（自由民主党）	国連安全保障理事会非常任理事国に初当選

昭和(戦後)			
1958・6	57	岸信介②(自由民主党)	日米新安保条約調印　60年安保闘争
1960・7	58	池田勇人①(自由民主党)	
1960・12	59	池田勇人②(自由民主党)	国民所得倍増計画　農業基本法　キューバ危機　LT貿易　GATT11条国に移行
1963・12	60	池田勇人③(自由民主党)	IMF8条国に移行　OECD加盟　東海道新幹線開通　東京五輪
1964・11	61	佐藤栄作①(自由民主党)	ベトナム戦争本格化　日韓基本条約
1967・2	62	佐藤栄作②(自由民主党)	公害対策基本法　非核三原則表明　小笠原諸島返還
1970・1	63	佐藤栄作③(自由民主党)	大阪万博　日米新安保自動延長　環境庁設置　ドルショック　ニクソン訪中　札幌五輪　沖縄返還
1972・7	64	田中角栄①(自由民主党)	日中共同声明
1972・12	65	田中角栄②(自由民主党)	第四次中東戦争　第一次オイルショック　高度経済成長終了
1974・12	66	三木武夫(自由民主党)	第一回先進国首脳会議(ランブイエサミット)　ロッキード事件
1976・12	67	福田赳夫(自由民主党)	日中平和友好条約　日米ガイドライン
1978・12	68	大平正芳①(自由民主党)	イラン革命　第二次オイルショック　元号法　初の東京サミット
1979・11	69	大平正芳②(自由民主党)	初の衆参同日選挙　ソ連アフガニスタンに侵攻
1980・7	70	鈴木善幸(自由民主党)	第二次臨時行政調査会　中国残留孤児初来日
1982・11	71	中曽根康弘①(自由民主党)	

時代	成立年月	代	内閣	内外の主要事項
昭和（戦後）	1983・12	72	中曽根康弘②（自由民主党）	NTT・JT発足　男女雇用機会均等法　プラザ合意　チェルノブイリ原発事故　第二回東京サミット
	1986・7	73	中曽根康弘③（自由民主党）	ルーブル合意　JR発足　バブル経済スタート
平成	1987・11	74	竹下登（自由民主党）	リクルート事件　昭和天皇崩御（平成と改元）　消費税3%でスタート
	1989・6	75	宇野宗佑（自由民主党）	天安門事件
	1989・8	76	海部俊樹①（自由民主党）	マルタ会談で東西冷戦終結
	1990・2	77	海部俊樹②（自由民主党）	湾岸戦争　バブル崩壊
	1991・11	78	宮澤喜一（自由民主党）	ソ連解体　PKO協力法　自衛隊をカンボジアに派遣　第三回東京サミット
	1993・8	79	細川護熙（日本新党）	非自民八党派連立内閣　EU発足　環境基本法　政治改革関連四法
	1994・4	80	羽田孜（新生党）	
	1994・6	81	村山富市（日本社会党）	阪神・淡路大震災　地下鉄サリン事件　沖縄で米兵による少女暴行事件
	1996・1	82	橋本龍太郎①（自由民主党）	日米安保共同宣言
	1996・11	83	橋本龍太郎②（自由民主党）	日本版金融ビッグバン　アイヌ文化振興法　新ガイドライン　京都議定書
	1998・7	84	小渕恵三（自由民主党）	新ガイドライン関連法　男女共同参画社会基本法　国旗・国歌法
	2000・4	85	森喜朗①（自由民主党）	

時代	年・月	代	首相	主な出来事
平成	2000・7	86	森喜朗②（自由民主党）	九州・沖縄サミット　中央省庁再編
	2001・4	87	小泉純一郎①（自由民主党）	米同時多発テロ　テロ対策特別措置法　日朝平壌宣言　イラク戦争 イラク復興支援特別措置法
	2003・11	88	小泉純一郎②（自由民主党）	愛知万博
	2005・9	89	小泉純一郎③（自由民主党）	郵政民営化
	2006・9	90	安倍晋三①（自由民主党）	改正教育基本法　防衛省発足　国民投票法
	2007・9	91	福田康夫（自由民主党）	北海道洞爺湖サミット　参議院で初の首相問責会議　リーマンショック
	2008・9	92	麻生太郎（自由民主党）	裁判員制度開始
	2009・9	93	鳩山由紀夫（民主党）	308議席獲得の圧勝で政権交代
	2010・6	94	菅直人（民主党）	東日本大震災・福島第一原発事故
	2011・9	95	野田佳彦（民主党）	消費税増税決定
	2012・12	96	安倍晋三②（自由民主党）	アベノミクス「三本の矢」スタート　国家安全保障会議（日本版ＮＳＣ）発足
	2014・12	97	安倍晋三③（自由民主党）	日米ガイドライン再改定　国家安全保障関連法　熊本地震　伊勢志摩サミット
	2017・11	98	安倍晋三④（自由民主党）	天皇の生前退位により令和へと改元 新型コロナウイルス感染症が世界でパンデミックを起こす
	2020・9	99	菅義偉（自由民主党）	一年延期した東京五輪を実施
令和	2021・10	100	岸田文雄①（自由民主党）	
	2021・11	101	岸田文雄②（自由民主党）	安倍晋三元首相暗殺　広島サミット　能登半島地震

I am the Prime Minister of Japan.

第4章

昭和時代（戦後）の総理大臣

第43代総理

一億総懺悔

東久邇宮稔彦王

皇族・陸軍

1945年8月17日〜
10月9日

54日

● 就任の経緯

戦争の実情を知らされないまま突如敗戦となり、茫然・憤然とする国民・軍部の暴発を抑え込むために組閣された、史上唯一の皇族内閣。在任期間54日は首相史上最短。

※組閣時、重臣会議すら開かず一本釣りで依頼してきた木戸幸一内大臣と平沼騏一郎枢密院議長に対し「皇族も軍人も政治不関与のはず」「自分は陸軍大将で政治の素人だから」「真っ平ご免です」等と断ったが、疲労にやつれた昭和天皇に懇請され引き受けた。

● 就任時の年齢

58歳

● 退陣の理由

陸海軍を抑え、占領軍の進駐も無血のまま半月で完了。9月2日のアメリカ軍艦ミズー

ミズーリ号上の降伏文書調印も済ませるなど「皇族内閣」は役に立った。しかし、**GHQ（連合国軍総司令部）**による急速な民主化政策についていけず、重光葵外相が辞職したり、山崎巌内相が公職追放&司法省が消極的だったり（＝内務省・司法省ともに共産主義革命を恐れていた）で閣内も統率が取れず、「今後は米英をよく知る人が内閣を組閣するべし」と言い残し総辞職。しかし、実際は占領政策の方向を明確化しつつあったGHQの信頼を失ったことが最大の理由。

※最高司令官（SCAP）の**マッカーサー**元帥は、9月末に首相を飛び越して近衛文麿に直接憲法改正を依頼し、頭に来た東久邇宮は「このメンバーで内閣を続けていいのですか」と聞いたら「オフコース」と言われたのでやる気を出した。ところが10月4日に突然「**人権指令（自由制限撤廃指令）**」（治安警察法・治安維持法・特別高等警察の廃止や天皇制に関する自由な議論の奨励）を出し、内相を更迭せよとまで言ってきたので、話が違うなら辞める、ということで総辞職した。

●キャッチフレーズ

1≡「**一億総懺悔**」「**国体護持**」前者は首相官邸に招き話したキリスト教伝道者で社会運動家の賀川豊彦の影響が強い発言。煽った国民も悪い、というだけでなく、敗戦となり国民として陛下に申し訳ない、という意味合いも強いので、闇雲に連合国に頭を下げているわけではない。後者は、せめて天皇制国家体制だけは維持する、ということ。

2≡自称「やんちゃ孤独」のち白内障のため目が不自由となり、ひっそり暮らした。夫人（明治天皇の九女）と死別後、神奈川県在住の「東久邇紫香」と名乗る女性が知らないうちに妻として入籍していた（＝戸籍を乗っとられていた）ことが判明し、最高裁判所で婚姻無効を確認するという珍事もあり。

●**生没年**
1887年12月3日〜1990年1月20日（102歳没、歴代総理最長寿）
大正天皇の8歳下。近衛文麿の4歳上・昭和天皇の14歳上。

●**出生**☞京都府出身
幕末の八月十八日の政変を画策した久邇宮朝彦親王（中川宮）の9男。1906年、分家して東久邇宮家を創立。昭和天皇の妻となった久邇宮良子女王＝香淳皇后は姪。

●**学び**
学習院を経て陸軍士官学校を卒業（21歳、卒業の前年に貴族院議員）➡陸軍大学校卒業（27歳）➡1920年、第一次世界大戦後のフランスに留学（33歳、陸軍士官学校のちエコール＝ポリテクニークで政治・外交・法律も学ぶ）

●**キャリア**
1926年、帰国して近衛歩兵第三連隊長（39歳）➡歩兵第五旅団長➡第二師団長➡第四師団長と歴任➡1937年、航空本部長（50歳）➡第二軍司令官として日中戦争に従軍（51歳）↓大将（52歳）↓1941年、本土防衛のため新設された**防衛総司令官**に（54歳）↓1945年、**陸相**兼任で**組閣**してアメリカ軍艦ミズーリ号上で重光葵外相と梅津美治郎参謀総長が降伏文書に署名・調印（58歳、陸相に内定していた下村定が帰国すると首相に専念するが退陣）↓1946年、貴族院議員辞職後に**公職追放**（59歳）↓1947年、皇室典範改正に伴い**皇籍離脱**（60歳）↓1971年、日本文化振興会初代総裁（84歳）↓1990年、死去（102歳）

●追加知識 ☞ 宮家について

終戦時には昭和天皇の弟にあたる直宮3家（秩父宮・高松宮・三笠宮）と**11宮家**（皇籍離脱後の**旧皇族**＝伏見宮・閑院宮・山階宮・北白川宮・梨本宮・久邇宮・賀陽宮・東伏見宮・竹田宮・朝香宮・東久邇宮）を合わせ、14の宮家があった。

●支えてくれた人

緒方竹虎。元朝日新聞副社長・主筆で、小磯国昭内閣で国務大臣兼内閣情報局長。東久邇宮内閣では国務大臣・**内閣書記官長**・情報局長を兼任。組閣人事を東久邇宮と近衛に丸投げされ、実質「緒方内閣」「朝日新聞内閣」と揶揄された。

●微妙な関係の人

近衛文麿。組閣時は副総理格の無任所の国務大臣として入閣。ただし書記官長の緒方と面識がなく自分の手駒を出し惜しみ、最後は東久邇宮と内閣の主導権を争った。

●名言

「全国民総懺悔することがわが国再建の第一歩であり、わが国団結の第一歩と信ずる」

（敗戦の責任を国民に転嫁しているとマスコミや国民から批判された）

●エピソード

1 元老山県有朋から「有名人と知り合いになってきなさい」と言われフランスに留学した後、元首相のクレマンソーやのち首相となるペタン、画家のモネらと知り合ったが、愛人もいる自由な生活に慣れてしまい、大正天皇が病となってからも帰国せず問題となった。天皇の皇太子時代から折り合いが悪かった（例：明治天皇との食事を下痢を理由に断ったことに皇太子が激怒）が、崩御後にようやく帰国。

2 フランス留学中、北白川宮からドライブに誘われたが用があると断り、代わりに朝香宮が誘われて同乗したが、スピードの出しすぎで北白川宮は木に激突し死亡、朝香宮は重傷を負った。

3 海軍の高松宮（昭和天皇と秩父宮の弟で三笠宮の兄）とともに終戦工作に奔走したことを理由に、終戦直前の8月14日～15日の宮城事件で自宅を焼き討ちされた。

4 組閣直後「私は皆さんから直接手紙を頂きたい。嬉しいこと、悲しいこと、不平でも不満でもよろしい。参考としたい」と新聞で呼びかけ、毎日数百通の手紙が来た。

5 「敗戦の責任をとって直宮家以外の皇族は全員皇籍を離脱すべき」と主張し、他の皇族を慌てさせた。皇籍離脱後、新宿の闇市で食料品店を開店するもバカ正直に正規料金でやったためうまくいかず、その後も喫茶店経営や骨董品のテキ屋経営に失敗。

6 1950年、**新興宗教「ひがしくに教」の教祖**にまつり上げられて問題になったが、宗教法人として認可されず。同年、友愛結社フリーメイソンに入会。のち「マスターメイソン〔親方〕」となる。

7 60年安保の際、元首相の片山哲・石橋湛山(たんざん)とともに岸信介(のぶすけ)内閣に退陣を迫った。

●東久邇宮稔彦王が始めたもの

興亜工業大学(現在の千葉工業大学)。初代学長ではないが、全力で支援していた。

●得意

フランス語で国歌『ラ・マルセイエーズ』を歌うこと。死の直前までよく歌っていた。

●豆知識

GHQ本部において、正装で直立する昭和天皇と、略装でリラックスしたマッカーサーが並ぶ9月27日の会見写真を無理にメディアに公表させられた。

第44代総理

幣原協調外交

幣原喜重郎

元外相

1945年10月9日～
1946年5月22日

226日

●就任の経緯

東久邇宮稔彦王内閣がGHQに反発して総辞職した後、「アメリカ側に反感がない」「戦争責任者の疑いがない」「外交に通暁している」という3つが後継の条件だった。

※幣原喜重郎は、1931年の満洲事変勃発後は政界から引退していた73歳の高齢で、「まだ生きていたのか」「過去の人」等と言われるほど忘れられていた。本人もそれを自覚し組閣など夢にも思わなかったが、外務省の後輩の吉田茂が固辞し幣原を推薦、木戸幸一内大臣と平沼騏一郎枢密院議長の協議により、重臣会議なしで昭和天皇に奏上された。天皇からも直接説得され、幣原は戸惑いつつも腹を決めて就任した。

●就任時の年齢

73歳

● **退陣の理由**

そもそも戦後初の総選挙を行うための**選挙管理内閣**の性格が強い。選挙の結果、日本自由党（もと立憲政友会）・日本進歩党（もと立憲民政党）の保守2党がともに過半数を獲得できなかったため色気を出し留任をはかるが、世論に反発され総辞職した。

● **キャッチフレーズ**

「**幣原（協調）外交**」理想と現実の狭間で現実を選択するプロの外交官。また、「起きてしまったことはしょうがない」と、あまり悩まず次善策を考える人でもあった。

● **生没年**

1872年9月13日～1951年3月10日（78歳没）

加藤高明（たかあき）の12歳下・若槻礼次郎の6歳下・浜口雄幸（おさち）の2歳下（それでも大阪中学の同級生）。吉田茂の6歳上・芦田均（あしだひとし）の15歳上。

● **出生** ☞ **大阪府出身**

大阪府門真（かどま）市で豪農の次男に生まれる。16歳の時に母を亡くす。

● **学び**

父が教育熱心で、大阪中学（第三高等中学校の前身）を経て**東京帝国大学**法科を卒業。兄の坦（たいら）はのち台北帝国大学総長、枢密顧問官。姉と妹は医学の道に進んだ。

●**キャリア**

脚気のため外交官試験を受験できずいったん農商務省へ（23歳）↓合格し外務省に入省（24歳）↓朝鮮の仁川領事館補（25歳）↓イギリスのロンドン総領事館補（27歳）↓ベルギーのアントワープ領事（28歳）↓朝鮮の釜山領事（29歳）↓帰国して本省勤務（32歳）↓電信課長（33歳、のち取調課長を兼務）↓取調局長（39歳）↓駐米大使館参事官（40歳）↓駐英大使館参事官（41歳）↓オランダ公使（42歳、デンマーク公使を兼任）↓1915年、第二次大隈重信内閣の石井菊次郎外相の下で外務次官（43歳、続く寺内正毅・原敬内閣でも次官に留任）↓駐米大使（47歳）↓男爵（48歳）↓1921～22年、加藤友三郎海相・徳川家達貴族院議長とともにワシントン会議全権（49～50歳、帰国後は病気療養を兼ね静養）↓1924年、加藤高明内閣の外相で初入閣（52歳）↓1926年、加藤首相病死により第一次若槻礼次郎内閣の外相に留任（54歳、同年に貴族院議員）↓1927年、金融恐慌により内閣総辞職（55歳、枢密院が幣原協調外交に不満で台湾銀行特別融資緊急勅令案を拒否したため）↓立憲民政党浜口雄幸内閣の外相（57歳）↓1930年、外相兼任のまま民政党員でないのに臨時首相代理（58歳、浜口首相が東京駅で撃たれたためだが立憲政友会に批判される）↓1931年、第二次若槻内閣の外相に留任（59歳、満洲事変勃発で閣内不一致となり総辞職）↓以後は貴族院議員として読書の日々↓1945年、内閣組閣（73歳、復員大臣を兼任）⬇1946年、戦後初の総選挙後に総辞職（74歳、日本進歩党総裁となり初めて政党政治家に）⬇第一吉田茂内閣の副総理・復員庁総裁⬇1947年、日本進歩党が解党し民主党に再編（75歳、衆議院議員に初当選し民主党名誉総裁となるが芦田均総裁らに反発・脱党して同志クラブを結成）⬇吉田茂の自由党と合同し民主自由党を結成（76歳、最高顧問に）⬇1949年、衆議院議長（77歳）⬇狭心症で死去（78歳、在任中のため衆議院葬）

●反(そ)りが合わないもの

世話になった&した等に興味がない実務家。強いて言えば、現実の政治・外交をよそに足を引っ張り合う政党政治を嫌い、戦前は政党員になろうとしなかった。

●エピソード

1 「幣原」は欧米では発音しにくく、外国人記者に「ヒデハラ or シデハラ？」と聞かれた際、「私はＨｅデハラ、妻はＳｈｅデハラです」とジョークで答えた。

2 終戦後、鎌倉の別荘で余生を過ごそうと引越しする日、天皇に呼び出され組閣。

3 １９４５年10月に初会見したマッカーサーから「五大改革指令（婦人の解放・労働組合結成の奨励・教育の自由主義化・圧政的諸制度の撤廃・経済の民主化）」と「憲法改正」を口頭で告げられた。しかし、「民主化は運用次第で大日本帝国憲法下でも可能」と憲法改正には消極的であった。それでも松本烝治(じょうじ)国務大臣を中心とする憲法問題調査委員会を設置し、松本案は出させている（GHQに蹴られてしまう）。

●幣原喜重郎が始めたもの

1 婦人参政権の実現（1945年衆議院議員選挙法改正）

2 天皇の「人間宣言（神格否定詔書）」を起草

3 史上唯一の首相を経験した衆議院議長

●得意・趣味

英語・協調外交

●著書

自伝『外交五十年』

※プライベートの記述はほとんどない謎の人物。口が固いのはさすが外交官。

●豆知識

1 妻の姉が加藤高明に嫁いでいたので義兄弟となる。2人とも三菱・岩崎弥太郎（やたろう）が岳父（がくふ）。ただし外交スタンスは違うので加藤が外相時代の二十一箇条の要求には官僚として反対。そもそも門閥・縁故に左右される性格ではなく、三菱とも距離を取った。

2 マッカーサーは「日本国憲法第九条は幣原の発案」と言っているが、そんな権限は大日本帝国憲法下の首相にはない。

第45・48・49・50・51代総理

ワンマン 吉田茂

日本自由党→民主自由党→自由党

第一次内閣
1946年5月22日～1947年5月24日

第二次内閣
1948年10月15日～1949年2月16日

第三次内閣
1949年2月16日～1952年10月28日

第四次内閣
1952年10月30日～1953年5月21日

第五次内閣
1953年5月21日～1954年12月10日

計2616日

●就任の経緯

戦後初の衆議院議員総選挙の結果、過半数は取れずとも**日本自由党**が最大与党に。党首の鳩山一郎が公職追放されたことで吉田茂が第2党の**日本進歩党と連立**して組閣。同年、日本自由党総裁にもなり立派な政党内閣だったが、**吉田は当時衆議院議員ではなく**、**非衆議院議員としては最後の首相**。副総理は前首相の幣原喜重郎、大蔵大臣は石橋湛山で、吉田が外務大臣を兼任した。

※第二次内閣は、芦田均の民主党・日本社会党・国民協同党3党連立「中道政治」が**昭和電工事件**で総辞職に追い込まれたことで組閣。日本自由党に幣原喜重郎らが合流して発展した**民主自由党**が与党。第三次内閣の途中に、民主党の合同支持派が加わり**自由党**となった。また、**5度の組閣は歴代最多記録**。

●就任時の年齢

第一次内閣68歳、第二次70歳、第三次71歳、第四次74歳、第五次75歳

公職追放が決まった日本自由党党首の鳩山一郎から懇願された最初の組閣時、「内閣の人事は好きにやる（党の人事とは別）」「資金はつくれない（カネの心配は鳩山の仕事）」「嫌になったらすぐ辞める」「鳩山が公職追放解除になったらすぐ総理・総裁の座を譲る」と約束したらしい。外相の吉田は首相の兼任は全く乗り気ではなかった。

※しかし、①結局は鳩山が内閣の人事に口を出し絶交、②公職追放解除直前に鳩山が脳梗塞となったこともあり「譲れ」「譲らない」と大揉めになり、吉田（のち池田・佐藤）の「保守本流」自由党と、鳩山（のち岸）の「保守傍流」日本民主党を生み、それが合同して吉田退陣後の1955年、鳩山内閣で自由民主党となった。

●退陣の理由

1≡第一次内閣は、日本国憲法制定後初の総選挙で日本社会党に第一党の座を奪われる。過半数には届かない社会党の連立政権要求＝吉田続投要求を蹴り退陣。

2≡第二次内閣は、少数与党の民主自由党では不安定なので、GHQが野党にあえて内閣不信任案を提出させ、与党に可決させる与野党妥協の「**なれ合い解散**」をさせた。

3≡第三次内閣は、公職追放解除となった鳩山を中心とする民自党内反吉田派の排除を図り、（彼らの準備が整わないうちに）「**抜き打ち解散**」をした。

※日本共産党は22議席から0議席と全滅。朝鮮戦争開戦から続くレッド＝パージ（赤狩り）と公職追放解除の影響で、逆コース（＝戦前への回帰）が進行していた。

4 ≡ 第四次内閣は、衆議院予算委員会における右派社会党西村栄一議員の厳しい質問に「なんだ、このバカヤロー」とつぶやき懲罰動議が付託され、（自由党から鳩山派が脱党して）内閣不信任案が可決。「バカヤロー解散」となった。

5 ≡ 過半数が取れなかった第五次内閣は、一時は改進党総裁重光葵（まもる）の閣外協力を得た。しかし、自由党を脱党した鳩山派と改進党が合同して日本民主党を結成。自由党内でも後継総裁に緒方竹虎（たけとら）を推し一気に「保守合同」への道が形成されつつあったことに反発して吉田が解散を試みたが、緒方に退陣を迫られ、側近の池田・佐藤にまで涙ながらに解散を反対され、観念してそのまま退陣した。

※直接のきっかけは、造船疑獄事件で佐藤栄作自由党幹事長への逮捕許諾を犬養健（たける）法相の指揮権発動で阻止したことで、吉田内閣への批判が高まったことだった。

●キャッチフレーズ

1 ≡「ワンマン宰相」 戦前からの政治家の多くが公職追放されていたこともあり、官僚出身者を大量に登用するなど、党内バランスを考えず自らが主導して組閣していた。

2 ≡「和製チャーチル」 和服好きだが、葉巻やウイスキーも好き。確かに元イギリス首相のチャーチルに体型や顔つきも似ていた。

●生没年

1878年9月22日～1967年10月20日（89歳没）

幣原喜重郎の6歳下（外務省の上司だが反りが合わず）。広田弘毅と同い年（外務省の同期だが広田が圧倒的に優れていた）。**鳩山一郎の5歳上**、岸信介の18歳上。

●出生 ☞ **東京都（東京府）出身**

東京市で、旧土佐藩士の自由民権運動家・実業家である**竹内綱**の五男（七男七女）に生まれる。2歳で父の親友・庇護者の吉田健三（横浜の貿易商）の養子となる。儒学者佐藤一斎の孫である養母に、**神奈川県大磯**で厳しく育てられた。

※11歳で養父を亡くし、莫大な遺産（現在の価値で数十億円）を相続している。

●学び

小学校→**耕余塾**（神奈川県藤沢市にあった寄宿制の私塾で在籍中に耕余義塾と改称）に16歳まで通い主に漢学を学ぶ→東京で国粋主義の思想家杉浦重剛の日本中学（現在の日本学園高校）に学び皇室崇拝の傾向を強める→18歳で入学した高等商業学校（現在の一橋大学）を2カ月で退学→正則尋常中学校（現在の正則高校）の五年次に編入して卒業→慶應義塾をすぐに中退→東京物理学校（現在の東京理科大学）をすぐに中退→19歳で**学習院**中等学

科に編入し23歳で高等学科（現在の学習院大学）まで卒業↓学習院大学科の閉鎖に伴い26歳で**東京帝国大学**法科大学に無試験で編入↓28歳で政治科を卒業（同期に比べ5歳ほど年長）

●キャリア

1906年、**外務省入省**（28歳、中国の天津・奉天の領事館に勤務）↓大久保利通の次男・**牧野伸顕の長女と結婚**後に渡欧しロンドン・ローマに赴任（31歳、薩摩閥につながる）↓中国の安東領事（34歳）↓帰国後に寺内正毅首相の秘書官要請を断りアメリカ大使館勤務を命ぜられる（38歳）↓すぐに人事変更となり本省の文書課長心得（39歳、国内の閑職に追いやられ不満）↓中国の済南領事（40歳）↓1919年、岳父の牧野に随行しパリ講和会議へ（41歳、自ら志願）↓イギリス大使館勤務（42歳、翌年には訪英中の皇太子裕仁に拝謁）↓天津総領事（44歳）↓**奉天総領事**（47歳）↓1927年、東京で**東方会議に出席**（49歳）↓スウェーデン公使の辞令を受けた後に田中義一首相兼外相の**外務事務次官**（50歳、外務政務次官森恪の推薦）↓ムッソリーニ独裁下の**駐伊大使**（52歳、やる気なし）↓1932年、念願の帰国を果たすが駐米大使を蹴り中国出張後は2年間本省で待命状態（54歳、書類の裏に習字したり新橋の料亭に通ったりして過ごす）↓外務査察使として欧米派遣（56歳）↓1936年、**駐英大使**（58歳、広田内閣の外相候補となったが陸軍の反対により実現せず）↓命令により失意の帰国（60歳、日独防共協定のち日独伊三国防共協定に徹底して反対し軍部・

国家主義者から「親英米派」の要注意人物と目される）⬇1939年、正式に外務省を依願退官（61歳、以後も対米開戦阻止に動くが失敗）⬇1941年、太平洋戦争開戦（63歳、以後も和平工作に動くが失敗）⬇1945年、近衛文麿・牧野伸顕と終戦工作を行い一時憲兵隊に逮捕・拘束される（＝近衛上奏文事件）⬇終戦後の9月に東久邇宮稔彦王内閣の外務大臣（67歳、続く幣原喜重郎内閣の外相にも留任・貴族院議員に）⬇1946年、終戦連絡中央事務局総裁を兼任し次長に白洲次郎を登用⬇戦後初の総選挙ののち外相兼任で第一次内閣組閣（のち福音大臣・農林大臣を兼任）⬇公職追放された鳩山一郎に代わり日本自由党総裁（68歳）⬇1947年、衆議院議員に初当選（69歳、この年に総辞職）⬇1948年、「中道政治」の日本社会党片山哲内閣・民主党芦田均内閣を挟み、民主自由党総裁として外相兼任で第二次内閣組閣（70歳、経済安定九原則実行指令を受ける）⬇1949年、外相兼任で第三次内閣組閣（71歳）⬇自由党総裁（72歳）⬇1951年、サンフランシスコ平和条約・日米安全保障条約調印（73歳）⬇1952年、第四次内閣組閣（74歳）⬇1953年、第五次内閣組閣（75歳）⬇1954年、防衛庁・自衛隊設置⬇造船疑獄事件の影響などで総辞職（76歳）⬇1955年、保守合同後の自由民主党には佐藤栄作とともに参加せず（77歳）⬇1957年、池田勇人の仲介・説得で佐藤とともに自民党入党（79歳）⬇1963年、政界引退（85歳）⬇渡米してマッカーサーの国葬に参列（86歳）⬇1967年、大磯で亡

くなり戦後初の国葬となる（89歳、戦中の海軍大将山本五十六以来の国葬）

●ライバル

鳩山一郎と、「戦前派」「改憲派」で「自立」を唱える岸信介。

●側近

1 ≡ 麻生太賀吉

三女和子の夫で九州の炭鉱王「麻生財閥」3代目として豊富な資金力を誇った。長男（吉田にとっては初孫）が麻生太郎。

2 ≡ 白洲次郎

ケンブリッジ大学卒の実業家で、吉田が駐英大使時代に親しくなる。戦前は近衛文麿のブレーンでもあった。終戦直後、外相となった吉田に請われ側近となり、GHQに媚びずマッカーサーとも堂々と渡り合ったことで有名。のち初代貿易庁長官として通商産業省を設立、東北電力会長にもなった。見た目も中身も男前の代表扱い。

3 ≡ 池田勇人（もと大蔵次官）と佐藤栄作（もと運輸次官）

吉田は元外務官僚で、公職追放された鳩山の代わりの党首だったため側近がおらず、官僚を政界入りさせて公的ブレーンに育て「吉田学校」と呼ばれた。

※そして、「吉田学校」と関係ない重光葵や岸信介を含む官僚派に反発していたのが、鳩山一郎・三木武吉・大野伴睦・河野一

郎ら党人派。戦前からの政党政治家と、官僚だった人間はそもそも反りが合わない。

●微妙な関係の人

1 ≡ 昭和天皇

天皇は敗戦に自責の念を強く抱えており、退位、少なくとも国内外への公式の謝罪を考えていたが、マッカーサーと結ぶ吉田がその両方をさせなかった。

2 ≡ 泉山三六（いずみやまさんろく）

三井銀行の重役出身。衆議院初当選にもかかわらず第二次内閣の蔵相に抜擢したが、国会内で泥酔し民主党の女性議員に抱き着きキスを迫り、拒否されると左アゴに噛みついたので罷免（国会キス事件）。さらに廊下で日本社会党の女性議員の手を握っていた模様。

●世話になった人

1 ≡ 牧野伸顕（のぶあき）（妻の父＝岳父・義父）

大久保利通の次男。文部大臣・農商務大臣・外務大臣・宮内大臣・内大臣を歴任。1936年の二・二六事件では「親英米派」として襲撃されたが無事だった。

※吉田は、天皇側近である牧野の娘婿ということで「反英米」「反宮中」の姿勢を強める軍部や国家主義者から目の敵にされた。しかし、軍部から嫌われていたことでかえって戦後に公職追放されず、GHQの信頼を得ることにつながった。

2 ≡ マッカーサー

吉田の「負けっぷり」の良さを買い、日本の再建を託せると信頼していた。

●世話をした人

1 ‖ **池田勇人**

もと大蔵次官。第三次内閣では1年生議員ながら蔵相に抜擢。「吉田学校の転校生」。

2 ‖ **佐藤栄作**

もと運輸次官。第二次内閣ではまだ議員でもないのに官房長官、第三次内閣では1年生議員ながら政調会長に抜擢。ぶつぶつ言いつつも「吉田学校の優等生」。

3 ‖ **緒方竹虎**

もと朝日新聞副社長・主筆。公職追放解除後の第四次内閣では、1年生議員ながら官房長官さらに副首相に抜擢。池田や佐藤を飛び越えて自由党の後継者となったが、「保守合同」に反対する吉田を退陣に追い込み、翌年に病死。

※吉田側近の松野鶴平(つるへい)の賛同を得て退陣に追い込み、吉田派古参議員からは「明智光秀」扱い。息子の妻はのち国連難民高等弁務官となる緒方貞子(犬養 毅(つよし)のひ孫)。

●名言

1 ‖「総理大臣は務まると思いますが、総理大臣秘書官は務まりません」(「俺の秘書官になれ」と組閣時の寺内正毅に言われ断り、「生意気な奴だ」と一喝されても断った。

2 「不逞の輩」（1947年正月「年頭の辞」で、労働運動家たちに「経済再建のための挙国一致を破らんとするがごときもの」と言い放ち、二・一ゼネスト騒動へ）

3 「戦争で負けて、外交で勝った歴史はある」（終戦後の口ぐせ）

●エピソード

1 養母から「若さま」と呼ばれるほどの坊ちゃん育ちで生意気・不遜。外務省に入りたての頃、白馬に乗って通勤し、馬上から上司の石井菊次郎に軽く挨拶している。

2 終戦直後、東久邇宮内閣の重光葵外相に代わり任命された時、余りに突然だったので外相親任式に黒い革靴を忘れ、急遽ブカブカな物を借りて昭和天皇に拝謁。天皇に近づく時、一足ごとにゴボッ、ゴボッと音がして冷や汗をかいた。

3 外相公邸が大好きで、1945年の東久邇宮内閣の外相時から1954年に第五次内閣を退陣するまで住み続けた。

4 サンフランシスコ平和条約調印時の受諾演説があまりにも長い文面（外国人記者は草稿の巻紙を「トイレットペーパー」と評した）のため、「日本語なんか誰もわからんじゃないかと思ったらつまらなくなったんで」と、一節わざと飛ばして読んだ。

5 普段は日に一度、運転手付きで遠出する習慣があったが、なぜか死の前日、89歳にして愛車ロールス＝ロイスを自ら運転し何度も近くの湘南海岸にドライブした。

6 愛媛県の銘菓「山田屋まんじゅう」が好きで、国葬の日に霊前に供えられたほど。

●吉田茂が始めたもの

1 日本国憲法の制定・施行（1946・47年）

その他、GHQから幣原内閣に指令のあった「五大改革」を第一次内閣で実行開始。

2 単独講和・日米安全保障条約（1951年）

ソ連・中華人民共和国など社会主義陣営を含む「全面講和」はひとまず置き、東西冷戦下で西側資本主義陣営のみとの講和を優先させた。日米安保も片務的であったが、当時の情勢から考えれば仕方ないこと。

3 七条解散（1952年）

内閣が衆議院から不信任された場合、日本国憲法第六九条に基づき解散できるが、それ以外での理由による解散は第七条に基づく。少数与党の第二次内閣時は「七条解散」を避けGHQが野党に不信任案を提出させ「なれ合い解散」としたが、第三次内閣は、党内鳩山派の反吉田の動きを封じるため「抜き打ち解散」した。

※これにより失職した衆議院議員苫米地義三（とまべちぎぞう）は、「六九条解散」以外は憲法違反であると訴えた。しかし、最高裁判所が「高度の政治判断は裁判所の権限の外にある」とする「統治行為論」を持ち出し、敗訴（＝**苫米地事件**）。

4 自衛隊・防衛庁（1954年）

アメリカの本格的な「再軍備」要求を巧みにかわし、軽武装に落ち着かせた。

●特徴

1≡左翼からの批判と右翼からの圧力を何とか捌き、日本の独立を回復した「大宰相」。外交官出身の徹底的なリアリスト（現実主義者）で、敗戦国という現実を飲み込み、鳩山・岸ら戦前派＝公職追放組が求める「自立」より、戦後派の代表として「豊かさ」を優先し日本を主導。軽武装・経済外交中心の国家方針・戦略は死後に「吉田ドクトリン」と呼ばれ、池田・佐藤ら自民党「保守本流」に引き継がれた。

2≡国家統一求心力としての「皇室の護持」にこだわる「尊王政治家」的姿勢。神宮皇學館大學を復興し新制皇學館大學として総長に。また二松學舎大学も舎長を務めた。

3≡葉巻&羽織袴&白足袋&鳩杖で貫禄はあるが、155㎝ほどで意外と背が低い。

4≡筆まめ。マッカーサーとは75回会談し、さらに100通近く手紙を出している。

●好き

1≡葉巻・ウイスキー・外車

1日に7～8本吸い、夕食時はスコッチウイスキーを必ず飲む。車もロールス＝ロイスを所有するなど、要するに英国趣味が強い。しかし落語も好き。

2≡田中義一首相兼外相

外務省の上司・幣原喜重郎と違いうるさいことを言わない。決済書類には目もくれず「大丈夫か」と聞き「大丈夫です」と言えばハンコをくれたので大好き。

●嫌い

1 「全面講和」論

東西冷戦下で「社会主義国との講和が実現するまでGHQの占領はやむなし」という革新勢力の考えは、「Go Home Quickly（早く帰れ）」と茶化したことがあるほどリアリストの吉田からすれば噴飯もの。サンフランシスコ平和条約締結時に全面講和を唱えた東大総長**南原繁**を「国際問題を知らぬ**曲学阿世の徒**（＝真理を捻じ曲げ世間に媚びへつらう奴）、学者の空論にすぎない」と一刀両断。

※吉田はソ連を嫌ったが、社会主義というイデオロギー云々ではなく、日ソ中立条約を一方的に破り侵攻してきた国を元外交官として信用できなかったことが大きい。

2 河野一郎

第一次内閣発足直後、日本自由党幹事長だった河野が公職追放されたことに大喜び（先に追放された鳩山が側近の河野に党を掌握させ首相の吉田を総務会長に留めていた）し、晴れて総裁に。また、のちに河野の自宅が放火され燃えている時に、ステッキを振り回して大喜びしていた模様（三木武夫談）。20歳も年上なのに大人げない。

※吉田は自分の嫌いな「アニマル」は、韓国初代大統領李承晩(りしょうばん)、インドネシア初代大統領スカルノ、河野一郎だと公言しているほど。しかし、皮肉にも吉田の孫・麻生太郎は、河野の子・洋平の派閥に属し、現在は孫・太郎が属する派閥のボスである。

●苦手

1　演説

そもそも不遜で不愛想。育ちが良すぎ共感力に欠け演説時に一体感も出ない（しかし孫の麻生太郎は育ちが良いのに上手い）。要するに演説下手でやる気もない。

2　戦後政策に民主的なプロセスを踏むこと

とはいえＧＨＱの最高司令官マッカーサーや、アメリカ本国の大統領トルーマン相手に、日本国内の民主的プロセスがどれほどの意味を持ったかは疑問。

3　地方経済対策

そこまで手が回らなかったということもあるが、父の故郷である高知県を選挙区にしている割には、そもそもほとんど地方に興味がなかった模様。

●豆知識

外務省出身の吉田に対し、**もう一人内務省出身で７歳下の吉田茂がおり、厚生大臣にまでなり公職追放された。**しかも２人とも偶然、和子という娘がいる。

第46代総理

まさか

片山哲（かたやまてつ）

（日本社会党）

1947年5月24日～
1948年3月10日

292日

● **組閣の経緯**

初の社会民主主義政党の首班内閣。日本国憲法公布後初の参議院議員選挙に続き、衆議院議員選挙でも**日本社会党**が最多議席を獲得したが、総議席の3分の1にも満たず、**民主党・国民協同党と合わせ三党で連立。**

※総議席466のうち片山哲の日本社会党（戦前の無産政党＝合法社会主義政党を合同し成立）143、吉田茂の**日本自由党**（戦前の立憲政友会が母体）131、芦田均（あしだひとし）の民主党（戦前の日本進歩党が母体）124、三木武夫（たけお）の国民協同党（戦後にできた中道政党）31、徳田球一（きゅういち）の**日本共産党**（戦前の非合法組織を合法化）。

● **就任時の年齢**

60歳

●退陣の理由

1　予算・食糧問題をめぐる**日本社会党左・右両派の対立**。そもそも社会党は、容共左派から反共右派までウイングが広すぎる両翼の寄合所帯。鈴木茂三郎ら急進的な左派が「党内野党」を宣言し、政府の鉄道旅客運賃・郵便料金値上げを含む予算案を否決するなど、もうメチャクチャ……。

2　唯一の社会主義的政策と目された**炭鉱国家管理（炭管）法案**が、揉めに揉めたあげく骨抜きになったこと。連立を組む民主党の保守的な右派（幣原喜重郎ら）が離脱、日本自由党に合流して民主自由党となり、衆議院第一党の地位を奪われた。

3　組閣時の支持率は68％超と異様に高く、期待の大きさと国民に耐乏生活を強いる現実とのギャップに、世論が一気に離れたこと。

●生没年

1887年7月28日〜1978年5月30日（90歳没）

吉田茂の9歳下。芦田均と同い年（東大法学部の同級生）。

●キャッチフレーズ

1　「**グズ哲**」

GHQの言いなりで、党内対立すら処理できず政治的決断力に欠け、西尾末広書記長が官房長官として実務を担った。

2≡「一人内閣」

組閣に手間取り、1週間だけ全閣僚の臨時代理を務めた。ただの不手際。

● **出生** ☞ **和歌山県出身**

和歌山県田辺市で、弁護士の長男に生まれる（兄弟姉妹は6人、父は町長や県議も務めた）。母は経験なクリスチャンで幼時からその影響を強く受ける。安部磯雄・賀川豊彦らとともに、日本における**キリスト教社会主義**（キリスト教的人権思想＋社会民主主義思想）の代表的人物の一人。就任時には**クリスチャン首相**をマッカーサーも喜んだ。歴代首相64名中のクリスチャンは、片山の他に原敬・吉田茂（死後に洗礼を受ける）・鳩山一郎・大平正芳・細川護熙・麻生太郎・鳩山由紀夫の計8名で12.5％もの割合。これは日本人のキリスト教徒率約1％を大きく上回る。

● **学び**

小学校➡田辺中学校（現在の田辺高校）➡**第三高等学校**（現在の京都大学教養課程）独法科を経て東京帝国大学法科大学（現在の東京大学法学部）独法科に入学（21歳、東大キリスト教青年会（東大YMCA）の寄宿舎に入寮し鈴木文治らと交流）➡**東京帝国大学法科大学**卒業（25歳）

●キャリア

1912年、卒業とともに弁護士として故郷に帰り父の下で実務研修（25歳）↓上京（30歳、ロシア革命発生に衝撃を受ける）↓1918年、他2名と「簡易法律相談所」を開設し貧困者の法律相談に応じる（31歳）↓「中央法律相談所」と改称（33歳、森戸（もりと）事件などの弁護活動のかたわら法律の民衆化を図る）↓東京女子大学講師として家制度・戸主制度・公娼制度・死刑制度の廃止や婦人参政権の必要を説く（34歳、以後5年にわたり教壇に立つ）↓政治研究会結成に参加（37歳、政治活動開始）↓1926年、師の安部磯雄・吉野作造らと政治研究会を脱退し独立労働協会を組織（39歳、社会民主主義右派の**社会民衆党**結成で活躍し初代書記長に就任）↓神奈川県から出馬して**衆議院議員に初当選**（43歳）↓1932年、無産政党が大合同し安部磯雄を中心に**社会大衆党**結成（45歳、中央執行委員・労働委員長）↓再選（49歳）↓再選（50歳）↓1940年、立憲民政党斎藤隆夫の「反軍演説」に対する懲罰の本会議に欠席し社会大衆党が分裂（53歳、欠席派は除名）↓1942年、〝翼賛（よくさん）選挙〟に非推薦で立候補するも**落選**（55歳）↓1945年、戦前の無産政党を合同し日本社会党を結成（58歳、当初は委員長を置かなかったため書記長）↓1946年、**日本社会党初代委員長**（59歳、戦後初の総選挙で**当選**）↓1947年、日本国憲法公布後初の参議院議員選挙と衆議院議員選挙で第一党となり**内閣組閣**（60歳、**日本社会党・民主党・国民協同党の三党**

連立内閣）➡1948年、連立を維持したまま総辞職（61歳）➡落選（62歳）➡1951年、社会党委員長を辞し最高顧問に（64歳、同年に社会党が左右に分裂したので右派の最高顧問）➡1952年、右派社会党から出馬し当選（65歳、国政に復帰）➡1955年、左・右社会党統一（68歳）➡日中国交回復国民会議の代表委員（70歳、中華人民共和国と太いパイプを持ち毛沢東・周恩来と会見したこともある）➡顧問に返り咲くが第一線からは退く（71歳）➡西尾末広が社会党内右派を独立させ結成した民主社会党の最高顧問（73歳）➡1963年、民社党から出馬した総選挙で落選（76歳、政界引退）➡1978年、長年暮らし第一号の名誉市民にもなっていた神奈川県藤沢市の自宅で亡くなる（90歳）

●**名言**

「東洋のスイスとしてやりたい」マッカーサーに戦争はこりごりだと伝えた。

●**性格**

寛容・温厚・誠実・清廉潔白だが、優しすぎて優柔不断。指導力と決断力に欠けた。

●**影響を受けた人**

社会民主主義の安部磯雄と民本主義の吉野作造は東京帝大時代からの恩師。

●**味方**

GS〔連合国軍総司令部民政局〕。中道路線を支持してくれた。

●**エピソード**

1 ≡ 総選挙で勝ってしまった時、書記長の西尾が「えらいこっちゃあ」と叫び、委員長の片山も「弱った弱った」とうつむいた。日本社会党と党員は、これまで統治経験も行政事務経験もなく、「すべてが未熟」と日本自由党と連立を組み吉田茂に続投してもらおうとしたが、骨の髄まで保守政治家で革新嫌いの吉田に断られた。

2 ≡ 1950年、日本禁酒同盟理事長に就任。

●**片山哲が始めたもの**

1 ≡ 労働省の設置、過度経済力集中排除法の制定、新刑法・新民法の制定など。

2 ≡ 1949年、首相経験者および野党第一党の現職党首として初の落選。

3 ≡ 社会主義政党や中道政党に政権運営能力が乏しいこと（＝準備不足）を初めて証明。のちの村山「自社さ連立内閣」や、鳩山・菅（かん）・野田「民主党内閣」のような状況の先駆。イギリスの「影の内閣〔シャドーキャビネット〕」のような、公費で賄われる制度が日本には現在もない。

●**豆知識**

衆議院首班指名選挙において419票差の1位は現在に至るまで歴代最大の差。

第47代総理

インテリボーイ
芦田均（あしだひとし）

民主党

1948年3月10日～10月15日

220日

●**就任の経緯**

片山哲（てつ）内閣の「中道政治」を引き継ぎ、民主党・日本社会党・国民協同党による三党連立内閣を組閣。社会党・自由党に次ぐ第三党の党首ながら衆議院の首班指名を得たが、参議院では日本自由党の吉田茂が指名されるなど、不安定な船出だった。

※GHQのGS（民政局）の意向も中道政治維持で、内閣のスローガンもアメリカの占領方針転換に対応し「外貨導入による経済の再建」という「イエスマン」内閣。

●**就任時の年齢**

61歳

●**退陣の理由**

片山三党連立内閣が下野せず、そのまま芦田が引き継いだことから「政権タライ回し」

と批判された。さらに、復興金融金庫の融資をめぐる**昭和電工事件**で政権内の人間が逮捕され、道義的責任を痛感して総辞職した。

※**退陣後に芦田も逮捕**されるが、裁判の結果、2名のみ有罪（執行猶予付き）で副総理の西尾末広（すえひろ）や芦田ら24名が無罪で実刑判決なし、という冤罪事件だった。

●生没年

1887年11月15日〜1959年6月20日（71歳没）

吉田茂の9歳下。片山哲と同い年（東大法学部の同級生）。

●キャッチフレーズ

「**インテリボーイ**」東大の博士号を持つ元外交官で、ジャーナリストとして文章も上手く、顔も良い。また、首相在任時には日本学術会議を創設。

●出生 ☞ 京都府出身

京都府福知山市で、豪農の次男に出まれる。父の鹿之助は、のちに衆議院議員となったので、2世代議士のはしり（もちろん**初の2世代議士首相**）。

●学び

尋常小学校⬇高等小学校を経て旧制兵庫県立柏原（かいばら）中学校（現在の柏原高校）卒業（中学は演説部）。上京して第一高等学校入学（17歳）⬇東京帝国大学法学部入学（20歳）⬇在学中

に外交官及領事館試験に2番で合格（24歳、首席は重光葵）⬇東京帝国大学法学部卒業（25歳、病気のため1年遅れた）

●キャリア

1912年、外務省に入省（25歳）⬇ロシアのサンクトペテルブルクに赴任（27歳）⬇1917年、現地でロシア革命勃発を経験（30歳）⬇フランスのパリに赴任（31歳）⬇1919年、現地で第一次世界大戦のパリ講和会議を経験（32歳）⬇帰国して本省の情報課長を務めるが、のち一等書記官としてトルコに赴任（38歳）⬇東大に論文を提出し法学博士号を授与される（42歳）⬇フランス勤務の希望が容れられずベルギーに赴任（43歳）⬇1931年、満洲事変勃発を契機に外交官退官を決意（44歳）⬇1932年、帰国して父の後を継ぎ立憲政友会から出馬して衆議院議員初当選（45歳、当初は満洲国承認や国際連盟脱退に反対の立場だったが翌年に変節）⬇1933年、外務省が後援する英字夕刊新聞ジャパンタイムズ社長兼主筆（46歳、外交通の政党政治家として知名度を上げる）⬇1937〜38年、外務省の宣伝工作の一環で欧米16カ国を訪問（50〜51歳、約4カ月にわたり諸国に日中戦争における日本の立場を説明）⬇ジャパンタイムズ社長退任を決意（52歳、立憲政友会分裂に際し鳩山一郎らと正統派に属するなど政治的多忙が表向きの理由だが事実上の解任）⬇立憲民政党斎藤隆夫の「反軍演説」の際、議員除名に反対票を投じる（53歳、軍部の独走には批判的）↓1941年、近衛文麿の「新体制運動」に反発し大政翼賛会に参加せず（54歳、一貫してリベラル）↓1942年、〝翼賛選挙〟で非推薦ながらも当選（55歳）↓終戦後に鳩山らと日本自由党結成に参加するも幣原喜重郎内閣の厚生大臣で初入閣（58歳）↓1946年、戦後初の総選挙後に幣原の政権居座りに批判が高まると厚相を単独辞任し内閣総辞職へ↓第一次吉田茂内閣では閣僚を外れ帝国憲法改正案委員会委員長（59歳、憲法第九条に「芦田修正」を入れる）↓自由党を割り日本進歩党と合流、民主党を創設し総裁となる↓片山哲内閣で副総理・外相として入閣（60歳）↓1948年、内閣組閣するも昭和電工事件で総辞職（61歳、のち自らも逮捕）↓以後は国民民主党のち改進党のち日本民主党に所属↓1955年、保守合同による自由民主党結成に参加（68歳、主流から外れる）↓昭和電工事件の無罪判決が確定（71歳）↓1959年、現職議員のまま亡くなる（71歳）

●恩師

第一高等学校3年次に校長として赴任してきた新渡戸稲造。

●資金援助

地元の郡是製糸（現在のグンゼ）。叔父が創業一族の養子に入り取締役だった。

●**名言**

「勇気を出せ、断じて行う決心をすれば、予想以上に力も出る」と言いつつ本人は特にこういう感じでもない。「態度が急変」「政治的行動が首尾一貫せず」「オポチュニスト（日和見主義者・御都合主義者）」などと呼ばれる自らを鼓舞する言葉か。

●**性格**

「占領軍治下における政府としては、誰が政局を担当しても、連合国の占領政策の線に沿って政治を行う以外に道はない」と割り切り、独自政策を行うつもりはなかった。

●**エピソード**

1 ジフテリアにかかった芦田の看病で感染したことで、**5歳の時に母と姉2人を亡くす**。親戚たちから「お前は母と姉を殺して自分だけ助かった」と言われひどく傷ついていた。しかも父が後妻を娶り、高等小学校入学時の10歳で生家を離れる。

2 先輩の幣原喜重郎や吉田茂と違い、同じ外交官でも非主流派だから政党政治家に転身し、基本的に彼らと話が合わない。特に**大先輩の幣原に嫌われ、「芦田菌（均）」などという幼稚なあだ名をつけられた**。また、独立回復にあたり「再軍備論」の芦田は、「軽武装論」の吉田とも激しく対立。

※幣原・吉田は思いもかけず首相に就任したタイプだが、芦田は首相の座を積極的に奪い取った。この時のあだ名は「強引首

相」「野心首相」とさんざん。

●芦田均が始めたもの

1＝日本国憲法第九条二項冒頭に「前項の目的を達するため（陸海空軍その他の戦力を保持しない。と続く）」と追加。これにより、第九条一項が規定する戦争放棄を「国際紛争を解決する手段として」の放棄、つまり侵略戦争の放棄を規定したものとし、二項が規定する戦力不保持は「侵略戦争の放棄という目的を達するために戦力を保持しない」と限定的に解することで、自衛のための戦力保持は認められるとする解釈も可能になった。いわゆる「芦田修正」だが、そもそも芦田は改憲論者である。

2＝閣僚からの上奏廃止。完全に「象徴」扱いとなった昭和天皇は、多いに不満だった。

3＝政令201号で、公務員の団体交渉権・争議権（ストライキ権）を否認。幣原内閣で労働組合法を制定した厚相（＝芦田均）が権利を制限する、皮肉な結果となった。

●得意

『革命前夜のロシア』『第二次世界大戦外交史』など著書が多数ある文筆家。詳細につけた『芦田均日記』全七巻も刊行されている

●豆知識

京都府下の選挙区は谷垣専一（せんいち）・谷垣禎一（さだかず）（第24代自民党総裁）父子が順に引き継ぐ。

第52・53・54代総理

友愛
鳩山一郎（はとやまいちろう）

日本民主党→自由民主党

第一次内閣
1954年12月10日～1955年3月19日

第二次内閣
1955年3月19日～11月22日

第三次内閣
1955年11月22日～1956年12月23日

計745日

●組閣の経緯

日本民主党と左・右社会党が「早期解散・総選挙実施」を条件に第五次吉田茂内閣に対し内閣不信任案を提出し可決されたことで、少数与党（第二党）の日本民主党鳩山一郎内閣が成立した。

●就任時の年齢

第一次内閣71歳、第二次72歳、第三次72歳

●退陣の理由

第一次内閣→左・右社会党との「選挙管理内閣」という組閣時の約束により、1カ月半後の衆議院本会議で閣僚答弁中、議長が突然制止し解散。記者に「なぜこの日に」と聞かれた鳩山が「天の声を聞いたからです」と答え「天の声解散」と呼ばれる。第二次

↓総選挙で空前の「鳩山ブーム」が起き日本民主党は第一党になるが、単独過半数確保に失敗。左・右社会党が議席を積み増して合同、改憲阻止に必要な総議席の3分の1を持ったため、「自主憲法制定＝改憲」を目指すには、第二党・自由党との保守合同しか方法がなく、いったん総辞職。第三次↓日ソ共同宣言・国連加盟を「有終の美」にという鳩山の意志により総辞職。後継を指名せず首相・自民党総裁引退を声明したため、石橋湛山・岸信介・石井光次郎が三つ巴の総裁選に突入した。

●キャッチフレーズ

1 「友愛」
欧州統合思想で知られるクーデンホーフ＝カレルギー伯爵（1894～1972年、日本名「青山栄次郎」オーストリア人の父と日本人の母を持つ）の影響で、戦中の軽井沢隠遁中から唱え始める。「友愛」とは「互譲と寛容」の精神。

2 「悲劇の政治家」
公職追放で組閣当日に首相就任を逃し、追放解除直前には脳溢血で倒れ半身不随となったため。後遺症が残り、失言を繰り返したり居眠りをするなどの失態もあった。

3 「お坊ちゃん」
育ちがよく明るく開放的な人柄。人を褒めるのが上手く、記者たちにも人気だった。

4「大衆政治家」

首相就任時、「大臣公邸の廃止」「平日の競輪・競馬禁止」「公務員の関係業者との麻雀・ゴルフ禁止」「官庁公用車は国産車を優先」「護衛警察官の廃止」などを公約に掲げ、「官僚政治からの脱却」をスローガンとするなど、大衆的イメージをアピール。

5「憲法改正＝自主憲法制定」「（対米）自主外交」「再軍備」

憲法調査会を設置するも、改正はできず。ソ連との国交回復&国際連合加盟は達成。

※吉田路線へのアンチテーゼで、自らを公職追放したアメリカへの意趣返しもあった。

● **生没年**

1883年1月1日〜1959年3月7日（76歳没）

吉田茂の5歳下。石橋湛山の1歳上・緒方竹虎(たけとら)の5歳上・岸信介の13歳上。

● **出生** ☞ 東京都（東京府）出身

東京市牛込区（現在の新宿区）で、鳩山和夫・春子の長男に生まれる。鳩山家は美作国(みまさかのくに)（現在の岡山県北部）勝山藩の下級武士。祖父が江戸留守居役だった。

● **学び**

女子高等師範学校附属幼稚園（現在のお茶の水女子大学附属幼稚園）➡東京高等師範学校附属小学校（現在の筑波大学附属小学校）➡東京高等師範学校附属中学校（現在の筑波大学附属

中学校・高等学校）↓旧制第一高等学校（現在の東京大学教養課程）↓東京帝国大学法学部英法科を24歳で卒業した生粋のエリート。

●キャリア

1907年、父の弁護士事務所で見習い弁護士（24歳）↓国家主義団体玄洋社幹部で衆議院書記官長（のち貴族院議員）寺田栄の長女と結婚（25歳、早稲田大学講師も並行）↓衆議院議員・東京市会議員の父が亡くなり後継に（28歳、当時は国会と地方議会の兼任が可能）↓父の補欠選挙で東京市会議員に初当選（29歳）↓1915年、立憲政友会の公認を得て衆議院議員に初当選（32歳、東京市会議員と兼任）↓東京市会副議長（35歳）↓1924年、立憲政友会を脱党し床次竹二郎の政友本党結成に参加し院内総務（41歳、東京市会議長を兼任）↓政友本党を脱党し同交会を組織するも立憲政友会と合同（43歳、立憲政友会幹事長）↓立憲政友会田中義一内閣の内閣書記官長（44歳、現在の官房長官として田中「強硬外交」を補佐）↓1930年、政友会総務としてロンドン海軍軍縮条約の統帥権干犯問題で立憲民政党浜口雄幸内閣を厳しく非難（47歳、浜口の狙撃により首相臨時代理となった「協調外交」の幣原喜重郎外相も非難）↓1931年、政友会犬養毅内閣の文部大臣で初入閣↓五・一五事件後の斎藤実内閣でも文相に留任（48歳）↓1933年、滝川事件〔京大事件〕で文相として滝川幸辰を休職処分に（50歳）↓帝人事件〔帝国人絹疑獄事件〕

で汚職の疑いをかけられ文相を辞職（51歳）→政友会総裁代行委員（54歳）→政友会が分裂し久原房之介（くはらふさのすけ）ら少数派の「正統派」に所属（56歳、中島知久平（ちくへい）ら多数派の「革新派」と対立）→1940年、「反軍演説」を行った立憲民政党斎藤隆夫の議員除名に反対→全政党が解党し公事結社の大政翼賛会成立（57歳）→翼賛体制への抵抗として同交会を結成（58歳）→1942年、〝翼賛選挙〟に非推薦で出馬し無所属で当選（59歳、反軍的色彩を強めるが翼賛政治会には参加）→1943年、翼賛政治会を脱会して東条英機内閣を批判し長野県軽井沢に隠遁（60歳、政界引退状態）→1945年、終戦後日本自由党を結成し初代総裁となる（62歳）→1946年、戦後初の総選挙で日本自由党が第一党となるが組閣当日に公職追放される（63歳）→1951年、脳溢血（のういっけつ）で倒れた後に公職追放解除（68歳、のちそれなりに快復）→総選挙に当選して政界に復帰し自由党に所属（69歳、友愛青年同志会を組織）→反吉田茂の分党派自由党を結成し総裁となる（70歳、吉田に請われ年内に自由党に復帰）→1954年、日本民主党を結成し総裁→吉田内閣退陣に伴い第一次内閣組閣（71歳、早期解散を条件に左・右社会党の協力を得る）→1955年、総選挙で第一党となり第二次内閣組閣→緒方竹虎の自由党との保守合同により自由民主党成立→いったん総辞職して第三次内閣を組閣（72歳）→1956年、自民党初代総裁→日ソ共同宣言・国際連合加盟を花道に総辞職（73歳）→1959年、衆議院議員のまま狭心症のため死去

（76歳、没後に大勲位菊花大綬章を受章）

追加知識

鳩山は、①田中内閣の書記官長として治安維持法改悪に尽力、②斎藤内閣の文相として滝川事件で学問の自由を抑圧、③ヒトラーと面会し礼賛（らいさん）、④労働団体弾圧を支持、⑤日本の対外侵略肯定、⑥当初は翼賛政治会会員、など**多数の公職追放の論拠があった。**また、終戦直後、東西冷戦が本格的に開始される前にもかかわらず「反共〔反共産主義〕」を強く打ち出し、連合国のメンバーであったソ連に敵視されていた。

ライバル

1 **吉田茂**

戦前は家族ぐるみの仲良し。孫同士の麻生（あそう）太郎と鳩山由紀夫もライバル。吉田を退陣に追い込み鳩山が組閣したのと同様に、２００９年には麻生を追い込み鳩山が組閣。

2 **緒方竹虎**

第四次・第五次吉田内閣の副総理であったことから、保守合同時に日本民主党出身の鳩山の後継は自由党出身の緒方、というのが規定路線だったが、翌年に急逝。

側近

三木武吉（ぶきち）・河野（こうの）一郎ら「**党人派**」を率い吉田茂の「官僚派」と対抗した。

●仲間

1 ||| 森恪（つとむ）

同い年でもある戦前の盟友。田中内閣の外務政務次官として東方会議を開催。その後、立憲民政党の浜口～第二次若槻内閣時代は、立憲政友会幹事長。

2 ||| 三木武吉

1歳下の側近であり盟友。自由党の大野伴睦（ばんぼく）と謀り、保守合同を実現した。

●微妙な関係の人

1 ||| 重光葵（まもる）

改進党から分党派自由党に合流、鳩山とともに日本民主党を結成。3次にわたる鳩山内閣で外相・副総理となるが意見が合わず、後継にも指名されなかった。

2 ||| 岸信介

「対吉田茂」「占領政治からの脱却＝自主外交・自主憲法制定」という点では同志だが、官僚出身かつ佐藤栄作の兄である岸は、鳩山の側近でも後継者でもない。

●世話になった人

1 ||| 鈴木喜三郎（きさぶろう）（立憲政友会第7代総裁）

姉カヅの夫で田中内閣の内務大臣。1932年の五・一五事件で戦前の二大政党内閣時代“憲政の常道”が終焉した後の政友会総裁。

2 児玉誉士夫(よしお)

国家主義者で「戦後最大のフィクサー〔黒幕〕」。鳩山に多大な政治資金を渡した。

●一族

戦前の帝国議会以来、国会議員が五代続く唯一の家系で東大卒だらけの高学歴一族。

1 鳩山和夫(父)

開成学校(現在の東京大学)卒業後、文部省第一回留学生としてアメリカのコロンビア大学・イェール大学大学院で法律を学び、日本初の法学博士に。帰国後は代言人〔弁護士〕となり、1882年に東京府会議員に当選。3年後に外務省に入り、最終的に外務事務次官となる。その一方、東京帝国大学教授や東京専門学校(現在の早稲田大学)校長を務める。1894年に進歩党から衆議院議員に当選、2年後に衆議院議長。東京弁護士会会長・東京市会議員も務めたが、55歳で亡くなった。

※北海道の開墾にも取り組む。曾孫の由紀夫の選挙区が北海道なのはそのため。

2 鳩山春子(母)

信濃国松本藩士の娘として生まれ、東京女子師範学校(現在のお茶の水女子大学)卒業。共立女子職業学校(現在の共立女子大学)創立者の一人で、のち理事長・校長。

3 ‖ 鳩山威一郎（子）

東京帝国大学法学部卒業後、大蔵事務次官にまで昇り詰める。のち参議院議員。福田赳夫内閣では外務大臣に。妻はブリヂストン創業者石橋正二郎の娘・安子。

4 ‖ 鳩山由紀夫（孫）

東京大学工学部卒業後、渡米してスタンフォード大学大学院で博士号を取得。専修大学工学部助教授を経て衆議院議員に。自民党を離党後、新党さきがけを経て民主党を創設。のち首相。息子の紀一郎は東京大学大学院を修了した工学博士。２０２３年12月、国民民主党が次期衆議院議員選挙に候補者として擁立を決めた。

5 ‖ 鳩山邦夫（孫）

東京大学法学部卒業。田中角栄の秘書を経て衆議院議員に。自民党を離党後、新進党・民主党を経て自民党に復党。文部大臣・労働大臣・法務大臣・総務大臣などを歴任。次男の二郎は衆議院議員（杏林大学大学院修士課程中退）。

●エピソード

1 ‖ 意外と攻撃的

東京市会で侮辱した人間を殴り倒す。１９３１年、狙撃され重傷を負い議会に復帰したばかりの立憲民政党浜口首相に、長時間にわたる問責を浴びせてもいる。

※浜口の入院中、首相臨時代理となった幣原喜重郎は議員でもないことから鳩山ら立憲政友会は執拗に浜口の議会出席を求め、その死の遠因となった。

2 気のいいお喋り

田中内閣の内閣書記官長時代、閣議の内容を新聞記者に何でも話してしまうので、閣議から閉め出されている。首相となってからも記者に「音羽の鳩山邸は天下の公道と考えいつでも来なさい」等と語り、政界の秘密事項が漏れまくった。

●鳩山一郎が始めたもの

1 内閣不信任決議案が提出されないのに「天の声」で解散

これが先例となり「（特に理由がなくても）内閣に解散権がある」状態となった。

2 **保守合同＝自由民主党**

自民党は、のち吉田茂系「経済重視」の保守本流（池田・佐藤の2系統）、岸信介系「国策重視」の保守傍流を中心に多数の**派閥**が形成され、独自の執行機関・政策研究機構・政治資金ルートを持つ〝党中党〟に成長した。ちなみに鳩山派は河野一郎などに継承され、傍流の少数派閥となった。

3 **55年体制（1と2分の1体制）**

米ソによる冷戦という世界情勢を背景に、自民党と社会党の保守・革新二大政党の対抗を基本とした、固定的な議会政治システム。1993年まで38年にわたり与野党の政権交代は行われず、実質的には自民党一党優位体制だった。

4 初の自民党総裁選

鳩山一郎（元日本民主党総裁）・緒方竹虎（元自由党総裁）・三木武吉（元日本民主党総務会長）・大野伴睦（元自由党総務会長）の4人が総務代行委員だったが、緒方が病死したことで鳩山が単独出馬状態となり初代総裁に選ばれた。

5 憲法調査会・国防会議・任命制の新たな教育委員会

6 日ソ国交回復（1956年、日ソ共同宣言）

戦争状態終了、日本の国連加盟支持、シベリア抑留者の帰還、対日賠償請求権放棄、平和条約締結交渉の継続と締結後の歯舞群島・色丹島の対日返還など10項目。

※北方漁場での日本船拿捕が相次いでいたこともあり、直前に河野農林相がモスクワで日ソ漁業協定を締結していた。アメリカばかりか重光外相や外交当局、旧自由党系にも反対論が強く、推進論の旧民主党系との「二元外交」になり難航の末、鳩山首相自らが訪ソ。フルシチョフ第一書記・ブルガーニン首相と会談し妥結。

7 国際連合加盟（1956年）

安全保障理事会常任理事国のソ連の反対がなくなったため。全体で80番目に加盟。

●**特徴**

1 ≡ クリスチャン（詳細は不明）

2 ≡ 友愛結社フリーメイソンリーの会員（＝フリーメイソン）

3 ≡ プロ野球読売巨人軍の後援会会長

4 ≡ 超甘党↓赤飯に砂糖をかけて食べるという噂も……。

●**好き**

1 ≡ 妻の薫↓従姉の娘なので遠戚関係

死ぬほど好きで、結婚前の熱烈なラブレターが多数残されている。その割に結婚後は女性記者や芸者と浮名を流している。薫は賢夫人として戦前から大人気で、鳩山の首相就任時も「薫夫人の存在は杖以上の貴重さ」「いっそ病人の本人より奥さんにやらせたら」と言われたほど。国交回復交渉で夫妻で訪ソしたことは、日本の「ファースト＝レディ」初の外国訪問だった。

2 ≡ バラ鑑賞＆栽培

●**豆知識**

「音羽御殿」と呼ばれた文京区の自宅は、「鳩山会館」として有料で一般公開中。

第55代総理

小日本主義

石橋湛山

（自由民主党）

1956年12月23日～
1957年2月25日
65日

●組閣の経緯

日ソ国交回復の達成を契機に引退した鳩山一郎首相の後を受け、岸信介幹事長・石橋湛山通産相・石井光次郎総務会長の3人で争われた2度目の総裁選で、当選確実と言われた岸との決選投票において石井と「2位・3位連合」を組んだ石橋が辛勝。

●就任時の年齢

72歳

●退陣の理由

内閣発足直後、強行スケジュールの全国遊説で体調を崩し、過労で病床につき「議会運営に支障をきたすので」と潔く退陣を表明。周囲は休養すればいいと止めたが「私の政治的良心に従います」と、外相の岸を後継とし在任約2カ月で総辞職した。

※1930年、立憲民政党の浜口雄幸首相が東京駅ホームで狙撃され長期入院した際、雑誌『東洋経済新報』社説に「議会運営に支障をきたすので潔く退陣すべし」と主張し、翌年浜口が退陣していたことがブーメランとなり刺さった。

●キャッチフレーズ

1 「小日本主義」

戦前、**自由主義のジャーナリスト**として、帝国主義に基づく領土拡張路線「大日本主義」に異を唱え、政府・軍部の言論弾圧に屈することなくこれを堅持した。

2 「新平価解禁」

戦前、**民間のエコノミスト**として、金本位制復帰＝金解禁に際し理想主義よりも現実主義を採用するよう主張した。部下の高橋亀吉とともに論陣を張ったが、浜口雄幸内閣の井上準之助蔵相は旧平価での解禁を選び、「昭和恐慌」を招いた。

3 「石橋積極財政」「心臓大臣」

政治家・大蔵大臣として、終戦直後に完全就業の実現と有効需要の喚起を目指し、GHQに対しイエスマンではなく堂々と渡り合うストロングマンだった。

●生没年

1884年9月25日〜1973年4月25日（88歳没）

吉田茂の6歳下・鳩山一郎の1歳下。岸信介の12歳上。

●出生 👉 東京都（東京府）出身

東京都港区で、のち日蓮宗総本山久遠寺81世法主「日布」となる杉田湛誓の子に産まれる。幼名は省三。石橋は母方の姓（僧侶である父が女性と子を成したので建前上このように）。1歳で父が住職となった寺がある山梨県に転居。10歳で望月日謙（のち久遠寺83世法主）に預けられ、中学卒業まで養父の下で過ごす。

●学び

山梨県立尋常中学校（現在の甲府第一高校）に2年早く入学（11歳、2度落第し結局は皆と同じ18歳で卒業）↓早稲田大学高等予科に編入（19歳）↓早稲田大学文学部文学科（哲学科・英文科）を首席で卒業（23歳）↓早稲田大学文学部特待研究生として宗教研究科へ進級し修了（24歳、現在の大学院修士課程）

●キャリア

1908年、東京毎日新聞（もと横浜日日新聞で現在の毎日新聞とは無関係）に入社（24歳）↓経営難により退社し一年志願兵として麻布歩兵第三連隊に入営（25歳）↓東洋経済新報に入社（27歳、当初は雑誌『東洋時論』記者）↓『東洋時論』が雑誌『東洋経済新報』と合併し同誌記者に（28歳）↓1914年、社説「青島は断じて領有すべからず」で第一次世界大戦中に領土拡張を批判（30歳）↓早稲田大学騒動が起き天野為之学長派の中心として奔走（33歳）➡普通選挙期成同盟会結成に参加（35歳、デモの副指揮者）➡1921年、ワシントン会議に際し「太平洋問題研究会」を設立（37歳、社説「一切を棄つるの覚悟」で植民地放棄・世界自由貿易の「小日本主義」を提起）➡東洋経済新報社第5代主幹となり新平価解禁の主張を始める（40歳、神奈川県鎌倉町議会議員に当選し1期務める）➡東洋経済新報社代表取締役専務（41歳、当時は社長を置かず）➡1930年、浜口内閣の金解禁にあたり新平価＝円安での金本位制復帰を主張（46歳）➡経済倶楽部を設立（47歳）➡英文月刊誌『ザ・オリエンタル・エコノミスト』創刊（50歳）➡内閣調査局委員（51歳）➡日米開戦に反対する日独伊三国同盟批判の社説を全文削除（55歳、今後の言論圧迫に際し良心に反する行動をとらないよう社員に訓示）➡東洋経済新報社代表取締役社長（57歳、社長制を新設）➡大蔵省内に戦時経済特別調査委員会を設置して委員に就任（60歳）➡1945年、東京大空襲で自宅が焼失するなど空襲の激化に対処するため会社の一部と印刷部を秋田県横手町に疎開させ移住（61歳、終戦後にGHQから意見書提出を依頼される）➡1946年、前年に顧問となっていた日本自由党から衆議院議員選挙に初出馬し落選するも第一次吉田茂内閣で大蔵大臣に登用され初入閣（62歳、のち経済安定本部総務長官・物価庁長官を兼任）➡1947年、静岡県沼津市で落下傘（らっかさん）候補として衆議院議員選挙に初当選するもGHQの指示で公職追放（63歳、蔵相としてGHQの過大な経費請求に抵抗したため？）➡1951

年、公職追放解除で自由党に戻り反吉田派の中心に（67歳、自由党から除名処分を受け鳩山一郎の分党派自由党に参加）⬇日蓮宗系の立正大学学長に就任（68歳）⬇1954年、新党結成の動きの中で復党していた自由党に再度除名されるが鳩山を党首に日本民主党を結成（70歳、第一次・二次鳩山内閣で通商産業大臣）⬇1955年、自由党と「保守合同」し自由民主党結成（71歳、保守合同に気乗りではなかったが第三次鳩山内閣でも通産相に留任）⬇1956年、総裁選に辛勝し内閣組閣（72歳、一時的に郵政相など全閣僚を兼任）⬇病に倒れ総辞職（73歳）⬇1959年、あくまでも一人の議員として中国を訪問し周恩来首相と共同コミュニケ（石橋・周共同声明）を発表（75歳）⬇1960年、第二次岸信介内閣による新安保条約批准の強行採決に反対し東久邇宮稔彦王・片山哲とともに退陣を勧告（76歳）⬇1963年、落選して政界引退（79歳、日本工業展覧会総裁として中国を再訪問）⬇1964年、日本国際貿易促進協会総裁（80歳、ソ連を訪問）⬇立正大学学長を退任（84歳）⬇1970年、『石橋湛山全集』全15巻刊行開始（86歳、〜1972年）⬇1973年、脳梗塞のため死去（88歳）

●**ライバル**

岸信介

総裁選で7票差しかなかった岸を組閣協力のバーターで外相に任命した時、昭和天皇が

「どうして岸を外務大臣にしたか、彼は先般の戦争に於いて責任がある、その重大さは東条以上であると自分は思う」と異論を唱えたことは有名。

●世話になった人物

1 **島村抱月**(ほうげつ)

最初の就職先を世話してくれた早稲田大学の講師で演劇人。

2 **三浦銕太郎**(てつたろう)

東洋経済新報社第4代主幹。石橋の「小日本主義」は三浦の説を継承・発展したもの。

●世話になったがのちに反発した人物

1 **大隈重信**

東京専門学校(のちの早稲田大学)創設者だが石橋にとってそんなものは関係なく、特に第二次内閣の第一次世界大戦時、外交政策批判の対象となった。

2 **吉田茂**

落選した石橋をいきなり蔵相に登用したが、公職追放の動きから全くかばわなかった(何なら吉田が主導?)。石橋は、その怨みから追放解除後に鳩山一郎を担ぎ出し、反吉田派を形成してその先頭を走り退陣に追い込んだ。とはいえ鳩山も蔵相に返り咲きたがる石橋を通産相とし、後継総裁にも指名しないので、石橋は不義理を怨んだ。

●名言

「一切を棄つるの覚悟（をもって圧迫を放棄し、中国と提携する）」

ワシントン会議に際し、すべての植民地・占領地を放棄して自由貿易で欧米に対抗すべきと「小日本主義」を唱えた。これは、日英同盟を結ぶイギリスから見た「東洋の番犬」という立場を放棄することでもある。しかし、イギリス（英連邦のカナダなどを含む）は将来の日米戦争に巻き込まれることを回避するため同盟解消を図り、アメリカとフランスを誘い「（日・英・米・仏の）四カ国条約」へと関係を変容させた。

●エピソード

病に倒れた後、岸外相を臨時首相代理に指名して施政方針演説を代読してもらったが、以後も一度も国会で演説や答弁をすることなく総辞職した。

●石橋湛山が始めたもの

1≡第一次吉田内閣の蔵相として傾斜生産方式を決定（実行は続く片山・芦田（あしだ）内閣）石炭・鉄鋼・電力・化学肥料・海運などの重要産業部門に集中投資するという、経済学者有沢広巳（ひろみ）（のち法政大学総長）らの発案。

2≡中華人民共和国との関係打開

しかし、西側資本主義陣営のほとんどが台湾の中華民国を「中国」と承認している段階での独自の動きは、アメリカとの深刻な対立を招きかねなかった。

●**特徴**

1 日蓮宗の僧侶で立正大学の学長

僧侶なのに酒豪で大食漢。好物はすき焼き。

2 恐妻家（妻のうめはもと尋常小学校教員の「職業婦人」）

その割に、島村抱月と松井須磨子の不倫の経緯と結末（坪内逍遥に反旗を翻して芸術座を創設するも抱月は病没し須磨子は後追い自殺）を見て、妻に「もし須磨子が現れるなら、私といえどもいつ島村氏にならぬとは限らずと戒めた」らしい。

3 鳩山と同様の「自主憲法制定」「再軍備」「自主外交」論者

親米路線ではないので吉田の後継者たち（池田・佐藤ら）と意見が合わず、左翼陣営（日本社会党・日本共産党）とはもっと合わない。しかも岸の安保改定のやり方に反対するくらい「孤高の人」だったので、どのみち短期政権の可能性が高い。

●**豆知識**

初の私大出身の首相（早稲田大学）。

第56・57代総理

昭和の妖怪

岸信介（きしのぶすけ）

自由民主党

第一次内閣
1957年2月25日～
1958年6月12日

第二次内閣
1958年6月12日～
1960年7月19日

計1241日

●組閣の経緯

岸信介は、**自由民主党初代幹事長**として鳩山一郎首相の後継と目されていたが、総裁選で石橋湛山（たんざん）に7票差の番狂わせを起こされ、副総理格の外務大臣となっていた。しかし**石橋が急病に倒れ**、臨時首相代理ののち組閣。

※石橋内閣をそのまま引き継ぎ、第一次内閣は「居抜き内閣」と呼ばれたが、五カ月後に内閣改造。総裁選を戦った石井光次郎（みつじろう）が副総理となった。

●就任時の年齢

第一次内閣61歳、第二次62歳

●退陣の理由

第一次内閣↓日本社会党鈴木茂三郎（もさぶろう）委員長と「話し合い解散」。第二次↓**60年安保闘争**

で戦後政治史上最大の騒擾を招く。「安保改定の是非」をめぐる政治闘争から「戦後民主主義を守るか否か」という普遍的闘争へとつながり、結果的に「岸内閣打倒」の声に結集してしまった。

※50日会期延長&日米新安保条約と関係案件について衆議院を解散せず強行採決（5月19日、党内でも三木武夫・松村謙三・石橋湛山の派閥が批判）↓ハガチー事件（6月10日、来日した大統領秘書がデモ隊の妨害によりヘリコプターで脱出）↓東大生 樺美智子圧死（6月15日、国会議事堂に乱入した全学連と警察官が衝突）↓アイゼンハワー大統領訪日中止決定（6月16日）↓参議院で安保改定自然承認（6月19日、衆議院採決から30日が経過したため）↓総辞職表明（6月23日）。

●キャッチフレーズ

1 「憲法改正」

生涯これを悲願とした。のち孫の安倍晋三が引き継いだが達成できず。

2 「日米新時代」

片務的で不平等な日米安保条約を、双務的で平等な状態に改定しようとした。

3 「昭和の妖怪」「不死鳥」「政界のフィクサー」「巨魁」

表・裏双方の世界を股にかけ、戦前を含む「昭和」という元号の下で90歳で亡くなるまで影響力を維持し続けた、謎の多い大物官僚&政治家。

※首相退陣後、統一教会（今の世界平和統一家庭連合）との親密な関係も有名だった。

4 「両岸」
どっちつかずの言い回しや態度でけむに巻き、両方の道を残すことが得意なため。

●生没年

1896年11月13日〜1987年8月7日（90歳没）
吉田茂の18歳下・鳩山一郎の13歳下・石橋湛山の12歳下。池田勇人の3歳上・佐藤栄作の5歳上（学年は4学年上）で、岸内閣から一気に世代交代した感がある。

●出生☞山口県出身

山口県熊毛郡田布施町で**酒造業を営む佐藤家**の次男（三男七女）。中学卒業時に**婿だった父の実家の養子となり、岸姓を継いだ**。佐藤家は先代まで長州藩の下級武士。曾祖父は吉田松陰と親交があり、明治維新後は島根県令として蓄財。
※岸は母の弟で岡山医学専門学校の教授だった佐藤松介（その妻はのちの外相・松岡洋右の妹）に引き取られ岡山中学に進学したが、2年時の叔父の死により山口中学に転校。

●学び

山口中学（現在の山口大学）➡上京して**第一高等学校➡東京帝国大学法科**（のち民法学者・東大教授となる我妻栄らと首席を争い、在学中に文官高等試験（高文）に合格。
※大学内では天皇絶対主義の憲法学者上杉慎吉、学外では超国家主義団体「猶存社」の**北一輝**・大川周明ら、保守的なナ

ショナリストたちの影響を受けた。特に一度だけ会った北一輝に圧倒&魅了された。ただし天皇制否定の「国家改造」には反対で、「国体護持」の下で統制経済をめざす革新官僚へと成長した。

●キャリア

1920年、農商務省に入省（24歳）↓農商務省が農林省と商工省に分離し商工省に（29歳）↓1931年、重要産業統制法の作成・実施にあたる（35歳）↓工務局長（39歳）↓1936年、満洲国国務院実業部のち産業部次長（実質的な部長＝大臣）として辣腕を振るう（40歳、鮎川義介の新興財閥「日産コンツェルン」を誘致し満洲重工業開発株式会社を設立させる）↓1939年、帰国して商工事務次官（43歳、「満洲は私が描いた作品だ」と豪語）↓第二次近衛文麿内閣で入閣要請を辞退（44歳）↓1941年、民間から起用された小林一三商工大臣と対立して事務次官を辞職、東条英機内閣の商工相で初入閣（45歳）↓1942年、〝翼賛選挙〟で閣僚のまま翼賛政治体制協議会の推薦を受け衆議院議員初当選（46歳）↓軍需省設立により軍需事務次官兼国務大臣（軍需大臣は東条が兼任したが岸はこれに大不満）↓サイパン島陥落後東条内閣倒閣に動く↓1945年、実質上「岸新党」といえる護国同志会を結成↓敗戦後〝A級戦犯〟容疑者として巣鴨プリズン（拘置所）に収容（49歳）↓1948年、不起訴のまま釈放（52歳、公職追放される）↓1952年、公職追放解除（56歳、日本再建連盟を結成するも挫折）↓1953年、衆議院議員総選挙に当選し国政に復帰（57歳、右派社会党から立候補を目指すが断られ弟の佐藤栄作の手引きで自由党から出馬）⬇1954年、鳩山一郎らと日本民主党を結成し幹事長（58歳）⬇1955年、自由党との「保守合同」を主導し第三次鳩山内閣で自由民主党初代幹事長（59歳）⬇1956年、総裁選で石橋湛山に惜敗し石橋内閣の外相（60歳）⬇1957年、石橋の総辞職により第一次内閣組閣（61歳）⬇1958年、第二次内閣組閣（62歳、同年、日本人が中華人民共和国の国旗を引き下ろす「長崎国旗事件」で日中関係悪化）⬇1960年、日米相互協力及び安全保障条約（日米新安保条約）調印（64歳、60年安保闘争で大混乱を招き総辞職）⬇以後も影響力を持つ⬇1979年、政界引退（83歳）⬇1987年、病死（90歳）

●**追加知識**

満洲で計画経済を推進し活躍。実力者「二キ三スケ」の一人とされた。「二キ」は東条英機と星野直樹（岸の上司）、「三スケ」は松岡洋右（ようすけ）と鮎川義介と岸信介。

●**ライバル**

吉田茂

※吉田と岸は、「自由」と「統制」、「対米追従外交・安保堅持」と「対米自立外交・安保改定」、「とりあえず護憲」と「一刻も早い改憲」などことごとく対立し、のち吉田派は池田派（宏池会（こうちかい））と佐藤派（現在の平成研究会）の「保守本流」「ハト派」、岸派（現在の清和政策研究会（清和会））は「保守傍流」「タカ派」を形成した。

●微妙な関係の人

東条英機（もと関東軍参謀長のち首相）

※満洲時代に盟友関係だったことから東条内閣で商工相として入閣。しかし、最終的に対立し、岸が閣内不一致・総辞職に追い込んだ。

●世話になった人

1 藤山愛一郎

大日本精糖社長として、岸の長年の支援者だった財界人。日本商工会議所会頭となっていたが、岸に請われ外務大臣となった。

2 大野伴睦（ばんぼく）・河野一郎（こうの）

第二次内閣組閣時、「党人派」巨頭の2人に協力してもらう代わりに、首相の座を順に禅譲する約束をしたが、岸が守らなかった。本音では嫌い？

3 児玉誉士夫（よしお）

国家主義者で「戦後最大のフィクサー〔黒幕〕」。鳩山や岸と戦前から親しく、60年安保時は活動資金を受け取り、デモ鎮圧のため暴力団・国家主義団体を動員したとされる。

●世話をした人

1 **福田赳夫**（たけお）

後継者と目していた。のち岸派が福田派となり、現在の清和政策研究会へ。

2‖ニクソン大統領（共和党）

1960年の大統領選でケネディ（民主党）に敗れ、2年後のカリフォルニア州知事選にも敗北して傷心・雌伏（しふく）中のニクソンに日本企業の顧問弁護士職を紹介するなど面倒をみた。ようやく大統領に当選した1969年、アイゼンハワー元大統領の葬儀参加のため岸がアメリカに行った際、沖縄返還問題の優先順位を上げるよう頼み、数年かけて（弟の佐藤栄作首相相手に）それを実行してくれた。

● 一族

1‖**佐藤栄作**（弟、のち首相）

次男の佐藤信二も運輸大臣・通産大臣を歴任した。

2‖洋子（娘、官房長官・外相などを歴任した**安倍晋太郎**に嫁ぎ晋三らを産む）

3‖**安倍晋三**（孫、晋太郎の次男でのち首相）

4‖岸信夫（のぶお）（孫、晋太郎の三男で岸家の養子）

防衛大臣を2度務める。大学進学まで晋三と兄弟であることを知らなかった。

● 名言

「**国民の声なき声**にも耳を傾けなければならぬ」60年安保で騒いでいるのはノイジーマ

イノリティーで、サイレントマジョリティーは安保改定に賛成ではないか、と揶揄。この物言いに、社会党・総評・共産党らからなる安保改定阻止国民会議は激怒。

エピソード

1 「デートもできない警職法」

安保改定の混乱に備え、警察官職務執行法（警職法）の改正（＝警察権力の強化）を図ったが、野党の抵抗にあい審議未了・廃案に終わる。

※日本教職員組合（日教組）との闘争に勝利し、教職員の勤務成績評定導入には成功。

2 ふたりぼっち

安保改定が参議院で自然承認された後、多数のデモ隊が取り巻く首相官邸から側近は次々と去り、傍らには弟の佐藤栄作だけが居続けた。この時、岸は「殺されようが何されようが」「死ぬなら首相官邸で」と覚悟を固めていた。

岸信介が始めたもの

1 外交三原則（1957年）

アジア歴訪後、「国連中心主義」「アジアの一員としての立場の堅持」「自由主義諸国との協調」を掲げ、米英に対し反共主義を約束する一方で、アジアの地域主義を緩やかに打ち出した。また、岸は初めて台湾を訪問した首相でもある。

2 国連安全保障理事会の非常任理事国に初選出（1958年）以後、加盟国中最多の13回選出されている。任期は各回2年で連続選出は不可。

3 日米相互協力及び安全保障条約（日米新安保条約）（1960年）

アメリカの日本防衛義務を明記、在日米軍の重大行動に関する事前協議制（しかし現在まで実施はなし）、日本及び在日米軍基地への攻撃に対する共同行動、相互の防衛力強化と経済協力促進、条約期限は10年間で自動延長により継続（以後どちらかの通告で1年以内に条約は失効）。

4 日米地位協定（1960年）

1952年制定の日米行政協定に代わるもの。防衛分担金を廃止したが、1978年以降は〝思いやり予算〟を設定。

● 特徴

1 負けん気が異様に強い

インテリっぽいそつのない話しぶりからは、あまりわからない。

2 ポーカーフェイス

何があっても平気な顔で動じない。他人から見ても凹んだ表情を見せたのは、アイゼンハワー大統領の訪日中止を決めた時（1960年）と、後継と目した福田赳夫が総裁選で田中角栄に敗れた時（1972年）の生涯2度と言われるほど。

好き

1 ドイツ
高校時代からドイツ語に触れ、日本が目指すべきモデルはドイツだと信じていた。

2 アイゼンハワー大統領・ダレス国務長官（共和党）
「親米」路線が売りで、特に協力的だった「アイク」の訪日は心待ちにしていた。

3 野球（巨人ファン）
1957年、プロ野球セ・リーグ開幕戦（巨人vs国鉄）、渡米時にメジャーリーグ（ヤンキースvsホワイトソックス）で始球式を行った。現職総理で日米双方のマウンドに立ち投げた唯一の例。

4 織田信長
タイプは全然違うが自らをなぞらえることもあった。

嫌い

1 共産主義
「反共」の自民党タカ派の代表。孫の安倍晋三がその路線を引き継いだ。

2 三木武夫

安保改定も反対され「世の中で一番嫌いなのは三木だ。陰険だよ」とまで言っていた。

※松村謙三についても「三木や松村はひねくれている」と嫌った。また、大野伴睦や河野一郎に関しては「総理総裁の器ではない」と軽んじていた。

●豆知識

1 第一次岸内閣の下で実施された1958年の第28回衆議院議員選挙は、「保守合同」後に初めて行われた総選挙。投票率76.99%は、男女普通選挙となってから現在までで最高の投票率。これで誕生したのが第二次岸内閣だった。

2 後継首相に池田勇人が決定し、官邸で行われた祝賀会場の退出時、**暴漢に襲われ太ももを刺された。**

第58・59・60代総理

所得倍増

池田勇人（いけだはやと）

自由民主党

第一次内閣
1960年7月19日〜12月8日

第二次内閣
1960年12月8日〜1963年12月9日

第三次内閣
1963年12月9日〜1964年11月9日

計1575日

●組閣の経緯

岸信介（のぶすけ）首相は「後継は大野伴睦（ばんぼく）で次に河野（こうの）一郎」と約束して第二次内閣の危機を乗り切ったが、退陣後の総裁選で約束を反故にし、弟の佐藤栄作とともに池田勇人に票を回すことを決意。結果、大野、松村謙三が出馬を断念し、総裁選で石井光次郎（みつじろう）、藤山愛一郎を破った池田が組閣した。

●就任時の年齢

第一次内閣61歳、第二次61歳、第三次64歳

●退陣の理由

第一次内閣➡政局安定を図るため「経済」をテーマに早期解散。「安保」を論点とした い野党に対し先手を打つ。総選挙中、日比谷公会堂で演説中の浅沼稲次郎（いねじろう）委員長が17歳

の右翼少年山口二矢に刺殺されたことから、日本社会党が同情票で躍進。自民党は微増、民主社会党が惨敗した。第二次➡オリンピック景気下の好支持率を背景に戦略的解散。前内閣の閣僚全員を再任する異例の形で組閣された。第三次➡喉頭ガンにより東京オリンピック閉会式の翌日に退陣表明（本人には告知せず公にも「前ガン症状」と発表）。吉田茂・岸信介・佐藤栄作がそれぞれ病床の池田を訪ね、副総理・オリンピック担当大臣だった河野一郎ではなく、佐藤の後継指名を約束させた。

●キャッチフレーズ

1 ||| 「**経国済民**（国をおさめて民をすくう）」

「経済」という用語の語源で、生涯を通じて最も大事にした言葉。

2 ||| 「**寛容と忍耐**」

陽明学者安岡正篤の助言を容れ、野党との強引な対決を回避した議会運営、国民との対話を重視した「**低姿勢**」路線でスタート。

3 ||| 「**所得倍増計画**」→高度経済成長政策

「60年安保」直後だったこともあり、「**政治の季節から経済の季節へ**」一気に転換させるための「10年で国民所得を2倍にする」趣旨のキャッチフレーズ。

※年率10％前後の発展を続ける高度経済成長は、１９５５年の神武景気から始まっていた。後進地域には新産業都市建

設促進法、農業部門には農業基本法、中小企業には中小企業基本法を制定、審議会を多用して議論を尽くし「近代化」を図った。池田死後の1968年に国民所得は2倍を超え、1970年には2.5倍となった。

●生没年

1899年12月3日〜1965年8月13日（65歳没）

吉田茂の21歳下・岸信介の3歳下。佐藤栄作の2歳上（佐藤は早生まれなので実質1つ上）・前尾繁三郎の6歳上・大平正芳の11歳上・宮澤喜一の20歳上。

●出生 👉 **広島県出身**

広島県竹原市の**酒造家**に7人の末子として生まれる。長姉とは20歳も違うのでボンボン扱い。母ウメの実家も大崎上島の裕福な家だった。

●学び

尋常小学校→忠海中学校（現在の忠海高校、陸軍幼年学校は近眼と低身長で不合格）→**旧制第五高等学校**（現在の**熊本大学**）→1浪して23歳で**京都帝国大学法学部**へ

※偶然にも佐藤栄作と同じ旅館に泊まり高校受験。一高に落ちて五高に回された後、諦めきれず翌年再受験するも不合格。
佐藤の一年遅れで五校に入学した。

●キャリア

1925年、**大蔵省**入省（26歳）→北海道函館税務署長となり伯爵広沢家の直子（維新期

の長州藩士広沢真臣の孫）と結婚（28歳）↓栃木県宇都宮税務署長（30歳）↓原因不明の難病「落葉状天疱瘡」に罹患し休職（31歳）↓献身的に看病してくれた妻が狭心症で亡くなり大蔵省を退職し実家で療養生活（33歳、4～5年出世が遅れる）↓完治して新規採用の形で復職し大阪府玉造税務署長（35歳）↓実家で長らく看病にあたってくれた遠縁の満枝と再婚、熊本税務監督局直税部長（36歳）↓本省で主税局勤務（37歳）↓東京税務監督局直税部長（38歳）↓主税局経理課長（40歳）↓1941年、主税局国税課長（42歳、この昇進を生涯で最も喜んだ）↓主税局国税第一課長（43歳）↓東京財務局長（45歳、周囲も本人もここでキャリア終了と思った）↓1945年、主税局長（46歳、初の京大卒の局長「徴税の鬼」）↓1947年、第一次吉田茂内閣の石橋湛山蔵相の下で大蔵事務次官（48歳、病気で出世が遅れ公職追放から免れたこともあり抜擢）↓大蔵省を退官（49歳）↓1949年、民主自由党から出馬して衆議院議員初当選ながら第三次吉田内閣の蔵相に抜擢（50歳、「経済安定九原則」を実行）↓通商産業大臣を一時兼任（51歳、ドッジライン緩和交渉のため宮澤喜一と白洲次郎を連れ占領下の閣僚で初渡米し帰国後に「勝手に交渉するな」とマッカーサーから叱られる）↓1951年、サンフランシスコ講和会議全権委員（52歳、首席全権は吉田首相）↓1952年、通産相と経済審議庁長官を兼任（53歳、のち失言で閣僚不信任案を可決され辞任）↓1953年、自由党政調会長・首相特使として渡米し池田・ロバートソン会談（54歳、国務次官補と防衛・

経済援助について話し合う）⬇1954年、自由党幹事長（55歳、涙ながらに吉田首相へ総辞職を進言）⬇1955年、保守合同により自由民主党に参加（56歳、吉田・佐藤は当初不参加）⬇石橋内閣の蔵相（57歳）⬇第一次岸信介内閣の蔵相（58歳）⬇第二次岸内閣の無任所の国務大臣（59歳、のち警職法改正問題をめぐる政府の責任を追及し自ら辞職）⬇第二次岸改造内閣の通産相（60歳）⬇1960年、総裁選で勝利し第一次内閣組閣⬇早期解散・総選挙後に第二次内閣を組閣（61歳、所得倍増計画を閣議決定）⬇夫人同伴で渡米しケネディ大統領と首脳会談（62歳）⬇総裁選で対立候補なく再選（63歳）⬇1963年、第三次内閣を組閣（64歳）⬇1964年、総裁に三選しIMF世界銀行年次総会・東京オリンピック開催を果たし総辞職（65歳）⬇1965年、喉頭ガンにより死去（65歳）

●ライバル

1 佐藤栄作

ともに酒造家の息子で官僚派「吉田学校」。東大卒の佐藤は1954年の造船疑獄事件で在宅起訴となり、京大卒の池田が先を走る。また、佐藤の兄の岸信介は常に「反吉田」だったので基本的に池田と対立したが、最終的には後継指名を受けた。

2 大野伴睦・河野一郎

2人とも党人派だが、大野には蔵相就任時に党内をまとめてくれた恩義があり、池田は陰でも「大野」「大野君」と呼ばず「大野さん」と呼び続けた。河野も農林水産大臣・建設大臣・副総理兼オリンピック担当大臣を勤め上げ、池田内閣に大いに貢献。最後は不満をこらえ自派全員に佐藤後継を納得させ、立派な態度だった。

●**側近**

宏池会（1957年結成）

前尾繁三郎・大平正芳・鈴木善幸・宮澤喜一・小坂善太郎・金子一平らで、前尾・大平・宮澤は大蔵省の後輩で麻雀仲間。大平・鈴木・宮澤はのち首相に。派閥名は後漢の文献から陽明学者安岡正篤が命名。「広」島県出身の「池」田という意味も？ 前身は田村敏夫が開き下村治らが参加した「財政研究会」。**自民党最古の派閥**だったが2024年に解消。

●**微妙な関係の人**

大蔵省の後輩・福田赳夫は、省内で主流派エリートだったこともあり池田嫌いで有名。

●**世話になった人**

1 ≡ 池田満枝

3人の娘を生んだ後妻。つねに前向きで真剣、朗らかな笑顔で選挙区でも大人気。

2 ≡ **石橋湛山**↓財政の師

第一次吉田内閣の蔵相時代、池田が政界進出を狙っていると知り「それならば次官にしてやろう」と大蔵事務次官に抜擢。のち、池田の問題発言・失言癖を「言わんとするところは正しい。だが、そう正直に言わなくてもいいことだ」と苦笑していた。

3　吉田茂→政治の師

第三次内閣組閣時、初当選の池田を党内の反対を押し切り蔵相に抜擢。東大同期で日本工業倶楽部理事長・日清紡績会長の宮島清次郎が推すから、というのが理由。

4　ドッジ（GHQ財政顧問・デトロイト銀行頭取）

「赤鬼」と呼ばれるほど厳しい性格だが「池田という男は容易にうんとは言わないが、一度うんと言ったら必ずやる。信用のおける男だ」とマッカーサーらに話していた。

5　松永安左エ門（やすざえもん）

戦前から「電力王」「電力の鬼」と呼ばれた大実業家。蔵相・通産相を兼任する池田に九分割案を提案するなど、「経国経民」政策の御意見番となった。

6　竹鶴政孝（たけつる）

ニッカウヰスキー創業社長。寄宿舎で布団の上げ下ろしの指導を受けた中学の先輩。

●名言

1　「私はウソは申しません」（1960年、総選挙の自民党CMにて）

2 「すべて私にお任せください」「経済のことはこの池田にお任せください」（口癖）

3 「私がやるんじゃないですよ！　あなたがやるんです！　あなたならやれます！」（所得倍増について演説、常に国民の可能性を引き出す「人づくり」を重視）

●迷言

1 「貧乏人は麦を食え」（1950年、衆議院予算委員会での「所得に応じて、所得が少ない人は麦を多く食う、多い人は米を食うというような、経済の原則に沿った……」という発言を新聞がデフォルメして報道）

2 「中小企業の5人や10人自殺してもやむを得ない」（1952年、衆議院本会議での「正常な経済原則によらぬことをやっている方がおられた場合において、それが倒産して、また倒産から思い余って自殺するようなことがあっても、お気の毒でございますが、やむを得ない……」という発言を新聞が報道。日本国憲法下唯一の閣僚不信任案を可決され、通産相辞任に追い込まれる。

●エピソード

1 大蔵官僚時代、酒豪のうえ余りにも押しが強いので「圧力釜」というあだ名だった。方言丸出しでズケズケ物を言う。

※池田は不愛想で傲慢、楽観的な言動が多く、周囲から「自信過剰症」と煙たがられることも多い。しかし、人の意見を聞くの

が好きで、明るく記憶力が良く粘り強い。

2≡1963年、ケネディ大統領が暗殺された時、渡米して葬儀に参列し「これが政治家の本当の死だ。俺もできるなら短刀の一つも突き刺されて、弾丸の一発も撃ち込まれて死にたい。それが政治家池田の本望じゃないか」と語っている。

3≡死後にじつはガンだったと公表。亡くなった日は激しい雷雨となり、都内では床下浸水・土砂崩れが起こり、地下鉄銀座線・日比谷線が全線ストップとなった。

●池田勇人が始めたもの

1≡**テレビCMを利用して政策アピールした初の首相**

「本音しか言えない」というある種困ったキャラクターを逆手に取った作戦。また、ニューライト〔新感覚派〕の政治家というイメージを定着させた。結果時に、長期政権なのに不支持率が支持率を一度も上回ることのない、唯一の内閣となった。

2≡**初の女性閣僚を登用**

アメリカ人の父と日本人の母の間に生まれた**中山マサ**。「厚生大臣は中山？ マサか」という冗談もあったが、遊説先でも大人気。母子家庭への児童扶助手当支給を実現。

3≡初の「ファースト・レディ」（1961年、妻の満枝）

アメリカにおけるケネディ大統領（民主党）との首脳会談に和服で同行。鳩山一郎の妻・

薫が5年前に日ソ共同宣言締結にモスクワに渡った時は、病身の夫の付き添いにすぎなかったが、満枝はこの後、すべての外遊に同行している。

4 LT貿易（日中準政府間貿易）（1962年）

「政経分離」策で国交のなかった中華人民共和国と貿易を行う。LTとは、交渉にあたった廖承志（りょうしょうし）・高碕達之助（たかさきたつのすけ）の頭文字。

5 開放経済体制の構築→名実ともに先進国グループ入り

GATT（関税及び貿易に関する一般協定）12条国から11条国に移行（1963年）、IMF（国際通貨基金）14条国から8条国に移行（1964年）、〝先進国クラブ〟OECD（経済協力開発機構）加盟（1964年）。

6 部分的核実験停止条約（PTBT）調印（1963年）

7 アジア初のオリンピック開催（1964年）

1940年の第12回大会を日中戦争のため返上していたが、第18回夏季オリンピック・パラリンピック東京大会を開催。直前に東海道新幹線の営業も開始。開会式には夫人とともに病院から出席したが閉会式に出られる体調ではなく、翌日に退陣を表明。

● 特徴

首相就任後、ゴルフ・料亭を封印し庶民派をアピール。メガネをカジュアル調のものに替え、スーツもダブルからシングルに。また、短気でよく怒鳴るクセも直した。

●**趣味**

ゴルフとお座敷。また、全日本居合道連盟創設者&初代会長でもある。

●**好き**

1≡ライスカレー

大衆政治家アピールにもなった。自民党の派閥の会合でカレーが定番になったのは、宏池会の影響とされる。しかし、菜食主義者でそれ以外の洋食は苦手。

2≡朝風呂

●**苦手**

1≡読書と文筆

その代わり側近の前尾や大平がこれらに長けていた。

2≡演説

難解な上、味もそっけもない。しかも失言癖があるので、側近の大平と宮澤は「池田さんねえ……」と、正直なところ政治家としても過小評価していた。

3≡党対策と国会対策

池田及びそのブレーンが元大蔵官僚を中心とした官僚派だったため、党人派に比べるとかなり稚拙。しばしば重要法案が先送りとなった。

●豆知識

1≡側近の宮澤によると「ワシは頭が悪いから頼むよ」が口癖で、陸軍幼年学校、第一高等学校、東京帝国大学と**第一志望の受験にすべて失敗したが総理・総裁に。**京都帝大入学後はよく勉強し、在学中に文官高等試験合格。大臣・首相就任後も常に学び続けた。

※大蔵省では徴税のスペシャリストとして数字に異様に強かった。統計データ重視の性格で、法政大学の夜間部で財政学の講義を担当していたこともある。

2≡次女・紀子と結婚し婿となった大蔵官僚が池田行彦(ゆきひこ)。のちに政界入りし、総務庁長官・防衛庁長官・外務大臣・自民党政調会長・総務会長を歴任したが、宏池会は引き継いでいない。

※宏池会は前尾→大平→鈴木→宮澤→加藤紘一(こういち)らに引き継がれ、岸田文雄につながる。岸田は2024年1月に派閥解消を表明した。

第61・62・63代総理

佐藤A作

佐藤栄作（さとうえいさく）

自由民主党

第一次内閣
1964年11月9日〜1967年2月17日

第二次内閣
1967年2月17日〜1970年1月14日

第三次内閣
1970年1月14日〜1972年7月7日）

計2798日

●就任の経緯

直近の総裁選に敗れた佐藤栄作が、池田勇人（はやと）首相の病による退陣で後継指名を受け組閣。同世代のライバルが亡くなっていたこと、中国の文化大革命の影響で日本社会党の勢力が弱まったこと、「いざなぎ景気〔ベトナム特需〕」が起きたことなどが要因となり総裁に4選し、7年8カ月もの**超長期政権**を築いた。

※池田の「高度成長」「所得倍増」に対し「安定成長」「社会開発」を掲げたが看板倒れで、外交政策に本領を発揮した。

●就任時の年齢

第一次内閣63歳、第二次66歳、第三次69歳

●退陣の理由

長すぎて国民に飽きられたことを自覚し、総裁選の5選は狙わなかった。いわゆる〝自

民党政治〟の元祖で、当選回数による年功序列、派閥均衡の閣僚ポスト選出、政治家の世襲、官僚依存型の利権・金権政治などが続いていた。

● **キャッチフレーズ**

1 「**政界の團十郎**」

色黒で濃い顔と大きな目。十一代市川團十郎の「にらみ」からのあだ名。

2 「**待ちの政治**」

良くも悪くも積極的ではなく慎重。外交には向いている。

3 「**人事の佐藤**」「早耳の栄作」「黙々の栄作」

派閥を気にせず適材適所を考える能力に長けていた。また、分け隔てなく人と付き合うので情報通。ただし口が固く余計なことを一切喋らず新聞記者は嫌い。

● **生没年**

1901年3月27日〜75年6月3日（74歳没）

岸信介の5歳下（早生まれなので学年は4つ違い）・河野一郎の3歳下・池田勇人の2歳下。次世代である福田赳夫の4歳上・田中角栄の17歳上。

● **出生** ☞ **山口県出身**

山口県熊毛郡田布施町で、**酒造業**を営む佐藤家の三男（三男七女）に生まれる。長兄は佐藤市郎（のち海軍中将）、次兄は岸信介（のち首相）。

●学び

山口中学（現在の山口大学）➡第五高等学校（現在の熊本大学）➡東京帝国大学法科大学独法科卒業（23歳、在学中に文官高等試験〔高文〕合格）

●キャリア

1924年、鉄道省に入省（23歳、福岡県門司鉄道局に配属）➡従妹の寛子と結婚し佐藤家本家を継ぐ（25歳）➡鉄道省在外研究員として欧米に派遣（33歳）➡帰国して本省の鉄道局業務課（35歳）➡監督局鉄道課長（37歳、華中鉄路公司創設のため上海へ）➡帰国し地下鉄紛争を処理（38歳）➡監督局総務課長（39歳）➡1941年、監督局長のち監理局長（40歳）➡運輸通信省自動車局長（42歳、鉄道省・逓信省を合併）➡大阪鉄道局長（43歳）➡1945年、病で危篤となり疎開するが回復し帰阪（44歳、兄の岸信介が〝A級戦犯〟容疑者として逮捕）➡運輸省鉄道総局長官（45歳、運輸省と逓信院に分裂）➡運輸事務次官（46歳）➡1948年、退官し吉田茂の民主自由党入党（47歳、無議席のまま第二次吉田内閣の官房長官で初入閣）➡1949年、衆議院議員に初当選し民主自由党政調会長（48歳）➡自由党幹事長（49歳、民主自由党が改組）➡第三次吉田内閣の郵政大臣兼電気通信大臣（50歳）➡第四次吉田内閣の建設大臣兼北海道開発庁長官（51歳）➡第五次吉田内閣で自由党幹事長（52歳）

↓1954年、造船疑獄事件で犬養健法相が指揮権を発動し検察庁の逮捕請求を免れるが政治資金規正法違反で起訴（53歳、幹事長を辞任）↓1955年、保守合同により成立した自由民主党に不参加（54歳、吉田とともに無所属）↓国際連合加盟の恩赦で政治資金規正法違反免訴（55歳）↓自民党に入党（56歳、年末に前任者急逝のため第一次岸信介内閣で総務会長）↓第二次岸内閣で大蔵大臣（57歳）↓第二次池田勇人内閣で通商産業大臣（60歳）↓通産相を辞任し欧米視察旅行（61歳）↓北海道開発庁長官兼科学技術庁長官（62歳）↓1964年、自民党総裁選に出馬し敗れるが病となった池田に後継指名され第一次内閣組閣（63歳）↓1965年、日韓基本条約調印（64歳）↓東京都議会など一連の政界汚職「黒い霧」事件が問題化し衆議院解散（65歳）↓1967年、第二次内閣組閣（66歳）↓1968年、小笠原諸島返還（67歳、一時外相を兼任）↓1969年、前年から続く大学紛争激化（68歳、東大安田講堂事件）↓1970年、第三次内閣組閣、日米新安保条約自動延長（70年安保）（69歳、大阪万博開催）↓1971年、環境庁発足（70歳、同年に訪中発表とドルショックという2つのニクソン＝ショックが起こりアメリカに軽視される）↓1972年、初の冬季札幌オリンピック開催・連合赤軍あさま山荘事件・沖縄返還（71歳、同年に総辞職）↓1974年、ノーベル平和賞受賞（73歳）↓1975年、病で亡くなり国民葬（74歳）

●ライバル

1 ≡ 池田勇人

一高と五高を同時受験した時、同じ旅館に宿泊していたことで知り合う。2人とも五高のみ合格するが、池田は翌年一高を再受験し失敗したので年下の佐藤が一学年上となり、高校時代はほとんど口をきいていない。同じ「吉田学校」ながら、1955年の保守合同時に吉田と行動を共にした佐藤としなかった池田、という差もある。

2 ≡ 大野伴睦（ばんぼく）・河野一郎ら党人派

官僚派の岸・佐藤兄弟は目の敵にされた。

●微妙な関係の人

岸信介（兄）

佐藤の師・吉田茂の宿敵が鳩山のち岸。兄弟は同じ選挙区で競うライバルで、中選挙区制で2人とも当選するが、1度を除き弟が勝っている。また結婚前、妻の寛子は同じ従兄でも岸のほうに憧れていたという、いろいろ複雑な関係。

※とはいえ、高校・大学・文官高等試験を受験する弟の面倒を見たのは兄の岸で、巣鴨プリズン（拘置所）から出てきた兄の面倒を見て政治家に誘導したのは弟の佐藤。

●世話になった人

1 松岡洋右

妻の伯父。国際連盟脱退時の日本代表でのち外務大臣。各所に推薦してくれた。

2 吉田茂

佐藤は「吉田学校の優等生」（池田は「転校生」）。特に自由党幹事長時代、造船疑獄事件で犬養法相に指揮権を発動させ救ってくれたことは大きい。ただ、常に言うことを聞いていたわけではない（そもそも兄が反吉田の岸なので……）。

●側近

周山会（もと木曜研究会）の佐藤派五奉行と岸派の福田赳夫

五奉行は田中角栄、保利茂、橋本登美三郎、愛知揆一、松野頼三。のち田中は木曜クラブを率い派閥を乗っ取る。残った保利グループは福田派の清和会に吸収。

●名言

1 「私は沖縄の祖国復帰が実現しない限り、我が国にとって戦後が終わっていないことをよく承知している」（1965年、戦後の首相として初めて沖縄を訪問して）

2 「僕は直接国民と話がしたいんだ。偏向的な新聞は大嫌いだ！　新聞記者のいるところで話したくない。帰ってください」（退陣表明のための記者会見は無人でTVカメラに映

る異様な会見に）

3 「佐藤は運のいい奴だと言われるがその通りだ」（1974年、ノーベル平和賞授賞式後に）

●エピソード

「（大野伴睦は）伴ちゃんと呼ばれて親しまれていた。私も栄ちゃんと呼ばれたい」と言ったことがある。しかし、吉本芸人で参議院議員の横山ノック（山田勇）が予算委員会で話題に出すと「場所をわきまえて」と不機嫌になり定着しなかった。

●佐藤栄作が始めたもの

1 ケネディ大統領を真似て自らのブレーン集団を組織（「Sオペレーション」と命名）

2 敬老の日・体育の日・建国記念の日を祝日に追加

3 アジア初のノーベル平和賞受賞

1967年に衆議院予算委員会で非核三原則「もたず・つくらず・もち込ませず」を提唱、のち両議院で賛成され国是となる。また、1970年に核拡散防止条約（NPT）に調印したことも評価された。しかし、ニクソン大統領との密約で有事の際の沖縄への核持ち込みを容認していた事実が、のちに明らかとなっている。

●**特徴**

癇癪（かんしゃく）持ち

ギョロ目になり、机をバンバン叩き怒鳴る。妻や長男がそれを普通に暴露するので、アメリカの雑誌に「ワイフ・ビーター（妻をぶっ夫）」と書かれたこともある。

●**趣味**

1 **トランプ**

対戦もするが、独りでトランプ占いをするのも好き。常に食卓に置いてあるほど。

2 **日記（『佐藤栄作日記』）**

1952〜75年まで丹念に書き続けた。死後出版され、**戦後史の貴重な史料**。

●**好き**

妻の寛子。身内と行くゴルフと釣り。

●**嫌い**

河野一郎ら党人派とマスコミ。

●**豆知識**

俳優・佐藤B作の本名は佐藤俊夫である。

第64・65代総理

角さん

田中角栄（たなかかくえい）

自由民主党

第一次内閣

1972年7月7日〜12月22日

第二次内閣

1972年12月22日〜1974年12月9日

計886日

●組閣の経緯

7年8カ月にわたる佐藤栄作内閣の長期政権、官僚主導の「待ちの政治」に飽きた人心の変化待望ムードの中、「三角大福（中）」の後継争いとなった。三木武夫・中曽根康弘の協力を得たこともあり、総裁選で福田赳夫・大平正芳に圧勝した田中角栄が組閣。日本列島改造・日中国交正常化を二大公約に、54歳の首相が誕生した。

●就任時の年齢

第一次内閣54歳、第二次54歳

●退陣の理由

第一次内閣➡角栄ブームに乗って衆議院を解散するが、物価高騰もあり結果は芳しくなかった。第二次➡金脈問題・愛人問題と自身の体調悪化により退陣。

●キャッチフレーズ

1 「今太閤（いまたいこう）」
足軽から天下人になった豊臣秀吉になぞらえた。「人たらし」ぶりも酷似。

2 「コンピュータつきブルドーザー」
合理性と泥臭い実行力を兼ね備え、合理的な官僚たちに共鳴された。

3 「庶民宰相」「角さん」
明るく気配りができるので大人気。ダミ声の演説もオチが途切れなくて上手。

4 「金権政治」
金配りもできるので政界では大人気だが、不況時には国民から不満の的となった。

5 「決断と実行（の政治）」
首相就任時のスローガン。

●生没年

1918年5月4日～93年12月16日（75歳没）
福田赳夫の13歳下、三木武夫の11歳下、二階堂進（すすむ）の9歳下、大平正芳の8歳下、後藤田正晴・金丸信（かねまるしん）の4歳下。中曽根康弘と同い年（同月生まれ）。竹下登の6歳上。

●出生 ☞ 新潟県出身

自ら「裏日本」と称する日本海側の北陸地方、新潟県刈羽郡二田村（現在の柏崎市）で農家の次男に生まれる。兄が早くに亡くなり嫡男扱いだった。姉2人と妹4人がいる。祖父は腕利きの宮大工、父は牛馬商も営みそこそこの農家だったが、祖父が米相場で大穴を空け、父が鯉の養殖や種牛の輸入に巨費を投じて失敗、田中が6歳ごろから極貧となった。田中の金への執着と金離れの良さは、祖父・父の影響が多分にある。

※少年時代は吃音に悩んでいたが、浪花節を稽古することで徐々に克服していった。

●学び

高等小学校卒業後に地元の柏崎土木派遣所で働く↓16歳で上京し井上工業東京支店のち高砂商会に住み込みで働きながら神田の中央工学校夜間部のち昼間部（現在は東京都北区にある専門学校）に通う↓18歳で卒業

●キャリア

1937年、中村勇吉建築事務所から独立して「共栄建築事務所」設立（19歳）↓徴兵検査で甲種合格（20歳）↓盛岡騎兵第三旅団第二四連隊第一中隊入隊（21歳、陸軍の騎兵隊として満洲へ）↓肺炎と胸膜炎を併発し現地の野戦病院を転々（22歳）、1941年、内地送還後大阪日赤病院のち仙台陸軍病院に入院↓除隊され帰郷↓上京し飯田橋に「田中建築事務所」設立（23歳）↓8歳上で前夫との間の娘を連れた坂本はなと結婚し長男が生まれる（24歳、娘は養女とするが長男は4歳で夭逝）↓妻の実家で閉鎖状態だった坂本組を引き継ぎ「田中土建工業」株式会社設立（25歳、受注した仕事の多くは理研コンツェルンと軍需関連）↓長女の眞紀子生まれる（26歳）↓1945年、朝鮮で理研工場建設中に敗戦↓海防艦で引き揚げ青森港に入港後上京（27歳、東京の自宅や会社は空襲の被害なしという幸運）↓1946年、戦後初の衆議院議員選挙に立候補して落選（28歳、日本進歩党）↓1947年、衆議院議員に初当選（29歳、民主党に属すが幣原喜重郎元首相らと脱党し民主自由党へ）↓1948年、第二次吉田茂内閣の法務政務次官・選挙部長↓炭鉱国家管理法案疑獄事件（炭管疑獄）で逮捕（30歳）↓総選挙に獄中から立候補し再選（31歳）↓炭管疑獄が一審で有罪判決（32歳、長岡鉄道社長に）↓炭管疑獄が二審で無罪確定（33歳↓母校の中央工学校校長（35歳）↓1955年、保守合同・自由民主党結党に参加（37歳）↓1957年、第一次岸信介内閣の郵政大臣として初入閣（39歳、戦後初の30代大臣）↓自民党副幹事長（41歳）↓長岡鉄道・中越自動車・栃尾電鉄が合併し越後交通となる（42歳、社長に）↓第一次池田勇人内閣で自民党政調会長（43歳）↓第二次池田内閣で大蔵大臣（44歳、第三次内閣でも蔵相留任）↓第一次佐藤栄作内閣で蔵相（46歳）↓自民党幹事長（47歳）↓幹事長辞任（48歳）↓1968年、自民党都市政策調査会長として「都市政策大綱」を発表（50歳、同年に幹事長復帰）↓1971年、第三次佐藤内閣の通商産業大臣（53歳、日米繊維交渉をまとめる）↓1972年、佐藤派から田中派（木曜クラブ）が分離独立↓『日本列島改造論』刊行↓総裁選で圧勝して第一次内閣組閣↓日中共同声明で日中国交正常化↓衆議院議員選挙で微減&日本共産党が躍進↓第二次内閣を組閣（54歳）↓1973年、小選挙区制導入に失敗後「金権選挙」と呼ばれた参議院議員選挙で大敗（55歳）↓1974年、金脈問題を引き金に総辞職（56歳、月刊『文藝春秋』の記事が発端となり外国人記者クラブ昼食会で追及される）↓1976年、アメリカ議会でロッキード事件発覚↓受託収賄罪と外国為替・外国貿易管理法違反容疑で逮捕↓自民党を離党し無所属に↓保釈↓任期満了に伴う衆議院議員選挙でトップ当選するが三木武夫内閣の自民党は大敗（58歳）↓1978年、第一次大平正芳内閣発足（60歳、「大角連合」で福田赳夫を破り「角影内閣」と呼ばれる）↓衆議院議員選挙でトップ当選するが自民党は大敗（61歳）↓1980年、衆議院総選挙でトップ当選し自民党も初の衆参同日選挙に圧勝（62歳、選挙中に大平が急死し鈴木善幸内閣組閣）↓1982年、第一次中曽根康弘内閣組閣（63歳、「田中曽根内閣」と呼ばれる）↓1983年、東京地裁でロッキード一審判決が出て懲役四年・追徴金五億円の実刑↓控訴↓衆議院議員選挙でトップ当選するが自民党は不調（65歳）↓1984年、中曽根に対抗し前首相の鈴木らが幹事長・二階堂進の擁立を図るが失敗（66歳、「趣味は田中角栄」と言うほど側近中の側近だった二階堂の勝手な行動に激怒）↓1985年、側近の竹下登・金丸信らが勉強会「創政会」発足（67歳、激怒しつつ「同心円で行こう」と妥協するが脳梗塞に倒れ入院）↓衆議院議員選挙でトップ当選（68歳）↓1987年、創政会が「**経世会**（竹下派）」に発展↓ロッキード事件二審判決・控訴棄却↓上告↓竹下登内閣発足（69歳）↓次回総選挙不出馬を発表（71歳）↓1990年、衆議院解散となり**政界を引退**（72歳）↓1992年、日中国交回復20周年で中国訪問（74歳、経世会から羽田・小沢派が分裂し自民党を脱党し新生党結成へ）↓**1993年**、金丸信が脱税容疑で逮捕↓非自民・非共産8党派連立の細川護熙内閣が発足し自民党が下野↓死去（75歳、**ロッキード裁判は控訴棄却・審理打ち切り**）

●追加知識

ロッキード事件後は自民党を離党・無所属のまま「（目白の）**闇将軍**」「**キングメーカー**」と呼ばれ、大平・鈴木・中曽根の歴代内閣に大きな影響力を持った。

※ロッキード事件は、新型旅客機の日本売り込みのためにアメリカの航空会社ロッキード社が、財界人・政府高官に大金を握らせたという疑獄事件（贈収賄事件）。

●ライバル

福田赳夫

「角福戦争」と呼ばれた。第二次内閣時、頼みにしていた愛知揆一蔵相が急逝し、第一次石油危機後の財政を「安定成長」「需要抑制」型の福田蔵相に任せたのは痛恨。

●**仲間**

大平正芳

「大角連合」と呼ばれた。大平は池田の側近、田中は佐藤の側近だが仲良しで、大平が首相になれたのは田中のおかげ。また、田中が第二次池田内閣の蔵相になれたのは大平のおかげ。池田首相は「車夫馬丁の類には大蔵大臣は務まらん」と学歴のない田中の登用に難色を示したが、大平が説得した。

※1964年、病気で長男を失い意気消沈する大平に付き添い、ともに涙を流したのが自身も長男を亡くしていた田中だった。また、衆参同日選挙の最中に倒れた大平が死の床で会いたがったのは田中(間に合わなかったが……)。

●**側近**

1＝**田中派〔木曜クラブ〕**の面々

二階堂進、**後藤田正晴**、**金丸信**、**竹下登**、梶山静六、渡部恒三、**羽田孜**、**小沢一郎**ら「**田中軍団**」。

2＝地元後援会「**越山会**」の面々

「越山」は、田中が初当選以来使っていた雅号で「越後の山」という意味。

3 ||| 秘書軍団

目白の自宅事務所、永田町の田中事務所、柏崎の選挙事務所に「江戸家老」山田泰司(たいじ)、「越山会の女王」佐藤昭(あき)、「国家老」本間幸一がいる。最古参の秘書は曳田照治(ひきたてるじ)。他に、スポークスマン的存在の早坂茂三(しげぞう)が有名。

● 世話になった人

1 ||| 大河内正敏(まさとし)

新興財閥理研コンツェルンの総帥で理化学研究所所長。田中は16歳の時、大河内邸に住み込み書生のはずで上京したが、話が通っておらず、対応に出た女中に追い払われている。のち19歳で独立して共栄建築事務所を立ち上げた際、知己を得て仕事を斡旋してもらい、一生恩義に感じていた。

2 ||| 岡田正平

新潟県知事。若手議員時代、田中は「処世訓と人生哲学」および人脈を授かった。

3 ||| 吉田茂

田中は民主党から移った「吉田学校」の下級生として集金マシーンとなり、吉田から「刑務所の塀の上を歩いている」と微妙な評価をされた。

4 ||| 佐藤栄作

佐藤派の集金マシーンとしても活躍したが、後継を福田と考えていることを察した田中は、81人を率いて周山会（佐藤派）を離脱、田中派（木曜クラブ）を結成した。

●世話をした人

1 秘書の佐藤昭（のち昭子）
「越山会の女王」と呼ばれる金庫番的な秘書で愛人。1人の娘（あつ子）を育てた。

2 神楽坂の芸者・辻和子
愛人。2人の息子を育てた。

3 地元の選挙民
利益誘導のみならず就職や結婚を斡旋。また、どんな地位にいても、どんなに忙しくとも、地元からの陳情団や邸宅に訪れる「目白詣（もう）で」の人々には欠かさず会った。

●一族

1 田中眞紀子（8歳年上の正妻はなの娘）
早稲田大学商学部卒業後、アメリカに留学経験あり。のち衆議院議員で、科学技術庁長官・外相・文相を歴任。角栄は「マコスケ」と呼び可愛がった。最近露出多め。
※角栄が倒れた後、長年仕えていた秘書たちや記者、神楽坂の「もう一つの家族」など関係者たちに絶縁を通告している。

2 田中直紀（旧姓は鈴木、眞紀子の夫）

慶應義塾大学法学部卒業後、日本鋼管（現在のJFEスチール）に入社。田中眞紀子と結婚し、田中家の婿となる。のち衆議院議員・参議院議員で、防衛大臣経験あり。

3 ≡ 田中雄一郎（孫）

慶應義塾大学経済学部在学中に公認会計士試験に合格。公認会計士・税理士・実業家として生き、政治家にはなっていない。

●名言

1 ≡「よっしゃよっしゃ」（右手を軽く挙げるポーズとともに有名な口癖）

2 ≡「メシは食ったか？」（「政治は生活」が信条である田中の定番挨拶）

3 ≡「政治は数であり、数は力、力は金だ」（「金権政治」そのもの）

4 ≡「人を叱るときはサシでやれ。褒めるときは大勢の前でやることだ」

5 ≡「一家の中には様々な奴がいて、共産党に入る奴も一人くらいはいる」（人を敵・味方に峻別しすぎず、中間地帯を設定するのが上手かった。戦う時には徹底的に戦うがトドメは刺さず恩を売り、決定的な敵を作らない）

6 ≡「君には負ける、また会おう」「いまから来ないか、飲もう」（すぐ仲直り）

7 ≡「私が田中角栄だ。小学校高等科卒である。諸君は日本中の秀才代表であり、財政金融の専門家ぞろいだ。私は素人だが、トゲの多い門松を沢山くぐってきて、いささか仕事のコツを知っている。できることはやる。できないことはやらない。しかし、すべての責任はこの田中角栄が負う。以上」（蔵相就任時の官僚に対する訓示）

8 「……と、ここまでが役人の作文。ここからが、私の本当に言いたいことなんであります！」（スピーチや演説の定番）

9 「キミ、えーと、名前は……」相手が名乗ると大声で「違う！ それは知っとる。下の名前のほうだ」（名前を忘れた時に相手を傷つけないように気遣う）

●エピソード

1 東京都文京区目白台に建てた邸宅「**目白御殿**」は、かつて二田村の領主だった越後椎谷藩堀家の大名屋敷跡。２０２４年火災で全焼した。

2 １９７４年、**月刊『文藝春秋』**誌上で金銭・女性スキャンダルを暴露され失脚。

※**立花隆『田中角栄研究―その金脈と人脈―』**、**児玉隆也『淋しき越山会の女王』**の2レポート。田中としては、身内にも知られていなかった佐藤との関係が明るみとなり、佐藤が娘の眞紀子により目白御殿出入り禁止となった後者の衝撃のほうが大きい。

3 １９８１年、見舞いに行った鳥取の病院での約束を守り石破二朗（もと鳥取県知事・参議院議員・自治大臣・国家公安委員会委員長）の葬儀委員長を務める。

※息子の石破茂はのち田中派の事務局に勤務、衆議院議員選挙に出馬して当選した。

●田中角栄が始めたもの

1 大学紛争の鎮火（1969年、大学の運営に関する時措置法〔大管法〕）

自民党幹事長時代、このままでは日本の教育が立ち行かなくなると危惧した。

2 **日中国交正常化**（1972年、日中共同声明）

北京を訪問し、周恩来首相や毛沢東主席と会談。土産は**パンダ2頭**（ランラン&カンカン）。尖閣諸島については中国側から棚上げを言い出し、日本が反論しないことで済まされた。また、日中国交正常化においては公明党の根回しがあった。

3 初の現職アメリカ大統領来日（1974年）

ウォーターゲート事件で辞任した共和党のニクソンから替わった、フォード大統領。

●特徴

1 「戦後民主主義の申し子」

家柄にも学歴にも恵まれないスタートから、ジャパニーズ＝ドリームの体現者となる。数と金の力で位人臣を極めた。

2 初出馬の際は「若き血の叫び」がスローガン

「三国峠を切り崩して関東に季節風が通り抜けるようにすれば、新潟の豪雪問題は解決するし、しかも切り崩した土で佐渡島を陸続きにする」と大言壮語した。

3 ≡ 官僚派とは程遠いたたき上げだが党人派でもない
河野（こうの）一郎や三木武夫のような党人派が官僚と対決姿勢をとり嫌われたのとは逆に、官僚たちを大事にして協調に努め好かれた。特に大蔵省・建設省・郵政省には強い。

4 ≡ ロヒゲ
若さで舐められないためもあったか？　首相になると剃っている。

5 ≡「角栄節」と呼ばれる演説では「ま、この〜」が口癖。

6 ≡ 暑がりなので寒い季節でも扇子（せんす）を使用

7 ≡ 背広に靴下を履いたまま下駄履きで「目白御殿」の鯉にエサをやる

8 ≡ アメリカ相手の自己主張
日中国交正常化だけでなく、中東政策でアラブ寄りの姿勢をとり、インドネシアなどの資源自主外交を行い「アメリカの虎の尾を踏んだ」と言われた。

● **好き**

1 ≡ オールドパー（高級スコッチウイスキー）

2 ≡ 鮭の頭と大根の煮物・豆腐の味噌汁

3 ≡ すき焼き（料亭では勝手に味付けして焼いて食べた）

4 ≡ 映画（特にロマンチックな洋画）

●得意

1 ‖ 議員立法

首都建設法、建築士法、積雪寒冷単作地帯振興臨時措置法、道路三法（道路法・ガソリン税法・有料道路法）、豪雪法など、生涯33本成立させた。

2 ‖ 建築・数学

建築士法を自ら立法。国家試験を受けず一級建築士となった（改正前の附則による）。

3 ‖ 幹事長

「総理は一回やれば十分だが、幹事長は何回やってもいい」と周囲に漏らしたほど。

●著書

上京以前に小説家を目指し、懸賞小説に応募したこともある。

1 ‖ 『日本列島改造論』（1972年、日刊工業新聞社）

通産相時代に刊行し、91万部を超える大ベストセラーとなり総裁候補として大きなアピールとなった。

※党内に都市政策調査会を設置して「都市政策大綱」を作成し、それを「日本列島改造計画」へと発展させた。これは、全国の農村地帯に工業基地を映して大規模な都市化を進め、都市に集中していた富を地方へ環流させようとする（＝過密・過疎問題の同時解決を目指す）政策。全国を一日行動圏とするため、新幹線・高速自動車道・航空路線など、高速交通ネット

ワークづくりも大きな骨子となっていた。

※これらの政策が具体化する前に、企業による激しい土地投機を生み、積極財政と合わせて1972年に景気高揚「列島改造ブーム」を引き起こす。しかし、翌73年の第一次石油ショックもあり、地価の高騰と「狂乱物価」と呼ばれる激しいインフレ（物価高）を巻き起こす結果となり、内閣支持率を一気に低下させてしまう。また、日本各地の里山・田園風景に乱開発の爪痕を残すこととなった。

2 『わたくしの少年時代』（1973年、講談社）

幹事長時代の日本経済新聞の連載『私の履歴書』（1966年）を、子ども向けに書き換えた。大好きな母フメの話もたくさん。

●**豆知識**

1 大人気なので関連書物が多数出版されており、ありすぎて書ききれないほど。

2 田中は気の強い娘の眞紀子を「目白の軍鶏（シャモ）」と形容してたが、「目白御殿」焼失直前には「線香をあげていた」とのこと。

第66代総理

クリーン三木

三木武夫（みきたけお）

自由民主党

1974年12月9日～
1976年12月24日
747日

● 組閣の経緯

金脈・人脈が批判され退陣に追い込まれた第二次田中角栄内閣・自由民主党のダークなイメージを払拭するため、クリーンなイメージと党の近代化・政治倫理確立に積極的な姿勢を買われ、少数派閥の長にもかかわらず三木武夫が組閣。

※閣僚人事も党内人事も主導権を握れず、組閣時に掲げた「政治資金規正法の改正」「公職選挙法の改正」「自民党総裁選に全党員の予備選挙導入」「独占禁止法の改正」などの課題は、党内からの激しい抵抗に直面した。しかし、1976年の「ロッキード事件」発覚は三木の立場を一気に強くし、疑惑の徹底究明により大衆を味方につけ政治浄化を実現しようと、意欲を燃やした。

● 就任時の年齢

67歳

●**退陣の理由**

身内にも容赦なくロッキード事件の徹底究明を図るが、田中前首相逮捕を契機に自民党議員たちによる倒閣運動「**三木おろし**」が強くなり、河野洋平（一郎の子・太郎の父）ら若手6名は**新自由クラブ**を結成し離党。幹事長を務める中曽根の派閥以外にほぼ味方がいない状態で、**戦後初の任期満了による総選挙**に大敗。**自民党結党以来初の衆議院過半数割れ**で「**保革伯仲**」状態を招いた責任を取り、総辞職した。

●**生没年**

1907年3月17日〜88年11月14日（81歳没）

福田赳夫の2歳下。大平正芳の3歳上、田中角栄・中曽根康弘の11歳上。

●**キャッチフレーズ**

1 「クリーン三木」

清廉潔白が売り。総選挙時のスローガンは終生一貫して「金権政治の打破」「政党政治の浄化」。派閥の長であるにもかかわらず、金による裏工作は（ないわけではないが）極端に少なかった。三木派は、金や情実より政策で同志を集めた精鋭といえる。

※しかし、叩けば埃が出まくる自民党内にあっては風紀委員どころか「獅子身中の虫」扱い。以前から入閣しても政権とかけ離れた持論を声高に主張する面倒な存在で、第二次岸内閣では警職法改正案に反対し経済企画庁・科学技術庁長官を辞

任。第二次佐藤内閣でも沖縄返還方針をめぐり外相を辞任、さらに首相退陣を要求し「男は一度勝負する」と三選を阻止すべく総裁選に出馬。四選の総裁選にも立候補、全国を遊説し「男は勝つまで何度でも勝負する」と「信念の政治家」として顔を売り「党内野党」的な大衆人気を得た。第二次田中内閣でも党の体質改善を求めて副総理を辞職している。

2 「議会の子」

30歳と遅い大学卒業と同時に議員に当選、亡くなるまで当選し続けたので、企業や役所など「組織」に勤めたことが一切ない。理想の追求こそが政治家の仕事であると説き続け、座右の銘は「信なくば立たず」「志あらば道あり」。

3 「バルカン政治家」

第一次世界大戦前の「ヨーロッパの火薬庫」バルカン半島を模してのあだ名。もと小党の党首として、のち自民党内小派閥の長として、大政党・大派閥の対立の間で状況に応じてしたたかに立ち回ったことから揶揄されたが、三木はこの異名を誇っていた。

●出生 徳島県出身

徳島県阿波市土成町(どなりちょう)で、肥料商も営む農家の一人っ子に生まれる。小学生時から「総理大臣になる」と宣言、家の前に積んだ俵の上で演説の真似事をしていたらしい。小学校の「話し方大会」で活躍、徳島商業学校→中外商業学校→明治大学でも弁論部に所属して政治家になったという、稀に見るジャイロスコープ(羅針盤)型人間。

●**学び**

小学校卒業後、一年遅れで徳島県立商業学校（現在の徳島商業高校）入学（13歳）↓一年留年後の四年時に全学ストライキを主導して退学し兵庫県の私立中外商業学校（現在の尼崎北高校）に編入（18歳）↓卒業後に旧制高校を受験するも不合格で明治大学専門部（＝短大）商科に入学（19歳、在学中は雄弁部キャプテンとして各地で演説会を行う）↓明治大学専門部商科を卒業し法学部に入学（22歳）↓１９３０年、ハワイやアメリカ本土で講演旅行↓ヨーロッパ各地見学旅行ののち中国を経て帰国し復学（23歳）↓働きながら南カリフォルニア大学のちアメリカン大学へ留学（25歳から4年間）↓帰国して復学（29歳）↓明治大学法学部卒業（30歳）

●**キャリア**

１９３７年、卒業と同時に衆議院議員選挙に立候補し当選（30歳、全国最年少）↓１９４２年、〝翼賛選挙〟に非推薦・無所属で当選（35歳）↓軍需省参与官（38歳、議員から勅任）↓１９４６年、戦後初の総選挙に無所属で当選し協同民主党（のち国民協同党に発展）結成に加わる（39歳、左派でも右派でもない中道の「協同組合主義」を掲げる）↓１９４７年、国民協同党書記長のち委員長として日本社会党の片山哲三党連立内閣の逓信大臣で初入閣（40歳）↓１９４８年、民主党の芦田均三党連立内閣総辞職（41歳、マッカーサーから首相就任を打診されるが断る）↓民主党野党派（連立派は吉田茂の民主自由党に合流）と国民民主党を結党し最高委員の一人に（43歳、最高委員長は苫米地義三）↓長期渡米後に国民民主党幹事長（44歳）↓1952年、自由党に対抗して改進党を結成し幹事長に（45歳、総裁は重光葵）↓改進党幹事長退任（46歳）↓1954年、自由党を割って出た鳩山一郎の日本民主党に合流（47歳、重光が副総裁）↓1955年、第一次・第二次鳩山内閣の運輸大臣（48歳、この後自由党との「保守合同」により自由民主党成立、三木は保守合同に反対するも結局自民党入りし三木派を形成）↓石橋湛山内閣で自民党幹事長（49歳）↓第一次岸内閣で幹事長に留任（50歳、のち政調会長）↓第二次岸内閣の経済企画庁・科学技術庁長官（51歳、警職法改正案に反対し辞任）↓第二次池田勇人内閣の科学技術庁長官・原子力委員長（54歳）↓政調会長（56歳）↓第三次池田内閣で幹事長（57歳）↓1965年、第一次佐藤栄作内閣の通商産業大臣（58歳、翌年外務大臣に）↓外相を辞任して総裁選に出馬し敗れる（61歳）↓再び総裁選に出馬し敗れる（63歳）↓三たび総裁選に出馬して敗れ第一次・第二次田中角栄内閣の副総理・無任所の国務大臣に（65歳、のち環境庁長官）↓1974年、副総理・環境庁長官を辞任し「椎名裁定」で内閣組閣（67歳）↓1976年、戦後初の任期満了に伴う総選挙で歴史的大敗を喫し総辞職（69歳）↓1980年、三木派が解散し河本敏夫の河本派へ（73歳、自民党最高顧問に）↓1988年、病死（81歳）

●追加知識

19回連続、51年間衆議院議員を務め、50周年の1987年に永年在職議員の特別表彰を受け、**国会議事堂に胸像が飾られる**。三木の他には25回連続、63年間在職の世界記録保持者である「憲政の神様」尾崎行雄のみ。

●名言

1「私は今まで心境を語ってきたが、今や決意を語る時が来た。私は行く。私は何ものも恐れない。ただ、**大衆のみを恐れる**」（1970年、総裁選出馬表明にて）

2「**青天の霹靂**(へきれき)の心境だ」（椎名悦三郎(えつさぶろう)副総裁にライバルの福田・大平・中曽根とともに招かれ話し合い、「**椎名裁定**」で総裁に指名されて。福田・大平という二大派閥の長が総理・総裁となれば、ただでさえ田中の金脈・人脈問題で揺れている自民党分裂の危機が起きると考えられ、大番狂わせが起きた）

●ライバル

「**三角大福**（中）」と呼ばれた田中角栄、大平正芳、福田赳夫、中曽根康弘。

※1974年の参議院議員選挙で、現職の三木派議員がいる地元の徳島県に、田中首相が官房副長官後藤田正晴(ごとうだまさはる)を公認候補として押し込んだことに三木が猛反発。以後もこの「阿波戦争」を中心に、金権選挙を展開する田中派と鋭く対立した。

●微妙な関係の人

椎名悦三郎副総裁。後継総裁に指名してくれた割に、独占禁止法改正やロッキード事件の処理に反対、「三木おろし」にも積極的に参加。「少しははしゃぎすぎだ」「惻隠の情がない」「私は産みの親だが、育てると言ったことはない」と手の平返しの態度。

●世話になった人

1 結城豊太郎（日本銀行総裁・蔵相）

中外商業学校在学時、近畿中等学校弁論大会で優勝して理事長だった結城の目に留まる。1937年、三木が林銑十郎内閣の「食い逃げ解散」で初めて総選挙に出馬する際、蔵相だった結城が後見人となった。のち結婚時の仲人も務めてくれた大恩人。

2 森矗昶（新興財閥の森コンツェルン総帥）

妻・睦子の父。もと衆議院議員で、のち疑獄事件を起こす昭和電工の創業者（本人は亡くなっており森家はほぼノータッチ）。

3 石田博英

早稲田大学の学生時代、初出馬した三木を自転車に乗せ応援。戦後、石橋湛山の側近となり、後に石田派を率いたが三木派に合流。閣僚を歴任した有力政治家。

●弟子

海部俊樹。三木の死の翌年、弱小派閥出身ながら首相となった。

●友人

政治学者の丸山真男。引っ越した郊外の自宅が近く、互いに訪ね長時間語り合った。

●エピソード

1≡当時の被選挙権ギリギリ30歳の無所属で初出馬した時、東京―ロンドン間を飛び平均時速の世界記録を達成した神風号になぞらえ「神風候補」ともてはやされた。

2≡当選後は、日中戦争下で高まる対米開戦論に対抗し、枢密顧問官の金子堅太郎を会長に「日米同志会」を結成し、専務理事に就任して対米協調運動を繰り広げた。

3≡1948年、民主党の芦田均三党連立「中道内閣」(民主党・日本社会党・国民協同党)退陣後、**41歳でマッカーサーから首相就任の打診を受けたが断る**。「憲政の常道」にのっとり多数党から首相が出るべき、との持論があり、いくら連立とはいえ三党内最弱政党の自分が就任するわけにはいかない、と判断した。

4≡吉田茂の親米外交を批判、鳩山一郎の自主外交に賛同し、ソ連・中華人民共和国との国交回復や、南北問題の橋渡しとしてアジアにおける国際協力・援助を進めることを熱心に提唱した、自民党屈指のハト派(穏健派)。

5 1975年、日本武道館で行われた佐藤元首相の国民葬に首相として出席した際、玄関で国家主義団体構成員に顔面を2発殴られ、眼鏡が飛んだ映像が放送される。

●**三木武夫が始めたもの**

1 初のサミット参加

1975年、フランスのランブイエで第一回サミット〔主要国首脳会議〕。

2 「防衛計画の大綱（たいこう）」決定。

防衛費をGNP〔国民総生産〕1%枠内に留める。

●**得意・趣味**

政治一筋で弁論が得意。趣味はなかったが40代後半から油絵を始めた。

●**苦手**

文字。悪筆もいいところで、妻の母から指摘され週一で彼女に習ったほど。

●**好き**

1 朝食は必ずパンケーキ。あんパンも好き。

2 夫人が淹れるハチミツ入りコーヒーを健康のために常飲。

3 学者。首相在任中も官僚は信用せず専門学者を政策立案に起用。

●嫌い

1≡自民党の官僚的体質。吉田茂や岸信介(のぶすけ)↓池田隼人や佐藤栄作↓福田赳夫や大平正芳と続く系譜を、身内ながら目の敵にした。あまりの官僚嫌いから、首相になってからも演説の原稿をすべて自分で準備し、担当者たちを困惑させた。

2≡料亭政治。酒席の付き合いを嫌い、昼食会や一対一での話し合いを好む。

●特徴

1≡国会議員なのに朝が遅く、午後に外出することが多い。帰宅後は電話魔。さらに夜中まで自宅に居候している学生たち相手にギンギンで喋りまくる。

2≡金銭感覚の欠如。確かにクリーンだが金遣いがザルで、持ったら持っただけすぐに遣ってしまう。自宅は常に居候だらけで、妻の苦労は察するに余りある。

●豆知識

1≡保守合同時の大物議員三木武吉(ぶきち)とは、血縁関係のない赤の他人。

2≡故郷の土成中央公園に立つ銅像は、拳を硬く握りしめ、フロックコートの裾が少しめくれている。逆風に向かって独り立つ高邁(こうまい)な郷土の英雄を顕彰している。

第67代総理

昭和の黄門 福田赳夫

自由民主党

1976年12月24日〜1978年12月7日
714日

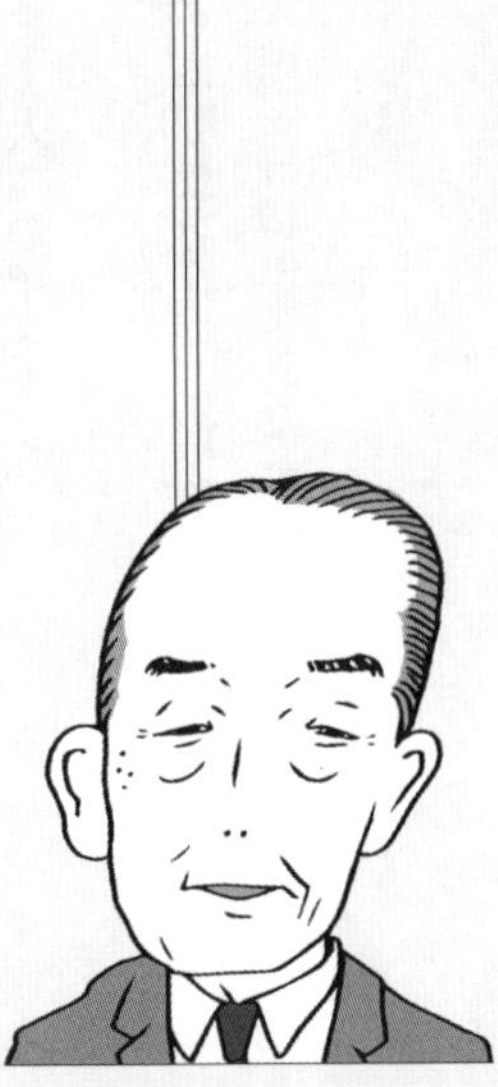

●組閣の経緯

「三木おろし」で退陣した三木武夫首相の後継問題は、党内の両院議員総会の話し合いによる合意で、福田赳夫が自民党総裁・総理、大平正芳が幹事長の形で着地。

※「1期2年で総裁・総理を禅譲する」という密約があったらしいが真偽は不明。

●就任時の年齢

71歳（のち「遅すぎた春」と言われた）

●退陣の理由

参院選で過半数を維持して自信をつけた福田が衆議院の解散を図り、政権長期化を懸念した大平が拒み続けたことで「大福連合」に亀裂が入った。その後、**総裁予備選で田中角栄と「大角連合」を組んだ大平に予想外の敗戦を喫し退陣。**

●**生没年**

1905年1月14日〜95年7月5日（90歳没）

岸信介（のぶすけ）の9歳下・池田勇人（はやと）の6歳下・佐藤栄作の4歳下。三木武夫の2歳上・大平正芳の5歳上・田中角栄と中曽根康弘の13歳上。

●**キャッチフレーズ**

1≡「**昭和の黄門**」

福田は首相退任後も「世直し改革」を訴え続け、水戸黄門を自称した。

2≡「ジョニー＝ウォーカー」

あまりにも元気だと、OBサミットで各国の元首脳からあだ名された。スコッチウイスキー（ジョニ黒・ジョニ赤）のラベルに描かれた「よく歩く人」のイメージ。

●**出生**☞**群馬県出身**

群馬県群馬郡金古町（かねこまち）（現在の高崎市）で、祖父・父ともに町長を務めた富裕な養蚕（ようさん）農家の次男に生まれる。日露戦争における日本軍の旅順（りょじゅん）入城翌日に生まれたため、「強く勇ましい男」という意味の「赳夫」と命名された。

●**学び**

小学校⬇高崎中学校（現在の**高崎高校**）を卒業（17歳）⬇上京し**第一高等学校**卒業（21歳）

↓東京帝国大学法科卒業（24歳、在学中に文官高等試験に首席合格）

※高等学校では仏語、大学は仏法を専攻し、フランス語が得意だった。

●キャリア

1929年、大蔵省入省（24歳）↓イギリス・フランスに駐在（25歳）↓帰国して京都府の下京税務署長（28歳、祇園でモテた）↓神奈川県の横浜税務署長（29歳）↓主計局調査課長（35歳、陸軍担当を務め折衝に苦労）↓1941年、南京に駐在し中華民国新国民政府（汪兆銘政権）財政顧問（36歳）↓帰国して文書課長（37歳）↓大蔵大臣官房長として終戦を迎える（40歳）↓銀行局長（41歳）↓主計局長（42歳）↓1948年、大蔵次官目前だったが昭和電工事件で逮捕・起訴（43歳）↓東京地裁で無罪判決が出たが大蔵省を退官（45歳）↓1952年、無所属の初出馬で衆議院議員選挙に初当選（47歳、無所属議員18名で院内会派「無所属倶楽部」結成）↓知己を得た岸信介とともに自由党に入党（48歳）↓鳩山一郎の日本民主党結党に参加（49歳、幹事長の岸に付く）↓1955年、保守合同により自由民主党へ（50歳、初代幹事長の岸派に所属）↓第二次岸内閣で政調会長（53歳、昭電疑獄事件も東京高裁で無罪確定）↓幹事長のち農林大臣で初入閣（54歳）↓1960年、第一次池田勇人内閣で政調会長（55歳、池田の「高度経済成長政策」を批判し翌年解任）↓第一次佐藤栄作内閣で大蔵大臣（60歳）↓幹事長（61歳）↓第二・三次佐藤栄作内閣で蔵相（63歳）↓外務大臣（66歳、沖縄返還などを実行）➡1972年、第二次田中角栄内閣で行政管理庁長官（67歳、「角福戦争」に敗れ佐藤の後継総裁・総理になれず）➡1973年、愛知揆一蔵相の急逝により蔵相に就任（68歳、田中首相に請われ第一次石油ショックに対処、条件は「列島改造論」撤回と「安定成長政策」採用）➡三木武夫内閣で副総理・経済企画庁長官（69歳、「大福」の対立で三木が棚ボタ組閣）➡1976年、「三木おろし」後の話し合いにより総裁に就任し内閣組閣（71歳）➡1978年、総裁選で大平に敗れ退陣（73歳）➡清和会旗揚げ（74歳）➡1983年、第1回OBサミットを主催（78歳、オーストリアのウィーン）➡清和会会長を安倍晋太郎に譲る（81歳）➡1988年、竹下登内閣退陣後に再登板案が出て意欲を見せたが頓挫（83歳）➡長男の康夫を後継に政界引退（85歳）➡1995年、第13回OBサミットを東京で主催した翌々月に病死（90歳）

●ライバル

「三角大福（中）」の他の4名（三木・田中・大平・中曽根）

選挙重視・積極財政論者の田中と政策重視・均衡財政論者の福田の意見は常に合わず、「角福戦争」「大福戦争」で対立したが、政争は苦手で勝負にならなかった。

※高崎中学の後輩である中曽根とは群馬県の選挙区が同じで、総選挙のたびに「上州戦争」となった（当時は中選挙区制なので2人とも当選）。

●反りが合わない大蔵官僚・政治家としての先輩

池田勇人

福田は池田の高度経済成長政策・積極財政に反対。また、池田が京大卒の主税局上がりで、大蔵省内の主流（東大卒の主計局）を歩んでこなかったことも軽く見ていた。

※福田は池田と合わないからこそ岸・佐藤兄弟に気に入られ、後継と目された。

●反りが合わない大蔵官僚・政治家としての後輩

大平正芳

大平が池田派＝宏池会の3代目なのでそもそも合わず、官僚としても一橋卒で局長経験がないこともあり軽く見ていた。ただし、後継首相候補としては評価していた。

●名言☞キャッチコピーの天才

1 ☰「見せかけの繁栄は昭和元禄にすぎない」（1961年、政調会長を辞めた後、池田首相の高度経済成長政策＝消費ムードに浮かれる世相を批判）

2 ☰「やがては日本が福田赳夫を必要とする時が来る」（本命視された佐藤首相の後継争いの総裁選「角福戦争」に敗れて）

3 ☰「明治三十八歳」（組閣時に71歳の高齢を心配されると生年を駄洒落にしてハツラツさをアピール）

4≡「人命は地球より重い」（1977年、日本赤軍によるダッカ日航機ハイジャック事件時に人質解放の超法規的措置を決断）

5≡「天の声にも変な声がたまにはある」「敗軍の将、兵を語らずで行きますから。へい、へい、へい」（1978年の自民党総裁予備選「大福戦争」で敗れて）

●世話になった人

1≡岸信介

憲法改正・二大政党制の実現など目指すものの方向性が合い、経済の安定成長政策面でも一致。世界の人口問題への積極的取り組みもあり、福田は岸の懐刀となった（岸が福田同様に東京帝国大学法科を優秀な成績で卒業したことも信用のポイント？）

2≡大谷貴義

「日本の宝石王」と呼ばれる大物フィクサー。児玉誉士夫と並ぶ日本の黒幕で、「福田の影に大谷あり」と、後ろ盾として有名。

●世話をした人・団体

1≡新日本プロレス

アントニオ猪木と取締役営業本部長新間寿の後ろ盾。1981年、イギリスで活躍中の佐山聡が初代タイガーマスクとしてデビューする際、税金の未払いがあり帰国が難航、外交交渉で便を図ったことは、プロレスファンの間で語り草。

2 ≡ **西武ライオンズ** 初代名誉会長。西武鉄道グループの2代目堤義明（よしあき）夫妻の媒酌人である福田は1979年、埼玉県所沢市の西武球場における球団初の公式戦で始球式を行ったほど。

3 ≡ **安倍晋太郎**（第2代清和会会長）ボスである岸信介の女婿。福田から清和会を引き継ぐ。

4 ≡ **森喜朗**（よしろう）（第4代清和会会長）可愛がった秘蔵っ子。その割に森は福田をケチ扱いしていたが、仲のいい証拠か。

5 ≡ **小泉純一郎**（第5代清和会会長）初出馬での落選後、通いの秘書として可愛がった。福田が果たせなかった「派閥解消」は、小泉が「自民党（の派閥政治）をぶっ壊す」と叫んで実行に移していった。

6 ≡ 安倍晋三（第10代清和会会長）岸の孫で安倍晋太郎の子。福田は晋三〔晋ちゃん〕&昭恵〔アッキー〕の媒酌人。

●エピソード

1 ≡ 小学生で囲碁棋士としてスカウトされたが断っている。

2 ≡ 大戦末期の空襲で一度死にかけている。

3≡評論家の大宅壮一が設立した「日本恐妻会」第2代会長を打診されたが「僕は恐妻家ではなく敬妻家だから」と断っている。

●**福田赳夫の造語**

「狂乱物価」「視界ゼロ」「日々是反省」「(福田内閣は)さあ働こう内閣」「掃除(総理)大臣」など。現代ではさておき、当時の感覚でいえば言語センスはかなりあった。

●**福田赳夫が始めたもの**

1≡赤字国債(特例国債)

1965年、蔵相として昭和40年不況による税収不足に対処し、初の財政特例法に基づく赤字国債を発行。その後57カ月続く「いざなぎ景気」となり景気は回復した。

2≡「福田ドクトリン」

首相在任中の1977年、東南アジアを歴訪中にフィリピンのマニラで表明した東南アジア外交三原則。「日本は軍事大国とならず東南アジアさらに世界の平和と繁栄に貢献する」「(経済ではなく)心と心が触れ合うような信頼関係の構築」「ASEAN(東南アジア諸国連合)の連帯と強靭性強化に協力しベトナムなどインドシナ半島諸国との相互理解の醸成により東南アジア全域の平和と繁栄に寄与する」で、戦前の「大東亜共栄圏」構想のニュアンスを残しつつ反省の上に立った優れもの。

3 国民栄誉賞

1977年、大リーグのハンク＝アーロンを上回る756本のホームラン世界新記録を達成したプロ野球読売巨人軍の**王貞治**（台湾の中華民国籍）を対象に創設した。

4 日中平和友好条約（1978年）

日本は中国の反ソ統一戦線に組み込まれたくないので、反ソのニュアンスが強い反覇権主義の明記をめぐり交渉は難航したが、園田直外相を北京に派遣して締結。

※無闇な領土拡張・侵略に反対する「**覇権条項**」は世界全体を単位とし、第三国＝ソ連に対するものではないと明記。

※同年、批准書交換のため副首相の鄧小平が来日。福田首相・大平首相との会談で、「改革・解放政策」の方向性を見出したとされる。また鄧は、6年前に日中国交回復を果たした田中元首相の私邸も表敬訪問し、歓迎されている。

5 日米防衛協力のための指針（ガイドライン）（1978年）

東西冷戦下でソ連の日本侵攻を念頭に策定。1997年と2015年に改定。

6 インターアクション・カウンシル（OBサミット）

1983年、各国の首脳経験者が世界の諸問題の解決へ向けた提言を行う場を設立。

●特徴

1 自民党タカ派（強硬派）のナショナリスト

吉田系の池田派（宏池会（こうちかい））（のち前尾派→大平派）や佐藤派（のち田中派）という「保守本流」の現実主義的政策を「対米従属」と嫌う、鳩山（のちの河野派→中曽根派）・岸系の「保守傍流」。

2 ☰ 岸派が3つに分裂した時に福田派として清和会を立ち上げる

※政策に強いが、「派閥解消」など理想主義に走る傾向があり、政争に弱い。

●得意・苦手

1 ☰ 財政

明治期の松方正義（まさよし）、大正・昭和前期の高橋是清、昭和中〜後期の福田赳夫、平成の宮澤喜一（きいち）の4人は財政家として特に評価が高い。

2 ☰ 総選挙

地元では圧倒的に強かったことから油断があったか、総裁選には弱かった。また、選挙民や自派の政治家よりも国家や国民全体のことを考えるクセがあり、それは官僚や首相としてはいいが、代議士や派閥の領袖としてはイマイチだった。

●豆知識

現職総裁が総裁選に出馬して敗れた唯一の例

第68・69代総理

鈍牛

大平正芳（おおひらまさよし）

自由民主党

第一次内閣
1978年12月7日～1979年11月9日

第二次内閣
1979年11月9日～1980年6月12日

計554日

組閣の経緯

自民党総裁選で初めて行われた予備選挙で、田中角栄と「大角連合」を組み福田赳夫（たけお）を破った大平が組閣。田中派の影響が強く「**角影内閣**（かくえいないかく）」と揶揄（やゆ）された。

就任時の年齢

第一次内閣68歳、第二次69歳

退陣の理由

第一次内閣↓一般消費税導入を掲げ衆議院を解散したが大敗し、**再び過半数割れ**に。大平は福田・三木・中曽根から責任を問われ、党内分裂状態の「**四十日抗争**」となった。特別国会の首班指名で反主流派が福田に投票するという**前代未聞の異常事態**となったが、田中派と新自由クラブを味方にした大平が辛うじて勝ち、再組閣した。第二次↓社会党・公明党・民社党が内閣不信任案を提出、党内抗争が続く自民党は、福田派・三木派が採決を欠席し不信任案可決となる異常事態に。憤激した大平は田中派と組み衆議院を解散（＝予測不能の「ハプニング解散」）。初の衆参同日選挙となったが、初日の演説を終えた後に心筋梗塞で倒れ、入院中に亡くなった。

●キャッチフレーズ

1 「（讃岐の）鈍牛」
（香川県出身で）口が重いことと、その体つき・風貌などから。

2 「おとうちゃん」
雰囲気と面倒見の良さから。田中の「オヤジ」と対比される。

3 「アーウー宰相」
演説や答弁の際に「アー、ウー」と前置きをするクセがある。当時の少年たちの間でものまねが流行ったが、喋りそのものは無駄がなく上手で、ユーモアのセンスも抜群。
※日米首脳会談後の記者会見でアメリカ人記者に捕鯨問題について質問された時も「アー、クジラはあまりに大きくて、私の手には負えません」と笑いを誘っていた。

4 「60点主義」
100点満点の結果を求めるよりもプロセスを重視し、現実的に60〜65点ほどをキープして問題を処理していく政治哲学を持っていた。

●**生没年**

1910年3月12日〜80年6月12日(70歳没)

池田勇人の11歳下・前尾繁三郎と福田赳夫の5歳下・三木武夫の3歳下。田中角栄と中曽根康弘の8歳上、宮澤喜一の9歳上。

●**出生** ☞ **香川県出身**

香川県三豊郡和田村(現在の観音寺市)で、農家の8人兄弟姉妹の3男に生まれる。

※大平が17歳の時、父を病で亡くし、家計に負担をかけないため海軍兵学校を受験するが、中耳炎を患い身体検査で不合格となっている。

●**学び**

13歳で三豊中学校入学(現在の観音寺第一高校、4年生時に腸チフスにかかり4カ月通学できず)➡叔母の家に寄宿し18歳で高松高等商業入学(現在の**香川大学**経済学部、**在学中にキリスト教に入信**)➡卒業後1年間大阪の化粧品会社で事業に参画➡23歳で**東京商科大学**入学(現在の**一橋大学**、在学中に文官高等試験〔高文〕に合格)。

※25歳の合格後、香川県出身の先輩で大蔵事務次官だった津島寿一に進路相談に行くと、その場で入省が決まった。

●キャリア

1936年、大蔵省入省（26歳）→横浜税務署長（27歳、東京税務監督局直税部長の池田勇人が上司）→仙台税務監督局間税部長（28歳）→興亜院に出向し内蒙古に赴任（29歳、張家口で蒙疆連絡部経済課主任のち課長）→帰国し興亜院で勤務（30歳）→大蔵省に戻り主計局主査（32歳）→東京財務局間税部長（33歳）→1945年、小磯国昭内閣の津島蔵相秘書官（35歳、終戦後に東久邇宮稔彦王内閣で津島が蔵相に戻ると再び秘書官となるが総辞職後は主計局に復帰）→給与局第三課長（36歳）→経済安定本部建設局公共事業課長（38歳）→第三次吉田茂内閣の池田勇人蔵相秘書官（39歳、いい加減な勤務で後輩の宮澤喜一にほぼ任せきり）→1952年、池田に誘われ大蔵省を退官し衆議院議員選挙に初当選（42歳、自由党）→1955年、保守合同により自由民主党へ（45歳、池田派に所属）→政調副会長・財政部長（47歳、この年に池田派が「宏池会」となる）→1960年、第一次池田内閣の官房長官で初入閣（50歳、第二次池田内閣でも官房長官に留任のち外務大臣）第三次池田内閣でも外相に留任（53歳）→第二次佐藤内閣で政調会長のち通商産業大臣（58歳）→前尾繁三郎に代わり宏池会第3代会長（61歳）→1972年、自民党総裁選で田中・福田に次ぐ3位となり第一次田中内閣で外相を務め日中共同声明を締結（62歳、第二次内閣でも外相に留任・のち福田の辞任により大蔵大臣）→1974年、三木内閣で蔵相に留任（64

歳）➡1976年、一時的に「大福連合」を組み「三木おろし」を果たし成立した福田内閣で**幹事長**（66歳）➡**1978年**、総裁予備選で福田を破り**第一次内閣を組閣**（68歳）➡1979年、**第一回東京サミット**（69歳、一般消費税導入を唱えるが撤回し総選挙で過半数割れの惨敗）➡福田・三木・中曽根反主流派と「**四十日抗争**」となるが**第二次内閣組閣**➡1980年、内閣不信任案可決後、**初の衆参同日選挙中に急死**（70歳、心臓に持病があった）

●**追加知識**

党内反主流派との対立（＝事実上の自民党分裂）、ダグラス・グラマン疑惑、浜田幸一議員のラスベガス借金問題、ソ連のアフガニスタン侵攻など、内外の難題に命を削った形の大平に同情が集まり、**急死した衆参同日選挙で自民党は大勝**。三木内閣以来の懸案だった「**保革伯仲**（はくちゅう）」**状態は解消**された。

●**ライバル**

ポスト佐藤である「三角大福（中）」の他の4人

三木・田中・福田・中曽根のうち、三木と福田が敵で田中は盟友。中曽根は田中派にいい顔をしつつ、大平死後に宏池会と仲良くする「風見鶏（かざみどり）」。

※大蔵官僚の先輩後輩にあたる福田と大平は、経済問題・国際問題の専門知識が豊富で、人格・知性ともに評価が高く、かつ

相手の力量も認め合っていた。ただし、出身家庭・大学や大蔵省内の出世ルート・属した派閥（福田が岸派・大平が池田派）を含め、育ちが違いすぎた。また、「1期2年総裁・総理をやれば大平に譲る」という密約があったのかは不明だが、結果的に福田が長くやりたがったことで「大福戦争」に。

●側近

1 ＝ **伊東正義**（まさよし）

官僚としての同期で友人（伊東は農水省だが興亜院出向時に同僚）。上海から引き揚げた**終戦直後、家族で大平家に2年余り居候したほどの仲**。大平死去時の副総理・官房長官として、**首相臨時代理**を務めた。

2 ＝ 鈴木善幸（ぜんこう）・宮澤喜一・田中六助（ろくすけ）ら

大平と宮澤との仲はイマイチ。

●世話になった人

1 ＝ **池田勇人**（宏池会初代会長）

第一次内閣時のスローガン「寛容と忍耐」は、「寛容」を宮澤、「忍耐」を大平が考えた。大平は、池田と対立して一時出入り禁止になったこともあるほど平気で直言した。

2 ＝ 前尾繁三郎（宏池会第2代会長）

大平はあくまでも池田の側近だったので、距離はそこまで近くなかった。

3 ライシャワー駐日アメリカ大使

第二次・第三次池田内閣の外相時代、互いに信頼し合ったパートナー。ライシャワーは、形見分けとして贈られた大平愛用の腕時計を、肌身離さず着け続けた。

4 田中角栄

ライバルかつ盟友だが、大平は田中の明るさ・人心掌握術・集金能力を素直に認め、政争など頼るべきところは頼った。また、ともに裕福な生まれでない共通点もあった。

※ただし、田中の金脈・愛人問題に関しては「自分で何とかしろ」と突き放している。

微妙な関係の人

佐藤栄作

佐藤は池田の右腕だった大平を登用したがらず心中は複雑だった。ただ、大平は佐藤と上手く距離を取ったので、それが下手な前尾から宏池会を引き継ぐ結果となった。

名言

1 「明日枯れる花にも水をやること」(「あなたにとって政治とは」と問われ)

2 「土俵に上がったら行司がまわしを締めていた」(田中の次は自分のつもりが椎名悦三郎副総裁による「椎名裁定」となり、椎名暫定政権案まで出るに及び憤慨)

3 「文化の時代」(日本のあり方を「経済の時代」から転換させるべきと主張)

4 ≡「今の私に辞めろというのは、私に死ねということだ」（三木の総選挙敗北時に比べて往生際が悪い、と福田前首相から第一次内閣の退陣要求を受けて）

● **エピソード**

1 ≡ 長男が26歳でベーチェット病で亡くなり、慟哭し憔悴。それに寄り添ったのは、幼い長男を亡くしたことのある田中だった。

2 ≡ 1970年、第二次佐藤内閣の通産相として八幡（やはた）製鉄と富士製鉄で「製鉄大合同」を果たし、新日本製鐵を誕生させた。ただし日米繊維交渉には失敗。第三次佐藤内閣では通産相を宮澤に代えられ激怒。しかし宮澤も上手くいかず結局は田中が通産相となり着地させた。結局、繊維交渉は沖縄返還交渉の日米バーター取引のようなもので、それを佐藤首相から大平・宮澤が知らされておらず、骨折り損となった。

● **大平正芳が始めたもの**

1 ≡ **国民酒場**

戦時中の1944年、東京財務局間税部長として創設。東条英機内閣が出した「高級享楽（きょうらく）の停止」により業務用の酒が浮いたことから東京に300軒程度設置され、終戦まで国民の疲れを癒し、憂（う）さ晴らしに役立った。

2 ≡ パーシャル連合（部分連合）

福田内閣の幹事長時代、野党に対し、個々の政策について対立を避けそれぞれ連合を組み融和的に話し合い、案件を仕上げていくことを提唱した。

3 **省エネルック**

1979年の第二次石油危機の際、**半袖スーツ**姿をアピール（本人は普段着ているわけではない）。話題にはなったが全く浸透せず。

※ネクタイまで外した平成の羽田孜首相が元祖と思われがちだが、大平が最初。

4 **大型間接税の提唱**

将来世代に赤字国債の処理を回さないため、第一次内閣時に「**一般消費税**」という名称で提唱。**総選挙直前に撤回したが大敗**。過半数を割った三木内閣の時よりさらに議席を1つ減らし「保革伯仲」状態が激しくなった。

5 自民党最大の内紛

主流派（大平派・田中派・中曽根派の一部＋党外の新自由クラブら）と反主流派（福田派・三木派・中曽根派の大半・中川一郎グループら）による党内「**四十日抗争**」。

6 **オリンピックのボイコット**（1980年のモスクワオリンピック）

前年に始まったソ連によるアフガニスタン侵攻を受け、アメリカなど資本主義陣営と明確に歩調を合わせた。

7 初の日本でのサミット（先進国首脳会議）開催
第二次石油危機の1979年に東京で開催され、「エネルギーサミット」と呼ばれた。

●特徴
1 19歳からクリスチャン（イギリス国教会系の聖公会）で、酒・タバコをやらない。
2 座右の銘は、過去への敬意と未来に対する責任を持つ態度である「永遠の今」。
3 内政は、「田園都市構想（田園に住み中小都市で働く）」「家庭基盤充実」が売り。
4 外交は、福田のアジアに重点を置く「全方位外交」に対し、アメリカ・オーストラリアなどを含む「環太平洋連帯構想」が売り。
5 高度経済成長が終わったのに「低負担・中福祉」で将来世代に負担を回していたから、一般消費税（大型間接税）とグリーンカード（少額貯蓄等利用者カード）制の導入という正論を吐く。国民のみならず野党・党内反主流派が反発し撤回後の総選挙に大敗したが、後の消費税・マイナンバー制導入への嚆矢になった。

●趣味
読書と書籍執筆。圧倒的な読書量を誇り、政界を代表する知性派。

●好き
1 讃岐うどん

香川県出身なので当然か。「ざるうどん」の名づけ親とされる。

2 ≡ 5代目坂東玉三郎と琴桜

苦労人として有名な歌舞伎の女形と横綱力士。ともに大平が後援会会長を務めた。

●豆知識

1 ≡ 「**楕円の哲学**」≡「永遠の今［eternal now］」

相反する2つの中心を対峙させ、両者が作り出す均衡の中に調和を見出だそうとする。また、過去と未来との均衡の中に調和を見出そうとする。大平は、このような態度で生き、このような言葉をよく使う「**哲人政治家**」だった。

2 ≡ キッシンジャー大統領補佐官・国務長官に「約束したら必ずそれ以上のことを実行してくれた」と評価されるなど、アメリカでの信用は高い。また、大平も親米的。

3 ≡ 福田内閣の幹事長時代の1978年、来日した鄧小平副首相に「改革・開放政策」への詳細なアドバイスをしたことで中国では恩人扱いされ、評価は高い。

4 ≡ **国民民主党党首の玉木雄一郎**は、**同じ香川県出身で遠い親戚**にあたる。

第70代総理

ゼンコウ花火

鈴木善幸（すずきぜんこう）

自由民主党

1980年7月17日～
1982年11月27日

864日

●就任の経緯

初の衆参同日選挙中に大平正芳首相が急死。副総理・官房長官で首相臨時代理を務めた**伊東正義が断り**、中曽根康弘はキングメーカーの田中角栄が「今じゃない」と反対。**通算10期目の総務会長**として**党内調整力が売り**だった鈴木が消去法で選ばれた。

※形式的には、副総裁の西村英一が指名する「西村裁定」。あまりの知名度の低さから日経新聞や海外メディアに「ゼンコー who?」と書かれ流行語に。

●就任時の年齢

69歳

●退陣の理由

国政処理能力に限界があったとはいえ、大平の死が分裂状態だった自民党を一本化しており勝てるはずの総裁選に出馬しない、と突然表明し退陣。海外メディアに「ゼンコーWhy?」と書かれた。

●生没年

1911年1月11日〜2004年7月19日(93歳没)

福田赳夫の6歳下・三木武夫の4歳下・大平正芳の1歳下。田中角栄・中曽根康弘の7歳上と「三角大福(中)」と同世代だが、派閥の長=総裁候補ではなかった。

●キャッチフレーズ

1 「和の政治」「正直ゼンコー」

内政・外交ともに押しが弱く、マスコミに「暗愚の総理」などと揶揄された。

2 「直角内閣」

田中角栄の力が強すぎたので。鈴木はもともと田中派の二階堂進と親しい。

3 「ゼンコウ花火」

「保守本流」の宏池会3人目の首相だが存在感が薄く、線香花火のようだった。

●出生 岩手県出身

三陸海岸に面する岩手県下閉伊郡山田町に生まれる。実家はアワビ・スルメ漁や水産加工業を営む網元で、米穀店でもあった。

※肋膜炎(ろくまくえん)で農林省水産講習所を休学し実家療養中の1933年、昭和三陸地震大津波の大被害に遭遇したことが、政治家を目指す契機となった。

● **学び**

岩手県立水産学校（現在の宮古水産高校）を経て、**農林省水産講習所**（現在の**東京海洋大学**）を卒業。

※水産学校の弁論大会で網元制度の前近代性を批判したこともあり、左翼系とみなされ就職に苦労。水産講習所に進み勉学を続けることにした。

● **キャリア**

1935年、大日本水産会（24歳、会長秘書）➡全国漁業組合連合会➡岩手県漁業組合連合会水産部長➡中央水産業会企画部次長➡全国漁業組合連合会職員組合の初代委員長（34歳）➡1947年、**日本社会党**から出馬し**衆議院議員初当選**（36歳、のち右派の平野力三(りきぞう)が立ち上げた社会革新党に移る）➡民主自由党に転じ総選挙に当選（38歳、少数野党の無力を感じ引退を考えるも**地元の要望もあり移籍**）➡民主自由党が自由党に改組（39歳）➡1955年、保守合同で自由民主党が成立（44歳、池田派に属し重用される）➡1960年、第一次池田勇人(はやと)内閣の**郵政大臣で初入閣**（49歳）➡第三次池田内閣の**官房長官**（53歳）➡第一次佐藤栄作内閣の**厚生大臣**（54歳）➡第二次佐藤内閣の**総務会長**（57歳）➡第一次

田中角栄内閣の総務会長（61歳）➡福田赳夫内閣の農林大臣（65歳）➡第一次大平内閣の総務会長（68歳）➡1980年、大平首相急死により内閣組閣（69歳）➡1982年、総辞職（71歳）➡政界引退（79歳）➡2004年、病死（93歳）

●迷言

「もとより私は総裁としての力量に欠けることを十分に自覚している」（自民党両院議員総会での総裁選出挨拶。いくら蔵相・外相や幹事長経験がないとはいえ……）

●エピソード

1≡首相としての最初の外遊先はアメリカではなく、ASEAN（東南アジア諸国連合）5カ国を選んだ。

2≡渡米してレーガン大統領と「日米同盟」についての会談を行い、日本の防衛努力を約する共同声明を発表したが、帰国後「（安保条約は）軍事的意味合いは持っていない」と否定的な発言をして同行した伊東外相のメンツを潰し辞任されてしまう。日米の信頼関係にもヒビが入った。

※鈴木は「侵略」という文言を改めさせた歴史教科書検定問題でも中国・韓国の反発を生むなど、良し悪しは別として「正直」だからこそ外交関係のトラブルが多い。

3≡のち渡米してレーガン大統領と会見した櫻内義雄（さくらうちよしお）外相が、内外の記者団に対し「もうすぐ桜が咲きます。私の名前は櫻内、つまりチェリーです。日米間で間もなく桜が咲くようになります」と「アイムチェリー」発言。70歳でチェリーボーイ（童貞）のカミングアウトかと誤解され世界中が騒然となり、鈴木首相の足を引っ張った。

4≡1981年の夏、重鎮たちが集まる党内会談の席上、突然「私は重大決心をした」と言い出した。皆、何事か？　とざわついたが、真面目に「今年の夏は（軽井沢で）ゆっくり休養をとることにした」と。そういうキャラクター。

●**鈴木善幸が始めたもの**

1≡**第二次臨時行政調査会（土光臨調）**

「メザシの土光さん」と大衆人気がある経団連名誉会長**土光敏夫**を会長に招き、「**増税なき財政再建**（実現は不可能）」「三公社の分割民営化（実現は次の中曽根内閣）」「中央省庁の組織変更（実現はもっと後）」などの行政改革路線を推進した。

2≡各省庁の予算支出を制限するシーリングを導入。

3≡**参議院**に全国区制に代え**比例代表制**を導入。

4≡「誰でも首相になれる」と自民党の政治家に希望を与えた。

●**趣味**

朝風呂と時代小説の読書。

●得意
剣道が五段で囲碁は名誉七段。

●苦手
腹芸。嘘をつくこと。党人としては立派だが、政治家としては……。

●好き
1 魚と蕎麦（そば）。1日に複数回でも平気。
2 酒。若い頃は日本酒を一升いけた。
3 プロ野球。特に巨人ファン。

●特徴
生涯「誠実」がモットーで、家族にすら一度も怒鳴ったことがない温厚な人柄。

●豆知識
1 長女の夫は、吉田茂の孫である**麻生太郎**（あそう）。
2 長男は岸田文雄内閣の財務大臣・内閣府特命担当大臣（金融）・デフレ脱却担当大臣を兼任する**鈴木俊一**。その妻は、鈴木内閣で官房長官を務め宏池会（こうちかい）を引き継ぐことになる宮澤喜一（きいち）の従妹だが、付き合い出した後で知って驚いたらしい。

第71・72・73代総理

風見鶏のち大勲位

中曽根康弘（なかそねやすひろ）

自由民主党

第一次内閣
1982年11月27日～
1983年12月27日

第二次内閣
1983年12月27日～
1986年7月22日

第三次内閣
1986年7月22日～
1987年11月6日

計1806日

●組閣の経緯

再選が確実視されていた鈴木善幸首相が、激務に疲れたのか総裁選出馬見送りを表明。予備選挙で河本敏夫・安倍晋太郎・中川一郎に圧勝、本選挙出馬を諦めさせた中曽根康弘が組閣。田中派〔木曜クラブ〕の全面協力を得たことから「田中曽根」内閣などと批判されたが、中曽根自身は派閥を超えた「仕事師」内閣を標榜していた。

※予備選挙で最下位となった中川は、1カ月半後、札幌のホテルで自死した(57歳)。

※外相は清和会の安倍、蔵相は田中派の竹下登、官房長官には同じく田中派の後藤田正晴を抜擢。官房長官を自派から出さないのは異例だった(第二次内閣では自派の藤波孝生を登用)。

●**就任時の年齢**

第一次内閣64歳、第二次65歳、第三次68歳

●**退陣の理由**

第一次内閣➡田中角栄の有罪確定を機に自らの信任を問うために解散、「ロッキード選挙」となった。第二次➡自民党は単独で過半数に達せず、追加公認で過半数を確保する始末で、河野洋平らの**新自由クラブと連立**（**「55年体制」唯一の連立政権**）。その後、無投票で総裁に再選されていたが、「解散は考えておりません」と言いつつ「正月からやろうと思っていたが黙っていた」等と後にバラした「**死んだふり解散**」で、衆参同日選挙が行われた。衆議院で結党以来初の３００議席を獲得した自民党が歴史的圧勝（現在まで党の最高記録）。第三次➡単独政権に戻り、勢力を落とした新自由クラブも自民党に合流。総選挙圧勝の功績により、福田内閣以来党則で決まっていた**自民党総裁任期「2年×2期＝4年」が特例で1年間延長され**「2年＋3年＝5年」の長期政権が実現した。支持率が高いまま後継者「安竹宮」（清和会の安倍晋太郎・経世会の竹下登・宏池会の宮澤喜一）のうち竹下を指名し、余力を持って満期で退陣。「今後は一兵卒として皆さんのお仲間に入れて頂きまして、球拾い等に専心いたしたい」と記者会見でへりくだってみせた。

●キャッチフレーズ

1 「風見鶏」

田中派や時の政権に接近したり非主流派に転じてみたりなど、変わり身の早さから。

※小派閥だからこそ政界サバイバル術に長けていた。本人も「足はちゃんと固定している。身体は自由です。だから風の方向がわかる。風の方向が分からないで船を進めることはできません」と悪びれていない。

2 「日米運命共同体」「日本列島不沈空母化」

首相就任後の初訪米時、アメリカ大統領レーガン（共和党）へのリップサービス。ただし、はっきりこう言ったわけではない。

3 「戦後政治の総決算」

第二次内閣からはこれがキャッチフレーズとなった。具体的には「吉田政治の是正（ぜせい）」「行財政改革の遂行」「国際貢献への邁進（まいしん）」の3点。

4 「青年将校」

若手議員の頃から長幼の序を乱し奔放に振る舞う。その後も吉田の対米従属を批判してタカ派（右派）を貫いた。

※1956年には日ソ国交回復について衆議院本会議で50分も演説。社会主義・共産主義を「ばい菌」になぞらえた部分もあり社会党・共産党両議員にヤジを飛ばされ、議事録から削除されてしまう。しかし中曽根は、読売新聞社主の正力（しょうりき）

松太郎に頼み、演説の全文を掲載してもらっている。

5 「自主憲法制定」「憲法改正」

1956年には自ら作詞した『憲法改正の歌』を東京宝塚劇場で披露(歌手は安西愛子)。レコード会社から発売までしているが、主要紙は黙殺した。

6 「大勲位」

78歳になる1997年、生存者叙勲の最高位である大勲位菊花大綬章を受賞した。

● **生没年**

1918年5月27日〜2019年11月29日(101歳没)

福田赳夫の13歳下・三木武夫の11歳下・大平正芳の8歳下・鈴木善幸の7歳下。田中角栄と同い年。竹下登の6歳上。

● **出生** 群馬県出身

群馬県高崎市で裕福な材木商の次男(姉も含め3番目の子)に生まれる。

● **学び**

尋常小学校を経て旧制高崎中学(現在の高崎高校)に入学。5年生まで通わず飛び級で旧制静岡高校(現在の静岡大学)に進学。20歳で東京帝国大学法学部政治学科に入学。在学中に文官高等試験(高文)に合格し内務省の内定を得たが、海軍経理学校にも合格している。東大2年の終わりに、最愛の母を病気で亡くす。

●キャリア

1941年、内務省に入省➡海軍経理学校に派遣され入校➡海軍主計中尉に任官し開戦を迎える（23歳）➡海軍主計大尉（24歳、インドネシア沖で砲撃を受け多数の部下を失う）➡1945年、海軍主計少佐を最後に終戦後は復員し内務省に復帰（27歳）➡警視庁のち香川県警勤務を経験後に内務省を依願退職し群馬県に帰郷（28歳、青年懇話会を発足し政治家を目指す）➡1947年、芦田均（あしだひとし）の民主党から全国最年少で衆議院議員に初当選し自身の思想運動の拠点となる青雲塾を設立（29歳、同い年の田中角栄と同期）➡三木武夫の国民協同党と合同し国民民主党を結成（32歳、政務調査会副会長）➡国民民主党を母体とする改進党結成に参加（34歳、幹事長の松村謙三に傾倒し弟子を自称）➡ハーバード大学夏期国際問題研究セミナーに2カ月間参加（35歳、アメリカから日本を見つめる好機に）➡衆議院予算委員会で第五次吉田茂内閣の造船疑獄を厳しく追及する「爆弾質問」を行う（36歳、「吉田学校」の池田勇人（はやと）・佐藤栄作に嫌われる）➡1955年、前年に成立した日本民主党の副幹事長➡スイスのジュネーブで原子力平和利用国際会議に参加➡保守合同による自由民主党結成に参加➡原子力基本法を成立させる（37歳）➡副幹事長・内閣の憲法調査会委員（39歳）➡1959年、第二次岸信介内閣の科学技術庁長官で初入閣（41歳、総理府の原子力委員会委員長にも就任）↓内閣総理公選制度研究会発足（43歳）↓日本音楽事業者協会〔音事協〕初代会長（45歳）↓自民党外交調査会副会長（47歳、アジア・アフリカ小委員会を立ち上げ）↓中曽根派〔新政同志会〕結成（48歳）↓1967年、第二次佐藤栄作内閣の運輸大臣（49歳、拓殖大学総長にも就任）↓日本プロスポーツ会議初代会長（50歳）↓第三次佐藤内閣の防衛庁長官（52歳）↓総務会長（53歳）↓第一次田中角栄内閣の通商産業大臣と科学技術庁長官を兼任（54歳、第二次内閣では通産相専任）↓三木武夫内閣で幹事長（56歳）↓幹事長として史上初の任期満了総選挙で大敗（58歳）↓福田赳夫内閣で総務会長（59歳、現職議員として初のロッキード事件証人喚問を受け不起訴で乗り切る）↓1979年、総裁選に初出馬（61歳、予備選で3位に敗れ大平正芳内閣が成立）↓鈴木善幸内閣の行政管理庁長官（62歳）↓第二次臨時行政調査会を設置（63歳）↓1982年、総裁選に勝利し第一次内閣組閣（64歳）↓1983年、新自由クラブと連立で第二次内閣組閣（65歳）↓総裁選に無投票で再選（66歳、対立候補なし）↓1986年、衆参同日選挙で大勝し第三次内閣組閣（68歳）↓1987年、もとの田中派＝経世会の竹下登を後継総裁に指名して退陣（69歳）↓1989年、リクルート事件に関与し国会の証人喚問を受け自民党を一時的に離党（71歳、中曽根派の後継は渡辺美智雄）↓1991年、復党（73歳）↓大勲位菊花大綬章受章（79歳）↓2003年、政界引退（85歳、政界の御意見番に）↓自主憲法期成議員同盟会長

（89歳）➡2019年、老衰のため死去（101歳、大勲位菊花章頸飾を追贈）

●追加知識

自民党北関東ブロックの衆議院終身比例代表1位の座を約束されていたが、2003年時点で「73歳定年制」が導入されており、85歳の中曽根と84歳の宮澤喜一は、小泉純一郎首相の勧告により政界引退に追い込まれた。

※「こんな非礼なやり方はないんじゃないか。一種の政治的テロみたいなもんだよ」と激怒したが、すぐに切り替えて引退要請を受け入れた。

●ライバル

1≡「三角大福」

首相就任は先を越されたが、4人が2年しか持たなかった政権を5年維持した。

※特に高崎中学・東京帝大の先輩である福田赳夫とは選挙区が同じで、総選挙のたびに「上州戦争」と呼ばれた。

※1984年の総裁選で中曽根が無投票再選されて福田の影響力が落ち、翌85年、田中角栄が脳梗塞で倒れたことで、「角福」が世代交代に追い込まれた。

2≡鈴木善幸

中曽根は、鈴木など「三角大福（中）」の自分より格下で大平派（宏池会）の番頭としか思っていなかったが、先に首相に就任。のち中曽根が「私が登板した時の日米関係は

「9回2アウト満塁だった」と調子に乗り前首相の鈴木が激怒、総裁選で副総裁の二階堂進（田中派）を擁立しようと画策し失敗している。

※鈴木内閣発足時に中曽根が求めていた蔵相は中曽根派の渡辺美智雄にやらせ、中曽根にはこれまた中曽根派の宇野宗佑が務めてきた行政管理庁長官という軽量ポストをあてがい、嫌がらせをした。しかし中曽根はすぐに頭を切り替え、第二次臨調で土光敏夫会長、瀬島龍三委員らと「民活（民間の活力回復）」に邁進。中曽根の「切り替えの早さ」と「楽観主義」は、「風見鶏」ならではの美点か。

3 ≡ 河本敏夫

三木から派閥を譲られ、1982年の総裁選で中曽根に次点で敗れる。人前で滅多に笑わないことから「笑わん殿下」と呼ばれたが、のち自派から海部俊樹首相を輩出。

●仲間

「中曽根マシーン」

アメリカ大統領&司法長官のケネディ兄弟（ジョン&ロバート）に刺激され、大統領のブレーン組織「ケネディ・マシーン」を真似た。

※読売新聞社の渡辺恒雄（ナベツネ）や氏家齊一郎、早稲田大学の憲法学者小林昭三らと「科学的政治研究会」を立ち上げたのが最初。財界人・科学者・芸術家・芸能人・スポーツ選手らと幅広く交流した。

●微妙な関係の人

1 田中角栄

同年同月生まれの同年当選（28歳の全国最年少で同じ民主党）のライバル。中曽根は原子力推進、田中は高速道路網の拡充に邁進したが、入閣・幹事長・首相就任など出世レースでは常に先を走られ、田中のほうはライバルだと思っていなかった。

※1972年、佐藤の後継をめぐる総裁選で、出馬の意向を示していた中曽根が土壇場で田中の味方につき、通産相となった時から協力関係が始まった。

※しかし中曽根は、田中に批判的な三木内閣で幹事長、田中の仇敵の福田内閣でも総務会長となった。また、田中と「大角連合」を組む大平と対立し干された割に、大平死後に宏池会の後継となった鈴木内閣では行政管理庁長官を受け、自身の組閣時には平然と田中派の世話になるなど、「風見鶏」ぶりはさすがだった。

2 「吉田学校」の池田勇人と佐藤栄作

造船疑獄時、野党の改進党所属として自由党の吉田内閣を攻め立てたことを根に持たれ干された。池田内閣では三次にわたり無役、佐藤内閣も第二次内閣の改造時にようやく運輸相で入閣。「キル・ザ・タイム」と長く雌伏（しふく）の時を過ごした。

※1967年、外交調査会副会長として西欧・ソ連を歴訪するため佐藤首相に挨拶に行った中曽根は、佐藤夫人から中曽根夫人に届いた餞別を返して「失礼の男、馬鹿ではないか」と佐藤の日記に書かれている。

※中曽根は佐藤内閣を「右翼片肺内閣」と批判していたが、帰国後には「主流派との距離を縮めたい」と態度を一変させ、第二次岸内閣以来7年ぶりの入閣を狙った。これにより左右から「風見鶏」「変節漢」と非難されたのが鶏扱いの最初。

※しかし、1968年の佐藤の三度目の総裁選で中曽根派は態度を左右させ、「中曽根君も駄目な男だ。反対なら反対ではっきりしたらよい」とまた日記に書かれる始末。最終的に三木に投票して敗れたとはいえ、第三次佐藤内閣発足時には防衛庁長官に。佐藤にしても中曽根にしても、これが政治というもの。

●世話になった人

1 徳富蘇峰（そほう）

明治時代から活躍する右寄りの超大物ジャーナリスト。戦中は日本文学報国会・大日本言論報国会の会長。中曽根は、初当選の翌年、当時公職追放されていた85歳の蘇峰を訪ね、「大局さえ失わないなら大いに妥協しなさい」等と、以後何度も薫陶を受ける。これが「風見鶏」の態度につながった。

2 河野一郎

党人派の河野は、基本的に官僚派の吉田（池田・佐藤の師）や岸（佐藤の兄で福田の師）と対立関係。中曽根は、官僚出身だったがあえて河野派（春秋会）を選んだ。とはいえ何でも直言する癖のある中曽根は河野に煙たがられており、愛憎半ばする状況。

※1965年、河野が急死。翌年、48歳の中曽根は河野派を割って出て中曽根派を立ち上げた。これは「三角大福（中）」の中

※河野の次男、洋平も流れ的に中曽根派に加わったが、1976年のロッキード事件で新自由クラブを結成して自民党を離党。のち第二次中曽根内閣と連立、第三次内閣時に復党した。しかし中曽根派には戻らず、宮澤喜一率いる宏池会に合流。

3 大野伴睦

河野と並ぶ党人派の大物。中曽根は改進党時代に造船疑獄で大野を追及したことがあり嫌われていたが、第二次岸内閣組閣時、副総裁だった大野の番記者・読売新聞の渡辺恒雄に仲介してもらい頭を下げて初入閣を求め、科学技術庁長官となった。

※この時から大野に気に入られ、「将来、君は宰相になるぞ」とまで言われている。

● **世話をした人**

渡辺美智雄

「ミッチー」の愛称で親しまれた中曽根派の後継者。長男の喜美はのち「みんなの党」の代表となった。

● **嫌われた人**

金丸信

田中派の有力者。竹下登と並ぶ田中の側近で「中曽根嫌い」を公言していた。

※三木内閣時、地元・群馬県の八ッ場ダム建設に反対の立場の中曽根幹事長に対し、金丸国土庁長官が「あんたは群馬県の

幹事長なのか、日本の幹事長なのか」と詰め寄って以来の対立。そもそも「風見鶏」の中曽根は、「死なばもろとも」系の族議員たち（例：建設族の田中派）と気が合わない。

●名言

1 ||| 「今年は戦後37年で最も重要な年、総決算の年だ」（1983年、日本商工会議所総会にて）

2 ||| 「大統領的首相になって力強く政策を推進したい」（旧制静岡高校同窓会にて）

3 ||| 「国民の大多数は圧倒的に支持してくれると信じている」（1985年8月15日、戦後の首相として初めて靖国神社を公式参拝した際に）

※戦死した弟も靖国に祀られていた。しかし、日中関係や日韓関係に致命的なダメージがあることを知り、一度きりにした。

4 ||| 「この顔が嘘をつく顔に見えますか？」（1986年、選挙公約で大型間接税は導入しないと発言したが結局「売上税」という名で国会に法案提出）

5 ||| 「（防衛費の対GNP比）1%突破といっても千分の四であり、ちょっぴり顔を出しただけで1%と大同小異」（1987年）

●失言・暴言

1 ||| 「病気は気から起こる。根性さえしっかりすれば病気も逃げる」（1983年8月6日、広島の原爆養護ホームで時とTPOをわきまえず持論を展開）

2≡「黒人では字を知らないのがずいぶんいる」「アメリカには、黒人とかプエルトリコとかメキシカンとか、そういうのが相当おって、平均的に見たら非常にまだ（知的水準が）低い」（1986年の講演で暴言を吐き抗議が殺到、日本製品不買運動にもつながり謝罪した）

●**エピソード**

「ロン・ヤス」関係

12回も会談したロナルド＝レーガン大統領とはファーストネームで呼び合う関係。1983年の大統領夫妻来日時は、東京都西多摩郡にある別荘「日の出山荘」に招待し、双方大満足だった。

●**中曽根康弘が始めたもの**

1≡三公社民営化

鈴木内閣の行政管理庁長官として第二次臨時行政調査会（土光臨調）を発足させ、のち自身の政権で実行した。黒字だった日本専売公社をJT、日本電信電話公社をNTT各社、大赤字だった日本国有鉄道をJR6社＋JR貨物に。

2≡初センター

サミットなど各国首脳との写真撮影では堂々と中央付近に立ち、日本の首相のイメージが変わったと言われた。当時の国連分担金・拠出金の額はアメリカに次ぐ第2位（現在は中国に次ぐ3位）だったので、レーガン大統領の横に立つくらいは、納税者である国民のためにも当然だと考えていた。

※旧制静岡高校での第一外国語がフランス語で、英語とフランス語を両方話せる中曽根やカナダ首相は言語的には会談しやすいはず（福田赳夫もフランス語が得意だったので同様）。中曽根は米・英・西独（レーガン大統領・サッチャー首相・コール首相）に対し独自路線を進むフランスのミッテラン大統領の信頼も得ている。

3 首相として初の訪韓（1983年）

これ以前は「表敬訪問」だった。**首相就任後、アメリカより先に韓国を訪問先に選んだ**ことで、**全斗煥**（チョンドファン）**大統領**は大喜び。中曽根は晩餐会のスピーチで韓国語を多く交えたこともあり、全は官邸の青瓦台（せいがだい）の一室で「ナカソネさん、オレ、アンタニホレタヨ」と日本語で述べたほど。

※中曽根はこの後、訪米してレーガン大統領と初対面し、核戦力の削減などをめぐり意気投合しており、国際社会ではコミュニケーション強者だった。

4 靖国神社公式参拝（1985年8月15日）

一度きりで断念したことで中国との関係をつなぎ留めた。ただし、「靖国問題」は国内の政教分離問題（＝憲法問題）の域を超え、国際政治問題となった。

5 プラザ合意とルーブル合意

アメリカでは経済政策「レーガノミクス」により財政・貿易の「双子の赤字」が悪化したので、1985年、ニューヨークのプラザホテルでG5〔米・英・仏・日・西独〕蔵相・中央銀行総裁会議が行われ、ドル安誘導が決定した（当時は1ドル＝240円前後だったが翌年に1ドル＝200円を突破）。ドル安・円高は1ドル＝140円台まで進んだこともあり、1987年、パリでドル安是正と為替相場安定に向けG7〔米・英・仏・日・西独・伊・加〕会議が開かれ、ルーブル合意となった。

※従来「輸出志向型」経済だった日本では、プラザ合意により輸入促進政策がとられ、日本人・日本企業による世界の不動産取得が進んだ。1986年、前日本銀行総裁・前川春雄を座長とする「国際協調のための経済構造調整研究会」による「前川レポート」が発表され、内需拡大・産業構造の変換を伴う「輸入志向型」経済への転換が日米首脳会談で表明された。しかし自民党内では、党三役（幹事長・政調会長・総務会長）や各派閥の長を筆頭に、国内産業に与える影響を恐れ、「前川レポート」や首相の発言に対し極めて批判的だった。

6 バブル経済（1987〜91年）

「前川レポート」の内需拡大という言葉が独り歩きし、日本経済の構造変化というよりも財政政策拡大と金融政策緩和により「泡のように実体を伴わない数字上だけの好景気」となった。円高不況の反動も当然あったが、経済の東京一極集中や大都市集中を是認したことも大きかった。何より、内閣は早急に対策を打たなかった。

7 防衛予算GNP比1％枠突破（1987年）

三木内閣の1976年、「防衛計画の大綱」で1％枠内に留めることが決まっていた。

8 共通一次試験の廃止と大学入試センター試験導入を決定

1990年から実施。中曽根は教育・文化政策に一家言ある政治家だが、初等・中等教育に関しては現場からの抵抗も強く、目立った成果は正直これくらいだった。

● 特徴

1 174㎝・74㎏と当時としてはかなり大柄。首脳会議で「映える」首相。

2 初当選のころから、対米従属的な吉田茂首相を「官僚秘密外交」と批判、「自主憲法制定」「首相公選制」を敢然と唱えた。

※当時から「首相になったらやりたいこと」をノートに書き込み続ける意気込み。

3 理想の政治家は、軍人出身のフランス大統領シャルル＝ド＝ゴール。米ソの二大超大国に対し独自路線を歩み、自国の文化を誇る姿に憧れる「隠れゴーリスト」だった。

※アメリカに対し日本の自主性を主張する「革新保守」を自称。内政・外政で多くの審議会を設置するなどブレーンを多用し、「大統領的首相」を目指した（中曽根は官邸主導の現代型政治のルーツ）。

4 原子力政策を推進

「ミスター・アトム」の異名を持つ。佐藤内閣の非核三原則「もたず・つくらず・もち込ませず」のうち、最後の「もち込ませず」は中曽根が提案し採用された。

※しかし、2011年の東日本大震災を経て、原発推進に関して「周辺の住民には非常に大きな迷惑をかけた」等と反省の弁を述べている。

5 国際日本文化研究センターの創設

日本研究の国際的な拠点として、政権末期に京都に創設。

6 三縁主義

毎年「結縁・尊縁・随縁」と手帳に書きつけていた。「縁を結んだら、その縁を尊び、その縁に従う」という意味で自作の言葉。

● **趣味**

坐禅・俳句・油絵など。旧制高校時代から聖書を読み、クリスチャンではないが国際的政治家としての素養となった。中曽根は無宗教で、「特定の既存宗教を信仰するには、そのための機会と修養が不足しているようです」と語っている。

● **好き**

1 読書

司馬遼太郎を愛読。歴史上の人物としては勝海舟の熱烈なファンで「行蔵は我に存す。毀誉は他人の主張に候（自分は信念を持ってやっているので批判はご随意に）」を座右の銘とし、「風見鶏」の批判を意に介さなかった。

2 演説

生来弁が立ち、さらに独学で弁論術を学んでいた。

3 パフォーマンス

初出馬時には、白塗りの自転車に日の丸を立てて有権者を回った。また、防衛庁長官時には、自衛隊員の士気を高めるためジェット機に乗り全国の部隊を視察している。各界から「人気取り」と非難されることもあったが、本人は気にせず。

●得意

1 水泳・テニス・ゴルフ

「総裁は水泳で決めるか、はっはっは」と豪語したほど。麻雀などインドアの遊びをするなら勉強していたほうがいいというアウトドア派。

2 外交

アメリカのレーガン大統領や韓国の全斗煥大統領と仲良し。中国との関係も現代では考えられないほど良好で、胡耀邦（こようほう）総書記と親しかった。

※1985年、ソ連のチェルネンコ書記長の葬儀への参列時にゴルバチョフと行った会談も、田中・ブレジネフ会談以来11年半ぶりのことだった。また、1987年、**日本の首相として初の東欧訪問**も果たしている。

●苦手

経済政策（＝財政・金融政策）

税率5％の**大型間接税「売上税」を導入できずバブル経済を招く**。高度経済成長が終わり10年以上経っても国民は増税を拒否し「低負担・中福祉」を求め続け、「民」重視で「公」を軽視したので、公務員のモチベーションは著しく下がった。結果的に「民」は目先の利益に追われ、削られる側の「公」はなるべく手を止めたので「民」「公」ともにサボり状態となり、根本的な問題を先送りしてしまった。

●豆知識

1 プロ野球の長嶋茂雄が所有する世田谷区上北沢の家を借りて住んでいた。

2 長男の弘文（ひろふみ）は、文相・外相などを歴任した参議院議員。孫の康隆は、衆議院議員。

3 孫の文子（ふみこ）は、タクシー・ハイヤー業界最大手「日本交通」創業家3代目で株式会社Mobility Technologies代表取締役会長としてタクシーアプリ「GO」を始めた川鍋一朗の妻。

第74代総理

ういっしゅ

竹下登

自由民主党

1987年11月6日～
1989年6月3日
576日

●組閣の経緯

大型間接税「売上税」導入を断念し退陣する中曽根康弘首相による「中曽根裁定」で、自民党のニューリーダー「安竹宮」と呼ばれる安倍晋太郎（清和会）・竹下登（経世会）・宮澤喜一（宏池会）のうち、竹下が後継に指名された。

※容体が悪化していた昭和天皇の「大喪の礼」を死後に行うこと、消費税を導入することなど大仕事が待ち受けている状況だったことから、最大派閥かつ党内の調整力に長ける幹事長の竹下が選ばれた。当時の5大派閥の残る2つのうち、中曽根派は渡辺美智雄を、河本派は河本敏夫を擁立できなかった。

※政策課題として「首都圏の地価高騰の抑制」（バブル経済対策）、「日米経済摩擦の緩和」（貿易摩擦対策）、「税制改革」（消費税導入）の3つを挙げ、総裁を競った安倍を幹事長、宮澤を副総理・蔵相とし、挙党体制を採った。

●**就任時の年齢**

63歳

●**退陣の理由**

大物議員のみならず自らの秘書まで未公開株の譲渡を受けていた**リクルート事件**、強行採決による**消費税導入**などで**政治不信が広がり**、**内閣支持率が急落**したため。

※支持率が史上最低の1ケタまで落ちた。また、「竹下の金庫番」と呼ばれた初当選以来の秘書・青木伊平は自殺してしまう。

●**キャッチフレーズ**

1 「**10年たったら竹下さん**」

宴会でズンドコ節の替え歌「講和の条約吉田で暮れて♪日ソ協定鳩山さんで♪今じゃ佐藤で沖縄返還（または「今じゃ角さんで列島の改造だ」）♪10年たったら竹下さん♪トコズンドコズンドコ」をよく歌っていた。

2 「**言語明瞭・意味不明瞭**」

慎重すぎる性格で解りにくい。はっきり喋る割には、かなり用心深い言い回しをする。

3 「ほめ殺し」

首相就任前の幹事長時代、1987年初頭から国家主義団体の日本皇民党に「日本一金儲けの上手い竹下さんを総理にしましょう」等と執拗に〝ほめ殺し〟された。

※理由ははっきりしないが、恩師の田中角栄に反旗を翻し経世会＝竹下派を旗揚げしたことに義憤を感じた等とされる。マスコミ各社が注視する中で竹下が小沢を伴い田中邸を訪れ娘の眞紀子に門前払いされた日から、嫌がらせはなくなった。

※じつは経世会の金丸信・小沢一郎らが東京佐川急便の渡辺広康社長に仲介を依頼、広域暴力団稲川会の石井隆匡会長が日本皇民党に働きかけて中止されたことが、1992年に明らかとなった（＝皇民党事件）。

4 ≡「おじいちゃん」

ロックバンドBREAKERZのボーカルで**タレントのDAIGOは孫**（娘の子）。

※ただし、2008年に枕元に竹下が現れたとして、DAIGOはおじいちゃんネタを封印している。また、彼の妻は女優の北川景子。

● **生没年**

1924年2月26日〜2000年6月19日（76歳没）

金丸信の10歳下、田中角栄・中曽根康弘の6歳下、宮澤喜一の5歳下、宇野宗佑の2歳下。安倍晋太郎と同い年（学年は竹下が1つ下）。

● **出生** ☞ **島根県出身**

現在の島根県雲南市の山間部にある酒造業を営む旧家に長男として生まれる。家は江戸時代からの庄屋で、父は県議会議員を務めた人物。

※22歳下の異母弟、竹下亘（わたる）は後継として自民党の政治家となり復興大臣・国会対策委員長・総務会長を務めた。もう一人の異母弟が家業を継いでいる。

●学び

掛合（かけや）小学校→松江中学校（現在の松江北高校）→旧制松江高校（現在の島根大学）→受験に2度失敗した末に早稲田大学第一高等学院（現在の早稲田高等学院）に入学→早稲田大学第一商学部卒業（22歳）

※早稲田在学中に学生結婚をしたが学徒出陣で徴兵され、陸軍飛行隊に入隊。国内で少尉として勤務し終戦により復員、復学した。

●キャリア

1947年、地元の中学で英語の代用教員（23歳、平行して農地委員などの青年団活動）→島根県議会議員（27歳）→1958年、自民党の公認で衆議院議員初当選（34歳、山林地主でもある知事の田部長右衛門（たなべちょうえもん）の後ろ盾を得てトップ当選）→第一次佐藤栄作内閣の官房副長官（40歳）→国会対策副委員長（42歳、以後6期務める）→1971年、第三次佐藤内閣の官房長官で初入閣（47歳）→第一次田中角栄内閣の筆頭副幹事長（48歳）→第二次田中内閣の官房長官（50歳）→三木武夫（たけお）内閣の建設大臣（52歳、自民党全国組織委員長も務める）→衆議院予算委員会委員長（54歳）→第二次大平正芳内閣の大蔵大臣（55歳）→第一次中曽根康弘内閣の蔵相（58歳）↓1985年、先進5カ国がドル高是正で一致した「プラザ合意」に第二次中曽根内閣の蔵相として日銀総裁とともに参加（61歳、この年に創政会を立ち上げて田中に激怒される）↓第三次中曽根内閣の幹事長（62歳）↓1987年、田中派を引き継いだ創政会を経世会に発展させたのち内閣組閣（63歳、第2代会長は金丸信）↓1992年、羽田孜（はたつとむ）・小沢一郎らが「改革フォーラム21」を結成し経世会から離脱（68歳、第3代会長は小渕恵三）↓1994年、経世会が解散し平成研究会に（70歳）↓1995年、平成研の第一次橋本龍太郎内閣組閣（71歳）↓1998年、平成研の小渕内閣組閣（74歳）↓2000年、病のため政界引退を表明し間もなく亡くなる（76歳）

●追加知識

リクルート事件（1988～89年）とは、事業の拡大を図るリクルート社の江副浩正（えぞえひろまさ）会長が、値上がり確実とみられた子会社の未公開株を政・官・財界の要人に譲渡し、公開後に多額の売却利益をあげさせた疑獄事件。

※竹下首相・中曽根前首相・宮澤副総理兼蔵相・安倍幹事長・森喜朗（よしろう）・藤波孝生（たかお）（中曽根内閣の元官房長官で逮捕される）ら自民党大物議員、社会党・公明党・民社党の一部議員や官僚などが、秘書・後援会・家族などの名義で未公開株の譲渡、政治資金の供与、パーティー券購入を受けたことが明らかになった。

●ライバル

「安竹宮」の他の2人

人柄がよく脇が甘いことから「プリンスメロン」と呼ばれた安倍晋太郎は、次期首相候補だったが、リクルート事件に関与したため総裁選に立候補できず1991年に病で急死（清和会「悲劇のプリンス」）。宏池会の宮澤喜一は同年、総裁・首相に。

●仲間

1 ≡ 金丸信

初当選どうしの時からの10歳年上の盟友。竹下の長女は金丸の長男に嫁いでいるほど親しく、竹下派を継いだ。しかし金丸は、後に小沢一郎から切り捨てられる。

2 ≡ 青年団時代からの知人たち

1歳下の野中広務（ひろむ）や4歳下の浜田幸一らと知り合い、彼らのよき先輩として、以後も気さくに付き合った。

●世話になった政治家

1 ≡ 佐藤栄作

1年生議員の頃から、まるで徒弟のように連日朝から自宅に張り付いた。その甲斐あって、第三次内閣では官房長官に抜擢してくれた。

2 橋本登美三郎（佐藤派五奉行の一人）

早大雄弁会の先輩。第一次佐藤内閣の官房長官で、竹下を副長官に抜擢してくれた。

3 田中角栄（佐藤派五奉行の一人）

佐藤派が田中派に変わると可愛がられ、竹下はその党内調整力から「ミニ角栄」とまで呼ばれた。しかし、田中が自派から総裁候補を立てず君臨し続けたので、業を煮やした竹下は1985年、金丸・小沢らと創政会（のち経世会）を立ち上げ世代交代。

※激怒し納得がいかない田中は、深酒が祟り20日後に脳梗塞で倒れ、二階堂進のグループ等しか残らなかったことから、竹下らは娘の眞紀子に大いに恨まれた。

●世話をした政治家

1 竹下派（経世会）「七奉行」

竹下系の小渕恵三・橋本龍太郎・梶山静六と、金丸系の羽田孜・小沢一郎・渡部恒三・奥田敬和。ただし羽田・小沢は後に経世会を割り、さらに自民党を割って出た。

2 後継首相たち

竹下に続く宇野宗佑（中曽根派）・海部俊樹（河本派）・宮澤喜一（宏池会）の3首相は、経世会の協力なくしては成立しなかった。

●名言

1≡「〜だわな」

郷里・出雲弁の口癖。

2≡「アイムソーリー、僕ソーリー」

首相就任後、孫のDAIGOに対する第一声。

●竹下登が始めたもの

1≡初の地方議員出身の首相

小さな問題に拘り、大局観のないタイプの政治家だと揶揄される要因でもある。「司司（各省庁や地方自治体）に任せる」が口癖だった。

2≡ふるさと創生事業

東京23区など財政に余裕のある地方公共団体を除く全国の市町村に対し、自由に使える地域振興のための「ふるさと創生資金」1億円を一律交付。

※バブル経済の最中、どうしていいかわからない自治体が頓珍漢なもの（金塊購入やモニュメント建設）に遣ったパターンも多く「無駄遣い」の代名詞となった。

3≡省庁一機関移転

首都機能移転は当分無理そうなので各省庁一機関のみを優先したが、官僚任せにしてしまい、首都圏内の神奈川・埼玉・千葉県に移転しただけだった。

4 牛肉・オレンジの輸入自由化決定（1988年）

3年後の91年から自由化され、ステーキ・焼肉や果汁100％のオレンジジュースが以前より気軽に味わえる環境に。苦しい立場になった国内の畜産農家やミカン農家は知恵を絞り、新たなブランド・品種が多数登場する契機ともなった。

5 新元号「平成」スタート

1989年1月7日の朝、昭和天皇が崩御し日本史上最長の元号「昭和」は64年で終了。午後に新元号を発表した小渕恵三官房長官は「平成おじさん」と呼ばれ、認知度が一気に上昇。TVはすべて関連番組に切り替えられ、レンタルビデオ店が急成長する契機ともなった。

※大喪の礼は2月下旬に行われ、164カ国・28の国際機関から弔問団が来日。

6 大型間接税「消費税」3％で初導入

衆議院における強行採決（解散・総選挙で世論を問わないままの採決）に対し、参議院で野党による「牛歩戦術」が行われた。

● 特徴

1 絶対に怒らない

戦時中、学徒出陣で陸軍の航空隊員となった竹下がいる東京・立川の基地を、義父との関係でノイローゼ気味の妻が訪れた際「お前の方に問題がある」等と一方的に咎めたところ、島根に帰った後に自殺してしまったという悲しすぎる出来事による。

2 ― 敵が少ない

「人の悪口はその日のうちに本人に聞こえる」と考えており、絶対に人の悪口を言わない。師の田中からの教えもあり「汗は自分でかきましょう、手柄は人に譲りましょう」と公言、何をするにも人一倍気を遣い「気配り・根回しの竹下」「気配り・目配り・金配り」とも呼ばれた

● 得意・趣味

書道・麻雀

● 豆知識

亡くなる約1カ月半前の政界引退時、病床からの音声テープも「お世話になった皆さまへの感謝の気持ちで胸が熱くなります」と、誠実で気配りを欠かさず好感を得た。

I am the Prime Minister of Japan.

第5章

平成・令和時代の総理大臣

第75代総理

UNO

宇野宗佑（うのそうすけ）

自由民主党

1989年6月3日〜
8月10日

69日

●組閣の経緯

リクルート事件に無関係で経世会の言うことを聞きそうな人物、という消去法で「竹下裁定」により選ばれたので、「第二次竹下登内閣」「竹下院政」と揶揄された。

※年齢や当選回数的に「世代交代が進まない」ことで、既得権益層も納得。

●就任時の年齢

67歳

●退陣の理由

「改革前進内閣」と命名しスタートした3日後、鳥越俊太郎編集長の週刊誌『サンデー毎日』が東京・神楽坂の芸妓との女性問題を報じる。リクルート事件批判・消費税反対・農業自由化反対と合わせ四重苦となり、参議院議員選挙で結党以来の過半数割れの大敗

（半数改選の126議席中36議席）を喫し、2カ月余りで退陣。

●**生没年**

1922年8月27日〜98年5月19日（75歳没）

同じ中曽根派の渡辺美智雄の1歳上・竹下登の2歳上。

●**キャッチフレーズ**

1 「アイムソーリー宇野総理」

当時の流行語。本書のタイトルのきっかけの半分。

2 「UNO（ウノ）」

アメリカ発のカードゲーム。残り手札が1枚になると「UNO（イタリア語で1）」と宣言。参院選に大敗した宇野内閣は、「総辞職」の1枚しか切るカードがなかった。

●**出生** 滋賀県出身

滋賀県守山（もりやま）市で、酒造家「荒長（あらちょう）」の長男に生まれる。祖父は当時の守山町長を2期務めた地元の名士。

●**学び**

小学校時代は常に級長。県立八幡（はちまん）商業学校（現在の八幡商業高校）→彦根高等商業学校（現在の滋賀大学経済学部）→1943年、神戸商業大学（現在の神戸大学）と進むが、入学2

カ月後に学徒出陣（21歳、2年のシベリア抑留後復学せず中退）。

●キャリア

1947年、帰国して守山町商工会長に当選（25歳、家業を継ぐ）➡シベリア抑留体験を『ダモイ・トウキョウ〔東京への帰郷〕』に著す（26歳、のち映画化され評判に）➡滋賀県議会議員に当選（29歳、はじめ自由党のち民主党に入党）➡滋賀県議会副議長（33歳）➡自由民主党から初出馬した衆議院議員選挙に落選（36歳、上京して河野一郎（こうの）の秘書に）➡1960年、安保闘争直後の総選挙で衆議院議員初当選（38歳、河野派）➡自民党青年局部長（39歳、局長の竹下登とともに東南アジア・南アジアを歴訪し青年海外協力隊発足に尽力）➡第一次佐藤栄作内閣の三木武夫（たけお）通商産業大臣の下で通産政務次官（44歳）➡河野の死後中曽根派に合流（46歳）➡1974年、第二次田中角栄内閣の防衛庁長官で初入閣（52歳、続く三木内閣では国会対策委員長）➡福田赳夫（たけお）内閣の科学技術庁長官（54歳）➡広報委員長（56歳）➡第二次大平正芳内閣の行政管理庁長官（57歳）➡第一次中曽根康弘内閣の通商産業大臣（61歳）➡竹下登内閣の外務大臣（65歳）➡1989年、竹下の指名を受け内閣組閣（67歳、約2カ月後に退陣）➡政界引退（74歳）➡1998年、病死（75歳）

●迷言

1「原子力発電所に反対する人はクーラーを使うなと言いたい」（外相時代のこの発言で

脱原発団体から非難された）

2≡「明鏡止水の心境であります」（退陣会見で清々しさを漂わせ話題に）

●**ライバル**

竹下登・海部俊樹と「若手三羽ガラス」と呼ばれたことがある。宇野内閣幹事長の橋本龍太郎も女性関係の噂が絶えず、そういう意味ではライバル。

●**世話になった人**

1≡**河野一郎**

初出馬で落選後に秘書を務めさせてくれた派閥の長。

2≡**中曽根康弘**

河野派を引き継いだ派閥の長で、のち渡辺美智雄に次ぐNo.2まで出世させてくれた。

3≡**竹下登**

「次、あんた総理やってや」と「竹下裁定」で後継に選んでくれた。

●**エピソード**

1≡「棚ぼた総理」

リクルート事件による竹下登（経世会）退陣を受け、本来の首相候補である安倍晋太郎（清和会）・宮澤喜一（宏池会）・渡辺美智雄（中曽根派）ら派閥の領袖が軒並み疑惑の渦中に。9年前の大平急死時と同様に期待の声が高まった伊東正義総務会長も「本の中身が変わらずに、表紙だけ変えてもダメだ」と名言を放ち打診を断った。

※しかし竹下は、夏にフランスで開かれるアルシュサミットに即対応できるということで、後継は外相の宇野一本で考えていたらしい。またこの時、一瞬話が出た清和会の長老・福田赳夫がヤル気になったという噂もある。そのくらい消去法だった。

2 1989年6月4日、就任当日の晩に中国で（第二次）天安門事件が発生。3日後に自身の女性スキャンダル報道もあり、厳しい態度のアメリカと無理に歩調を合わせずヌルい対応に終始。鄧小平からは好感を持たれていた。

3 首相なのに参議院議員選挙の応援演説依頼がゼロ。土井たか子委員長の日本社会党女性候補に「マドンナ旋風（ブーム）」が起き、圧勝した土井は「山が動いた」の名言を残す。

● **宇野宗佑が始めたもの**

1 日本の外相として初めてイスラエルを訪問。

2 派閥の領袖（＝長）ではない初の総裁・首相。執行部である党三役（幹事長・総務会長・政調会長）も未経験だった。

3 初の政治家秘書出身の首相。

4 閣僚と政務次官（現在の副大臣・政務官にあたる）の、妻子を含む資産公開制度をスタート。

5 初の参議院過半数割れ。衆参「ねじれ現象」の元祖。

●**趣味**
骨董品・民芸品の収集と美術館めぐり。俳句・絵はプロ級の腕前で、ピアノ・ハーモニカもできる。若い時から映画鑑賞も大好き。

●**得意**
「口八丁手八丁」と呼ばれる**演説の達人**で、何でもこなす器用人。歴史書や小説まで10冊以上書いて出版し、剣道は五段で乗馬もできる。

●**苦手**
口の軽い愛人。「もし私の愛人になったら、これだけ出す」と指三本出したという超個人情報まで週刊誌に告発された。彼女は月のお手当が300万だと思ったら30万だったのと、別れ方が雑だったので憤激。のち尼僧になるというオチも付いた。

●**豆知識**
在任中の6月24日、「演歌の女王」美空ひばりが亡くなり大ニュースとなった。しかし翌日、某スポーツ新聞のみ宇野の新たなスキャンダル疑惑（祇園のくるみちゃん云々）を一面で報道した悪ふざけが、高2だった筆者の記憶に焼き付いている。

第76・77代総理

スピーチ

海部俊樹

自由民主党

第一次内閣
1989年8月10日～1990年2月28日

第二次内閣
1990年2月28日～1991年11月5日

計818日

● 組閣の経緯

58歳という若さと巧みな弁舌、清新なイメージで、リクルート事件や宇野宗佑前首相の女性問題で悪化した世論を好転させるべく、最大派閥の経世会（金丸信・竹下登・小沢一郎＝「金竹小」）や清和会の安倍晋太郎が総裁選に協力。海部本人は最小派閥の河本派No.2にすぎず基盤は脆弱、党三役も未経験で文相経験しかなく、敗れた林義郎と石原慎太郎も派閥の長でない、異様な総裁選だった。

※参院選に大敗した宇野が招いた「ねじれ国会」により、参議院では土井たか子社会党委員長が首班指名されたが「衆議院の優越」により海部が組閣。

● 就任時の年齢

第一次内閣58歳、第二次59歳

●**退陣の理由**

政治改革関連三法案が会期を残したまま突然廃案に追い込まれると激怒し、「重大な決意」と解散を匂わせる発言で腹を括った。しかし、党内から猛反発を喰らい、最後は竹下派の金丸に梯子を外され、総裁選への不出馬を表明し総辞職。

●**生没年**

1931年1月2日〜2022年1月9日（91歳没）

宮澤喜一の12歳下・宇野宗佑の9歳下・竹下登の7歳下。小渕恵三と森喜朗の6歳上。竹下と小渕・森は、それぞれ早稲田大学雄弁会の先輩と後輩。

●**キャッチフレーズ**

1｜「政治改革」

これ一本で登場し、党内争いにより実行できず退場。また、バブル崩壊・湾岸危機という内外の突発的な重要事態が引き起こした「決められない政治」という混乱が、保守本流（宏池会or経世会）・主要閣僚経験者による本格政権待望論につながった。

2｜「水玉ネクタイ」

1975年、三木武夫内閣の官房副長官の時、国鉄労働組合書記長と「スト権スト」問題でやり合い連日帰宅できず、毎回同じドット柄のネクタイを締めて野党やマスコミ対応に当たり、TVで話題となった（海部の活躍もあり争議は組合側が敗北）。この時、全国から水玉ネクタイが山のように贈られ、以後600本以上常備し、トレードマークとした（昭和天皇の「大喪の礼」時の喪服姿も、よく見るとドット柄なほど）。

3｜「財布閉じ器」

師の三木と同様、クリーンすぎて若手の面倒見が悪いことから。しかし、だからこそリクルート事件の未公開株に手を出さずに済んでいた。

●**出生**☞**愛知県出身**

愛知県名古屋市で、写真館の長男（6人兄弟姉妹の2番目で上は姉）に生まれる。14歳の時、米軍の空襲で焼夷弾が実家を焼く瞬間を見ている。

●**学び**

小学校卒業後、旧制東海中学（現在の**東海高校**）入学（12歳）⬇1945年、陸軍少年飛行兵学校に合格するも終戦となり東海中学復学（14歳、**在学中に全日本中学校弁論大会で優勝**）⬇中央大学専門部（短大）法科入学（18歳、**在学中に全国大学高専弁論大会で優勝**）⬇**中央大学専門部法科**卒業（20歳、同郷の河野金昇議員の秘書に）⬇早稲田大学第二法学部（夜間）3年に**編入**（21歳、**在学中に全日本学生弁論大会で優勝し総理大臣杯獲得**）⬇**早稲田大学第二法学部**卒業（23歳、大学院政治研究科に籍を置きつつ特別国家公務員として河野の正式な秘書に

↓のち中退）

●キャリア

1958年、三木派だった河野が亡くなり後継となった夫人の秘書に（27歳）↓1960年、河野夫妻の後継として初出馬した衆議院議員選挙で最年少当選（29歳、選挙時のキャッチフレーズはのち三木内閣官房長官となる井出一太郎が考えた「財布は落としてもカイフは落とすな」）↓同年、自民党青年局学生部長↓青年局長（34歳）↓労働政務次官（35歳）↓衆議院運営委員長（41歳）↓人事局長（42歳）↓副幹事長を経て三木内閣の官房副長官（43歳、のち国会対策委員長）↓1976年、福田赳夫内閣の文部大臣で初入閣（45歳、石原慎太郎環境庁長官とともに昭和生まれ初の大臣）↓1978年、大学入試に共通一次試験導入を決定（47歳、年明けの79年に初実施）↓三木派が解散し河本敏夫の河本派に移る（49歳）↓第二次中曽根康弘内閣の文相（54歳）↓1989年、総裁選に勝利し内閣組閣（58歳）↓1990年、総選挙で安定多数を獲得し第二次内閣組閣（59歳）↓1991年、総辞職（60歳）↓自民党が社会党の村山富市を首相に推したことに筋違いと激怒し総裁選に立候補して落選↓自民党を離党して鳩山邦夫らと自由改革連合を結成し代表に就任↓すぐ解散し初代新進党党首に（63歳、小沢一郎幹事長のお飾り？）↓新進党解党により無所属（66歳）↓自由党最高顧問（67歳、小沢の要請）↓元参議院議長扇千景らと保守党を結成し最高顧問（69

歳）↓民主党離党組を迎え保守新党と改組し最高顧問（71歳）↓保守新党が吸収合併され自民党に復党（72歳、河本派を継承した高村派には戻らず二階俊博らの二階派最高顧問に）↓2009年、総選挙に落選して引退（78歳）↓愛知県名誉県民・一宮市名誉市民（80歳）↓2022年、死去（91歳）

●追記

1990年のイラクのクウェート侵攻に始まる「湾岸危機（翌年湾岸戦争へ発展）」の対応は、有事における法整備ができていないことで混迷を極めた。アメリカのブッシュ大統領（共和党）から求められた貢献を小出しにしていった結果「Too little、too late〔少なすぎる、遅すぎる〕」と非難される。結果的に、米・英などからなる約30カ国の多国籍軍と周辺国に130億ドル〔約1兆8千億円〕以上の経済支援をしたものの、目立った人的貢献ができず（＝血も汗も流さず）、戦後にクウェート政府がアメリカの主要新聞に出した感謝広告に日本の名はなかった。

※戦後、海上自衛隊の掃海艇をペルシア湾に派遣して機雷除去作業にあたった（＝汗は流した）のに、「ガソリン税と法人税を上げてまで捻出した大金を搾り取られたあげく正当に評価されなかった」というガッカリ感は、現在まで日本の国際危機対応のトラウマとなっている。PKO協力法案も足並みが揃わず1990年秋に審議未了・廃案に。多くの日本国民にとって、国際社会はまだまだ他人事だった。

●名言

1 「こっちに倒れても支えきれないよ。サッチャーさんは鉄の女だ。あっちに倒れて支えてもらえ」（1990年、アメリカのヒューストンサミットでカナダのマルニーニ首相が「暑くて暑くて倒れそうだ」と言ったことに英語のジョークで返したら首脳陣は爆笑。このシーンは写真付きで報じられ話題となった）

2 「大統領、日本の憲法には『武力の行使は、国際紛争を解決する手段としては、永久にこれを放棄する』と書いてあるのです。そして、**この憲法をつくったのはアメリカなのです**」（湾岸危機でブッシュ（父）の度重なる要請に対し、毅然と対処していた）

●一族

1 2008年にノーベル物理学賞を受賞した小林誠（まこと）は従弟。

2 息子の正樹はTBSに入社。ディレクター時代、ビートたけしから「海部！」と呼び捨てにされていたが、父が首相になった途端「海部さん」に変わったらしい。のちWOWOW映画部長・アニメ事業部長などを務め、有名映像プロデューサーに。

●世話になった人

1 **三木武夫と夫人**

結婚式の仲人までしてもらった海部は、夫人から「俊樹ちゃん」と呼ばれるほどの秘蔵っ子。クリーンな師を模倣した「わかりやすく、きれいな政治」を売りにした。

※三木は自らの内閣で海部に官房長官を約束したが、結局は井出に決まり副長官に下げたことを申し訳なく思ったか、次の福田首相に文相就任を依頼してくれた。

2 河本敏夫

三木派を引き継いだ派閥の長。1989年、78歳でついに組閣のチャンスかと思いきや、若返りを図る経世会の竹下・金丸に説得され総裁選出馬を断念。悔しさを押し殺し「海部さん、あんたやりなさい」と大人の対応だった。

3 竹下登

早稲田大学雄弁会の先輩。総裁選時にも協力してくれたが、その後、海部は内政においては経世会の言いなりで、宇野に続く「第三次竹下内閣」と呼ばれた。

※雄弁会の人脈は強固で、石橋湛山（たんざん）は海部の政界デビューから3年後に引退したが、竹下登や小渕恵三・森喜朗は派閥を超えて助けてくれた。

4 明仁（あきひと）上皇

上皇さまが2歳下と年齢も近く、何でも気さくに聞き、話してくれた。

●ライバル

「ニューリーダー」たる「安竹宮（あんちくみや）」を継ぐ「ネオ・ニューリーダー」のトップを走った

のが海部。他に、経世会の羽田孜・小沢一郎（幹事長として海部を舐めていた）・橋本龍太郎、宏池会の河野洋平、清和会の三塚博・森喜朗らがいた。

●エピソード

1≡総辞職後は「流転の元宰相」として9年間各政党を渡り歩き、2003年に復党。最後は落選というオチまでついた苦労人。

2≡混乱を招いた割に内閣支持率はそこまで下がらなかった。「精いっぱい、一生懸命、力いっぱい」を繰り返しつつ、アメリカから「Show the flag（目に見える貢献を）」と言われても自衛隊までは派遣しないことに象徴される海部の人柄は、当時の国民性と合っていた。

●海部俊樹が始めたもの

1≡青年海外協力隊

竹下・宇野も尽力したが、1965年、アフリカにも広げた上で立ち上げたのは海部の力が大きい。

2≡初の昭和生まれの首相

3≡女性閣僚の複数登用

経済企画庁長官高原須美子（経済評論家＝女性初の民間人閣僚）と環境庁長官森山真弓。

森山は内閣発足わずか2週間後、前任の山下徳夫の女性問題発覚・更迭により**女性初の官房長官**に転じる。「女性ならもうスキャンダルは起きないだろう」という、普通に起きる現代を思えば珍妙な思惑だった。のち森山は相撲界の神事としての女人禁制を無視し、土俵に上がろうとしたことで悪目立ちすることになる。

4 **日米構造協議**

1980年から続いてきた経済摩擦に関する日米協議は、対米輸出自主規制や通貨調整などから非関税障壁へと焦点を移し、1989年からこの名称で本格的にスタートした。アメリカは、日本市場の特殊性・閉鎖性を支えていると思われる「構造」そのものを俎上に載せ、強烈な外圧をかけた。

5 現上皇の天皇即位の礼で、旧来の慣例である束帯を改め燕尾服で万歳三唱。また、殿上より一段低い玉砂利の上で待機するのでなく、最初から殿上にいることにした。

※式典に出席した158カ国の要人の前で、「日本はまだ民主化していない」等と思われることを避けたかった。

6 **初の自衛隊実働部隊を海外派遣**

湾岸戦争後、6隻の掃海艇をペルシャ湾に派遣。湾岸危機・湾岸戦争中は、ブッシュ大統領との最初の電話から「憲法上の制約、国会の論議があり、軍事活動に直接参加することは考えられない」と即答している。

7 バブル崩壊→平成不況・「失われた30年」

1989年12月大納会での38、915円をピークに1990年からすでに株価は落ちていたが、地価も下がり1991年2月に崩壊。

※財政通の宮澤喜一が「海部さんは一生懸命おやりになっているけれど、何しろ高校野球のピッチャーですからねぇ」と素人扱いし、海部が激怒したという話もある。

●**得意**

1 演説。全国弁論大会に何度も優勝し、早大雄弁会では「海部の前に海部なし、海部の後に海部なし」と言われたほど。テープで聞いても「何がすごいかわからない」というくらい他の人にとっては再現性がなく、唯一無二の名人芸だった。

●**苦手**

2 水泳と合気道。合気道は、議員仲間と一緒に開祖・植芝盛平(うえしばもりへい)の直接指導を受けた。

●**好き**

酒席。そもそも酒が強くなく、そんな時間があるなら街頭演説に出たいタイプ。

演説。常に「いつ、どこで、どんな人に対して、何を話せば聴いてもらえるか」を意識してインプットし、頭の中を整理していたので異様に記憶力がいい。

※インタビューで「どうやってストレスを発散していたのですか」と聞かれた際、「どうやってといったって、街頭演説をやってる

のがストレス解消になるわな。社会党と共産党の悪口言っとればストレス解消になるわ」と答えている。

●豆知識

1≡少数派閥出身で見た目も若く、大衆人気はあっても国内(というか党内)では軽んじられたが、大きな目を見開き率直に堂々と自分の言葉で話し、ブッシュ・サッチャー・ゴルバチョフ・盧泰愚(ノテウ)ら各国首脳から評価が高い。ただし、一国の宰相としてのリーダーシップが欠如していたのは確かで、本人もそれを素直に自覚していた。

2≡100歳オーバーの長寿姉妹、「きんさんぎんさん」の成田きんの葬儀委員長。

3≡「29」に縁がある。早大卒業が昭和29年。第29回総選挙に29歳で当選し最初に入った議員会館の部屋は629。この時、**29年後に総理になってみせると公言し、弱小派閥の三木派のクセにと笑われたが、本当に29年後に総理大臣に就任した。**

※就任後まもなく、29回目の優勝を果たした横綱千代の富士に国民栄誉賞を授与。授与式は9月29日だった。

第78代総理

宮澤喜一（みやざわきいち）

自由民主党

1991年11月5日〜1993年8月9日

644日

学歴　東大

● 組閣の経緯

政治改革関連法の成立に失敗した海部俊樹（かいふ）首相が衆議院を解散しようとしたが、最大派閥の経世会（竹下派）の反対により阻止され、総裁選への出馬も断念。個人面談の末に経世会の後押しを受け、総裁選で渡辺美智雄・三塚博（みつづかひろし）を破った宮澤喜一が組閣。

※1955年の保守合同以来38年続いた自民党政権「55年体制」最後の内閣。金丸信（かねまるしん）副総裁・竹下登元首相・小沢一郎元幹事長の「金竹小（こんちくしょう）」を中心とする経世会が、宮澤の宏池会（こうちかい）・渡辺の中曽根派・三塚の清和会などを抑え勢力を誇った。

● 就任時の年齢

72歳

● 退陣の理由

社会党・公明党・民社党の三野党が出した内閣不信任案に、自民党から同調者（羽田（はた）

孜・小沢ら）が出て不信任投票する前代未聞の事態が起き可決。宮澤は衆議院を解散したが、「新党ブーム」の中で総選挙に敗れ過半数を大幅に割り込んだ。

※東京佐川急便事件が起き、自民党副総裁の金丸が巨額の脱税容疑で逮捕されるなど政局は混乱を極めていた。その後、政治改革関連法案が処理されなかったことに意義を唱えた羽田・小沢が「改革フォーラム21」を旗揚げして経世会（竹下派）から分裂、梶山静六幹事長や小渕恵三と鋭く対立していたのは痛手だった。

※不信任案に同調しなかった武村正義・鳩山由紀夫らは離党して新党さきがけを結成、羽田・小沢も結局離党して新生党を結成、内部分裂により自民党は結党以来の危機に陥った。

※さらに前年の参院選以来、自民党出身の細川護煕がキャスターの小池百合子を誘い結成した日本新党も人気だった。

●キャッチフレーズ

1 「ヨーダ」

第三回東京サミットの集合写真が世界に配信された時、映画『スター・ウォーズ』の最強ジェダイ・マスターである「ヨーダ」のようだと話題に。

※本来の愛称は「キー坊」。ちなみに前首相の海部もヨーダ似と言われていた。

2 「政治改革」

海部内閣のリベンジで、小選挙区比例代表並立制など選挙改革を含む政治改革関連法の成立を試みたが、提出段階で党内調整に失敗。

※テレビで田原総一朗のインタビューを受け、その場の雰囲気で「(この国会で)私はやるんです。絶対にやります」と言い切り、結局実行できず自らの首を絞めた。与野党間の対立のみならず、自民党内で推進派(羽田・小沢ら)と慎重派(梶山・小渕ら)が経世会という同派閥内ですら対立。調整は困難を極め法案提出の見通しが立たず、首相・総裁としての指導力不足が露呈。造反者も出て衆議院で内閣不信任案が可決され、そもそも党が割れていることから負けを覚悟で解散に打って出て大敗した(=「(改革をやると言ってたのにやれず)嘘つき解散」「自爆解散」)。

3 「平成の高橋是清」

大蔵官僚出身で、小渕恵三内閣・森喜朗内閣と連続で大蔵大臣(2001年の省庁再編で初代財務大臣)に就任。首相経験者の蔵相は高橋是清以来だった。

※のち麻生太郎も元首相として財務大臣に就任したので今では誰も驚かないが、当時、内閣総理大臣経験者が格落ちの国務大臣を務めることは、終戦後の幣原喜重郎(第一次吉田内閣の復員庁総裁)以来だった。

●生没年

1919年10月8日～2007年6月28日(87歳没)

宏池会5代会長で、初代池田勇人の20歳下・2代前尾繁三郎の14歳下・3代大平正芳の9歳下・4代鈴木善幸の8歳下。

※田中角栄・中曽根康弘の1歳下でほぼ同世代。「安竹宮」では安倍晋太郎と竹下登の5歳上で、海部俊樹より12歳上の宮澤は「遅れてきた総理」と呼ばれた。

● **出生** ☞ 東京都（東京府）出身

東京市で、東大卒の内務官僚・のち衆議院議員となる宮澤裕（ゆたか）の長男として出生。本籍地は広島県福山市だが東京で育つ。母は大臣まで務めた立憲政友会代議士の娘。

※次男の弘（ひろし）はのち広島県知事・法務大臣。その子が参議院議員の洋一。三男は外交官。

● **学び**

東京高等師範学校附属小学校（現在の筑波大学附属小学校）↓7年制の旧制武蔵高等学校尋常科（4年、現在の武蔵高校）・高等科（3年、現在の武蔵大学）を首席で卒業↓東京帝国大学法学部政治学科卒業。

※武蔵高等学校時代の1937年、成績優秀者として満洲旅行に。また東京帝大時代の1939年、日米学生会議で訪米し、そこで出会った女性が後に妻となった。

● **キャリア**

1942年、父の同郷の後輩だった大蔵官僚池田勇人の勧めで大蔵省に入省（23歳）↓静岡県の沼津税務署長↓東京府の芝税務署長↓本省に戻り終戦を迎える↓1945年、東久邇宮稔彦王（ひがしくにのみやなるひこおう）内閣の津島寿一（じゅいち）蔵相の秘書官（26歳、大蔵省の先輩の大平正芳とともに仕える）↓第三次吉田茂内閣の池田蔵相の秘書官（29歳）↓1951年、池田蔵相に随行しサンフランシスコ講和会議に出席（32歳）↓通産相になっていた池田が失言で辞任に追い込まれ秘書官の宮澤も大蔵省を退官（33歳）↓1953年、池田に勧められ参議院議員選挙に初出馬して初当選（34歳、自由党）↓1955年、保守合同により自由民主党に（36歳）↓参議院運営委員会委員長（41歳）↓1962年、第二次池田内閣の経済企画庁長官で初入閣（43歳、第三次内閣でも留任）↓第一次佐藤栄作内閣の経済企画庁長官（46歳、第二次内閣でも留任）↓1967年、衆議院議員選挙に鞍替え出馬して当選（48歳）↓第三次佐藤内閣の通商産業大臣（51歳、前任の大平に替わり日米繊維交渉に取り組むが失敗し田中角栄が引き継ぐ）↓三木武夫（たけお）内閣の外務大臣（55歳）↓福田赳夫（たけお）内閣の経済企画庁長官（58歳）↓鈴木善幸内閣の官房長官（61歳）↓第二次中曽根康弘内閣で自民党総務会長（65歳）↓1986年、第三次中曽根内閣の大蔵大臣（67歳、この年に宏池会第5代会長となる）↓竹下登内閣の副総理・蔵相（68歳）↓リクルート事件で倫理的責任を問われ副総理・蔵相を辞任（69歳）↓1991年、第二次海部俊樹内閣退陣に伴う総裁選で勝利し内閣組閣（72歳）↓1993年、総選挙に大敗し総辞職（74歳）↓第二次橋本龍太郎内閣で国内の金融不安に対する自民党緊急対策委員長（78歳）↓1998年、小渕恵三内閣の蔵相（79歳、この年に宏池会会長を6代目の加藤紘一（こういち）に譲り河野（こうの）洋平は離脱）↓1999年、第一次森喜朗内閣の蔵相（80歳、翌年の第二次内閣でも留任）↓2001年、省庁再編により第二次森内閣で初代財務大臣（82歳）↓政界引退（84歳）↓2007年、老衰で死去（87歳）。

追加知識

戦時中に若き大蔵官僚として中国・東南アジアの視察はしたが、徴兵経験も戦場経験もない。

ライバル

「安竹宮」「ニューリーダー」と並び称された、安倍晋太郎と竹下登。

側近

加藤紘一と河野洋平

宏池会は自民党内のハト派（穏健派）。政策が得意で政争が苦手な保守本流の「お公家集団」として、タカ派（強硬派）の清和会（福田・安倍・三塚・森喜朗）や中曽根派（中曽根・渡辺）、石原慎太郎らと対抗。経世会は、梶山・小沢らタカ派もいれば、現実的な利害を重視する竹下・金丸ら中立派もいた。

世話になった政治家

1 ≡ 池田勇人

所属派閥である宏池会の創設者。とはいえ、そこそこ距離を取って冷静に見ていた。

2 ≡ 前尾繁三郎

宏池会の2代目。「人生の大師匠さん」と慕い、かなり近い存在だった。

※宮澤からすれば、前尾から宏池会会長の座を簒奪（さんだつ）した大平は、本来不倶戴天（ふぐたいてん）の敵。

3 佐藤栄作

大平に替えて通産大臣に抜擢してくれたので感謝しているが、渡米までした日米繊維交渉は上手くいかなかった。

●かなり微妙な関係の政治家

1 **田中角栄**

完全に別種の人間。田中は宮澤を「英語屋」「二流秘書官」と呼び見下していた。

2 **大平正芳**

控え目に見ても犬猿の仲。宏池会3代目の大平は、大蔵省の後輩で同じ池田に仕える宮澤を嫌い「あいつ」「あの野郎」等と蛇蝎（だかつ）のごとく嫌っていた。

※宮澤は大平内閣では一次・二次ともに入閣なし。党三役も回ってこなかった。

3 鈴木善幸

大平首相の急死後、宏池会を4代目として継いだ鈴木が田中角栄の後押しで自民党総裁・首相となった時は、官房長官として失言壁のある彼をしぶしぶ支えた。

●名言

「私には関係ありませんが……」（すべて他人事のように聞こえる口ぐせ）

●エピソード

1≡学歴厨（ちゅう）

政治家や記者にやたら学歴を聞きたがり、東大出身者以外を嫌い、かつ嫌われていた。宮澤は頭が良すぎるからか、学者や官僚のブレーンを必要としなかった。

※宏池会でも京大卒の池田、一橋卒の大平、農林省水産講習所（現在の東京海洋大）卒の鈴木をどこか下に見ており、同じ東大法学部卒の前尾を信用していた。

2≡悪口好き

直球も変化球も硬軟織り交ぜて放つ。怒らないことで有名な竹下に「あなたの頃は早稲田の商学部は無試験で入れたそうですな」等といい怒らせたことは、もはや武勇伝。

3≡1984年、ホテルニューオータニの部屋でナイフを持った暴漢に「カネを出せ」と襲われ、灰皿をぶつけられながらも30分ほど格闘して生還している。

4≡「小沢面接」

総裁選出馬を表明していた宮澤（宏池会）・渡辺（中曽根派）・三塚（清和会）の3名が、経世会（竹下派）会長代行・小沢一郎に呼びつけられ事務所を順に訪れた。宮澤は、幹事長の職を退いていた23歳も年下の小沢（慶應義塾大学卒）を「大幹事長」と持ち上げ、経世会会長の金丸（東京農大卒）が最終的に決断し総裁選で後押しされた。

※経世会は心情的には渡辺支持だったが、宮澤がプライドをかなぐり捨て下手に出てきたこともあり後押しを決めた。

5 ブッシュ倒れる

1992年、67歳のブッシュ大統領（共和党）が来日。TV中継の入った首相主催の晩餐会席上で、宮澤の膝の上に嘔吐して椅子から崩れ落ち、世界中に衝撃が走った。

※宮澤は飛び込んできた大統領のシークレットサービスに的確に指示を出し、ブッシュの姿を画面から隠させるなど機転を利かせ、バーバラ夫人に好かれた。その後、宮澤は単独で会見に応じ、ブッシュがインフルエンザで体調不良にもかかわらず午後に天皇・皇太子とテニスに興じたことや、食事のメニューになどについて涼しい顔で淡々と英語で話し、世界中が落ち着いた。

6 55年体制の終焉

自民党第15代総裁として政権を終わらせ、江戸幕府の15代将軍徳川慶喜（よしのぶ）と対比されることもある。しかし自民党は、連立とはいえ翌年すぐに政権に返り咲いている。

● **宮澤喜一が始めたもの**

1 参議院議員経験者初の内閣総理大臣

そして官僚出身者としては最後の内閣総理大臣（2023年現在）。

2 PKO（国連平和維持活動）参加（1992年）

PKO協力法（国際平和協力法）を制定し、初めて自衛隊をカンボジアに派遣。

※UNTAC（国連カンボジア暫定機構）の特別代表に明石康が就任していたこともあり国会対応を急いだ。しかし、時間切れ（会期オーバーなら法案が成立しない「会期不継続の原則」）を狙い審議拒否の態度だった社会党・共産党は、参議院本会議で3夜連続の「牛歩戦術」を展開、4泊5日の徹夜国会となった。衆議院でも徹夜が続き、「フィリバスター（議事妨害）の長時間演説」もなく「乱闘」も起きない国会に呆れたり飽きたりした国民も多い中、結局は自民党・公明党・民社党の3党が押し切った。PKO法案成立直後の参院選では自民党が圧勝した事実が、当時の世論を物語っている。

3 天皇訪中の実現（1992年）

同年に来日した江沢民共産党委員長の要請を受けて実施。中国は鄧小平政権下の1989年に起きた（第二次）天安門事件以後、経済制裁に苦しんでいた。

4 「河野談話」の発表（1993年）

河野洋平官房長官による、従軍慰安婦の強制連行があったことを肯定するかのような談話。朝日新聞紙上の虚偽証言に引きずられる形で発表してしまい、ハト派でならした宏池会・宮澤外交の負の遺産となった。タカ派は今でも大いに悔やんでいる。

5 首相初の日本国政府専用機使用（1993年の訪米時）

● **特徴**

評論家気質。首相として必要な、実行のためのリーダーシップは欠如していた。

●得意・趣味

英語

専門教育も受けず海外留学経験もないが英語力は政界随一。常に英字新聞・雑誌から情報を得た。以前から、英語の話せる大蔵官僚としてGHQと交渉にあたり評判だった。

※新人議員だった浜田幸一が英字新聞を読む議員を見て「日本の国会議員なら日本の新聞を読みなさい!」と背後から叱りつけたところ、何と大先輩の宮澤で、逆に「国会議員なんだから、浜田さんも英字新聞くらいはお読みなさい」と諭されたことで、息子をアメリカに留学させることになった、という話はハマコーの講演会の十八番(おはこ)。

●苦手・嫌い

1 学歴・学校歴などが低い叩き上げの人(例:田中角栄)

現在でいえば筑波大附属小→武蔵高・大→東大法学部→財務省という超エリートだから か、田中は言うに及ばず、東大以外の出身者を下に見る癖が抜けなかった。

※東大法学部卒でも、鳩山や岸のような戦前派は嫌い。間接的に仕えていたから言わないが、おそらく吉田も戦前派なので……。また、佐藤のように卒業後の勤務先が大蔵省ではなく鉄道省だとこれまた下に見ていた。とにかく学歴や経歴に異様にこだわり、酒を飲めばべらんめえ調で悪口を言いまくるのが宮澤の特徴。

2 GHQ〔連合国軍総司令部〕

終戦直後のGHQとの交渉のことは語りたがらない。不快なことが多かったようで、「G

ＨＱが解放軍だと思ったことはない」と吐き捨てている。

●好き

1＝酒

池田や大平もだが大蔵省出身者はやたらと飲む。しかし宮澤は絡み酒なので質（たち）が悪い。

2＝能

小学校高学年から大学時代、よく観に行っていた。

3＝サッカー

初の共催である2002年の**日韓W杯の招致**は、日本に出場経験がないこともあり困難を極めたが、宮澤がワールドカップ招致国会議員連盟の議員会長として尽力した。

※本人は旧制高校尋常科（＝中学）時代に経験があった。高校時代は山岳部。

●著書

『東京―ワシントンの密談』（中央公論社）『社会党との対話―ニュー・ライトの考え方』（講談社）『戦後政治の証言』（読売新聞社）『21世紀への委任状』（小学館）など。

※「戦後政治の生き字引」と呼ばれることもある。

●豆知識

女優の宮澤エマは孫。父が米国人で、母方の祖父にあたる。

第79代総理

おとのさま

細川護熙

日本新党

1993年8月9日～
1994年4月28日
263日

●組閣の経緯

党内抗争で内閣不信任案を可決された宮澤喜一内閣が、「新党ブーム」の中で総選挙に大敗。38年続いた自民党「55年体制」が崩壊し、衆議院でわずか35議席の日本新党・細川護熙が非自民8党派連立内閣の首相となり、支持率70％超えでスタート。

※自民党政権が倒れたのは、武村正義・鳩山由紀夫らの新党さきがけ（宮澤不信任案には賛成せず）、羽田孜・小沢一郎らの新生党（不信任案に賛成）という、自民党を割って出た2新党の力が大きかった。

●就任時の年齢

55歳

●退陣の理由

実質は新生党の小沢一郎代表幹事と公明党の市川雄一書記長の「一・一ライン」がすべ

て取り仕切ったので、空中分解は時間の問題だった。3％の消費税を7％に上げる**国民福祉税**構想は、他党（特に官房長官武村正義の新党さきがけと村山富市の社会党）への根回しも、細川自身の準備も足りず5日で撤回。その後、東京佐川急便からの1億円借りっぱなし問題とNTT株問題という個人的事情で**政権を放り投げた**。そもそも非自民8党派の目標は、「政権交代」と「政治改革関連4法案成立」だったから、それを達成してしまえば連立の意味はなかった。

※ちなみに当時の最大野党・自民党の総裁は、宏池会の河野洋平。

●生年

1938年1月14日～（86歳で存命中）

羽田孜の3歳下・武村正義の4歳下。小沢一郎の4歳上。

●キャッチフレーズ

1 「平成の**お殿様**」

肥後熊本藩主細川家の第18代当主。しかし熊本では、豊前小倉藩から移った細川家よりも、改易処分となった加藤家の人気が圧倒的に高い。

2 「8頭立ての馬車」「ガラス細工の連立」

日本新党・新生党・新党さきがけ・公明党・社会党・民社党・社民連の7党に、参議院院内会派の民主改革連合を加えた「非自民・非共産」8党派連立内閣。

●**出生** 東京都（東京府）出身

千代田区で出生したが、本籍地は熊本市。

●**学び**

鎌倉の私立清泉小学校➡神奈川県の栄光学園中学校➡東京都の学習院高等科を卒業（18歳）➡京都大学を受けるが失敗し、1浪で上智大学法学部へ（イエズス会が男子修道会だったことから共学化されたばかり）➡上智大学法学部卒業（25歳）

●**キャリア**

1963年、朝日新聞記者（25歳）➡鹿児島支局に勤務後本社の社会部記者➡衆議院議員選挙に出馬するも落選（31歳、藩主の末裔が地元で落選）➡1971年、参議院議員選挙で初当選（33歳、自民党田中派）➡三木武夫（たけお）内閣の大平正芳蔵相の下で大蔵政務次官（37歳）、1983年、二期目の参議院議員任期中に県政に転向し熊本県知事に当選（45歳、当時全国最年少知事）➡東京一極集中批判論を朝日新聞に寄稿し話題に（46歳）➡1991年、「権不十年（同じ者が権力の座に十年以上居座るべきでない）」の精神から2期8年で知事を退任し活動拠点を東京に移す（53歳、東海大学客員教授など）➡1992年、月刊『文藝春秋』誌上で「自由社会連合」結党宣言を発表し公募で党名が「日本新党」と決まり代表に就任↓元キャスター小池百合子らとともに参議院議員選挙を戦い当選（54歳、4名当選）↓1993年、小池とともに衆議院に鞍替えで初当選し内閣組閣（55歳、35名当選）↓1994年、総辞職↓日本新党を解党し新進党結党に参加（56歳、党首は海部俊樹）↓新進党を離党し5人でフロム・ファイブ結党（59歳、代表に就任）↓1998年、太陽党・国民の声と3党で合同して民政党結成（党首は羽田孜）↓3カ月後に民政党が民主党へ拡大↓還暦を理由に衆議院議員任期中にもかかわらず政界引退（60歳、のち神奈川県湯河原に工房を持つ陶芸家・茶人となる）↓TBSラジオ『細川護熙・この人に会いたい』パーソナリティー（61歳）↓東北芸術工科大学と京都造形大学の初代学園長（73歳）↓京都・建仁寺の塔頭の襖絵24面を描き話題に（75歳）↓2014年、小泉純一郎元首相の応援を受けて脱原発を唱え東京都知事選に出馬し落選（76歳、首相経験者の首長出馬は初）↓人気陶芸家として存命中。

●名言

1言「官僚的な発想に支配されているそういったものの厚い壁というものを、ドリルで穴を空けてね、そこにやっぱりダイナマイトを仕込んでいくようなね。それができるのは若い力……」（参院選で初当選した33歳時のインタビューで。衆院選に落ちて消去法で参議院全国区で当選した割に物騒な事を云うお坊っちゃんぶり）

2≡「我、現代の源頼朝となりて驕れる平氏を討たん」（日本新党を結成して参議院議員選挙に臨む際、自らを鼓舞して。確かに細川家は清和源氏の家柄ではある）

3≡「これは天意と申しますか、天命として、そのような方向で決断をさせていただきます」（首相になりたいとは「全く思わない」と言っていた割に新生党代表幹事小沢一郎からの就任要請を受諾）

4≡「腰だめ（余裕）も見込んで」（**突然消費税を7%に上げて国民福祉税にすると深夜1時に会見**した時、その数字の具体的根拠を記者団に聞かれて。大蔵官僚の言いなりで何も考えていないことがバレた）

※何も聞かされていなかった社会党委員長の村山富市はTVで会見を見て激怒、夜中なのに官邸に怒鳴り込んできた。厚生大臣・民社党委員長の大内啓伍や官房長官・新党さきがけ党首の武村正義（滋賀県知事時代からの超知り合い）にも「（新生党の）小沢と（公明党の）市川の言いなりか」と批判されている。

5≡「仮に百歩譲って私の取引であったとして、何が問題なのかと……」（衆議院予算委員会におけるNTT株取引についての答弁で天性の脇の甘さを披露）

6≡「**別にないなぁ、何もない**」（総辞職から一夜明けて感想を聞かれて）

●家族

母方の祖父が近衛文麿首相。父はその秘書官・細川護貞。息子の首相就任時、父は「あれの性格では、いずれ（政権を）投げ出してしまうでしょう」と飽きっぽさを予言していた。細川本人も「五摂家筆頭近衛文麿の孫」意識は強い。

●エピソード

1 朝日新聞記者時代は、数日間着替えも入浴もせず記者室に寝泊まりしていたほどのハードワークで、あだ名は「野蛮人」。吉田茂の通夜に、家同士の付き合いがあることで記者では唯一客として入ることができた、という逸話がある。

2 政界入りを父に告げた時、「そんなヤクザな道に入るのなら、家とは縁を切ってくれ。カネも含めて今後一切の面倒は見ない」と勘当を言い渡された。実家のバックアップがゼロだったからこそ、最初の衆院選に落選したともいえる。

3 組閣時に「料亭政治の廃止」「国会外では議員バッジを外すこと」を提唱。しかし、ガラガラになった料亭から「料亭は決して悪い所ではない」と、バッジ業者から「特定業界の存在意義を否定する発言は慎んでもらいたい」と、当然のクレームが出た。

4 ２０１４年の都知事選の勝者は舛添要一。2位は宇都宮健児で3位が細川、4位は田母神俊雄で5位が家入一真。ドクター・中松とマック赤坂がそれに続く大乱戦。

5 ２０１５年、日本で18禁の問題から開催が危ぶまれていた春画（江戸時代のエロス画）展を、自らが理事長を務める美術館永青文庫で開いてあげたよき理解者。

※「今回の展覧会が起爆剤になって、扉を開くきっかけになれば」と話すほどの熱量。

●細川護熙が始めたもの

1 ||| 首長経験者初&唯一の首相。

2 ||| 立ったままの記者会見。ペンで記者を指名したり、プロンプター（電子版カンニングペーパー）を導入したりしたことも、現在まで続く慣習に。

3 ||| GATTウルグアイ＝ラウンドの合意に基づくコメ市場の部分開放。ずっと根回ししてきた自民党の仕事で、細川がどうというわけではない。それは衆議院の小選挙区比例代表並立制や政党助成法にしても同じで、タイミング的に首相だっただけ。

●趣味

陶芸と茶の湯。政界引退後に人気陶芸家・茶人になったほど。

●得意

1 ||| スキー
県知事時代に48歳で国体のアルペンスキー大回転熊本代表となったほどだが、記録は最下位。

2 ||| お洒落
突然長いマフラーで現れたりするパフォーマンス好き。身長も176cmで、育ちの良さからか、いちいちの所作が洗練され美しい。

●苦手

「ムーミンパパ」武村正義のような筋の通った政治家。官房長官なのに国民福祉税発表の会見同席を拒否し「間違いを改むるに如く（し）はなし（やめとけ）」と苦言を呈されている。真っ直ぐな性格の副総理兼外相「ムーミン」羽田孜も苦手。お殿様だけに、苦言を呈されるより「ニコチャン大王」小沢一郎のように、適当に持ち上げてくれる人が好き。

●好き

1 干物とショートケーキ（特にいちごショート）

2 尊敬する人物は西郷隆盛だが、本人には西郷要素の欠片（かけら）もない。

●豆知識

1 知事時代は「日本一づくり運動」などユニークな地域おこしに邁進した。

2 壇蜜（だんみつ）との雑誌上の対談でとても嬉しそうだった。いい余生を送っている模様。

第80代総理

ムーミン

羽田孜

新生党

1994年4月28日～6月30日

64日

●組閣の経緯

非自民8党派連立内閣の細川護熙首相（日本新党）が、個人的な金銭問題で総辞職。副総理兼外相だった羽田孜（新生党）が後継指名を受けた。しかし、新生党代表幹事の小沢一郎が社会党を外した衆議院の院内会派「改新」を結成すると一方的に発表したことで、**社会党の村山富市委員長が激怒し組閣前に連立を離脱**。**少数与党**状態になった羽田は、一時的に閣僚を兼任する「一人内閣」で村山の説得を試みるが……。

※細川内閣時と同様に、実権は新生党の小沢代表幹事（No.2）と公明党の市川雄一書記長（No.2）の「一・一ライン」、もしくは民社党の米山隆書記長（No.2）を加えた「ワン・ワン・ライス」が握っており、小沢はそもそも羽田内閣に乗り気でなかった（自民党から渡辺美智雄を引き抜き擁立しようと工作し失敗している）。

●**就任時の年齢**

59歳

●**退陣の理由**

小沢を嫌う武村正義（まさよし）の新党さきがけは、そもそも閣外協力のみ。また、連立を離脱した社会党の村山も羽田の説得に応じず、その間、**水面下で政権復帰を狙う自民党が仇敵の社会党と手を組み、内閣不信任案が可決されて総辞職。**

※予算は成立させていたので、対抗して衆議院解散・総選挙で国民の信を問うこともできた。しかし、まだ小選挙区の区割りが確定していない中で、旧来の中選挙区で行われてしまう（＝下手すれば改革が元に戻ってしまう）ことが「ミスター政治改革」羽田の信念としては許せず、潔く退いた。

●**生没年**

1935年8月24日～2017年8月28日（82歳没）

小沢一郎の7歳上で橋本龍太郎・小渕恵三・森喜朗（よしろう）の2歳上。海部（かいふ）俊樹の4歳下。

●**キャッチフレーズ**

1 「ムーミン」

しかし低めでダンディな美声。ちなみに1歳上の武村正義が「ムーミンパパ」。

2 「省エネルック」

大平正芳元首相に続きスーツを半袖にしたが、全く流行しなかった。近年、クールビズのはしりと評価する向きもあるが、上着を脱ぐのと袖を切るのはそもそも違う。

3 ||| 「平時の羽田」

経世会会長金丸信曰く「平時の羽田、乱世の小沢、大乱世の梶山」。金丸は、羽田が政治改革に執着しすぎるので、「熱病に浮かされている」とクギを刺したことがある。

4 ||| 「ミスター政治改革」

欧米流の二大政党論者。海部内閣以来の懸案であった政治改革関連4法案の成立を宮澤内閣が断念すると、業を煮やし離党したほどにすべてを懸けていた。

● **出生** 東京都（東京府）出身

東京都大田区で、朝日新聞政治部記者でのち衆議院議員となった羽田武嗣郎（立憲政友会）の長男に生まれる。戦時中は父の故郷・長野県に疎開。

※「孜」の名付け親は旧制高校生のバイブル『三太郎の日記』の著者として有名な、哲学者の阿部次郎。「孜孜（＝熱心に努力する）」より。

※父は戦後、公職追放ののち自由党→自由民主党へ。父方の祖父は、群馬・熊本・千葉・福島の師範学校校長（現在の群馬大・熊本大・千葉大・福島大の教育学部長）を歴任した後、地元の長野でバス会社を経営した。母方の祖父は、長野電鉄創業者。

●**学び**

長野県上田市の中学校を卒業後、上田高校に落ち、東京で**成城学園高校**に入学（16歳、父は衆議院議員なので東京と長野ともに拠点がある）↓成城大学経済学部に入学（19歳）↓**成城大学経済学部経営学科**を卒業（23歳）

●**キャリア**

1958年、新聞社を受験するが落ちて父のコネで**小田急バス**に（23歳、観光ツアーの企画担当だが車掌も務めたことがある）↓退社して父の秘書（31歳）↓1969年、脳出血で半身不随の父の後継として**衆議院議員に初当選**（34歳、佐藤派のち田中派のち竹下派〔経世会〕に属し「農林族」議員に）↓1985年、第二次中曽根康弘内閣の**農林水産大臣で初入閣**（50歳）↓竹下登内閣の**農水相**（53歳）↓宮澤喜一内閣の**大蔵大臣**（56歳）↓1992年、経世会を離脱し**小沢一郎**・奥田敬和・渡部恒三とともに「**改革フォーラム21〔羽田派〕**」を結成（57歳）↓1993年、野党の内閣不信任案に同調↓小沢とともに**自民党を離党し新生党党首**↓細川護熙内閣の**副総理・外相**（58歳）↓1994年、**内閣組閣するも約2カ月で退陣**↓共産党を除く反自民勢力を結集し**新進党**を結成（59歳、初代党首選で海部に敗れ副党首）↓第2代党首選で小沢に敗れ副党首（60歳）↓小沢と対立を深め離党し**太陽党**を結成（61歳、**党首**）↓1998年、太陽党・国民の声・フロムファイブが統合して民政党となり代表に就任↓同年、民主党・民政党・新党友愛・民主改革連合が統合して新たな民主党となり初代幹事長に就任（63歳、のち民主党特別代表や最高顧問を歴任）↓2009年、総選挙で自民党に圧勝して鳩山由紀夫内閣が成立（74歳、政権交代を達成）↓政界引退（77歳）↓2017年、老衰で死去（82歳）

●**名言**

「血のつながる政治。心につながる政治。普通の言葉が通じる政治」（スローガン）

●**世話になった人**

1｜田中角栄

派閥の長。一年生議員の時から影響を受けまくった恩師中の恩師。

2｜竹下登

派閥の長。1992年、金丸の失脚後に経世会が小渕（竹下系）と小沢（金丸系）の対立で分裂の危機となった時、会長を継承した羽田は竹下から「中立であれ」と指示された。しかし、言うことを聞かず小沢に担がれたので、ボロクソにけなされた。

●**盟友のち決裂のち和解**

小沢一郎

佐藤派（周山会）↓田中派（木曜クラブ）↓竹下派（経世会）の盟友。羽田が7歳年長だが、初当選も入閣の年も同じで、「いっちゃん」「つとむちゃん」と呼び合う仲。「改革フォーラム21（羽田派）」立ち上げ時も全面協力を受けた。だからこそ、新生党結成時には「二重権力」と批判されても役者（表＝羽田）とシナリオライター（裏＝小沢）であると、羽田は堂々と公言していた。しかし、羽田の知らないうちに小沢が社会党を外した新会派「改新」を結成し、以後の関係は複雑に。最終的には和解し、羽田の葬儀では小沢が弔辞を読んだ。

●ライバル

「竹下派七奉行」の他の6人

竹下系が小渕恵三・橋本龍太郎、梶山静六。金丸系が羽田本人と奥田敬和・渡部恒三・小沢一郎。小渕と橋本は他よりも一期先輩だった。

●エピソード

1 ≡ 第二次中曽根内閣で初入閣の際、後藤田正晴官房長官が閣僚名簿を「はだしゅう」と間違えて読み上げたことで、かえって有名になった。

2 ≡ 少数の新興勢力「（柿澤）自由党」から外相に抜擢した柿澤弘治が、首相官邸での記念撮影で最前列へ無理に割り込む姿がTVで流れた。本来最前列は5人で首相がセンターだが、この時は端に並んだ柿澤のせい（というか通常外相は最前列でいいが）で6人になってしまい、真ん中はナシ。内閣の今後を象徴する出来事だった……。

3≡陸軍のち自衛隊出身の永野茂門法務大臣が「南京大虐殺はでっち上げだと思う」と発言した際、即座に更迭した。田中直系の親中派である羽田らしいエピソード。

4≡民主党時代の2002年、成城学園高校の後輩で衆議院議員の石井紘基が刺殺された後、補欠選挙でこれも高校の後輩で参議院議員の小宮山洋子に衆議院鞍替えを勧め、選挙対策本部長となり当選に尽力した。

5≡自民党離脱後は、どんなに苦しい時でも妥協せず一貫して非自民を貫いた。

●羽田孜が始めたもの

「平成の目安箱」

首相官邸にFAXを設置して国民の声を直接聞き、公共料金を凍結した。

●苦手

政争。小沢と違い真面目で一本気すぎて、性格的に向いていない。

●好き

1≡マオカラースーツ

首相退陣後は、毛沢東の愛用した人民服のような立襟スーツを愛用するようになり、「羽田家の祖先は中国からの渡来人秦氏である」と喧伝していた。

2三バレーボール観戦も好きで、長野県バレーボール協会会長を16年間も務めた。

●嫌い
首相在任中の靖国神社参拝。羽田は親中派らしく小泉純一郎を名指しで批判したが、長男で参議院議員の雄一郎とともに「みんなで靖国神社に参拝する国会議員の会」のメンバーで、立場が違うと言いたいのだろうが、イマイチ説得力がなかった。

※雄一郎は、2020年末に新型コロナウイルスに感染し53歳で亡くなった。現職国会議員初の感染死として大きな話題となったが、補欠選挙は次男の次郎が当選。

●特徴
優柔不断・八方美人で敵が少ないはずが、一度決めたら超頑固。

●口癖
「〜というふうに」「アレする」など、プロレスインタビューのようなフレーズが多く〝羽田語〟と揶揄された。簡単に済む話でも例えが好きなこともあり話は長め。

●豆知識
妻・綏子は、祖父が元カルピス会長、父がコンドームで有名なオカモトの副社長。夫の短命政権を逆手に取り『首相公邸ハタキたたいて64日』（東京新聞出版局）を出版するなど、ダジャレ好きで逞しいファーストレディ。

第81代総理

トンちゃん

村山富市

日本社会党

1994年6月30日～
1996年1月11日
561日

●組閣の経緯

羽田孜内閣退陣後、新生党代表幹事の小沢一郎が自民党を離脱させて推した海部俊樹元首相に対し、自民党・新党さきがけは社会党の村山富市を推した。その結果、1947年の**片山哲内閣以来の日本社会党首班内閣**が誕生。

※閣僚構成は自民13・社会5・さきがけ2の**自社さ連立内閣**。第一党である自民党の河野洋平総裁が（いくらハト派とはいえ）副総理・外務大臣という、「水と油」のはずの自民党と社会党が政権獲得のために手を組む、節操のない内閣となった。

●就任時の年齢

70歳

●退陣の理由

気さくな人柄で個人としては国民に人気だったが、1995年1月に**阪神・淡路大震災**、

3月にオウム真理教の地下鉄サリン事件、9月に沖縄米兵少女暴行事件など「戦後日本社会の問題点」が一気に噴出するような災害や大事件もあり、官邸の危機対応の弱さが露呈して内閣の支持率は落ちた。その後、社会党が大敗した参院選後は「与党第二党の首相としての限界」を感じた本人が辞めたがり、自民党の野中広務・亀井静香や新党さきがけの武村正義らが年内は必死で引き留めたが、1996年の年明けに辞めた。予算をまとめながら通常国会開催の直前に総辞職するのは異例。

※在任中に新生党・日本新党・民社党・自由党・公明党の一部などが合併して新進党が結成され、社会党の勢力を上回り第二党となっていた。党首は元自民党の海部俊樹のち元新生党の小沢一郎。副党首は羽田孜。

●**キャッチフレーズ**

「トンちゃん」

可愛いあだ名にみられるように優しいが、芯の強さと負けん気はあった。

●**生年**

1924年3月3日〜（99歳で存命中）

●**出生** 👉 **大分県出身**

大分市で、漁師の子に生まれる（11人兄弟姉妹の6男）。父は網元だったが、村山が14歳の時に他界。

●**学び**

高等小学校卒業後に上京（14歳）↓昼間働きながら東京市立商業学校夜間部を卒業し、明治大学専門部政治経済科に入学（18歳）↓学徒出陣を経験（20歳）↓1946年、明治大学専門部政治経済科卒業（22歳）

●**キャリア**

1948年、大分県漁村青年同盟書記長（24歳）↓大分県職員労働組合書記時代に大分市議会議員に立候補するも落選（27歳）↓大分市議会議員に初当選（31歳）↓大分県議会議員に当選（39歳）↓1972年、衆議院議員選挙に初当選（48歳、社会党内では右派）↓落選（56歳）↓1983年、返り咲き当選（59歳）↓1991年、田辺誠委員長の下で国会対策委員長（67歳、ここで自民党の梶山静六・公明党の神崎武法ら他党の有力議員たちと信頼関係を築く）↓1993年、細川護熙内閣で政治改革担当相に就任した山花貞夫の後をうけ社会党委員長（69歳）↓1994年、閣僚経験がないまま自社さ連立で内閣組閣（70歳）↓人気映画『男はつらいよ　寅次郎紅の花』に本人役で出演（71歳）↓1996年、総辞職後に党名を社会民主党に改称し初代党首（72歳、すぐ土井たか子に党首を譲り特別代表に）。↓1999年、自民党の野中広務とともに北朝鮮に渡る（75歳、村山訪朝団）↓2000年、衆議院解散とともに政界を引退（76歳）↓2003年、沖縄を扱った映画

『八月のかりゆし』に特別出演（79歳）⬇現時点で存命の首相経験者としては最高齢。

●ライバル

温和で気取らず謙虚なので、ライバルはいない。

●仲間

1≡妻と娘

妻は、県庁の職員食堂の経営などで家計と選挙を支えた戦友のような存在。娘は、首相在任中の秘書だったが、（妻が腰痛で村山に同伴できないため）実質的にファーストレディの役割を果たした。

2≡戸井田（といだ）三郎（元厚生大臣）

自民党だが、ともに社会・労働委員会の議員として20年を超える付き合い。最終的に村山が首班指名を受けることにしたのは、彼の説得があったため。

●名言・迷言

1≡「**どこの国の話じゃ**」（長年の仇敵である自民党から連立内閣で首相に就任してほしいと打診を受けて。特別国会の内閣総理大臣指名の結果も本人が一番驚いていた）

2≡「**自衛隊は合憲**」「**日米安保体制は不可欠**」（首相就任後に基本政策を打ち出す）

※連立政権維持のため、東西冷戦終結後もなお「違憲」「不要」と突っ張っていた路線を大転換し、社会党の根本が揺らいだ。

さらに選挙制度改革を追認、消費税増税も是認、原子力発電や日の丸・君が代も容認していったので、社会党員や支持者たちは正直どうしていいかわからなくなった。1989年の参院選・90年の衆院選で掲げた「消費税反対！」の旗が消えて無くなるなど、そもそも自民党に反対することが社会党のアイデンティティだったはずが……。

※自民党員や国民も面食らった。確かに55年体制時も水面下でつながっている出来レースの側面はあったが、ここまで露骨だと政治不信に。生き残りに右往左往する各党の政治家を後目に、1995年4月の統一地方選挙では、無所属・無党派のタレント・青島幸男が東京都知事、芸人・横山ノックが大阪府知事に当選している。

3 「なにぶん初めての経験で早朝のことでもあり、混乱があった」（1995年1月17日5時46分に発生した阪神・淡路大震災の3日後に衆議院本会議で）

※知事の要請が必要な自衛隊の出動が遅れたため被害が拡大。地震発生直後は首相官邸に連絡もなく、村山は朝6時のNHKニュースで震災を知ったという。内閣支持率は急落、その後の対応も地元に任せすぎで国家問題として対応しきれなかった。この後、「わしは首相の自覚がない、辞めたい」と側近に漏らすようになった。

4 「憲政の常道に従って第一党の自民党に政権の座を譲りたい。ついては河野総裁にお願いしたい」（1995年7月の参院選後に辞めようとしたが、総裁選前だったこともあり自民党に断られ内閣を継続。その後、総裁は河野から橋本龍太郎へ）。

5 「遠くない過去の一時期、国策を誤り」「植民地支配と侵略によって、多くの国々、とりわけアジア諸国の人々に対して多大の損害と苦痛を与えました」（戦後50年の終戦記念日にあたっての首相談話＝「村山談話」）

※「痛切な反省」と「心からのお詫びの気持ち」を表明し、日本政府として公式に謝罪。当時の閣僚からも異論はなく、現在に至るまで政府の公式見解となっている。社会党として「自衛隊」と「日米安保」を合憲と認める代わりにこれを出した、と考えられるが、保守派からは「自虐史観の固定化」と批判されている。

●エピソード

1≡落選時、村山を支援した自治労の幹部たちが責任を感じて丸刈りにした。

2≡細川非自民8党派連立内閣では、新生党の小沢一郎・公明党の市川雄一との「一・一ライン」に反発し、首相に直接抗議することが多かった。その後も新生党の羽田内閣との連立から離脱し、総辞職に追い込んだ。

※一貫した「反小沢」姿勢を第一党ながら政権から外れていた自民党に注目され、「自社さ連立政権構想」が生まれた。

3≡皇后雅子さまが皇太子妃候補の時に飼い犬としてTVに映っていたヨークシャーテリア「ショコラ」に似ている。八の字に垂れ下がった長すぎるまゆ毛がチャームポイント。毎日ブラッシングをして手入れを欠かさない。

※日本テレビの人気バラエティ『進め！電波少年』で、「松村邦洋(くにひろ)が村山首相の眉毛をハサミで切る」という無茶な企画を快くOKしたこともあるくらい気さくな人柄。

4≡81歳の時、自動車を運転中に自転車の小学4年生男児と接触事故を起こし報道されたが、高齢の元首相が自ら運転していることに世間は驚いた。

5 衣食住に無頓着で休まない
同じ物をずっと着て、食事には全くだわらず、自宅は築100年を超える庶民の家で、自称「大分のあばら家」。就任直後のナポリサミット参加時には、慣れない料理に下痢を起こしレセプションや会議の一部を欠席している。また、首相に就任した6月末、すぐに8月の夏休みの話になったが「わしは年中無休の漁師の息子、そんなもんいらん」と答えた。しかし側近たちに説得され休むことになると「民宿に泊まらせてくれ」と懇願したが叶わず、箱根の高級旅館に押し込まれた。

● 村山富市が始めたもの

1 被爆者援護法（原子爆弾被爆者に対する援護に関する法律）

2 女性のためのアジア平和国民基金（1995年、補償を終え2007年に解散）
元「従軍慰安婦」とされたアジア人女性への補償のための財団法人。

3 住専問題の処理
歴代内閣が世論の反対を恐れ踏み切れなかった、代表的なバブル期の不良債権処理を断行した。「住専」は、住宅ローン専門のノンバンク「住宅金融専門会社」の略称。

4 社会民主党

退陣後、党名を変更し再生を図るも、多くの議員が鳩山由紀夫・菅直人らの呼びかけで新たに結成された民主党に移り、手遅れだった。

※長老・古参議員たちは、村山内閣で秘書公用車付きの大臣や政務次官を経験すると大いに満足してハングリー精神を失い、野党として迎える次期選挙では政界を引退してしまう者も多かった。村山は特別代表として社民党に残り、現在に至るまでの壊滅的な衰退(衆議院議員1名・参議院議員2名)を見届けることになる。

●**豆知識**

1995年4月、当時としては史上最高値の1ドル＝79.75円を叩き出した円高内閣。16年後の2011年10月、1ドル＝75円32銭で記録が更新され話題となり、これが現在でも円の最高値。それぞれバブル崩壊から4年、リーマンショックから3年経っても日本の円がこれほど強かったとは、隔世の感がある(ちなみに2024年2月現在、1ドル＝149円台)。

第82・83代総理

ポマード

橋本龍太郎（はしもとりゅうたろう）

自由民主党

第一次内閣
1996年1月11日〜11月7日

第二次内閣
1996年11月7日〜1998年7月30日

計932日

●組閣の経緯

社会党の村山富市（とみいち）首相が突如辞任。**自・社・さ三党連立**の枠組みは変えず、副総理兼通商産業大臣で与党第一党の自民党総裁でもある橋本龍太郎の第一次内閣が発足。第二次内閣では、社会党から改称し衆院選に大敗した社会民主党〔社民党〕と新党さきがけは閣外協力となり、約3年3カ月ぶりの**自民党単独内閣**に。

●就任時の年齢

第一次内閣59歳、第二次59歳

●退陣の理由

1997年、**消費税引き上げ**に加え、三洋証券（中堅証券会社）倒産➡北海道拓殖銀行（都市銀行）破綻➡**山一証券（四大証券会社の一つ）自主廃業**など経済の混迷が深まり、

1998年の参院選で惨敗してその責任を取った。

※党の重鎮・中曽根康弘元首相に気を遣い、彼の推すロッキード事件被告人の佐藤孝行を総務庁長官として入閣させたことも、支持率の低迷につながった。また、1997年のペルー日本大使館占拠事件の時、フジモリ大統領任せで外務省にアンパンを差し入れることくらいしか、目立ったリーダーシップを発揮できなかった。

●キャッチフレーズ

1 「ポマード」

実際は使ったことがなく、学生時代からずっと「ヘアクリーム」のオールバック。

2 「政界の玉三郎」「政界の杉良太郎（杉様）」

キザで几帳面な男前で声もいい。女性人気が非常に高く、愛称は「橋龍」「龍さま」。

3 「怒る、威張る、拗ねる」

年上でも平気で怒鳴りつけるので、国民人気に反して（政策通ではあっても）政界での人気はなく、仲間や部下が少なく孤軍奮闘だった。

4 秘書官・補佐官政治（官僚政治）

大臣時代は各省庁からの秘書官、組閣後は首相補佐官を重用したので、基本的に腹を割っての内緒話が好きな政治家たちから疎ましがられた。

5 六大改革（緊縮財政が根底にある）

行政改革、財政構造改革、社会保障構造改革（厚生族なので得意分野）、経済構造改革、金融システム改革（日本版ビッグバン）、教育改革とテンコ盛りの「改革総理」。

●**生没年**

1937年7月29日〜2006年7月1日（68歳没）

羽田孜の2歳下。小渕恵三・森喜朗と同い年。小泉純一郎・小沢一郎の5歳上。

●**出生** 東京都（東京府）出身

渋谷区で、大蔵官僚から衆議院議員となり吉田茂内閣や岸信介内閣で厚生大臣・文部大臣を務めた橋本龍伍の長男に生まれる。母は警視総監の娘であったが生後5カ月で亡くなり祖母に育てられた。小学校入学前の6歳で父が再婚し、義母ができる。

●**学び**

田園調布小学校➡私立麻布中学校・高等学校（中学時代は成績が悪すぎて「父が政治家だからコネ入学か」と言われていた）➡慶應義塾大学法学部政治学科を卒業。

●**キャリア**

1960年、呉羽紡績（のち東洋紡績と合併して東洋紡）に入社（23歳）➡父が亡くなり後継修行のため衆議院議員西村英一の秘書に（24歳、西村の厚相就任に伴い厚生大臣秘書官に）

➡1963年、父の地盤を継ぎ岡山県から衆議院議員初当選（26歳、自民党）➡自民党学生部長（27歳）↓厚生政務次官（33歳）↓自民党岡山県連会長（40歳）↓1978年、第一次大平正芳内閣の厚生大臣で初入閣（41歳）↓第三次中曽根康弘内閣の運輸大臣（49歳、国鉄分割民営化を達成）↓竹下登内閣で幹事長代理（50歳）↓宇野宗佑内閣で幹事長↓第一次海部俊樹内閣の大蔵大臣（52歳、第二次内閣でも留任）↓細川護熙内閣の野党時代に河野洋平総裁の下で政調会長（56歳）↓村山富市内閣で通商産業大臣（57歳）↓総裁選に初出馬し小泉純一郎に圧勝して自民党総裁・副総理も兼任↓1996年、第一次内閣組閣（59歳）↓初の小選挙区比例代表並立制の総選挙に勝利し第二次内閣組閣↓1998年、参院選の敗北を受け総辞職し小渕恵三首相から「首相外交最高顧問」に任命される（61歳）↓2000年、平成研究会会長（63歳、もとの経世会小渕派を引き継ぎ「橋本派」に）↓2001年、第二次森喜朗内閣の沖縄開発庁長官・行政改革担当大臣（64歳、省庁再編により沖縄及び北方対策担当大臣・規制改革担当大臣）↓自民党総裁選に再出馬するが小泉に敗れる↓2005年、「郵政解散」後に総選挙不出馬を表明し政界引退（68歳、次男の岳が後継）↓2006年、東京で病死（68歳）

●**友人**

1 ☰ 安部譲二

元暴力団員で自伝的小説『塀の中の懲りない面々』（文藝春秋）で有名になった作家。麻布中学時代3年間同じクラス（安部は高校への進学が認められず）。

2 クリントン大統領（民主党）

安保条約を再定義した「**日米安保共同宣言**」や「**新ガイドライン**（新日米防衛協力のための指針）」を発表するなど関係は良好。沖縄県の普天間飛行場移設も合意。

3 エリツィン大統領

ロシア大統領。「**ボリス**」「**リュウ**」**と呼び合うほど個人的な関係は良好**で、北方領土が日本に一番近づいたのは橋本内閣の時だったと言われる。

●ライバル

1 河野洋平・石原慎太郎

彼らとともに自民党「三本の矢」と呼ばれ、ルックスや物言いが「画になる3人」には、選挙時に応援演説依頼が殺到した。

2 「竹下派七奉行」の他の6人

自身を含む竹下系の小渕恵三・梶山静六と、金丸系の羽田孜・奥田敬和・渡部恒三・**小沢一郎**。同い年の小渕恵三とは「恵ちゃん」「龍ちゃん」と呼び合う友人だが、小沢一郎とは「一龍戦争」扱いされるほどのバチバチ関係。

●味方

異母弟の橋本大二郎（もとNHK記者のち高知県知事）

9学年上の義兄よりも政治家向きの性格で、本来は彼が後継者だったが、父の死去時にはまだ高校生で被選挙権がなかった。

●世話になった人

派閥の長だった佐藤栄作・田中角栄・竹下登。結婚式の媒酌人は佐藤だった。

●名言

1≡「おや、そんなこともおわかりにならない？」（質問に対し嫌みで返す）

2≡「すべてをひっくるめて私（わたくし）自身の責任です。力不足。それ以上に言うことはありません」（参院選惨敗を受けて潔く会見。武道を好む孤独な立場を象徴している）

●エピソード

1≡父の最期の言葉は「ネクタイが曲がってるぞ」

以後、橋本は身だしなみに気をつけるようになった。

2≡母親同伴

26歳で衆議院議員に初当選し、初登院時に母親同伴で「マザコン代議士」等と揶揄（やゆ）されたが、選挙時に秘書的な活動をしてくれた継母への労いのためと説明している。

3 プリクラ設置

1997年12月、自民党本部1階ロビーに首相と一緒に写真が撮れる「龍ちゃんプリクラ（プリント倶楽部）」が設置され話題となった。

●橋本龍太郎が始めたもの

1 首相補佐官制度の導入

2 中央省庁の再編を決定（実行は森喜朗内閣）

3 普天間飛行場全面返還合意（1996年）
沖縄県宜野湾市の普天間飛行場を、5年ないし7年以内に名護市辺野古へ移転することを決定。

4 消費税5％への引き上げ（1997年4月）
村山内閣で内定していたことだが、同年にタイ発のアジア通貨危機と重なり、（バブル崩壊後の）「失われた10年」などと言われ損な役回りだった。

5 京都議定書への参加（1997年）
気候変動枠組み条約第3回締約国会議〔COP3〕＝京都会議で採択。

6 アイヌ文化振興法（1997年）
1899年から続いていた差別的な北海道旧土人保護法を廃止。

7 長野オリンピック・パラリンピック（1998年）

●特徴

親子2代の「厚生族」議員。障害があり杖を手放せなかった父への気持ちも強い。

●得意・趣味

1 剣道

六段の錬士で、全日本剣道道場連盟の第4代会長を務めたほど。

2 登山

日本山岳ガイド協会会長を長く務める**歴代首相随一のアルピニスト**で、小学生時代から登り高校も山岳部。写真もプロはだし。

3 外交

外相経験がないのに「タフ・ネゴシエイター」と評価が高い。

●好き

煙草（銘柄はチェリー）、読書、飛行機プラモデル製作

※政界を代表するヘビースモーカー。本人曰く「高校時代から吸っていた」。

●豆知識

宮澤喜一・岸田文雄と同じく血液型がAB。

第84代総理

平成おじさん

小渕恵三

自由民主党

1998年7月30日～
2000年4月5日
616日

●組閣の経緯

第二次橋本龍太郎内閣が参議院議員選挙惨敗の責任を取り退陣。同派閥の平成研究会から会長の小渕恵三が総裁選に出て、梶山静六と小泉純一郎を破り組閣。戦後最大のマイナス成長で「平成大不況」と呼ばれる1998年だからこそ「**経済再生**」を最重要課題に掲げ、**大蔵大臣**に元首相**宮澤喜一**、**経済企画庁長官**に民間の経済評論家・作家**堺屋太一**をサプライズ起用し**積極財政に転換**。また、史上最年少の女性閣僚として、38歳の野田聖子を郵政大臣に抜擢するなど、話題豊富な**自民党単独政権としてスタート**。しかし、同派閥の小渕が後継首相となったことは、橋本政権の失敗に対する反省に欠けると批判の的になり、当初は20％台の低支持率だった。

※次世代の実力者「ＹＫＫ（山崎拓・加藤紘一・小泉純一郎）」らが内閣にも党執行部にも加わらず、参議院は過半数割れの

「ねじれ国会」状態で政権基盤は常に不安定だった。そこで自由党（小沢一郎党首）・公明党（神崎武法代表）との連立を図り、1999年1月に自自連立、10月には自自公連立内閣となり、参議院でも与党が過半数を確保して「ねじれ」を解消した。

●就任時の年齢

61歳

●退陣の理由

自由党の連立離脱問題における自自公三党首会談を経て小沢一郎とサシで話し、自自の対等合併提案は断る。当日夜の記者会見で質問され言葉が出ない異様状態の中、官邸に帰宅すると夜中に脳梗塞となり緊急入院、1カ月半後に亡くなる。

●生没年

1937年6月25日～2000年5月14日（62歳没）
海部俊樹の6歳下。橋本龍太郎・森喜朗と同い年。小泉純一郎・小沢一郎の5歳上。

●キャッチフレーズ

1 「ビルの谷間のラーメン屋」
若い頃、演説がまだ上手くなかった小渕が、早大雄弁会の先輩・海部に考えてもらった自虐フレーズ。群馬県（上野国）旧3区は福田赳夫と中曽根康弘という大物2人がいる

「上州戦争」状態で、中選挙区制だったから常に3番手で当選した。自分で考えた「米ソ両大国の谷間に咲くユリの花」は全くウケなかった。

2｜「平成おじさん」「平成長官」

1989年1月7日、昭和天皇崩御にともない竹下登内閣の官房長官として「新しい元号は平成であります」と新元号を発表。大いに国民に顔が売れた。

3｜「凡人」

総裁選時、田中眞紀子が小渕を、「凡人」梶山静六を「軍人」、小泉純一郎を「変人」と命名。「凡人と軍人と変人の争い」と言い流行語となった。凡人の勝ち。

4｜「冷めたピザ」

新聞『ニューヨーク・タイムズ』に揶揄され、雑誌『TIME』の表紙ではピザを持った写真を掲載されたが、「レンジに入れると温まるそうだから」と笑いながら切り返した。記者団にピザを配ったこともある。

5｜「海の家のラーメン」

ビートたけし（北野武）が「まずいと思って食べたら意外とうまかった」と評価。

6｜「真空総理」

中曽根康弘元首相が、敵対勢力と連立を組みどんどん法案を成立させていく手法を「中が真空だからなんでも吸い込む吸引力がある」と雑誌『文藝春秋』誌上で揶揄。各メディアからも「ボキャ貧（ボキャブラリーが貧困）」等と舐められることが多かったが、着実に実績は出していたので、正直大きなお世話。

●出生👉群馬県出身

群馬県吾妻郡中之条町で、県内随一の製糸会社光山社グループ創業者で群馬県トラック協会会長の実業家&地方政治家（戦後に衆議院議員）の小渕光平の次男に生まれる。「天の時」「地の利」「人の和」の三つに恵まれるように、「恵三」と名付けられた。

●学び

中之条中学1年時に学習院中等科へ編入（ボンボンたちにいじめられ「群馬」とあだ名される）⬇都立北高校（現在の飛鳥高校）を卒業し東京外国語大学モンゴル語学科を受験して失敗⬇2浪して**早稲田大学第一文学部英文学科**に入学（20歳）⬇**早稲田大学大学院政治学研究科修士課程**に進学（24歳）⬇**修士号を取得**するが博士課程在学中、世界周遊に出た後に退学し政界へ（26歳）

※入学直後に父が亡くなり、政治家になった時の事を考えて大学で**雄弁会**や合気道・ボディビルなど多数の部活・サークルに入ったりした。

●**キャリア**

1963年、父の地盤を継ぎ**衆議院議員初当選**（26歳）↓郵政政務次官（33歳、「職務を深く理解したい」と自ら郵便配達まで経験）↓建設政務次官（35歳）↓総理府総務副長官（36歳）↓1979年、第二次大平正芳内閣の**総理府総務長官・沖縄開発庁長官で初入閣**（42歳）↓衆議院予算委員長（49歳）↓竹下登内閣の**官房長官**（50歳）↓第二次海部俊樹内閣で**幹事長**（54歳）↓1992年、東京佐川急便事件で金丸信が失脚すると経世会〔竹下派〕を継ぎ**経世会〔小渕派〕会長**に（55歳、羽田孜・小沢一郎は改革フォーラム21のち新生党を立ち上げ離党）↓1994年、経世会が平成政治研究会と名称を変え、のち**平成研究会**〔小渕派〕発足（57歳、自民党副総裁に）↓自派の橋本が第一次内閣組閣（59歳、会長の小渕より先に首相に）↓第二次橋本内閣の**外務大臣**（60歳、対人地雷全面禁止条約〔オタワ条約〕を外務省の反対を押し切り批准するなど実績を挙げる）↓**1998年**、総裁選に勝利し**内閣組閣**（61歳）↓総裁選で加藤紘一・山崎拓を破り再選（62歳、内閣を改造し公明党が初入閣）↓2000年、**首相在職中に脳梗塞で亡くなる**（63歳）

●**ライバル**

「**竹下派七奉行**」の他の6人

特に竹下系の橋本龍太郎と梶山静六。橋本内閣退陣後、梶山は小渕の総裁選出馬をよしとせず、平成研究会［平成研］を離脱し無派閥で対抗馬となった。

※奥田敬和、渡部恒三、羽田孜、小沢一郎は金丸系。

世話になった人

1≡派閥の長である佐藤栄作→田中角栄→竹下登。初当選以来、保守本流を歩き続けた。

※ミュージシャンDAIGOが15歳の時にお年玉を8万円も渡し（祖父の竹下は3万円だった）、彼からリスペクトされている。

2≡早稲田大学雄弁会の先輩である海部俊樹。小渕もそれなりにユーモアに溢れる楽しい演説をするようになったが、海部には敵わない。

3≡組閣時の官房長官（のち沖縄開発庁長官）**野中広務**。12歳年長の彼から粉骨砕身のサポートを受けた。自由党との連立時には「小沢党首を今まで悪魔と言ってきたけれど、悪魔にひれ伏してでも、この国の危機を救うために連立に参加していただきたい」と記者会見で泥を被ってくれた。

性格

座右の銘は「一日一生涯」。気配りが利き、温厚で敵が少なく「**人柄の小渕**」と言われる。死後の追悼演説では、社民党の村山富市元首相が「（君は）**いかなる地位にあっても偉ぶらず、常に謙虚で目線を低く生きる**、そして凡人だから懸命に努力する、そうした姿勢が凡庸に見えて非凡という境地を開かれたのであります」と惜しんだ。

●エピソード

1 ≡ 大学院在学中、25歳でアメリカ統治下の沖縄→アジア→中東→アフリカ→欧州→北米→南米と世界38カ国を一人旅。アメリカで**直談判の結果ロバート＝ケネディ司法長官が会ってくれた**ことに感激し、政治家になったら自分も分け隔てなく色んな人に接しようと決意し、帰国直後に出馬して衆議院議員に初当選した。

2 ≡ 1998年、江沢民国家主席が来日し、ともに日中共同宣言を出したが、謝罪要求は頑として撥ねつけるなど、言うべきことは言うタイプ。

※「冷めたピザ」と最初に言った日本在住のアメリカ人と対面した時にも「ところで冷めたピザとはどういう意味ですか？」と直接聞いた気の強さがある。

●小渕恵三が始めたもの

1 ≡ 1998年から現在まで続く**自民党と公明党の連立**。「そうはいかんざき！」のCMで有名な神崎代表とがっちりタッグ。ただし、きっちり「地域振興券」（15歳以下の児童がいる世帯主・65歳以上かつ老齢福祉年金受給者1人ごとに2万円分の商品券）配布を呑まされている。

2 ≡ **初の閣僚への参議院問責決議可決**。防衛庁調達実施本部の背任に絡む証拠隠滅事件で額賀福志郎防衛庁長官が辞任。これが自公連立の直接的契機となった。

3 金融再生法（「ねじれ国会」の中であえて民主党案を丸呑みして金融危機を回避）に続き、周辺事態法などの新ガイドライン（日米防衛協力のための指針）関連法、国旗・国歌法、通信傍受法、情報公開法、住民基本台帳法（のちマイナンバー制度につながる）、地方分権一括法、男女共同参画社会基本法など、国論を二分するようなレベルの重要法案を大量に成立させた。よく見れば凄腕の首相だった。

4 官僚が閣僚に代わり答弁する政府委員制度を廃止。

5 1999年、能登半島沖で不審船が発見された時、初めて自衛隊法を根拠とする「海上警備行動」の発動を承認。日本はいざという時には自衛隊を出動させることを、国内外にはっきり示した。

6 1999年、初の九州・沖縄サミットを決定（2000年に実施時の首相は森）。学生時代から占領期を含め何度も足を運び「沖縄は第二の故郷だ。私はこれにかけている」と気合満点だった。死後の追悼演説で、社民党の村山元首相もこの決定を最大限に評価し、小渕の不在を嘆いている。

7 2000年（ミレニアム）のサミット開催と連動して2000円札を発行。表に那覇市首里城の守礼之門、裏に源氏物語絵巻・紫式部をデザインした、42年ぶりの新額面紙幣だった（2003年で製造は停止されたが流通はしている）。

8≡憲法調査会の設置。のち2007年に憲法審査会に発展改組した。

●得意

1≡**面識がない人への突然の電話**。「もしもし、総理の小渕です」と秘書を通さずにかける「ブッチホン」は1999年の流行語大賞に。瀬戸内寂聴に2000円札のデザインを相談し、小室哲哉にサミットのテーマ曲を依頼、なぜか山瀬まみにもかけている。2000年1月5日には、日テレの『ズームイン!!朝！』の放送中に電話し、アナウンサーである早稲田の後輩福澤朗（あきら）を驚かせた。

2≡アマチュア無線が得意で合気道四段

●趣味

1≡ゴルフ、歴史小説や太宰治などの読書、映画鑑賞。渥美清（あつみ）『男はつらいよ』シリーズが好きで「寅さんファンクラブ」の会員第1号。

2≡プロ野球西武ライオンズの大ファン。首相在任中に、アメリカのメジャーリーグで始球式を行ったこともある。

3≡牛の置物の収集（生まれた1937年の干支（えと）が丑（うし）なので）

豆知識

1≡ノストラダムスの大予言によると「1999年7の月、空から恐怖の大王が下りてくる＝人類が滅亡する」とされていたが、特に何も起こらなかった。

※翌年、コンピュータの大量誤作動「2000年問題（Y2K問題）」も懸念されたが、特に何も起こらなかった。

2≡愛妻家。世界を旅する途中、のち妻となる千鶴子（現在は環境活動家）に400通ものラブレターを送る。また2人の娘の父としても「ベスト・ファーザー賞」を受賞している。長女暁子はイラストレーター・デザイナーとして活躍。

3≡TBSを退社して私設秘書を務めていた26歳の次女**小渕優子**は、父の死の2カ月後に地盤を引き継ぎ総選挙に当選。こりん星出身（本当は千葉県出身）のタレント小倉優子に名前が似ていることもあり、「ゆうこりん」と言われ結構嬉しそうだった。のちに麻生太郎内閣の内閣府特命担当大臣（少子化対策、男女共同参画）で初入閣。さらに第二次安倍晋三内閣で経済産業大臣・内閣府特命担当大臣（原子力損害賠償・廃炉等支援機構）を務めるが、任期中に政治資金規正法違反事件を起こし、再選はしたが秘書が証拠隠滅のため複数のPCを破壊したことから「ドリル優子」とあだ名された。2023年、第二次岸田文雄改造内閣で女性初の選挙対策委員長に任命された時、当時の話題を蒸し返され涙を流すなど、話題に事欠かない将来の女性宰相候補？

第85・86代総理

シンキロウ

森喜朗

自由民主党

第一次内閣
2000年4月5日～7月4日

第二次内閣
2000年7月4日～2001年4月26日

計387日

●組閣の経緯

小渕恵三首相が自由党の小沢一郎との対等合併を断った直後、脳梗塞で倒れ緊急入院。その夜、青木幹雄官房長官が「首相から臨時代理の指名を受けた」と称し総辞職と後継指名の主導権を握り、青木・森喜朗幹事長・野中広務幹事長代理・亀井静香政調会長・村上正邦参議院議員会長の「五人組」による**密室会議**で清和会の森に決定。全閣僚を再任し**自民・公明・保守三党連立内閣**を組閣。野中が新たな幹事長となる。

※他の有力候補だった加藤紘一の宏池会に属する池田行彦総務会長は体調不良で密談を欠席し電話で了解を取っただけなので、マスメディアのみならず党内でも「政権の正統性に問題あり」と批判された。

●就任時の年齢

第一次内閣63歳、第二次63歳

●退陣の理由

第一次内閣➡失言が続く中で衆議院議員の任期満了が近づき、これ以上追い込まれないうちにと、内閣不信任案が提出されたタイミングでその投票を待たず解散（「神の国解散」）。単独過半数は割り込んだが、自公保連立では過半数を維持した。第二次➡「加藤の乱」は抑え込んだが相変わらず**失言を連発**し、それを面白おかしく、時には悪意を持って報道する各種メディアと対立を深め、支持率は5％台に低下。さらに**「えひめ丸事故」**における対処の不始末もあり、総辞職に追い込まれた。

※愛媛県立宇和島水産高校の実習船「えひめ丸」がアメリカの原子力潜水艦と衝突し沈没した、と一報があった後もゴルフを続け、危機管理意識が欠如していると批判された。結果的に日本人9名が溺死。

●キャッチフレーズ

1 「シンキロウ」（森喜朗の音読み）

内閣支持率が下がった時には、「蜃気楼内閣」などと呼ばれた。

2 「鮫（サメ）の脳みそ、蚤（ノミ）の心臓」

粗すぎる政策論と意外なほどの慎重さを併せ持ち揶揄（やゆ）された。実際は、さまざまな部分に気遣いができ、内外から調整力や社交性を称賛される魅力溢れる人物でもあり、政治的影響力と政治的能力のギャップが激しすぎる、と言われ続けた。

●**生年**
1937年7月14日〜（86歳で存命中）
山崎拓の1歳下。小渕恵三と同い年。加藤紘一の2歳上で小泉純一郎の5歳上。

●**出生** **石川県出身**
石川県能美郡根上町（現在の能美市）で、祖父や父が長く村長・町長を務める家の長男に生まれる。姉と弟がおり、弟は外科医になった。実母は森が7歳の時に乳がんで亡くなり、継母に育てられる。野球の**松井秀喜と同郷**で、小学校の先輩にあたる。父は9期連続で町長に無競争当選するほどの名士で、江戸時代も森家は名主だった。

●**学び**
金沢市立高岡中学校に越境通学➡金沢二水高校➡**ラグビー推薦**で**早稲田大学第二商学部（夜間部）**に入学しストレートで卒業。
※胃潰瘍でラグビーは4カ月で挫折したが、雄弁会に所属しつつ自民党学生部に入党。

●**キャリア**
1960年、**サンケイ新聞社記者**（配属先は日本工業新聞）（23歳）➡衆議院議員今松次郎の秘書（26歳）➡1969年、無所属で出馬し**衆議院議員初当選**（32歳、自民党福田派＝清和会に所属し**文教族議員**として活躍）➡福田赳夫内閣で官房副長官（40歳、首相と官房長官の安倍晋太郎を支える）↓1983年、第二次中曽根康弘内閣の文部大臣で初入閣（46歳）↓宮澤喜一内閣で政調会長（54歳）↓通商産業大臣（55歳）↓幹事長（56歳、野党転落時代に総裁の河野洋平を助けた）↓村山富市内閣の建設大臣（58歳）↓第二次橋本龍太郎内閣で総務会長（59歳）↓1998年、小渕恵三内閣で幹事長（61歳、同年に三塚博から引き継ぎ第4代清和会会長、清和政策研究会と改称）↓2000年、第一次内閣組閣（63歳、途中で小泉純一郎に清和会会長を引き継ぐ）↓第二次内閣組閣直後に九州・沖縄サミット開催↓2001年、総辞職（64歳、第6代清和会会長に復帰）↓第3代日本プロスポーツ協会会長（65歳）↓第7代日印協会会長（66歳）↓清和会会長を町村信孝に引き継ぐ（69歳）↓政界引退（75歳、以後も「政界の御意見番」）↓東京オリンピック・パラリンピック組織委員会会長（77歳）↓組織委員会会長を女性蔑視発言で辞任（84歳）↓存命中

●ライバル（森はネオ・ニューリーダー世代）

1≡「安倍派（清和会）四天王」の他の3人

四天王は森自身と三塚博・加藤六月・塩川正十郎。三塚と加藤が安倍晋太郎の後継＝清和会3代目を争った「三六戦争」の結果、三塚・森連合が勝利。

2≡小渕恵三（平成研究会）

一足先に首相になった雄弁会の2年後輩（小渕が2浪してるだけで年齢は同じ）。

3 加藤紘一（宏池会）

自民党のプリンス。森に反旗を翻し「加藤の乱」を試みるも土壇場で白旗を揚げる。

●世話になった人

1 岸信介

1969年の初出馬の際、当時の自民党幹事長田中角栄は「泡沫候補」扱いをして公認してくれなかった。しかし、森が秘書を務めていた今松が私淑する元首相の岸に応援演説を依頼したところ、新人にすぎないのに石川県まで駆けつけてくれた。森はこのことを終生感謝し、岸派の流れを汲む福田派に所属して婿の安倍晋太郎を支え、孫の晋三を長く後見することになる。

2 岸派の後継清和会の福田赳夫（初代会長）・安倍晋太郎（第2代会長）

特に安倍に可愛がられたが、リクルート事件を契機に晩年は距離を置かれた。森はのち三塚博（第3代会長）の後を受け、清和会第4代会長となり清和政策研究会と改称。

※自民党一強時代には派閥が重要だったが、橋本内閣以降の連立内閣時代には、衆議院の小選挙区比例代表並立制の下で、党執行部（「幹事長・総務会長・政調会長」の党三役や副総裁）が権限を握るようになった。

3 亀井静香

三塚系だったが清和会に残っていた。政調会長として森首相を陰日向なく支える。

4＝扇千景（林寛子）
宝塚歌劇団娘役の元女優。小沢の自由党は分裂し、連立継続派は彼女を党首に保守党を結成していた。第二次森内閣では建設相（のち初代国土交通大臣）を務める。2004年には女性初の参議院議長に。夫は四代目坂田藤十郎。義妹は中村玉緒。

●世話をした人

退陣後、清和会の後輩である3連続首相（小泉純一郎・安倍晋三・福田康夫）の後見人となった。

●微妙な関係の政治家

1＝野中広務
密室会議「五人組」の一人。第5代清和会（森派）会長の小泉と協力し「加藤の乱」を必死で防いだ後、危機感なく反省がみられない森に愛想を尽かし幹事長を辞めた。
※村上正邦も「総理に推したのは大間違いだった」と雑誌の取材に答えている。

2＝神崎武法
連立相手の公明党代表だが、のち「森おろし」を主導。次の小泉内閣時、連立与党なのに「そうはいかんざき！」という野党的なCMのフレーズで有名になったほどの駄洒落好き。公明党と新党平和が合流して再結成された（新）公明党の初代代表。

3 ||| 馳浩（はせひろし）

もと星稜高校国語教員・ロサンゼルスオリンピックレスリング代表のプロレスラー。参議院議員のち衆議院議員。文部科学大臣や石川県知事になれたのは、政界に誘った森のバックアップありき。妻は作家の高見順の娘でタレントの高見恭子。

●失言

サービス精神旺盛な座談の達人で、目の前の人を喜ばせようとするから舌禍が多い。

※とはいえ、メディア側の揚げ足取りと思われる部分もあった。有名なクリントン大統領への「Who are you?」は毎日新聞論説委員による創作。ひどい話である。

1 |||「日本はアウェーで韓国に勝ったことないんだよ」（セリエA・ローマの中田英寿（ひでとし）とイタリアでの会食中。「ありますよ」と中田から強く訂正を求められたうえ、2ショット撮影を拒否された。

2 |||「教育勅語をなぜ廃止したのか検証する必要がある」（衆議院予算委員会）

3 |||「プールで見るより綺麗だね」（シドニーオリンピック背泳ぎ銀メダリスト中村真衣に）

4 |||「日本の国、まさに天皇を中心にしてる神の国であるぞということを、国民の皆さんにしっかりと承知して頂く」（神道政治連盟の国会議員懇談会30周年祝賀会で、綿貫民輔（たみすけ）会長を持ち上げるねらいがあった。森は「出席している神主さんたちに多少のおべんちゃらを言う

のは当たり前でしょう」と開き直ったが、野党から「国民主権の精神に反する」と猛反発され、国民からの支持率も急落、翌月、内閣不信任案が提出されたことを契機に衆議院を解散し総選挙となった＝「神の国解散」)。

5＝「民主党は共産党と組むのか。共産党は天皇制を受け入れないし、自衛隊は解散、日米安保も確認しない。そういう政党とどうやって日本の国体を守るのか」(解散翌日、遊説先の奈良市でこの「国体発言」が飛び出しさらに支持率が急落した)

6＝「(無党派は)そのまま関心がないと言って寝てしまってくれればそれでいいんですが、そうはいかない」(新潟市での選挙応援演説や大分県での会見。「そうはいかない」をカットしTVで繰り返し放送され「失言総理」のレッテルを貼られてしまう。

7＝「全国いろいろ巡ってますが、京都の方は気品が良い。同じ関西でも大阪は痰壺ですな」(京都での講演)

8＝「(待たせると)後の人に悪いから」(「えひめ丸」沈没の一報を受けた後もプライベートのゴルフを続行させた理由)

9＝「大事な時には必ず転ぶ」(ソチオリンピックのフィギュアスケートSPで浅田真央が16位だったことを受けて)

10＝「私はマスクをしないで最後まで頑張ろうと思っている」(東京オリンピック・パラリ

ンピックの日本選手団ウエア発表会でマスク姿の報道陣を見渡して）

11 「そんな判断の基準があるかといえば、ない」（IOCのバッハ会長から電話で東京オリンピック・パラリンピック開催の安全・安心の判断基準を問われて）

12 「有名人は田んぼを走ったらいいんじゃないか」（ロンドンブーツ1号2号の田村淳(あつし)がこの発言により聖火ランナー辞退）

13 「女性がたくさん入っている理事会は時間がかかる」「組織委の女性はわきまえている」（オリンピック組織委員会〔JOC〕の会合で）

●エピソード

1 妻との馴れ初め

同じ早稲田大学の教育学部生だった智恵子とサークル「国際学友会」で知り合った時、水泳でかなり日焼けしていた彼女を東南アジアの留学生だと勘違いして「あなた、お国はどちらですか？」と話しかけたことで知り合った。

2 加藤の乱

中川秀直官房長官が複数のスキャンダルで辞任した翌月に野党から内閣不信任案が提出されると、加藤紘一・山崎拓は賛同の動きを見せた（加藤派〔宏池会〕と山崎派が全員賛成もしくは欠席すれば不信任案は可決される）。これに対し、森派〔清和会〕会長の小泉純一郎や平成研究会出身の幹事長・野中広務が切り崩しを行い、加藤・山拓（やまたく）の敗北は決定的に。追い込まれた彼らは2人だけで不信任案を投じると議場に向かったが、加藤の側近・谷垣禎一（さだかず）が「加藤先生、あなた大将なんですから！　一人で突撃なんてダメですよ」とTVカメラの前で大泣きして遺留。涙ぐみ歯を食いしばり立ち尽くす加藤……。結局、加藤派・山崎派は土壇場で白旗を掲げ、（盛り上がった国民からすれば）茶番劇となった。

※森ぎらいのマスメディアと失言を揶揄するネット民の煽りに「追い風が吹いている」と勘違いし「これから長いドラマが始まります」などと浮かれた加藤の完敗。自民党のプリンスで、「不人気の政権が党内派閥の論理で替えられないのはおかしい」と大義名分も揃っていたが、喧嘩の仕方を知らないエリートの弱みが出た。

※山拓・加藤・小泉が「YKK」。加藤の乱後は、切り崩しに協力した加藤派の国会対策委員長古賀誠（まこと）が幹事長に。山拓と加藤が自爆したことで小泉の露出が増える。

●森喜朗が始めたもの

1 北陸先端技術大学院大学の設置

文相を辞めた後も尽力し1990年に開学。産学官共同研究の貴重な場。

2 党三役（幹事長・総務会長・政調会長）すべてを経験し総裁となった唯一の首相

安倍晋太郎も党三役すべてに就任したが、総裁・首相にはなれなかった。

3 IT（情報技術）革命

IT基本法の制定、E-Japan構想の発表、インターネット博覧会の実施など。

森が「イット革命」と読んだという噂が目立った。確かに本人はキーボードを人差し指で打つレベルだったが、必死で旗振り役を務めた（効果はイマイチ）。

4 **首相就任後初の外遊先がロシア**

プーチン大統領とは、就任前を含め5回会談。鈴木宗男（外交族議員）・佐藤優（元外交官・作家）は、北方領土返還に最も近づいた首相は橋本ではなく森だと断言する。参議院議員のアントニオ猪木（猪木寛至）も、ロシア外交に大いに協力した。

5 日本の首相として初の南アフリカ共和国・ケニア・ナイジェリア訪問

6 元台湾総統李登輝の来日

中国の反発を恐れ、これまで実施できていなかった。

7 北陸新幹線の延伸

「保守本流」の田中角栄が新潟県に上越新幹線、鈴木善幸が岩手県に東北新幹線と地元に「我田引鉄」したら郷土愛が強いと称賛されたのに対し、「保守傍流」の森が北陸新幹線を長野から石川県方面に延伸したことは、なぜか批判された。

8 犯罪被害者保護法・ストーカー行為規制法・児童虐待防止法・改正少年法など

●得意・趣味

ラグビー、ゴルフ

※日本ラグビー協会会長として、2019年のワールドカップ招致に成功した。

●苦手・嫌い

マスメディアと円滑な関係を築けず。失言癖とここまで相性の悪い存在はない。首相在任時のことを根に持ち今も不信感の固まり。2009年の衆院選で民主党の田中美絵子候補に苦戦中、イライラが高じ朝日新聞のカメラマンにペットボトルの茶をぶちまけたが、ギリギリで当選している。

●豆知識

1 総裁選に一度も出たことがない。

2 首相就任直後に前立腺がんにかかったが、当時は公(おおやけ)にせず克服した。

3 派閥の裏金問題のラスボス扱いで2023年12月から大きな話題となった。

第87・88・89代総理

お・義・父・さ・ん

小泉純一郎（こいずみじゅんいちろう）

（自由民主党）

第一次内閣
2001年4月26日～2003年11月19日

第二次内閣
2003年11月19日～2005年9月21日

第三次内閣
2005年9月21日～2006年9月26日

計1980日

●組閣の経緯

自身3度目の総裁選で「変人の育ての親」田中眞紀子（まきこ）を味方につけて「**小泉旋風**」を起こし、橋本龍太郎・麻生（あそう）太郎・亀井静香に圧勝した清和会の小泉純一郎が組閣。自民党・公明党・保守党（のち保守新党）の**自公保連立政権**で、内閣支持率は80%超えと前代未聞の人気。5人の女性閣僚のうち田中を本人の希望で外務大臣に登用。民間からは経済学者の**竹中平蔵**を経済財政政策担当大臣に抜擢。第一次内閣では、平成研究会（橋本派）は「**抵抗勢力**」として党執行部から外された。

※のち保守新党が自民党に合流したことから、**第二次内閣以降は自公連立政権**。直前の総裁選では亀井静香・藤井孝男・高村（こうむら）正彦を破り再選した。

●就任時の年齢

第一次内閣59歳、第二次61歳、第三次63歳

●退陣の理由

第一次内閣➡**田中外相更迭**などで支持率が回復したタイミングで解散。各党が詳細な選挙公約集を作成する「マニフェスト選挙」となり辛勝。保守党は保守新党に変わっていたが海部俊樹・二階俊博ら4名しか当選せず、まもなく自民党に吸収される。第二次➡衆議院で何とか可決した郵政民営化が参議院で否決されたので「**郵政解散**」で勝負に出て圧勝した。第三次➡自民党総裁の満期に合わせ、首相も勇退。

●キャッチフレーズ

1「**変人**」

突拍子もない&歯に衣着せぬ言動。自民党内で「一匹狼」「永田町の変人」と言われていた。公的には、2度目の総裁選出馬の際に小渕恵三を「凡人」、梶山静六を「軍人」、小泉を「変人」と言い放った田中眞紀子が産みの親。音楽を聴き歌舞伎を見るなど自分の時間を大事にし、政治・経済の関係者とほとんど会わず群れない。

2「ワンフレーズ・ポリティクス」「一言政治」「ワイドショー内閣」

「密室政治反対」「**自民党をぶっ壊す**」「**聖域なき構造改革**」など、小泉が生み出すワン

フレーズはテレビのワイドショーと抜群に相性が良く、小選挙区制に移行して重視されるようになった「選挙の顔」としては超一流の政治家。

3 「小泉劇場」「劇場型政治」

特に党内も巻き込んだ郵政民営化では、「今回の解散は郵政解散だ。賛成か反対か、はっきり国民に問いたい」と、まるで幕開き！　というノリで存在感を見せつけた。

※2005年9月の総選挙は、郵政以外は一切話題に上がらず、自民党単独で296、公明党込みで与党は327議席と圧勝。綿貫民輔・亀井静香が自民党から離党して立ち上げた国民新党は4議席で、亀井はライブドア社長の「刺客」＝落下傘候補であった堀江貴文（ホリエモン）を辛うじて破った。

※「料亭、行きてぇ」発言の杉村太蔵や美形エコノミスト佐藤ゆかりなど83名の新人議員が勢いのみで当選し、「小泉チルドレン」と呼ばれ話題となった。

●**生年**

1942年1月8日～（82歳で存命中）

福田康夫と山崎拓の6歳下・森喜朗の5歳下・加藤紘一の3歳下・麻生太郎の2歳下。安倍晋三の12歳上。

●**出生** 神奈川県出身

神奈川県横須賀市に政治家3世として生まれる。祖父の又次郎は立憲民政党幹事長・衆議院副議長、浜口雄幸・第二次若槻礼次郎内閣の逓信大臣を務めたが、もと横須賀の海軍基地に労働者や物資を送り込む「小泉組」を率いて全身に昇り竜の刺青を彫っており、「刺青大臣」と呼ばれた。父の純也はその娘婿で、第三次池田勇人内閣と第一次佐藤栄作内閣の防衛庁長官。小泉は3人の姉と弟を持つ長男として育つが、戦後、祖父も父も公職追放されたので、思われるほどボンボン育ちではない。

●**学び**

横須賀市立の小・中学校を卒業⬇横須賀高校から東大を目指すが失敗⬇2浪で慶應義塾大学経済学部に入学⬇1留して卒業（25歳）⬇ロンドン大学群のUCLに留学（父の急死により27歳で帰国）

●**キャリア**

1969年、父の後継候補として初出馬の「弔い選挙」にもかかわらず総選挙で落選（27歳、大蔵大臣福田赳夫邸で秘書をしつつ3年間薫陶を受ける）⬇1972年、衆議院議員に初当選（30歳、清和会〔福田派〕に所属、のち首相秘書官となる飯島勲が秘書となる）⬇第二次大平正芳内閣の竹下登蔵相の下で大蔵政務次官（37歳、大蔵族議員となる）⬇自民党財政部会長（38歳）⬇1988年、竹下内閣の厚生大臣で初入閣（46歳）⬇宇野宗佑内閣でも厚相に留任（47歳）⬇宮澤喜一内閣の郵政大臣（50歳）⬇1995年、総裁選に初出馬し平成研究会（小渕派）の橋本龍太郎に大敗（53歳）↓第二次橋本内閣の**厚相**（54歳）↓1998年、**総裁選に再出馬し**小渕恵三・梶山静六に次ぐ最下位（56歳）↓森喜朗の首相就任にあたり一時的に**第5代清和政策研究会（森派）会長**（58歳、「加藤の乱」を抑え込む）↓**2001年、3たび総裁選に出馬し圧勝して第一次内閣組閣**（59歳、9月11日に同時多発テロ）↓2002年、田中眞紀子外相を更迭し**3日間だけ外相を兼任**して川口順子環境大臣を外相にスライドさせる↓訪朝して金正日総書記と初の日朝首脳会談を行い**日朝平壌宣言**（60歳、翌月に拉致被害者5名を帰国させる）↓**2003年**、「マニフェスト選挙」に勝利し**第二次内閣組閣**（61歳、総裁選でも再選）↓イラク日本人人質事件・イラク日本人青年殺害事件で武装集団・テロ組織が「イラクからの自衛隊撤退」を相次いで要求するがともに拒否（62歳）↓**2005年**8月8日、郵政民営化法案の署名を拒否した島村宜伸農林水産大臣を更迭し**4日間だけ農水相を兼任**して岩永峯一を副大臣から農水相に昇格させる↓同日に衆議院を「郵政解散」し総選挙で圧勝して**第三次内閣組閣**（63歳）↓2006年、総裁任期満了に伴い首相を退任（64歳）↓政界引退を表明（66歳）↓2009年、衆議院解散により引退（67歳、後継は次男の進次郎）↓2014年、「脱原発」を唱え東京都知事選に立候補した細川護熙元首相を応援（72歳、細川は落選）↓存命中

●ライバル

「YKK」の他の2人

初当選が同期の山崎拓と加藤紘一。経世会（竹下派）を引き継いだ平成研究会（小渕派）の小渕恵三や橋本龍太郎に喧嘩を売るためトリオを組んだ。なので宏池会の加藤が小泉の清和会の先輩・森喜朗首相に喧嘩を売った「加藤の乱」ではトリオを解消。第5代清和会会長として野中広務幹事長と組み、YKコンビの山崎派と加藤派（宏池会）を徹底的に切り崩した。ちなみに山拓とは小泉内閣で幹事長に抜擢し仲直り。しかし、のちに彼は女性スキャンダルにより「変態」というあだ名がついた。

●世話になった政治家

1 福田赳夫

初出馬で落選した後、地元の横須賀から世田谷区野毛の福田邸へ2年間通いの秘書（ほぼ書生）をして、薫陶を受けた。「派閥解消」マインドを引き継ぐ。

※清和会は岸派を引き継いだ福田赳夫が創始。その後、安倍晋太郎→三塚博→森喜朗→小泉純一郎→森喜朗→町村信孝→細田博之→安倍晋三と派閥会長が移る。2022年の安倍暗殺後、会長は空席となり集団指導体制に転換？

2 田中眞紀子

小泉の3度目の総裁選で、重点的に都市部を選んだ街頭演説にニコイチで登場し、「小泉・眞紀子」旋風を巻き起こした。集客力は憲政史上最強のコンビ。

世話をした政治家

なし。ポスト小泉と呼ばれた「麻垣康三（あさがきこうぞう）」（麻生太郎・谷垣禎一（さだかず）・福田康夫・安倍晋三）の面倒も、特に見ていたわけではない。

仲間

竹中平蔵（経済学者）

慶應義塾大学総合政策学部教授だったが、**経済財政政策担当大臣**のち内閣改造により**金融担当大臣**も兼任。賛否両論あるが、不良債権処理・金融再生に奔走。りそな銀行への公的資金注入、足利銀行の破綻処理、ダイエーへの産業再生機構の活用など。

妻

エスエス製薬会長泰道照山（たいどうしょうざん）の孫娘を妻としていたが、4年で離婚して**バツイチの独身**。離婚時には三男がお腹にいた。妻の父は結婚に大反対だったが、「何の心配もいらない」と小泉に言われ嫁に行ったところ、心配だらけで限界が来た模様。

※首相としては非常に珍しく、ファーストレディ代わりの政策秘書は姉の一人。

息子

1 ▤ **小泉孝太郎**（長男・俳優）

ムロツヨシの親友。ムロは純一郎からお年玉を貰っていた。

2 **小泉進次郎**（次男・衆議院議員）

「ちょっと何言ってるのかわからない」ことでも国民に人気な、未来の宰相候補。妻は「お・も・て・な・し」で有名なフリーアナウンサー**滝川クリステル**。

※環境大臣時代は、気候変動問題に楽しくクールでセクシーに取り組む。原発処理水放出問題では、子ども向けサーフィン教室で福島の波に乗り安全性をアピール。

●名言・迷言

1 「先日も（田中）眞紀子さんから電話があって『まだ決めないの？　どうして立たないの？　早く立ちなさい』と言われたんです。女性から『なぜ立たないの？』と言われると男として申し訳なくてね。秋田美人に言われると立ちたくなります」（2001年9月の総裁選に立候補するかも、という大曲（おおまがり）市での演説）

2 「私の内閣の方針に反対する勢力、これはすべて**抵抗勢力**」（2001年、国会で平成研究会〔橋本派〕を想定し笑顔で言い放つ）

3 「**米百俵**の精神（明治維新期の長岡藩の教育にまつわるイイ話）」「恐れず、ひるまず、とらわれず」（第一次内閣の所信表明演説で例に出す）

4 「**痛みに耐えてよく頑張った！　感動した！　おめでとう！**」（2001年夏場所、横

綱同士の優勝決定戦で武蔵丸を破った貴乃花に土俵上で総理大臣杯を手渡す）

5 ≡「いまイラクのどこが非戦闘地域でどこが戦闘地域か。そんなの私に聞かれたってわかるわけがないじゃないですか」（2003年、イラクへの自衛隊派遣について民主党代表菅直人と討論）

6 ≡「人生いろいろ、会社もいろいろ、社員もいろいろ」（落選時代に勤務実態がないまま厚生年金に加入していたと追及する民主党岡田克也代表を相手に開き直る）

7 ≡「俺の信念だ。殺されてもいい」（郵政解散を止めようとした森喜朗前首相に）

8 ≡「15日を避けても批判、反発は変わらない。いつ行っても同じだ。ならば、今日は適切な日ではないか」（2006年8月15日、靖国神社参拝後）

●エピソード

1 ≡ 金正日率いる北朝鮮へ二度目の訪問で、拉致被害者の一部を帰国させた。

2 ≡ 20年ぶりの新1万円札に福沢諭吉先生がなぜか連続採用

若者から「塩爺」と呼ばれ人気の第一次内閣の財務大臣塩川正十郎は、小泉と同じ慶應義塾出身で、清和会の1期先輩。

3 ≡ 時間厳守

厚相時代にアフリカのジンバブエを訪問時、ムガベ大統領との会談が予定通りの時間に行われないことに腹を立て帰国した。

4 原発反対

首相在任時には原発推進派だったが、東日本大震災後は「脱原発」を主張。

●小泉純一郎が始めたもの

1 「ぶら下がり」取材を開始

官邸において毎日2度必ず首相番記者たちに情報を発信。昼はTVカメラを入れず、夕方はわざと入れて、国民に直接語りかけた。

2 「三位一体の改革」

「(国から地方への)税源移譲」「国庫負担金(補助金)の廃止・縮減」「地方交付税の見直し」。地方公共団体の自立を促し、国の財政の再建をはかる。

3 郵政三事業(郵便・簡易保険・郵便貯金)と道路公団の民営化

4 「格差社会」

小泉改革の基本的な方向性は「小さな政府」「新自由主義(ネオリベラリズム)」。既得権益が嫌いで自己責任が好きな小泉・竹中コンビにより、地域格差・所得格差などあらゆる格差が拡大し、「階級社会」に近づいていったという説もある。

●小泉純一郎がぶっ壊そうとしたもの

1≡平成研究会（田中派（木曜クラブ）・竹下派（経世会）を継承）

恩人の福田赳夫のため、清和政策研究会として「角福対決」の仕返しを行ったも同然。郵政民営化も道路公団民営化も、平成研究会（橋本派）に対する嫌がらせの側面もあった。

2≡派閥政治（福田も「派閥解消」を目指していた）

党三役人事や組閣人事で、派閥の論理を無視した。そもそも小選挙区制も導入されてしばらく経っていたことから、「カネ（資金）・フダ（票）・ポスト（役職）」を保障してくれる派閥の役割は終わったも同然で、党執行部の力が増すことに。

※カネに関しては、幹事長を通じて各議員に盆・暮れの「氷代・餅代」を直接支給する形式が一般的となった。

3≡ボトムアップ方式の意思決定プロセス

各省庁や自民党内部会のボトムアップ方式から、首相官邸主導のトップダウン方式へ変更。結果的に族議員の必要性がなくなった。

※例えば首相を議長とする経済財政諮問（しもん）会議が「骨太（ほねぶと）の方針」を決め、自民党内を押し切る。政府・与党の二元体制ではなく、政府一元体制へと切り替えた。

4≡政・官・民「鉄の三角形（トライアングル）」

経済成長を前提とした利益の分配、すなわち公共事業・補助金・既得権益の保護を無くそうとした。これこそが「小泉構造改革」。

5｜男系皇室

皇室で女子の誕生が9人連続し、世論も容認派が多かったこともあり、政権末期に女系・女帝容認の皇室典範改正を強行しようとした。しかし、秋篠宮家に悠仁親王がお生まれになったことで棚上げに。

6｜自由民主党

2009年に民主党に政権交代されてしまうが、現在は最大与党に復帰。

● **得意**

1｜勘と感性で動く

おそらく根底に明確な見識や主張はないからこそ、空気を読まず闇雲に「動く」突破力はあり、冷酷に「見切る」撤退力もある。

※不景気が続きうっぷん晴らしを求める当時の世相によく合っていた。

2｜「ワンフレーズ・ポリティクス」とバリバリのテレビ目線

一言でまとめたりレッテルを貼ったりすることは天才的。それを捉えたワイドショーが確信犯的に拡散。大衆迎合［ポピュリズム］のように見えるが結果的に大衆扇動［パブリック・アジテーション］にもなっていた。

3 対アメリカ・対北朝鮮外交

後者では特に外務省アジア大洋州局長だった田中均(ひとし)がフル回転した。

●苦手

1 対中国・対韓国外交

とはいえ総裁の任期満了・首相退任直前の2006年8月15日（終戦記念日）に、あえて靖国神社へ参拝するほどで、苦手というよりおそらく……。

2 贈り物

贈るのも贈られるのも苦手。

●好き

1 **X JAPAN**

自民党のCMに『Forever Love』を採用したほど。1998年に亡くなったギタリストのhideとは横須賀で同郷。

2 **ブッシュJr.大統領（共和党）**

テロ対策特別措置(そち)法（2001年、インド洋に海上自衛隊を派遣して後方支援）も**イラク復興支援特別措置法**（2003年、陸上自衛隊をイラクに派遣して後方支援）も、ともにアメリカのために制定した時限立法。また、2006年には総裁・首相の「卒業旅行」として、ブッシュ夫妻とともに大ファンのエルヴィス＝プレスリー旧居（グレースランド）を公務で訪問。エアギターで歌まで披露するご機嫌ぶり。

3 読書とオペラ・歌舞伎鑑賞

といっても大衆的な歴史小説ばかり読むので、後者のほうが本当の趣味か。

● **豆知識**

1 **首相なのに写真集を出す**

アメリカ俳優のリチャード・ギアに似ている。

2 首相なのにメルマガ〔メールマガジン〕を発行

しかも週刊で計250回続いた。メッセージタイトルは「らいおんはーと」。髪型は戦前の浜口雄幸元首相よりよほどライオンに似ており、「シシロー」というイメージキャラクターまで存在した。

3 首相なのにラジオパーソナリティ

ニッポン放送『小泉総理 ラジオで語る』は3年半にわたり月イチ土曜に放送。

第90・96・97・98代総理

晋ちゃん…

安倍晋三（あべしんぞう）

（自由民主党）

第一次内閣
2006年9月26日～
2007年9月26日

第二次内閣
2012年12月26日～
2014年12月24日

第三次内閣
2014年12月24日～
2017年11月1日

第四次内閣
2017年11月1日～
2020年9月16日

計3188日

●組閣の経緯

戦後生まれ初の首相。通算在職日数（3188日）と連続在職日数（2822日＝約7年9カ月）は**歴代最長**。それぞれの2位は桂太郎と佐藤栄作。

1 第一次内閣

小泉純一郎首相が次期総裁選に出馬しないことを表明。官房長官の安倍晋三、外務大臣の麻生太郎、財務大臣の谷垣禎一が出馬し、小泉が支持したこともあり安倍が圧勝。**「麻垣康三」**（麻生・谷垣・福田康夫・安倍）のうち最初に総裁・首相となった。**官房長官以外の入閣経験がない状態で首相に就任**したのは、異例中の異例。

※世耕弘成（広報）、小池百合子（安全保障）、根本匠（経済財政）、中山恭子（拉致問題）、山谷えり子（教育再生）の5名を

直属の首相補佐官とした。のちに野田聖子ら小泉内閣時の郵政造反組から11名を復党させ、党内外の反発を招いている。

2 第二次内閣

民主党政権が限界を迎える中、総裁選で石破茂（平成研究会）・石原伸晃（無派閥）・町村信孝（同じ清和会の先輩）・林芳正（宏池会）を破り政権に返り咲いた。**首相の再登板は、戦後では吉田茂以来2人目。**

※ゼリア新薬工業が、大腸炎の特効薬「アサコール」を開発していたことも大きい。

●就任時の年齢

第一次内閣**52歳（戦後最年少）**、第二次58歳、第三次60歳、第四次63歳

※2007年の参院選中に新潟県中越地震が発生、遊説を切り上げ急いで駆け付けたが、「首相が地震発生直後に現地に行っても混乱するだけ」とそのフットワークの「軽さ」を批判されていたほどに若い首相だった。

●退陣の理由

第一次内閣➡**持病の潰瘍性大腸炎により総辞職。**参院選で連立与党が過半数を失い**「ねじれ国会」状態を招く**大敗（自民党は結党以来初の第2党）にもかかわらず、所信表明演説で続投を表明して「KY（空気が読めない）首相」と揶揄された2日後に退陣を発表。「突然の政権投げ出し」と批判されたが、以前から政治資金問題による佐田玄一郎規制改革担当大臣の**辞任**、多額の光熱水費問題を追及され「ナントカ還元水」等と答弁した

松岡利勝農林水産大臣の**自殺**、柳沢伯夫(はくお)厚生労働大臣の「女性は子どもを産む機械」発言、久間章生(きゅうまふみお)防衛大臣の原爆投下についての「しょうがない」発言による**辞任**、麻生太郎外相の「アルツハイマーの人でもわかる」発言、赤城徳彦(のりひこ)農水相の事務所費問題に関連する「絆創膏事件」による**辞任**などトラブル続きだった。また、小泉「三位一体の改革」の反動としての「地方の反乱」要素があり、社会保険庁による5千件以上の**年金保険料納付記録漏れ問題**（「**消えた年金**」**問題**）も決定打に。第二次⬇参院選の勝利で「**ねじれ国会**」**状態が解消**していた中、「（民主党政権時代の合意で8％に引き上げたばかりの）消費税の10％引き上げ先送りの是非を問う」名目で早期解散。２０１４年のこの判断が「**安倍一強**」状態の長期政権につながったが、だからこそ衆院選の投票率は５２．７％と歴代最低を記録した。第三次⬇勝負所と思い解散。第四次⬇持病の再発により退陣。

●**キャッチフレーズ**

1｜「**戦後レジーム**からの脱却」
第一次内閣のスローガン。「戦後体制」という意味だが、やたらとカタカナ好き。

2｜「**美しい国**、日本をつくる」
同じく第一次内閣のスローガン。逆から読むと「憎いし苦痛」と揶揄する左派もいた。

3｜「**再チャレンジ政策**」

これも第一次内閣のスローガン。「格差社会」という小泉内閣の負の遺産に対する言葉。「格差は固定化されてはならない」と断言したが、格差そのものは容認しているのか？と捉えられてしまう。また、当時はのちに自分自身が首相に再チャレンジするとは思いもよらず……。

4｜**「日本（にっぽん）を、取り戻す。」**

２０１２年の「政権奪還総選挙」時、野党の総裁としてのスローガンで、テレビＣＭで繰り返し流された。国民がただ民主党政権に失望していただけ、と実感していたからか大勝利後も低姿勢で、それも長期の人気につながった。

5｜**「一億総活躍」**社会

残りの２千数百万人が活躍しなくていいわけではない。「50年後も人口一億人を維持するぞ」的な意味。

6｜**「アベノミクス」**

２０１３年、大胆な**金融政策**、機動的な**財政政策**、民間投資を喚起（かんき）する**成長戦略**の「**3本の矢**」（長州藩毛利家のエピソードにちなむ）を発表。日本銀行総裁は白川方明（まさあき）から**黒田東彦（はるひこ）**へと交代、「白黒はっきり」させた。アメリカのレーガン大統領（共和党）による１９８０年代の「レーガノミクス」から命名。

※2015年、希望を生み出す強い経済(GDP600兆円)、夢を紡ぐ子育て支援(出生率1・8)、安心につながる社会保障(介護離職ゼロ)の「新3本の矢」を発表したが、「それは矢じゃなく的(まと)では？」と疑念を抱かれた。

7 「アベノマスク」

2020年、新型コロナウイルス感染予防のため全世帯に2枚ずつ配布された、小さな布マスク。本人にはよく似合っていた。

● **生没年**

1954年9月21日〜2022年7月8日(67歳没)

福田康夫の18歳下・麻生太郎の14歳下・小泉純一郎の12歳下・菅義偉(すがよしひで)の6歳下。岸田文雄と石破茂の3歳上。

● **出生** ☞ **東京都出身**

新宿区で、毎日新聞記者安倍晋太郎(のち衆議院議員・外相で第2代清和会会長)の次男に生まれる。**選挙区は祖父と父の出身地・山口県。**兄の寛信がやりたがらず自ら政治家の後継者となる。弟の信夫は岸家に養子に出されており、別々に育つ。

● **学び**

成蹊小学校➡成蹊中学校➡成蹊高等学校➡**成蹊大学法学部**政治学科➡南カリフォルニア大学〔USC〕に留学

※エスカレーター式の私立に通い、「受験」というものをしたことがない。小学校高学年は剣道部、中学・高校は地理研究部、大学はアーチェリー部。

●キャリア

1979年、神戸製鋼所入社（25歳、ニューヨーク事業所に駐在後は兵庫県加古川製鉄所や東京本社に異動）➡第一次中曽根康弘内閣の外務大臣である父の秘書官に就任（28歳）➡亡くなった父の跡を継ぎ立候補を表明（37歳）➡1993年、衆議院議員総選挙に初当選（39歳、派閥は清和会）➡第二次森喜朗内閣の官房副長官（46歳）➡第一次小泉純一郎内閣の官房副長官（47歳）➡ベストドレッサー賞受賞（48歳、コーディネートは夫人任せ）➡第二次小泉内閣で幹事長（49歳）➡2005年、第三次小泉内閣の官房長官で初入閣（51歳）➡2006年、総裁選に勝利し第一次内閣組閣（52歳、官房長官に当選同期の塩崎恭久を任命するなど「お友達内閣」と揶揄される）➡2007年、持病により総辞職（53歳）➡2012年、菅義偉らに担がれ谷垣の後継を選ぶ総裁選に勝利し野党時代の自民党総裁に➡衆議院議員選挙に大勝して民主党から政権を奪還し第二次内閣組閣（58歳、大隈重信・山本権兵衛・吉田茂に続く4人目の「返り咲き」）➡参議院議員選挙で圧勝し「ねじれ国会」状態を解消（59歳）➡2014年、第三次内閣組閣（60歳、集団的自衛権行使容認を閣議決定）➡2015年、安保法案可決（61歳、終戦70年談話の発表後、無投票で総裁に再任）

➡2017年、第四次内閣組閣（63歳）➡2019年、大阪でG20サミット開催（65歳、初の日本開催）➡2020年、持病の再発により総辞職（66歳）➡2022年、奈良県を遊説中に銃撃により死亡（67歳、犯人は41歳の山上徹也）

●**追加知識**

2017年、昭恵（あきえ）夫人が名誉校長を務めた大阪府の森友学園への公有地払い下げ問題と、友人が経営する愛媛県の加計（かけ）学園の規制改革特区制度を利用した獣医学部設立について特別な忖度があったという「モリ・カケ疑惑」問題が発生した。のち2019年に表面化した「桜を見る会」に関する後援会の不正経理・公職選挙法違反疑惑と合わせ「モリ・カケ・サクラ」と呼ばれ、野党は政策論議より疑惑追及に終始した。安倍政権は憲法問題や外交は右派・タカ派だが、経済政策は「働き方改革」「幼児教育・保育無償化」など左派・リベラル派のお株を奪っていたからか？

●**ライバル**

石破茂

もと自治大臣兼国家公安委員長でのち鳥取県知事となった石破二朗の子。慶應義塾高校時代からキャンディーズの熱狂的なファンで、慶應義塾大学法学部法律学科在学中に至っては親衛隊だった（ミキちゃん派）。

※軍事ヲタクであることや、元大関・琴光喜に似ていることでも有名。

側近

菅義偉・甘利明・二階俊博ら。特に第二次〜第四次内閣では菅が官房長官を務めた。

※稲田朋美・高市早苗・野田聖子ら女性も積極的に起用した。

先輩・盟友

1 ≡麻生太郎

第二次〜第四次内閣では副総理・財務相・金融担当大臣。ともに育ちの良さもあり、麻生と安倍の2人は海外VIPとのやり取りがサマになる。

2 ≡高村正彦

第一次内閣では小池百合子の後任の防衛大臣。クールに色々とサポートしてくれた。

微妙な関係の人

オバマ大統領（民主党）

タカ派の安倍は民主党と合わない。そもそも元弁護士で細かいオバマと元サラリーマンで大雑把な安倍では……。ただし、キャサリン＝ケネディ駐日大使とは良好な関係。

※共和党のトランプとは大の仲良しで、娘のイヴァンカにまで好かれていた。

●一族

1|||岸信介（のぶすけ）（母方の祖父）↓元首相で東京帝大法学部卒
自己紹介は「岸信介の孫」で「安倍晋太郎の子」ではなかった。幼少時に全く父と遊んでもらえなかったことも影響したか。

2|||佐藤栄作（母方の祖父の弟）↓元首相で東京帝大法学部卒

3|||安倍寛（かん）（父方の祖父）↓元衆議院議員で東京帝大法学部卒

4|||安倍晋太郎（父）↓元外相で東大法学部卒

5|||安倍洋子（母）↓岸信介の長女（2024年に95歳で亡くなる）

●名言・迷言

1|||「状況はコントロールされている」（2013年、IOC〔国際オリンピック委員会〕総会の東京オリンピック誘致のプレゼンテーションで原発問題に触れて）

2|||「早く質問しろよ！」（2015年、安保法案審議の衆議院特別委員会で民主党の辻元清美へのヤジ。玉木雄一郎に対しても「日教組はどうするの！」とヤジは上手い）

3|||「あの戦争には何ら関わりのない、私たちの子や孫、そしてその先の世代の子どもたちに、謝罪を続ける宿命を背負わせてはなりません」（2015年、戦後70年談話）

●エピソード

1 小学生時代の家庭教師は東大生だった平沢勝栄（のちの復興大臣）。

2 2006年末、記者から「今年を漢字1文字で表すと?」と質問され「〝責任〟ですかね」と2文字で即答。

●安倍晋三が始めたもの

1 **改正教育基本法**（2006年、「我が国と郷土を愛する」態度の涵養を強調）

2 防衛庁の**防衛省**への格上げ（2007年）

3 **国民投票法**（2007年、「18歳成人」への端緒を開く）

4 **憲法審査会**を衆参両院に設置（2007年）

安倍は祖父の岸が達成できなかった改憲（自主憲法制定）を至上命題とした。

5 **特定秘密保護法**（2013年、強行採決）

国家機密漏洩の厳罰化をはかる。

6 **内閣人事局**の設置（2014年）

省庁の幹部人事に対する官邸の関与が制度化され、これが官僚による首相・官房長官への過剰な「忖度」の風潮を生んだか。

7 **集団的自衛権行使容認の閣議決定**（2014年）

集団的自衛権とは、「自国が攻撃を受けていなくても、関係の深い国が攻撃を受けた場合にはこれに対し防衛できる」権利で、個別的自衛権とともに国連憲章で認められているが、従来の政府見解では「保有はするが憲法上行使できない」とされてきた。しかし、近隣国の軍事的脅威が高まる中で、日本の「存立危機事態」での限定行使容認を含む安保法案は、総選挙勝利の結果、翌年の衆議院で強行採決された。

8 ≡ スポーツ庁（2015年）

初代長官はソウルオリンピック100m背泳ぎ金メダリストの鈴木大地。

9 ≡ アメリカ連邦議会上下両院合同会議での演説（2015年）

10 ≡ 伊勢志摩サミット（2016年）

11 ≡ アメリカ大統領初の広島訪問（2016年、サミット参加後のオバマ大統領）

12 ≡ 日本首相初のハワイ真珠湾訪問（2016年、オバマ広島訪問のバーター）

13 ≡ 皇室典範特例法（2017年）

現上皇の「生前退位」にあたり制定。本人の希望と憲法論的な建前の調和を図り、天皇の進退に関する今後の政治利用を避けた。

14 ≡ TPP（環太平洋パートナーシップ協定）参加（2018年）

15 ≡ 平成から令和への改元（2019年）

『万葉集』から採用された2文字で、中国の漢籍を原典としない初の元号だった。

16 消費税10％に再引き上げ（2019年、軽減税率8％を導入）

17 初の緊急事態宣言（2020年）

新型コロナウイルス感染症（COVID19）の感染拡大に伴い決断

●**特徴**

北朝鮮拉致被害者救出に政治生命をかけるほど熱心だったが、横田めぐみさんの生存確認・救出を果たせず、父母である横田滋（2020年逝去）・早紀江夫妻に申し訳ないことをした、とずっと悔やんでいた。

●**趣味**

ゴルフ

●**好き**

1 アッキー

子どもはいないが超仲良しの夫婦。8歳下の妻・昭恵は森永製菓社長松崎昭雄の長女で聖心女子専門学校卒業後電通勤務のお嬢様。ラジオDJや居酒屋経営、個人の公式ブログなど独自に活動。「脱原発」「反TPP」という安倍と反対の思想もあり、「家庭内野党」ともいえる。しかし森友問題では、「私か妻かが関係していたとしたら首相も国会

議員も辞める」と夫が豪語したほどの一心同体ぶりだった。

2≡映画

政治家になっていなければ映画監督になりたかった。

●**得意**

細かいことを気にしない。普段は敵でも笑顔で迎え入れる。

●**苦手**

滑舌（かつぜつ）がかなり悪い。再登板時のテレビCMで「日本を取り戻す」が「取りもろす」に聴こえる等と話題に。

●**豆知識**

1≡稲田朋美によれば、安倍から「ともちん」と呼ばれたことは一度もないらしい。

2≡１９６７年の吉田茂以来55年ぶりの**国葬**が日本武道館で行われ、弔問に訪れる人が長蛇の列に。菅義偉の弔辞（ちょうじ）と昭恵夫人の気丈かつ沈痛な着物姿が涙を誘った。

3≡安倍の死により清和政策研究会の長は空席になるほど影響力が強かった。２０２４年に派閥解消となる。

第91代総理

親子で総理
福田康夫（ふくだやすお）

自由民主党

2007年9月26日～
2008年9月24日
365日

●組閣の経緯

参議院議員選挙に大敗後、安倍晋三首相が持病の潰瘍性大腸炎悪化を理由に突然退陣したため、同じ清和会から総裁選に出馬して麻生（あそう）太郎を破り組閣。

●就任時の年齢

71歳（父の福田赳夫（たけお）の就任時と偶然同年齢）

●退陣の理由

就任早々に防衛省の不祥事が相次いで発覚、ガソリン暫定税率をめぐる騒動などもあり、支持率は低下。与党内で次の衆議院議員選挙はこのままでは戦えないと「福田おろし」の動きもある中、「ねじれ国会」状態が続いていた**参議院で史上初の首相の問責（もんせき）決議案が可決**され、本人の心が折れたため（問責決議に拘束力はない）。

※退陣の9日前、アメリカ発の世界金融危機（リーマンショック）も起きていた。

● **生年**

1936年7月16日～（87歳で存命中）

福田赳夫の31歳下。森喜朗の1歳上・麻生太郎の4歳上・小泉純一郎の6歳上・谷垣禎一の9歳上・安倍晋三の18歳上。

● **キャッチフレーズ**

1 「**弁明長官**」

森内閣・小泉内閣の官房長官時代のあだ名。特に森は失言が多すぎたので、弁明に追われ同情を集める。また、時にユーモアを交えながらもクールで淡々とした受け答えが、明るく大雑把な2人とよいコントラストになり、評価を上げた面もあった。

2 「フフン」

官房長官時代の受け答えから、ネットでついたあだ名。

3 「**背水の陣内閣**」

「ねじれ国会」状態だったこともあり自称。年金記録漏れ問題や高齢者医療問題が長引き、インド洋での自衛隊の給油活動継続、日銀総裁人事など課題も山積みだった。

4 「**決められない政治**」

「ねじれ国会」状態では、法案が参議院で否決された場合、衆議院で出席議員の3分の2以上で再可決しなければならず、したらしたで「数の暴力」扱いなので苦労した。

●**出生**☞**東京都(東京府)出身**

世田谷区で、大蔵省官僚だった福田赳夫元首相の長男に生まれる。

※6歳の時、父の赴任で中華民国の南京に数カ月暮らしており、精神的な親中派に。

●**学び**

疎開先の群馬県高崎市の金古小学校に入学➡埼玉県さいたま市の大宮南小学校➡東京高等師範学校附属小学校(現在の筑波大学附属小学校)➡渋谷区立猿楽小学校➡東京第一師範学校男子部附属小学校(現在の東京学芸大学附属世田谷小学校)と、5つの小学校に通う。その後、**麻布中学・高校**を経て**早稲田大学政治経済学部**経済学科を卒業。

●**キャリア**

1959年、丸善石油(現在のコスモ石油)に入社(23歳)➡ロサンゼルス支店に2年間赴任(26歳)➡1976年、課長で退社して父の秘書となる(40歳)➡父が組閣し首相秘書官に(41歳)➡1990年、父の政界引退に伴い**衆議院議員選挙に初当選**(54歳)➡衆議院外務委員会理事(56歳、父の群馬県の地盤を継ぎ選挙に強く票につながりにくい外交を担当できた)➡村山富市内閣の河野洋平外相の下で外務政務次官(59歳)➡2000年、第二次森喜朗内閣の官房長官・沖縄開発庁長官で初入閣（64歳、翌年の省庁再編で沖縄開発庁長官は退任し男女共同参画担当大臣に）➡第一次小泉純一郎内閣で官房長官・男女共同参画担当大臣に留任（65歳）➡２００４年、国民年金保険料未納が問題視され第二次小泉内閣の官房長官・男女共同参画担当大臣を辞任（68歳、直前に「（年金未納は）犯罪ですか？」等と自身が未納だと思わず挑発的な発言をしていた）➡２００７年、総裁選に勝利し内閣組閣（71歳）➡２００８年、突然の退陣（72歳、同年、低酸素社会を目指す「福田ビジョン」を提唱していたが……）➡２０１２年、政界引退（76歳、長男の達夫が後継）➡２０１４年、北京を訪問し習近平主席と極秘会談（78歳）➡存命中

●ライバル

ポスト小泉「麻垣康三」の他の３名（麻生太郎・谷垣禎一・安倍晋三）。

●名言

１≡「あんな年寄りと一緒にしないでよ」（初当選時の初登院記者会見で。父との仲はどうやら微妙な模様）

２≡「誰と話せば信用できるんですか。ぜひ教えてほしい。かわいそうなくらい苦労しているんです」（民主党が全然然言うことを聞いてくれず心情を吐露）

３≡「あなたと違うんです！」（退陣表明会見で中国新聞の記者に「総理の会見は他人事のよう

に聞こえる」と突っ込まれ、「私は自分自身を客観的に見ることはできるんです」という怒りのマクラに続けキレる。のち2008年新語・流行語大賞に「あなたとは違うんです」と間違えてノミネートされトップ10に選ばれるも「誠に光栄ですが、ご辞退申し上げます」と辞退。

●微妙な関係の人

小沢一郎
民主党党首として自・民の「**大連立**」構想にいったん合意したが、福田の動きの遅さもアダとなり、民主党内から猛反発を喰らい白紙撤回。

●エピソード

1 30歳で元衆議院議長櫻内義雄（さくらうちよしお）の姪と結婚した時に誓った言葉は「**君を政治家の女房にはしない**」だったが、立派な調整型の政治家となった。

2 石油会社出身なのに、環境に配慮して天然ガス自動車に乗っている。

3 清和政策研究会に属する長男の**福田達夫**は、2021年、岸田文雄内閣で**総務会長**に抜擢された。将来的に親子孫3代の首相もあるか？

※ちなみに清和会だった小泉純一郎の後継・進次郎は、無派閥を貫いている。

●福田康夫が始めたもの

1 **史上初の親子2代首相**。しかし父は長男の康夫を「面の皮が薄すぎて政治家に向かない」と次男が病気で倒れるまでは、後継者扱いしていなかった。

2≡新テロ対策特別措置法（2008年）。インド洋上の給油活動だけに特化。

3≡**後期高齢者医療制度**（2008年）。75歳以上の国民に対し「後期」はネーミングが失敗で大反発を浴びた。小泉内閣以来の案件で、特に福田のせいでもない。

4≡道路特定財源制度の一般財源化（2008年度限り）

5≡**北海道洞爺湖サミット**（2008年）。前回の九州・沖縄サミットと対になっている。

●**得意**

1≡官房長官。のち安倍内閣の菅義偉に抜かれるまで歴代最長在任記録を持っていた。

2≡外交。小泉純一郎内閣で田中眞紀子がクビになり、民間から元通産官僚の川口順子が外相に就任した時は、官房長官ながら「影の外務大臣」とも呼ばれた。

3≡**早歩き**というか速歩。よく記者をまいていた。

●**苦手**

参議院。新テロ対策特別措置法や日銀総裁人事の承認などで徹底的に嫌がらせを受けた。

●**豆知識**

50歳以上で初当選した議員の党内派閥横断「クローニンの会（知命立志会）」会長。

第92代総理

漫画太郎

麻生太郎

自由民主党

2008年9月24日〜
2009年9月16日

358日

●組閣の経緯

「ねじれ国会」状態の中、民主党との「大連立」構想が頓挫した福田康夫内閣の後を受け組閣した自公政権。衆議院の任期満了まで約1年に迫っており、勝てそうにない福田が幹事長の麻生太郎に「選挙の顔」を譲る形となった。

※清和会からの首相が森・小泉・安倍・福田と4人続いていたが、宏池会を飛び出した河野洋平の派閥を引き継ぐ為公会(現在の志公会)を率いる麻生が、総裁選で石原伸晃・石破茂・小池百合子・与謝野馨に圧勝した。

●就任時の年齢

68歳

●退陣の理由

安倍・福田がそれぞれ1年で政権を投げ出し、自民党への不信感がつのり民主党への支持が高まる中、就任直前に起きた世界金融危機〔リーマンショック〕による不況への対応にかかり切りで**解散のタイミングを逃した**。さらに、庶民感覚のなさ・漢字の読めなさ・歯に衣着せぬ物言いなどに非難が殺到。2009年7月の東京都議選に敗れ党内でも「麻生おろし」の動きが強まり、何もできぬまま8月の総選挙に突入。民主党308議席・自民党119議席という歴史的大敗を喫し、政権交代となった。

※民主党の小沢代表の政治資金問題が発覚したタイミングで解散・総選挙でもよかったが、側近だった菅義偉（すがよしひで）らの反対で躊躇しているうち、クリーンなイメージの鳩山由紀夫が民主党代表に復帰してしまい、不利な戦いとなった。

●キャッチフレーズ

1≡「**漫画太郎**」

マンガ好きで、『ゴルゴ13』（さいとう・たかを）や『ローゼンメイデン』（PEACH-PIT）を愛読。前者が政治・外交の参考になると公言し中曽根康弘に呆れられている。後者は「アンティークドールの戦い」がコンセプトの萌え系。意外なセレクトにヲタク層から「ローゼン閣下」と呼ばれ、「オレ達の太郎！ショップ」が開店したほど**秋葉原で大人気**。それを意識してか、首相就任後初の街頭演説も秋葉原だった。

2≡「日本を**明るく強い国**にする」

首相就任時の言葉。「確かに楽な時代ではない。しかし、暗く下向いてもしょうがない。

前向いて顔上げて頑張らなきゃいかん」という姿勢を貫く。

●生年

1940年9月20日〜（83歳で存命中）

二階俊博の1歳下・福田康夫の4歳下。谷垣禎一の5歳上・菅義偉の8歳上・安倍晋三の14歳上・岸田文雄の17歳上。

※オシャレ&ダンディで、マフィアのボスのような雰囲気。高級スーツや靴・時計、帽子・マフラーなどのコーデを着こなし、国際的な舞台でも「映える」タイプ。

●出生☞福岡県出身

福岡県飯塚市で、炭鉱系の「麻生財閥」を率いる実業家・元衆議院議員・吉田茂の娘婿でもある**麻生太賀吉の長男**に生まれる。

●学び

麻生が入学するための「麻生塾小学校」（現在は閉校）が創られたほどのお坊ちゃま。小学3年で上京し学習院初等科に編入➡中等科➡高等科➡**学習院大学**政経学部（現在は法学部と経済学部）とエスカレーター式に進学し、受験したことがない。

※卒業後、産経新聞社を受けるが海外留学の道を選び、アメリカのスタンフォード大学大学院、イギリスのロンドン大学政治経済学院へ。

●キャリア

1966年、帰国して麻生産業に入社し取締役（26歳、のち南米のブラジルや西アフリカのシエラレオネなどに赴任）↓麻生セメント社長（33歳、家業を石炭からセメント中心へと転換）↓1976年、モントリオールオリンピック出場（36歳）↓日本青年会議所会頭（38歳）↓1979年、衆議院議員選挙に初当選（39歳、宏池会に属し文教・外交のキャリアを積む）↓自民党青年局局長（42歳）↓落選（43歳、「跳ねっかえりのボンボン」キャラが裏目に出たか）↓衆議院に返り咲き当選（46歳）↓1996年、第二次橋本龍太郎内閣の経済企画庁長官で初入閣（56歳）↓宏池会のトップが宮澤喜一から加藤紘一に変わることに反発し離脱した河野洋平率いる大勇会旗揚げに参加（59歳）↓第二次森喜朗内閣の経済財政政策担当大臣・IT担当大臣・新千年紀記念行事担当大臣（61歳、総裁選初出馬で敗れた第一次小泉純一郎内閣で政調会長）↓総務大臣（63歳）↓第二次小泉内閣で国民スポーツ担当大臣兼任（64歳）↓第三次小泉内閣の外務大臣（65歳）↓総裁選再出馬で敗れた第一次安倍晋三内閣で外相に留任のち幹事長（66歳、河野から派閥を継承し為公会〈麻生派〉結成）↓三たび総裁選で敗れた福田康夫内閣で幹事長に留任↓4度目の総裁選で勝利し内閣組閣（68歳）↓2009年、総選挙で大敗し退陣（69歳）↓2012年、第二次安倍内閣の副総理・財務大臣・金融担当大臣（72歳、第三次・第四次内閣でも留任）↓旧三木派である番町政策研究所（山東派）などが合流し為公会を**志公会**に拡大（77歳）⬇菅義偉内閣で**副総理・財務大臣・金融担当大臣**に留任（80歳）⬇第一次岸田文雄内閣で**副総裁**（81歳、第二次内閣でも留任）⬇存命中

●追加知識

総裁選は4度目でようやく勝利。本人は「フロック（まぐれ）で勝つことより、何度も戦って勝ったことに意味がある」と前向きに捉えた。

●ライバル

ポスト小泉「**麻垣康三**」の他の3名＝谷垣禎一・福田康夫・安倍晋三

●世話になった政治家

1＝**鈴木善幸**

妻の父＝岳父。大平正芳から宏池会を継承し宮澤喜一につないだ。

2＝**河野洋平**

宮澤から加藤紘一への派閥継承に反発して宏池会を割り、大勇会を旗揚げしたボス。河野の父・一郎は麻生の祖父・吉田茂の天敵だったが、よくしてくれた。

●世話をした政治家

1＝**河野太郎**

洋平の子。勝手に総裁選に出たりして、派閥の長・麻生の言う事をあまりきかない。

2 菅義偉

側近時代の彼の意見を聞き衆議院解散のタイミングを逃したが、特に責めてはいない。

●名言

べらんめえ調の軽妙な語り口で人気だが、毒舌&リップサービスによる失言も多い。

1 「生まれはいいが、育ちは悪い」（自虐的に自らを指して言うが、圧倒的に育ちもいい。本人がエスタブリッシュメントの枠内でハリキッてる感じ）

2 「今日、初めて麻生太郎のツラ生(なま)で見た人は？」（東京都議連の応援演説で。演説は、祖父の吉田と違い、かなり上手い）

3 「たくさんの人と会うときにホテルのバーは安全で安い所」（高級ホテルのバーでの連夜の会食を「庶民感覚とかけ離れているのでは」と記者たちに質問されて。確かに安全だし、本人の懐具合から考えればまさにその通りで、問題なし）

4 「400円ぐらいします？」（参議院外交防衛委員会でカップ麺の値段を聞かれて。庶民に生まれない限り知ってるはずがなく、庶民ですら食べる習慣がなければ知らない人もいるので、これで批判されたのは違和感もある。麻生内閣は広告費に対し一律10%の広告税をかけることを検討していたことで、新聞・TVなどのマスメディアによる「麻生バッシング」につながったの

では、とも言われる）

5｜「朝は希望を持って目覚め、昼は懸命に働き、夜は感謝とともに眠る、この気持ちだと思っています」（2017年、参議院予算委員会で「（1番は「空気」だと思うが）人間が生きる上で2番目に大切なものは何だと思われますか？」という財務大臣に「金」とでも言わせたい自由党・山本太郎の質問を一蹴し「太郎対決」は終了）

6｜「台湾でドンパチが始まることになれば〜戦争が起きる可能性は十分考えられる」（2022年、麻生派の研修会で。ロシアのウクライナ侵攻が終息しない中、当たり前の事を言っただけで批判される。中国の軍備増強に言及し「自分の国は自分で守るという覚悟がない国民を誰も助けてくれることはない」とも。国際社会の常識に照らし合わせても、全くその通り）

●エピソード

1｜まだ22歳の学生だった弟の次郎を、1964年の「学習院大学ヨット遭難事故」で亡くしている。慶應義塾大学を出た下の弟の泰（ゆたか）は、株式会社麻生・学校法人麻生塾を中心とする「麻生グループ」のトップを務める。

2｜財務大臣・金融担当大臣中川昭一の泥酔会見

2009年2月、前年からの世界金融危機「リーマンショック」を受けてローマで開催されたG7財務相・中央銀行総裁会議終了後、酒を飲んだのかろれつが回らない朦朧状態で会見を行った。この様子が世界中に映像・記事で配信され、批判が殺到して3日後に辞任。

●**麻生太郎が始めたもの**

1 **定額給付金**（2009年3月）

一人1万2千円に加え、18歳以下と65歳以上にはさらに8千円を支給。「バラマキ」と批判され人気回復にはつながらなかったが、喜んだ人は多い。他にも高速道路の休日割引、自動車・家電製品のエコポイント制度など、多彩な景気回復政策を行った。

2 **民主党への政権交代**

2009年の総選挙で、民主党代表鳩山由紀夫との「首相の孫」決戦に大敗。**自民党は1955年の結党以来、初めて衆議院第一党の座を失った。**

※麻生は小泉構造改革路線に反対の立場だったので、渡辺喜美（よしみ）らのみんなの党、松井一郎ら大阪維新の会など離党者を生み、第三極としての「改革保守」も登場した。

●**特徴**

華麗なる一族

母方の高祖父（こう）は大久保利通（維新の三傑）、**曾祖父は牧野伸顕（のぶあき）**（宮内大臣・内大臣と外務大臣などの閣僚を歴任した伯爵）、**祖父は元首相・吉田茂、父は麻生太賀吉。**

※妹は三笠宮寛仁（ともひと）親王の妃で妻は元首相・鈴木善幸の娘。これだけの名門かつ大富豪出身で「庶民感覚」への理解を求められても……、と同情の余地はある。

●得意・趣味

1 クレー射撃

1976年、カナダで開催されたモントリオールオリンピックに出場し「スキート」で41位。オリンピック出場経験のある唯一の首相。射撃に打ち込むきっかけは、20歳の時に父とキジ猟に出た際、猟師に「天才かもしれん」とおだてられたこと。

2 経済政策

実業家出身だからか経済に明るいという自負がある。世界金融危機に対し、IMF（国際通貨基金）へ迅速に10兆円規模の支援を決定し、国際金融の関係者たちから高い評価を得た。ただし、国内対策では、「日本は単一民族」発言で国土交通大臣（中山成彬（なりあき））、泥酔会見で財務大臣・金融担当大臣（中川昭一）、日本郵政社長人事問題で総務大臣（鳩山邦夫）が相次いで離脱したこともあり、思うような手腕を発揮できず支持率を落とした。人気回復のため不況対策を優先するあまり、解散に打って出ることができず、任期満了近くまで引っ張り大敗した。ただし、政策そのものの失点は少なく、それが後の安倍政権での財務大臣・金融担当大臣就任につながった。

●苦手

漢字

中国の四川(しせん)大地震について「未曽有(みぞう)の自然災害」と言うべきところ、「みぞうゆう」と読んだことで話題に。他に「踏襲(とうしゅう)」を「ふしゅう」など読み違えが頻発した。

※仲良しだった安倍晋三も、「云々(うんぬん)」を「でんでん」と読んでいる。

●嫌い

(現実に即さない無理な)平等・横並び

2008年の経済財政諮問(しもん)会議での「私のほうが税金は払っている。たらたら飲んで、食べて、何もしない人の分の金をなんで私が払うんだ」という、医療費の膨張に関する発言などに象徴される。麻生からすれば、現実的に平等などこの世にありえないではないか、という諦念(ていねん)もあり、多様性を認めるつもりで不平等を前向きに捉えている感もある。率直な物言いは、敵も多いが秘かにファンも多い。

●豆知識

カトリック教徒。

第93代総理

宇宙人

鳩山由紀夫

民主党

2009年9月16日～2010年6月8日

266日

●組閣の経緯

総選挙で115議席から単独政党史上最多の308議席へ躍進した鳩山由紀夫党首の民主党が、自公連立の麻生太郎内閣からの政権交代を達成。参議院は単独過半数をもたないので、民主党・社会民主党・国民新党の三党連立でスタート。鳩山は閣僚経験もなく組閣したことから幹事長に就任した前代表の小沢一郎色が強く、「小鳩内閣」「鳩山・一郎内閣」等と揶揄された。また、143人いる新人議員も小沢の指導を受けて当選し、「小沢チルドレン」や「小沢ガールズ」と呼ばれた。

※社民党党首は福島瑞穂(消費者及び食品安全・少子化対策・男女共同参画担当大臣)、国民新党代表は亀井静香(金融担当大臣)。しかし翌年、福島は普天間飛行場移設問題で県外・国外移設に拘り鳩山に罷免され、社民党は連立を離脱した。

※自民党は300議席から119議席と結党以来の最小議席に激減し、公明党とともに野党に転落。のち宏池会から谷垣禎一総裁を選出し、再起を図った。

●就任時の年齢

62歳

●退陣の理由

総選挙前に掲げたマニフェスト（政権公約）の「普天間飛行場の県外移設」「群馬県の八ッ場ダム建設中止」「高速道路の無料化」「ガソリン税の暫定税率廃止」「月額2万6千円の子ども手当て」がことごとく守れず、国民の期待を裏切った。日米関係は悪化、社民党は連立離脱、小沢幹事長がらみの不祥事（陸山会事件）もあり党内も混乱し、鳩山が責任を取って退陣。「国民が聞く耳を持たなくなった」と他責気味の理由で政界引退の意向も表明したが、のちに撤回するなど迷走した。

●キャッチフレーズ

1 「宇宙人」

誰も見たことがないのに似ていると言われる。また、普段の言動も人間離れしている。

2 「友愛」

祖父の一郎と同じ座右の銘。

3「排除の論理」

1996年、結党以来の盟友かつ代表の武村正義を捨て新党さきがけを離脱。菅直人や弟の邦夫と（旧）民主党を結成し、どこが「友愛」かと言われた。

4「ルーピー（間抜け）」

普天間飛行場移設問題の混乱により、アメリカのワシントン＝ポスト紙が命名。国内でも自民党参議院議員の丸川珠代に「ルーピー！」と野次られた。

● **生年**

1947年2月11日～（77歳で存命中）

● **出生** 東京都出身

東京都小石川区（現在の文京区）で、鳩山威一郎の長男に生まれる。

● **学び**

学習院初等科・中等科→小石川高校→東京大学工学部→アメリカのスタンフォード大学大学院博士課程修了で工学博士（Ph.D）という、歴代首相中の最高学歴。

※アメリカ留学中の1975年、現地の日本人の妻を連れ出し結婚した。

● **キャリア**

1976年、帰国して東京工業大学工学部助手（29歳）→専修大学経営学部助教授（34

歳、現在の准教授）➡政界を志し退職（37歳）➡1986年、祖父・一郎の北海道の選挙区から出馬して**衆議院議員に初当選**（39歳、スローガンは「**政治を科学する**」で所属は木曜クラブ〔田中派〕のち経世会〔竹下派〕）➡1988年、清和会の武村正義らと派閥横断の勉強会「**ユートピア政治研究会**」立ち上げ（41歳）➡1993年、自民党を離脱して**新党さきがけ結成**（武村が代表で鳩山が資金を用意）➡細川護熙（もりひろ）内閣で官房副長官（46歳）➡1996年、菅直人と新党さきがけを離党して岡崎トミ子ら社民党・弟の邦夫ら新進党の有志も引き込み（旧）**民主党**結成（49歳、菅と共同代表）➡幹事長（50歳、菅が代表）➡1998年、3党派が合流し（新）**民主党**結成（51歳、菅が代表で鳩山は幹事長代理）➡**第2代代表**（52歳）➡党内人事の混乱などで代表を辞任するが最大規模の「鳩山グループ」を率いる（55歳、菅が第3代代表）➡2003年、民主党が小沢一郎の自由党と合併（56歳）➡第4代代表に岡田克也が就任（57歳）➡2005年、第5代代表前原誠司の下で幹事長（58歳）➡第6代代表小沢一郎の下で幹事長に留任（59歳）➡**2009年**、西松建設疑惑（陸山会事件）による小沢の辞任により**第7代代表に返り咲く**➡衆院選に大勝して**内閣組閣**（62歳）➡2010年、退陣（63歳、「あなたも辞めていただきたい」と小沢幹事長も道連れ）➡2012年、衆院選で第9代代表野田佳彦から公認を得られず政界引退に追い込まれる（65歳）➡翌年に設立したシンクタンク「東アジア共同体研究所〔世界友愛フォーラム」」を拠点に活動中。

●追加知識

政界引退後は、自民党と民主党（のち民進党→立憲民主党）の悪口を言い続け、2020年に**政治団体・共和党**を元衆議院議員の首藤信彦と立ち上げた。首藤が党首にあたる「物差」、鳩山が代表にあたる「棟梁」と謎のネーミング。2022年には、鳩山自身が「次期衆院選に出馬する」と表明している。

●ライバル

1歳違いの弟、**鳩山邦夫**。父の選挙区である東京で10年も早く政界入りし、文部大臣・労働大臣・法務大臣・総務大臣などを歴任。2016年に亡くなった。

●迷言

1 「国外、**最低でも県外**」（総選挙中、沖縄市の集会で普天間飛行場移設問題について発言。首相就任後、**結局は名護市辺野古への移設で日米合意**となってしまう）

2 「学べば学ぶにつけ、海兵隊はじめ沖縄の米軍が連携して抑止力を維持していると解った」（結局県外移設できなかったので仲井眞弘多知事に言い訳しつつ詫びる）

3 「**トラスト・ミー**」（アメリカでオバマ大統領に「（辺野古移設を履行するから）私を信じてほしい」と沖縄県民置き去りの二枚舌でリップサービスしたが、無責任な発言は弁護士出身のオバマには逆効果で、信用を失った。

4｜「恵まれた家庭に育ったから自分自身の資産管理が極めてずさんだった」（資産報告訂正について記者団に素直にボンボン告白。母の安子から5年間で約9億円＝毎月1500万円の資金提供を受け、それこそ〝子ども手当〟じゃないかと批判された）

5｜「（幼少の頃）一番好きだったのはドラえもん」（自宅に隣接する鳩山会館を訪れた子ども記者に語る。しかし、1969年の連載開始時に鳩山は22歳……）

●エピソード

1｜個人献金問題

個人献金者名簿に記載されていたもののうち約8割が虚偽のもので、死亡者も多数含まれており〝故人献金〟状態で、自民党など野党から厳しい追及を受けた。

2｜中途半端な改名

2013年に由紀夫から友紀夫に表記を変えたが、自らの使用時すら混在している。

3｜韓国で土下座？

2015年、韓国の西大門（ソデムン）刑務所跡地を訪れ、ひざまずいて謝罪。

※島根県の竹島は韓国領だと信じている。ちなみに沖縄県の尖閣諸島も「中国側から日本が盗んだと思われても仕方がない」等と発言している。

●鳩山由紀夫が始めたもの

1 「脱官僚」「政治主導」の政策決定

事務次官等会議を廃止し、大臣・副大臣・大臣政務官の「政務三役」を中心に、官僚をコントロールして各省の縦割り行政を解消しようとした。しかし、人気投票で選ばれた政治家が国家公務員総合職試験に合格し長年勤務を続けるプロパーに敵うはずもなく、敵対心を煽っただけで政策は停滞した。結局、「脱官僚」「政治主導」は、のちに自民党の安倍首相・菅官房長官コンビが強力に推進する。

2 「事業仕分け」

ムダ遣いを無くそうと、**政治家と有識者が官僚を公開で詰問。**スパコン〔スーパーコンピュータ〕事業における参議院議員・蓮舫の「2位じゃダメなんでしょうか？」という名言を生み出したくらいで、**大した予算削減にならなかった。**

3 子ども手当

2010年から児童手当の名称を変えて拡充しようとしたが、当初の予定通りには実行できず。2012年、野田佳彦内閣で元の名称に戻ってしまった。

4 農業者戸別所得補償制度

のち自民党政権の下で「経営所得安定対策制度」へ名称変更。

5 **公立高校授業料の無償化**〔（旧）高等学校等就学支援金制度〕のち自民党政権が始めた新制度では、私立への支援も含むが所得制限ありに変更されている。

●**特徴**

1 **華麗なる一族**

曾祖父は**鳩山和夫**（元衆議院議長）で曾祖母は**鳩山春子**（共立女子の創始者）。**父方の祖父は鳩山一郎**（元首相・自民党初代総裁）で**母方の祖父は石橋正二郎**（ブリヂストン創業者）。父は**鳩山威一郎**（大蔵事務次官を経て参議院議員・元外相）、弟は**鳩山邦夫**（衆議院議員・各大臣を歴任）、子は鳩山紀一郎（東大卒の工学博士）。鳩山家は和夫（開成学校→のちの東大）・一郎・威一郎・由紀夫・邦夫・紀一郎が東大出身という秀才ぞろい。また、鳩山家代々の自宅である文京区の鳩山会館は、有料（大人600円）で見学できる観光スポット。

※甥（邦夫の次男）の鳩山二郎は、前福岡県大川市長で現在は自民党所属の衆議院議員（志帥会（二階派））。その兄の太郎は、もと東京都議会議員。

2 外国人参政権を目指すと宣言している

●**趣味**

落語やクラシック音楽を聴くこと。

● **得意**

国民との接近。首相と市民が直接対話できる「鳩カフェ」を設置、X（旧Twitter）も自身が書き込んだ。

● **好き**

1 幸夫人（みゆき）

「UFOに乗って金星に行った」等、謎すぎる言動で有名なライフコーディネーター。元宝塚歌劇団の星組の娘役「若みゆき」。鳩山がアメリカ留学中、人妻だった彼女にベタ惚れして略奪婚したので、離婚歴のある唯一の首相夫人（ファーストレディ）。鳩山は「宝塚歌劇を応援する国会議員の会」会長も務める。

2 金色や黄色のネクタイ

勝負アイテム。首相就任時には金・黄のネクタイが売れ行き好調となり、デパートなどで特設コーナーまでできた。ちなみに鳩山が締めていたのはイタリアのブランド「エルメネジルド・ゼニア」。

3 歌

1988年にシングルレコード『Take HEART～翔びたて平和の鳩よ～』を発表。2009年の首相就任後にCDとして再発売された。美声といえば美声。

4 ≡ 漫画

ボンボン同士の麻生太郎に劣らない漫画好きで、『オタクエリートNo.1』という雑誌の表紙モデルを務めたこともある。

●豆知識

1 ≡ 草彅剛（くさなぎつよし）

2009年の野党時代、東京ミッドタウンに隣接する公園で酔っ払い全裸になったSMAPメンバーが公然わいせつで現行犯逮捕されると庇い、「そこまでやるか」と警察を批判した。しかし、当時自民党で地デジ推進の総務相を務めていた弟の邦夫は「なんでそんな者をイメージキャラクターに選んだのか。恥ずかしいし、最低の人間だ。絶対許さない」と発言し「そこまでいうか」と批判が殺到した。

2 ≡ 平田オリザ

「いのちを守りたい」などエモさがある首相演説は、有名劇作家が助言していた。

3 ≡ デマ

2022年、安倍晋三の暗殺後、なぜか「鳩山が統一教会の合同結婚式で結婚した」とネット上で拡散されたが完全なデマである。

第94代総理

イエス・アイ・カン
菅直人（かんなおと）

民主党

2010年6月8日〜
2011年9月2日
452日

●組閣の経緯

失態続きで支持率が急落した鳩山由紀夫首相では来たる参議院議員選挙が戦えないと、菅直人と樽床（たるとこ）伸二が党代表選を戦った結果、菅が第8代民主党代表となり組閣。官房長官は仙谷由人（せんごくよしと）、幹事長は枝野幸男（ゆきお）。しかし、根回しもなく記者会見で唐突に「消費税10％」と発言し参院選に敗北、「ねじれ国会」状態を生み先行きが思いやられた。

※長らく増税反対だったが、財務大臣となって深刻な危機感を持つようになっていた。

※民国連立与党は衆議院で3分の2以上の議席がなく、法案再議決は不可能だった。

●就任時の年齢

64歳

●退陣の理由

「消費税引き上げ」「TPP参加」「脱原発」など、選挙が近づくたび次から次へと課題設定を変えて振り回し、ただでさえ東日本大震災で大変な国民から匙を投げられ支持率が低下。党内でも「菅おろし」の動きが活発化したため。

※また、尖閣諸島で違法操業していた中国漁船が海上保安庁巡視船に体当たりし、船長を逮捕したのに中国政府の要求で船長を釈放したことや、ロシアのメドベージェフ大統領の北方領土上陸を許すなど、弱腰な外交が国民を不安にしていた。

●生年

1946年10月10日〜（77歳で存命中）

小沢一郎の4歳下、鳩山由紀夫の1歳上（学年は同じ）、野田佳彦の11歳上。

●キャッチフレーズ

1 「イラ菅」

すぐにキレて怒鳴り散らす。

2 「イエス・アイ・カン」

オバマ大統領（民主党）の「チェンジ！　イエス・ウィー・キャン」に駄洒落で対抗。

3 「ペテン師」

内閣不信任決議案を回避するため退陣の意向を表明しながら粘って辞めず、退陣を促す前首相の鳩山から厳しく批判された。しかし、鳩山自身にもブーメランが刺さる。

●**出生**☞**山口県出身**

山口県宇部市で、企業勤めの技術者の子に生まれたが、**選挙区は東京都下**。24歳の時に1歳上の従姉と結婚。

●**学び**

山口県立宇部高校の2年時に父の転勤で東京都立小山台（こやまだい）高校に編入➡**東京工業大学理工学部**応用物理学科卒業（23歳、学生運動にのめり込み1年留年）。

●**キャリア**

知的財産権を扱う**弁理士**を目指し特許事務所に就職（24歳）➡弁理士試験に合格（25歳）➡独立し特許事務所を開く（28歳、同年の**参議院議員選挙で市川房枝（ふさえ）の選挙事務局長**をボランティアで勤める）➡無所属で衆議院議員選挙に初出馬するが落選（30歳）➡社会市民連合から参院選に出馬するが落選（31歳、共同代表の元社会党書記長江田三郎に誘われ市川から離れる）➡1978年、社会クラブの田英夫（でん）らが合流し**社会民主連合**結成（32歳、急逝した三郎の子・江田五月（さつき）とともに副代表）➡社民連から衆院選に再挑戦するも落選（33歳）➡1980年、4度目の国政挑戦で**衆議院議員に初当選**（34歳、落選中は特許事務所と並行で学習塾を開き糊口（ここう）をしのぐ）➡細川護熙（もりひろ）非自民8党派連立内閣で衆議院外務委員長（47

歳）↓社民連が解散し新党さきがけに入党（48歳）↓１９９６年、自社さ連立の第一次橋本龍太郎内閣の厚生大臣で初入閣（50歳）↓同年に鳩山由紀夫とともにさきがけを離脱して（旧）民主党を旗揚げし共同代表↓第２代（旧）民主党代表（51歳）↓初代（新）民主党代表（52歳）↓第３代民主党代表に返り咲く（56歳）↓小沢一郎の自由党と合併し衆院選で１７７議席を得る（57歳）↓年金未納問題で代表を辞任し四国遍路に（58歳）↓代表選で小沢に敗れ代表代行（60歳、小沢代表・鳩山幹事長との「トロイカ（３頭）体制」）↓２００９年、政権交代を果たし鳩山内閣の副総理・国家戦略担当大臣・経済財政担当大臣・科学技術政策担当大臣（63歳、翌年に財務大臣も兼任）↓２０１０年、第８代民主党代表に返り咲き組閣（64歳、横浜でＡＰＥＣ〔アジア太平洋経済協力会議〕開催）↓２０１１年、東日本大震災・東京電力福島第一原子力発電所事故の影響もあり半年後に退陣（65歳、党最高顧問に）↓衆院選で小選挙区落選・比例で復活当選（66歳）↓２０１３年、応援演説で反党行為があり最高顧問を解任される（67歳）↓再び小選挙区で落選し比例で復活（68歳）↓２０１６年、民主党が民進党と改称（70歳、最高顧問に復帰）↓２０１７年、枝野幸男を代表に立憲民主党結成（71歳、７年ぶりに小選挙区で当選）↓２０２１年、小選挙区で当選（75歳）↓２０２３年、次回の衆院選不出馬を表明、長男の源太郎（げんたろう）が武蔵野市議に当選（77歳）

● 名言・迷言

1 「長い間、国の責任を明確にできず、重荷を負わせ続けてきた。厚生省を代表して心からお詫び申し上げる」（厚相として薬害エイズ訴訟原告らと面会し、国の責任を認めて真摯に謝罪。官僚をリード・コントロールし問題処理を主導する政治家として、一気に知名度が上がった）

2 「全国のカイワレが危ないみたいに多少誤解されたかもしれない。そういう意味では申し訳ない」（病原性大腸菌O157との関連が疑われて風評被害が起きたカイワレダイコンのサラダを会見の場で大量に頬張り、厚相として安全性をアピール）

3 「一夜は共にしたが男女関係はない」（1999年、全日空ホテルで20歳下のTBS女性キャスターと不倫疑惑の文春砲。伸子夫人に相当絞られたとか）

4 「最小不幸社会の実現」（政治信条。イギリス功利主義の「最大多数の最大幸福」との対比にも見えるが、単に「政治の最大の役割は不幸になる人を出来るだけ少なくすること」を格好良く言ってみた感じ）

5 「震災の取り組みに一定のメドがついた段階で、若い世代に責任を引き継いでもらいたい」（震災後の対応が不十分と自公が提出した内閣不信任決議案に、党内から小沢らが同調しようとした動きをこれで回避したが、3カ月も総辞職せず非難囂々（ごうごう））

6 「どんな処分も受け容(い)れる」（2013年の反党行為に対し反省したが、第10代代表海江田(かいえだ)万里(ばんり)から自主的な離党を勧告されると、なぜか「受け容れられない」と拒否）

●世話になった人

1 **市川房枝**。参院選で落選し引退宣言していたので何度も断ったが、市民運動グループに強引に擁立され、菅はこれでのし上がった。しかし、菅が江田三郎に誘われ社会市民連合に参加する時、市川に反対されたことで関係は決裂。そもそも以前から「人の名前を利用するな」「自力で闘いなさい」等と信用されていなかった。

2 **枝野幸男**。幹事長のち官房長官を務め、東日本大震災時には不眠不休で働き「頼むから枝野寝てくれ」等と厳しいネット民ですら優しくなるほど内閣の評判を上げた。

●エピソード

1 村山富市(とみいち)以来、久々の**世襲議員でない首相**。就任時に総資産約2200万円（前任の鳩山由紀夫は14億円超）で、中国メディアに「史上最も貧乏な首相」と紹介されたが、市民運動家からの「**たたき上げ**」である菅にとっては、逆に名誉か。

2 2004年、小泉内閣3閣僚の国民年金未納問題が話題になった時、世紀末に流行したNHKみんなのうた『だんご3兄弟』をもじり「未納3兄弟」などとあげつらった。しかし、なんと本人も未納・未加入だったことが発覚し、民主党代表を辞任。突然**四国**

八十八カ所の遍路に出たが途中で帰った。のち中断地点から再スタートし7回に分けて2013年に結願（けちがん）したが、「通し打ち」ではなくインパクトに欠ける。

※筆者は同年度41日かけて「通し打ち」をしたが、行く先々で「パフォーマンス」「最後まで歩け」等と地元民から不評だらけ。

● **菅直人が始めたもの**

1 初の市民運動家出身の首相。大学入学直後から学生運動にのめり込み、卒業後は「よりよい住まいを求める市民の会」「恐怖の化学物質を追放するグループ」を結成。

※首相就任後も、脈絡なく課題を掲げては頓挫する、という悪いクセを引きずった。

2 マニフェスト（政権公約）。近年は選挙時の口約束ばかりで、どの党も全然公約を守らずほぼ死語だが、2000年代前半には流行語となった。

● **趣味**

囲碁、スキューバダイビング。

● **得意**

1 口撃。さすが市民運動家出身。

2 パフォーマンス。カイワレを頬張り、お遍路ファッションもバッチリ。

● **苦手**

1 中央政治。与党として権力の真ん中にいるのに、権力をチェックする市民運動の行動様式から離れられなかった。「脱官僚」「脱小沢」「脱原発」と矢継ぎ早に提唱し、口撃とパフォーマンスで世論を味方につけるが、それは野党としてなら意味はあった。長期ビジョンが見えにくく、短期の**オフェンス中心でディフェンスが苦手**。

2 ≡ 非常時対応。東日本大震災時は「政治主導」の欠点がすべて暴露された。周囲の反対を押し切り、翌12日早朝に福島第一原発を陸上自衛隊のヘリコプターで視察したり、**東電本社に乗り込んで幹部を怒鳴りつける**など、冷静さを失い狼狽した。ただし、理工学部出身として、技術的な危機感を持つ姿勢そのものは間違ってはいない。

●**好き**

麻雀。**学生時代に麻雀の点数の自動計算器「ジャンタック」を発明**し特許も取得。数社に商品化を持ちかけるが、「点数の一覧表を見たほうが早い」等と断られ頓挫。

●**豆知識**

2011年6月、内閣不信任案の採決直前に前首相の鳩山と会談した際に取り交わした3項目の覚書は「①民主党を壊さないこと。②自民党政権に逆戻りさせないこと。③大震災の復興並びに被災者の救済に責任を持つこと」だった。この優先順位の付け方が、野党からのし上がった民主党政権のすべてを表していた。

第95代総理

どじょう

野田佳彦（のだよしひこ）

民主党

2011年9月2日～
2012年12月26日
482日

●組閣の経緯

菅直人（かんなおと）内閣の退陣に伴う第9代民主党代表戦で、「反小沢・消費税増税」の野田佳彦、「親小沢・消費税増税反対」の海江田万里（かいえだばんり）が争い、逆転で野田が勝利して組閣。

※成立した時点で民主党の「当面消費税は増税しない」というマニフェスト（政権公約）違反のジレンマを抱えていた。

●就任時の年齢

54歳

●退陣の理由

消費税増税を決定した直後に衆議院をあえて解散し、華々しく散った。自爆に近い。

●生年

1957年5月20日～（66歳で存命中）

小沢一郎の15歳下・菅直人の11歳下・鳩山由紀夫の10歳下・海江田万里の8歳下。

●キャッチフレーズ

1｜「どじょう」

民主党代表選の演説以来、相田(あいだ)みつをの「どじょうがさ　金魚のまねすることねんだよなあ」をやたらと引き合いに出したことから。泥臭さ・実直さを売りにした。

2｜「ブヲタ」（ブロレスヲタクの略）

「ドスンパンチ」など国会や党内でやたらとプロレス用語を使う。

3｜「ぶれない」

良くも悪くも本当にぶれないので、民主党政権が崩壊した。

●出生 ☞ 千葉県出身

千葉県船橋市出身。父は自衛官。

●学び

公立小・中を経て県立船橋高校を卒業し、早稲田大学政治経済学部に入学（18歳）↓柔道部に入部し新自由クラブでボランティアのバイトもした↓早稲田大学政治経済学部を卒業し松下政経塾の1期生に（22歳、NHKと読売新聞の内定を蹴る）↓1985年、学童保育などを研究し4年間の寮生活を経て松下政経塾を卒業（28歳）

●キャリア

家庭教師・都市ガスの点検員などで食いつなぐ↓**千葉県議会議員**に立候補し当選（30歳、2期務める）↓1992年、細川護熙の**日本新党**結成に参加（35歳、小池百合子・前原誠司・中田宏らとともに）↓1993年、初出馬で**衆議院議員に初当選**（36歳、非自民8党派連立の細川内閣成立）↓**新進党**結成に参加（37歳）↓**落選**（39歳、党内事情で重複立候補が許されず落選後に離党）↓浪人中に（新）**民主党**に参加（41歳）↓2000年、**衆議院議員に返り咲き**（43歳、民主党総務局長）↓民主党「次の内閣」でネクスト行政改革・規制改革担当大臣（44歳）↓中堅・若手を代表して代表選に立候補し鳩山に敗れる（45歳、国会対策委員長）↓岡田克也代表の下で「次の内閣」ネクスト財務大臣（47歳）↓前原代表の下で再び国対委員長に（48歳）↓2民主党の「平成の爆弾男」永田寿康議員が引き起こした「堀江偽メール問題」の責任を取り国対委員長を辞任（49歳、永田は自殺し代表は前原から小沢へ）↓国土交通省の国土審議委員（50歳）↓2009年、鳩山代表の下で幹事長代理として政権交代を経験（52歳、鳩山内閣では財務副大臣）↓2010年、菅直人内閣の**財務大臣で初入閣**（53歳）↓2011年、民主党代表選で海江田・前原・鹿野道彦・馬淵澄夫を破り勝利し**内閣組閣**（54歳）↓2012年、公約違反の消費税増税を決定し小沢らが離党した状態で衆議院を解散して大敗、**総辞職**（55歳）↓2016年、民主党に維新の党が合流して成立した民進党代表蓮舫の下で幹事長（59歳）➡民進党を離党し無所属に（61歳）➡2020年、立憲民主党最高顧問（63歳）➡2022年、暗殺された安倍晋三元首相の国葬に参加後に衆議院における追悼演説を担当（65歳、胸を打つ名演説と評価される）➡存命中

●**名言・迷言**

1 「モーニング娘に天童よしみが入ってきたような違和感」（2003年、民主党が小沢の自由党と合併したことについて）

2 「近いうちに」「あさって解散します」（2012年8月、自民党総裁谷垣禎一に「いつ解散するのか」と詰め寄られての発言が前者。後者は交代した自民党新総裁安倍晋三に党首討論でぶちかまし、アベ固まる）

※正直に解散した年末の衆院選は「近いうちに解散」というあだ名になり、250議席から57議席に激減する大敗北を喫する。政権奪取時は308議席だったが……。

●**世話になった人**

1 松下幸之助。松下政経塾なくして政治家野田はない。

2 細川護熙。松下政経塾の評議員だった縁で日本新党の立ち上げに誘われる。

●エピソード

県会議員時代から入閣前までの24年間、地元の駅前を中心に街頭演説を毎日続けた。「駅前留学はNOVA、駅前演説はNODA」が鉄板ギャグ。

「駅前男」

●野田佳彦が始めたもの

1≡松下政経塾出身者初の首相。他の出身政治家は、5期生に高市早苗(たかいちさなえ)(自民党)、6期生に河合克行(かつゆき)(元自民党・有罪判決)、8期生に前原誠司(教育無償化を実現する会)など。

2≡前身の防衛庁が始まって以来、民間人初の防衛大臣を登用。元拓殖大学教授だった森本敏(さとし)は防衛大卒の航空自衛官で、大臣退任後には拓大総長。

3≡尖閣諸島(沖縄県)の国有化。石原慎太郎東京都知事の購入計画を阻止するため。

4≡消費税を5%から8%→10%に上げることを民自公3党の合意で主導・決定した。国民はこれを忘れたのか、のち自民党・安倍内閣がなぜか増税で批判されることに。

※「マニフェスト違反だ」と小沢グループが新党「国民の生活が第一」を立ち上げ離党。鳩山も反対したくらいなので、連立相手である国民新党の亀井静香も当然反対。

●趣味

プロレス観戦。若い頃は全日本プロレスのジャンボ鶴田のファン。

●**得意**

1｜演説。しかし、その反動か討論は苦手。

2｜柔道二段。学生時代「国民栄誉賞の山下泰裕に秒殺された相手に秒殺されたことがある」という話は鉄板ギャグ。「柔道も政治も寝技は苦手」と言ってる割には、友人によると寝技で抑え込み堅実に勝利をつかむタイプの選手だったらしい。

●**好き**

年配になってからは女子プロレスラー栗原あゆみの大ファン。首相就任前から彼女の実家である神楽坂（かぐらざか）の「焼肉ハウス三宝（さんぽう）」によく訪れていた。

●**特徴**

1日2箱のヘビースモーカー。18歳から吸っていたことを公言して法律違反だと問題視されたことがある。なぜか厚生労働大臣に嫌煙家で有名な小宮山洋子を登用。

●**豆知識**

1｜早稲田の学生時代、TBS『クイズ世界をあなたに』で優勝し、アメリカ旅行が商品だった。

2｜民主党も民進党も英語では「The Democratic Party」で同じ。ややこしい。

第99代総理

Ga Su

菅義偉（すが よし ひで）

自由民主党

2020年9月16日～
2021年10月4日
384日

●組閣の経緯

再び潰瘍性大腸炎を悪化させた安倍首相が辞任したため総裁選が行われ、約7年半を務めあげた**史上最長の官房長官**の菅義偉が政調会長の岸田文雄・元幹事長の石破茂（いしば）に圧勝し、自公連立内閣を継続。新型コロナウイルス感染症の流行の下で延期となった、**東京オリンピック・パラリンピック開催**という重責を担った。

※派閥を持たず、2009年以降は派閥に属してもいない、前代未聞の首相・総裁。

●就任時の年齢

72歳

●退陣の理由

3度も緊急事態宣言を出し「**後手後手**」に回ってしまったコロナ対策で支持率が低下。

衆議院任期満了が迫る中、次期総裁選に不出馬を電撃表明し一議員に戻った。
※「安倍内閣と違い菅内閣には菅官房長官がいなかったから」とよく言われる。

●**生年**

1948年12月6日〜（75歳で存命中）

麻生太郎の8歳下で、安倍晋三の6歳上・岸田文雄の9歳上。〝団塊の世代〟＝第一次ベビーブーマー（1947〜49年生まれ）のド真ん中。

●**キャッチフレーズ**

1「令和おじさん」

「新しい元号は『令和』であります」と、照れ気味の発表でカワイイと人気爆発。

2「ガースー」

日テレ『ダウンタウンのガキの使いやあらへんで！』プロデューサー菅賢治（すがけんじ）のあだ名から。大晦日の「絶対に笑ってはいけないシリーズ」でよく使われたフレーズ。

3「パンケーキ」

ホテルニューオータニのレストラン「SATSUKI」（当時税込3080円）が好き。

●**出生** ☞ 秋田県出身

秋田県雄勝郡秋ノ宮村（現在の湯沢市）のイチゴ農家の長男に生まれる。父は町議を4

期務めた地方政治家。母はもと小学校教員、2人の姉は高校教員。

※秋ノ宮は、大相撲第三十八代横綱（1943～53年）照國の出身地。

学び

地元の中学時代は野球部で1番サード。湯沢高校を卒業後、後を継がせたい父の猛反対を振り切り上京。高校の紹介で板橋区のダンボール工場に住み込み2年働いた（さらにアルバイトもした）後、20歳で**法政大学法学部**政治学科に入学し、24歳で卒業。当時は学生運動がギリギリ盛んだったが、菅はノンポリ学生だった。

※私立の中で学費が安いからと選んだ法政大学は、**夜間部の噂もあったがガセネタ**。

キャリア

1973年、卒業後は都内の電気設備系企業に就職（25歳、政治の世界を目指し退職し衆議院議長などを歴任した法政OBで中曽根派の中村梅吉に秘書として一時雇われる）➡中村が引退し同じ中曽根派の**小此木彦三郎衆議院議員の秘書**となる（27歳）、小此木の事務所に住み込みで働いていた女性と結婚（32歳）➡小此木が第二次中曽根内閣の通商産業大臣となり大臣秘書官に（35歳）➡11年間務めた秘書を市議立候補のため退職し**横浜市議会議員に初当選**（39歳）➡1991年、市議に再選（43歳、同年小此木が亡くなる）➡小此木の息子・八郎を事務長として担ぎ衆議院議員に当選させる（45歳、のち菅は「影の横浜市長」と言われるほど有力に）↓1996年、初出馬で衆議院議員に初当選（48歳、平成研究会〔小渕派〕）↓無派閥となった梶山静六を総裁選で支持し敗れる（50歳、同じく平成研を退会したがのち宏池会へ）↓第三次小泉純一郎内閣の竹中平蔵総務大臣の下で総務副大臣（57歳）↓2006年、総裁選で安倍晋三を擁立し第一次安倍内閣の総務大臣で初入閣（58歳、郵政民営化担当大臣のち地方分権改革担当大臣を兼務し「ふるさと納税」を実現）↓福田康夫内閣で選挙対策副委員長（59歳）↓2008年、麻生太郎内閣の選挙対策委員長代理（60歳、衆議院解散・総選挙の先送りを進言し大失敗）↓民主党への政権交代時に宏池会を退会し無派閥に（61歳）↓2012年、再び総裁選に安倍を擁立し第二次安倍内閣の官房長官（64歳、第四次内閣まで務める）↓2020年、内閣組閣（72歳）↓2021年、総辞職（73歳）↓無派閥で存命中

●ライバル

1 ||| 岸田文雄

ライバルというより「叩き上げ」の菅が世襲議員におおむね好意をもたない象徴か。勝負師の菅から見た「戦わない政治家」の代表でもあり、合うはずがない。

2 ||| 今井尚哉

安倍晋三の最側近だったキャリア官僚。第一～第三次内閣で秘書官、第四次内閣では内

閣総理大臣補佐官を兼務した。現在は岸田内閣の内閣官房参与・三菱重工顧問。

●友人

高校までの地元の友人たちを、とても大切にしている。

●味方

何でも一人でやりたがるので政界・官界に味方は少ないが、秘書時代・横浜市議時代は「結婚式場協議会」の木村武夫社長に熱く支持され、影響を受けた。

※また、創価学会の佐藤浩主任副会長とは選挙協力などで盟友関係。連立与党の相方である公明党とは良好な関係を構築。

●敵

1＝**望月衣塑子**(いそこ)（東京新聞記者）

官房長官時代、「モリ・カケ（森友・加計）問題」で質問攻めにあうなど犬猿の仲。

2＝**小池百合子**（東京都知事）

常に振り回され「パフォーマンスだけ」と蛇蝎(だかつ)のごとく嫌う天敵。ただし、おそらく向こうは菅をそこまで嫌いではない。

3＝**尾身**(おみ)**茂**（医師・医学者）

新型コロナウイルス感染症対策分科会会長として、菅首相のＧｏ Ｔｏキャンペーンに立ちはだかり、４度目の緊急事態宣言を発令させるなど徹底的に反目した。

● 弱点

1 首相になってからは「原稿の棒読み」とリーダーシップの欠如を指摘された。しかし、安倍元首相の国葬における友人代表としての追悼の辞は胸を打つ内容で、「やればできる」等と再評価されている。

2 総務省高級官僚違法接待疑惑が出た、東北新社に勤める長男の行動。

● 私淑した政治家

1 梶山静六

1998年の総裁選出馬の際は、同じく無派閥となり全力で支えたほど尊敬していた。

2 野中広務（ひろむ）

同じ叩き上げとして憧れていたが、総裁選で「保保連合」を希求する梶山と「自社さ」の枠組みを主張する幹事長代理の野中が対立。2年後の「加藤の乱」では、菅が森内閣不信任案に賛成する加藤を支持し、再び野中と対立した。

● 世話になった人

1 小此木彦三郎。秘書として11年間仕えた。

2 安倍晋三

第一次内閣では、当選わずか4回で総務大臣として初入閣。第二〜第四次内閣では官房長官へと引き上げてくれた。6歳上なのに「菅ちゃん」と呼ばれていた。

3 **麻生太郎**

麻生内閣時には、選対委員長の古賀誠に代わる委員長代理（もともと副委員長だった）として仕え、衆議院解散時期の先送りを助言して大失敗したが、気にせず許してくれた。第二〜第四次安倍内閣時代も、副総理・財務相・金融担当大臣として官房長官の菅を見守ってくれ、菅内閣でも留任。

4 **二階俊博**

第三次安倍内閣の幹事長に史上最高齢の77歳で就任。安倍退陣後の総裁選で菅を推してくれ、組閣後も幹事長に留任。志帥会［二階派］の長として多大な力をもつ。

※志帥会は、元をたどれば中曽根派に行きつく保守傍流の派閥。裏金問題で大混乱し、解消となった。

5 デービッド＝アトキンソン

イギリス人。日本の観光政策の誤りを指摘し続けた金融アナリストで、文化財修復を手掛ける小西美術工藝社の社長。日本の観光立国化に多大な協力をし、菅官房長官のインバウンド政策は、コロナ禍が来る前は大当たりだった。

● **世話をした人**

1 加藤紘一

「加藤の乱」で腰砕けとなった加藤を叱咤激励し続けたが谷垣禎一（さだかず）とともに泣き出し、すべてがパーとなった。東大出身のエリート二世議員たちと叩き上げの菅の差が出た。

2 **安倍晋三**

第一次内閣を退陣し、くすぶっていた**安倍を再び総理・総裁にしたのは菅**。

3 小泉進次郎

滝川クリステルとの結婚報告は真っ先に菅だったほどの関係。かなり世話をしているが進次郎はそんなつもりはなさそうで、あまり言う事をきかず下手すれば造反する。

● **名言**

「耳触りのいい話は上げなくていい、手厳しい話こそ上げてくれ」（よく「向かってくる敵がいないんだよな」と嘆く優秀な官房長官だった）

● **性格**

1 **酒もタバコもやらない**。女性記者と2人きりの取材も受けない。

2 あの雰囲気の割に**一人称は「俺」**。口癖は「知らねえ」で、好きな言葉は「喧嘩」「約束」とかなり男っぽい。

3 早起き。毎朝5時に起きて朝刊各紙に目を通し、腹筋100回の後、40分間散歩。

4 **徹底した現実主義者&有能な実務家**なので、理想を語り、感情を表に出すべき首相より、官房長官や大臣のほうが適していたか。

※「先例の踏襲を嫌い、現場の声を聴く」「信賞必罰」というスタンスを徹底しており、ノンキャリア官僚でも抜擢し、出世ルートに乗っていたキャリア官僚でも平気で更迭した。官界に限らずあらゆる場所・機会で人を肩書で見ない。

●エピソード

1 ヤマメ・イワナ獲りがめっぽう上手かったことが地元では有名。
2 「俺が安倍さんを担いだ」「俺が安倍さんを総理総裁に引っ張った」と自負。
3 首相就任直後、日本学術会議推薦の新会員のうち6名を任命拒否。学術会議を一部の学者の既得権益と捉え、打ち壊すことで国民の支持を得ようとしたが賛否両論。

●菅義偉が始めたもの

1 携帯料金の値下げ
2 デジタル庁の設置（初代デジタル大臣は平井卓也）
3 不妊治療への保険適用決定
4 公立小学校の35人学級実現
5 カーボンニュートラル（炭素中立）＝排出量実質ゼロ宣言
6 新型コロナウイルス感染症に対する「まん延防止等重点措置（まん防）」
7 Go Toキャンペーン

国内旅行費用を補助する「トラベル」、食事券の発行やポイント付与を行う「イート」、チケット代金を補助する「イベント」の3種類。

●**得意**

1 政治主導・脱官僚

第二～第四次安倍内閣では、官房長官として内閣人事局長（官房副長官から選ばれる）を操り審議官（次官・局長・局次長）人事を掌握、さらに課長クラスの登用にまで事実上口を出し、官界＝霞が関を牛耳った。

2 数字の記憶

文系出身だが徹底した合理主義者なので、常にデータに基づき政策を決定・実行する。

●**趣味**

仕事と渓流釣り。小中は軟式野球に打ち込み、大学時代は空手部（剛柔流）で三段。

●**豆知識**

1 政治家人生を通じ、衆議院解散には慎重。

2 菅義偉、石破茂、高市早苗、小泉進次郎らは、無派閥だからこそ、派閥の政治資金パーティー裏金問題発覚後に首相候補として名が挙がる。

第100・101代総理

検討中

岸田文雄

自由民主党

第一次内閣
2021年10月4日～11月10日

第二次内閣
2021年11月10日～現在

●組閣の経緯

コロナ禍の中、無観客で東京オリンピックを実施しワクチン接種を広げるなど奮闘した菅内閣だったが支持率が下がり、総裁選と**三木武夫内閣以来2度目の衆議院任期満了**が迫る中、**菅が総裁選に出ないと突然表明**。安倍晋三が推す高市早苗、菅が推す河野太郎、ワクチン接種推進担当大臣、二階俊博幹事長が推す野田聖子を破った岸田文雄が勝利。

※すぐ総選挙が行われたので、**第一次内閣は史上最短の38日**で総辞職となった。

●就任時の年齢

第一次内閣64歳、第二次64歳

●キャッチフレーズ

1 「開成出身初の総理」

私立男子の開成高校は、40年以上連続で東大合格者全国一位の超進学校。

2 ≡「**検討中**」「**検討使**」
安倍の「決めすぎる政治」、菅の「決める政治」に比べて。総裁選勝利後の初挨拶で「**特技は人の話をしっかり聞くということ**」と言っていたが揶揄のネタに。

3 ≡「増税メガネ」
れいわ新選組の山本太郎参議院議員はこれをネタに攻め込んでいたが、単純に失礼な話。戦後、眼鏡の首相は幣原、吉田、片山、鳩山（父）、石橋、池田、三木と多かったが、平成以降は宇野、小渕、福田（子）、岸田の4名のみ。

● **生年**
1957年7月29日〜（66歳で存命中）

● **出生** ☞ **東京都**
渋谷区で、通商産業省（現在の経済産業省）官僚**岸田文武の長男**に生まれる（弟・妹合わせ6人兄弟姉妹）。祖父の正記も広島県出身の衆議院議員だが、父ものち広島を選挙区とした衆議院議員となり、中小企業庁長官も務めた。

● **学び**
宏池会の池田勇人・宮澤喜一と同様に**地盤が広島県の政治家一族**だが、教育方針もあり東京で育つ。父の赴任先であるニューヨーク市のパブリックスクール〔公立小学校〕に小学1〜3年まで通い永田町小学校（現在の麹町小学校）3年に編入➡麹町中学校（テニス部）➡開成高校（野球部）➡2浪して早稲田大学法学部に入学し卒業。

※開成に中学からではなく高校から入るのは人数的にも至難の業。浪人時代は駿台予備校お茶ノ水本校に通うも、3年連続で東大文Ⅰ（法学部）に落ち、早慶の法学部に合格していたので早稲田を選んだ。大学1年時に父が衆議院議員初当選。

●キャリア

1982年、日本長期信用銀行に入行（25歳、本店や香川県高松支店に勤務）➡後継を目指し父の秘書に（30歳）➡1993年、前年の父の死にともない出馬した衆議院議員選挙で初当選（36歳）➡自民党青年局長（37歳）➡建設政務次官（42歳）➡「加藤の乱」で加藤紘一に従うがお咎めなしで経理局長となる（43歳、宏池会が加藤派と堀内派に2分し堀内派に属する）➡文部科学副大臣（44歳）➡2007年、第一次安倍晋三内閣の再チャレンジ・科学技術政策・沖縄及び北方対策・規制改革・国民生活担当大臣で初入閣（50歳、福田康夫内閣でも科学技術政策・沖縄及び北方対策・規制改革・国民生活担当大臣に留任）➡野党時代に国会対策委員長（54歳、谷垣禎一総裁）➡2012年、古賀誠の後継で宏池会会長となり第二次安倍内閣の外務大臣（55歳、以後専任の外務大臣としては歴代最長の4年7カ月務める）➡2016年、広島で開催されたG7外相サミット議長（59歳、伊勢志摩サミット直後のオバマ大統領広島訪問につながる）↓第三次安倍内閣で稲田朋美（ともみ）の辞任に伴い一週間だけ防衛大臣を兼任（60歳）↓政調会長↓初の総裁選出馬で菅義偉官房長官に敗れる（63歳）↓2021年、2度目の総裁選で勝利し内閣組閣（64歳、のち一週間だけ外相を兼任）↓2022年、安倍元首相の国葬を断行（65歳）↓2023年、広島サミット開催（66歳）↓2024年、能登半島地震に対応（67歳）↓存命中

● **仲良し**

1 「ドライマティーニの会」

「加藤の乱」で血判状をしたため共闘を誓い合った、石原伸晃（のぶてる）・根本匠（たくみ）・塩崎恭久（やすひさ）。石原が「固めの杯」として自分の事務所でシェイカーを振り、4人で飲んだことから。

2 オバマ政権のケリー国務長官は、国務長官として初めて広島訪問を実現させる。

● **世話になった政治家**

1 歴代の宏池会会長

宮澤喜一・加藤紘一・堀内光雄・古賀誠。特に宮澤は、同じ広島県を選挙区とし、宮澤の弟と岸田の叔母が結婚している縁戚関係にある。

※堀内の長男光一郎（こういちろう）（のち富士急行社長）は、長銀時代の同部署の一年後輩。

2 安倍晋三

第二次小泉内閣時に幹事長と党経理局長の関係だったが、父同士（安倍晋太郎と岸田文武）も同じ関係だった。また、初入閣は第一次安倍内閣。

● **名言**

「経済、経済、経済」（2023年、所信表明演説で連呼したが得意なのは外交）

● **岸田文雄が始めたもの**

1 ≡ 慰安婦問題日韓合意（2015年、外相として朴槿恵（パククネ）政権と「最終的かつ不可逆的に解決されることを確認する」と交渉をまとめた。しかし、次の文在寅（ムンジェイン）政権が反故にしようとして国際問題となった）

2 ≡（核軍縮の実質的な進展のための）賢人（けんじん）会議（2017年、外相として日本とアメリカ・ロシア・中国など核保有国、ドイツ・オーストラリアなど中道国、エジプト・ニュージーランドなど核兵器禁止条約推進派から計10カ国、委員17名で構成した。岸田は広島出身の一族であることからも、核軍縮に使命感を持っているという）

3 ≡ 首相として初めて新型コロナウイルスに罹患

4 ≡ 政治資金パーティー裏金問題で派閥解消（以後は「政策集団に？」）

● **特徴**

1 ≡「岸田ノート」

政治家になって以来、A6判の大学ノートを常に持ち歩き、夜、部屋でさまざま書き留める習慣がある。

2|||漫画・アニメの表現の自由を守るべき、という立場

『鬼滅の刃（やいば）』『島耕作シリーズ』が好き。

●**得意・趣味**

1|||選挙

ドブ板選挙を厭（いと）わず、異様に強い。街頭演説は「聞かせるのではなく、見ていただく」「風景の一部となるまでやる」と言い放っている。座談会も得意。

2|||酒豪

種類を問わず、異様に強い。

●**好き**

一目ぼれして見合いをセッティングしてもらった妻と、野球の広島東洋カープ。

●**豆知識**

妻の裕子（ゆうこ）は、広島女学院中・高から東京女子大に進んだ元マツダの役員秘書で、広島県三次（みよし）市の不動産会社社長の娘。英語も堪能で各所から非常に評判が良い。

※三人の息子がいるが、公設秘書とした長男は首相官邸でおふざけが過ぎて謹慎中。

参考文献

●『伊藤博文―知の政治家』(瀧井一博／中央公論新社)
●『伊藤博文(小学館版学習まんが人物館)』(季武嘉也【監修】、岩田やすてる／小学館)
●『黒田清隆 人物叢書 新装版』(井黒弥太郎／吉川弘文館)
●『山県有朋 人物叢書 新装版』(藤村道生／吉川弘文館)
●『山県有朋―明治日本の象徴』(岡義武／岩波書店)
●『松方正義―我に奇策あるに非ず、唯正直あるのみ ミネルヴァ日本評伝選』(室山義正／ミネルヴァ書房)
●『大隈重信―民意と統治の相克』(真辺将之／中央公論新社)
●『桂太郎 人物叢書 新装版』(宇野俊一／吉川弘文館)
●『西園寺公望―最後の元老』(岩井忠熊／岩波書店)
●『西園寺公望―政党政治の元老 日本史リブレット人』(永井和／山川出版社)
●『寺内正毅と近代陸軍』(堀雅昭／弦書房)
●『真実の原敬―維新を超えた宰相』(伊藤之雄／講談社)
●『原敬 まんが岩手人物シリーズ (復刻改訂版)』(泉秀樹【原作】、下田信夫【作画】、原敬記念館【監修】／岩手日報社)
●『生を踏んで恐れず―高橋是清の生涯』(津本陽／幻冬舎)
●『海軍大将加藤友三郎と軍縮時代―米国を敵とした日露戦争後の日本海軍』(工藤美知尋／潮書房光人新社)
●『明治憲法下の立憲主義者―清浦奎吾研究』(小野修三／世織書房)
●『加藤高明―主義主張を枉ぐるな ミネルヴァ日本評伝選』(櫻井良樹／ミネルヴァ書房)
●『田中義一―総力戦国家の先導者』(纐纈厚／芙蓉書房出版)
●『浜口雄幸―たとえ身命を失うとも ミネルヴァ日本評伝選』(川田稔／ミネルヴァ書房)
●『犬養毅―党派に殉ぜず、国家に殉ず ミネルヴァ日本評伝選』(小林惟司／ミネルヴァ書房)
●『岡田啓介―開戦に抗し、終戦を実現させた海軍大将のリアリズム』(山田邦紀／現代書館)
●『広田弘毅―「悲劇の宰相」の実像』(服部龍二／中央公論新社)

●『近衛文麿 人物叢書 新装版』（古川隆久／吉川弘文館）
●『平沼騏一郎と近代日本―官僚の国家主義と太平洋戦争への道 プリミエ・コレクション』（萩原淳／京都大学学術出版会）
●『海軍大将 米内光政正伝―肝脳を国の未来に捧げ尽くした一軍人政治家の生涯』（実松譲／潮書房光人新社）
●『盛岡の先人』（盛岡市中学校長会、郷土の先人学習資料作成委員会【編】／盛岡市中学校長会）
●『東条英機―太平洋戦争を始めた軍人宰相 日本史リブレット人』（古川隆久／山川出版社）
●『東條英機―「独裁者」を演じた男』（一ノ瀬俊也／文藝春秋）
●『鈴木貫太郎―用うるに玄黙より大なるはなし ミネルヴァ日本評伝選』（小堀桂一郎／ミネルヴァ書房）
●『幣原喜重郎 人物叢書 新装版』（種稲秀司／日本歴史学会【編】／吉川弘文館）
●『吉田茂―尊皇の政治家』（原彬久／岩波書店）
●『芦田均と日本外交―連盟外交から日米同盟へ』（矢嶋光／吉川弘文館）
●『鳩山一郎とその時代』（増田弘／中島政希【監修】／平凡社）
●『石橋湛山―思想は人間活動の根本・動力なり ミネルヴァ日本評伝選』（増田弘／ミネルヴァ書房）
●『岸信介―権勢の政治家』（原彬久／岩波書店）
●『岸信介証言録』（原彬久【編】／中央公論新社）
●『吉田茂と岸信介―自民党・保守二大潮流の系譜』（安井浩一郎、NHKスペシャル取材班／岩波書店）
●『池田勇人―所得倍増でいくんだ ミネルヴァ日本評伝選』（藤井信幸／ミネルヴァ書房）
●『所得倍増の男―池田勇人総理と妻・満枝の物語』（松平節／朝日出版社）
●『佐藤栄作―最長不倒政権への道』（服部龍二／朝日新聞出版）
●『田中角栄―同心円でいこう ミネルヴァ日本評伝選』（新川敏光／ミネルヴァ書房）
●『田中角栄名言集―仕事と人生の極意』（小林吉弥／幻冬舎）
●『田中角栄処世訓―人と向き合う極意』（小林吉弥／プレジデント社）
●『知れば知るほど泣ける田中角栄』（別冊宝島編集部【編】／宝島社）

●『評伝福田赳夫—戦後日本の繁栄と安定を求めて』（井上正也・上西朗夫・長瀬要石【著】、五百旗頭真【監修】／岩波書店）

●『大平正芳—「戦後保守」とは何か』（福永文夫／中央公論新社）

●『中曽根康弘—「大統領的首相」の軌跡』（服部龍二／中央公論新社）

●『宮澤喜一と竹下登—戦後保守の栄光と挫折』（御厨貴／筑摩書房）

●『海部俊樹回想録—自我作古』（垣見洋樹【編】／樹林舎）

●『安倍晋三 回顧録』（安倍晋三、橋本五郎【聞き手】、尾山宏【聞き手・構成】、北村滋【監修】／中央公論新社）

●『安倍三代』（青木理／朝日新聞出版）

●『孤独の宰相—菅義偉とは何者だったのか』（柳沢高志／文藝春秋）

●『したたか総理大臣・菅義偉の野望と人生』（松田賢弥／講談社）

●『岸田ビジョン 分断から協調へ』（岸田文雄／講談社）

●『日本政党史』（季武嘉也、武田知己【編】／吉川弘文館）

●『戦後日本政治史—占領期から「ネオ55年体制」まで』（境家史郎／中央公論新社）

●『歴代首相の経済政策全データ（増補版）』（草野厚／角川書店）

●『図説 明治の宰相』（伊藤雅人、前坂俊之【編著】／河出書房新社）

●『近代日本の政治家』（岡義武／岩波書店）

●『平成政権史』（芹川洋一／日本経済新聞出版）

●『世襲—政治・企業・歌舞伎』（中川右介／幻冬舎）

●『覚えておきたい総理の顔—歴代総理のガイドブック（スマート版）』（本間康司／清水書院）

●『歴代首相物語（増補新版）』（御厨貴／新書館）

●『日本の「総理大臣」がよくわかる本』（御厨貴【監修】、レッカ社【編著】／PHP研究所）

●『総理大臣 全62人の評価と功績』（G.B【編】／アントレックス）

●『歴代総理の通信簿—間違いだらけの首相選び』（八幡和郎／PHP研究所）

●『日本の総理大臣大全—伊藤博文から岸田文雄まで101代で学ぶ近現代史』（八幡和郎／プレジデント社）

●『ニッポンの総理大臣　新しい伝記シリーズ』（ニッポンの総理大臣編集部【編】／Ｇａｋｋｅｎ）
●『歴史劇画　大宰相〈第1巻〉吉田茂の闘争』（戸川猪佐武【原作】、さいとう・たかを【作】／講談社）
●『歴史劇画　大宰相〈第2巻〉鳩山一郎の悲運』（戸川猪佐武【原作】、さいとう・たかを【作】／講談社）
●『歴史劇画　大宰相〈第3巻〉岸信介の強腕』（戸川猪佐武【原作】、さいとう・たかを【作】／講談社）
●『歴史劇画　大宰相〈第4巻〉池田勇人と佐藤栄作の激突』（戸川猪佐武【原作】、さいとう・たかを【作】／講談社）
●『歴史劇画　大宰相〈第5巻〉田中角栄の革命』（戸川猪佐武【原作】、さいとう・たかを【作】／講談社）
●『歴史劇画　大宰相〈第6巻〉三木武夫の挑戦』（戸川猪佐武【原作】、さいとう・たかを【作】／講談社）
●『歴史劇画　大宰相〈第7巻〉福田赳夫の復讐』（戸川猪佐武【原作】、さいとう・たかを【作】／講談社）
●『歴史劇画　大宰相〈第8巻〉大平正芳の決断』（戸川猪佐武【原作】、さいとう・たかを【作】／講談社）
●『歴史劇画　大宰相〈第9巻〉鈴木善幸の苦悩』（戸川猪佐武【原作】、さいとう・たかを【作】／講談社）
●『歴史劇画　大宰相〈第10巻〉中曽根康弘の野望』（戸川猪佐武【原作】、さいとう・たかを【作】／講談社）
●『歴代内閣・首相事典（増補版）』（鳥海靖、季武嘉也【編】／吉川弘文館）

おわりに

仕事でよくご一緒するタレントの鈴木あきえさんと、ロケ先の品川区大井町で「伊藤中学校」について話しました。初代首相伊藤博文が晩年に暮らし、埋葬された地域にある区立中学は、鈴木さんや郷ひろみさんの母校なんです。また、101代首相岸田文雄は「ヘアモードキクチ神田日銀通り店」で頻繁に整髪することが知られています。これは偶然、私が10年以上通った理容店でした。

伊藤〜岸田まで、64人の内閣総理大臣は、意外と身近な存在なのです。ただし、**誰もがなれるわけじゃない**。

先日、立憲民主党の海江田万里さんと議員会館で対談する仕事がありました。海江田さんは、2011年、野田佳彦との民主党代表選で首相の座を指の先までかけられました。じつは28年前、聴衆ゼロの日曜の米穀店の隣で懸命に演説する民主党の海江田さんを、休日出勤したビルの窓から偶然見ていたことでその姿勢に感動し、東京1区で投票したことが自身初の選挙体験でした。そんな私は、オーラを放たれている初対面の衆議院副議長と緊張して話す中で「首相になった人と何が違う？　運？　所属？　個人の考え？　それとも……？」と、？でいっぱいでした。確かに、**誰もがなれるわけじゃない。**

本書は、自由民主党の茂木さん・小泉さんや公明党の山口さん、立憲民主党の泉さん・枝野さん、日本維新の会の馬場さん・吉村さん・音喜多さん、国民民主党の玉木さん・榛葉さん、日本共産党の山添さん、れいわ新選組の山本さんや参政党の神谷さん、日本保守党の百田さんらにもし読まれた場合、何か掴まれるかな、と頭の隅で考えながらまとめました。自民党の川上さん・高市さん・野田さん・稲田さん・小渕さん、立民の辻元さん・蓮舫さん、共産党の田村さん、社民党の福島さん、都知事の小池さんら女性政治家たちも。そして読者の方々には、**選挙に行ってみようか**、というきっかけの一つになれば、と。

歴代首相たちのどこか「過剰」な熱量に当てられ、ここまで4年以上かかりました。担当編集の関由香さんに最大限の感謝を。ありがとうございました。

伊藤賀一

伊藤賀一（いとうがいち）

1972年京都生まれ。新選組で知られる壬生に育つ。法政大学文学部史学科卒業後、東進ハイスクール、秀英予備校などを経て、リクルート運営のオンライン予備校「スタディサプリ」で高校日本史、歴史総合、公共、倫理、政治・経済、現代社会、中学地理、歴史、公民の9科目を担当する“日本一生徒数の多い社会講師”。

30歳から3年半、一旦教壇を降り、全国で各産業の住み込み労働を行い四国遍路も結願。43歳で一般受験し、早稲田大学教育学部生涯教育専修に再入学し49歳で卒業するなど、実体験と学びを続けている。

また、司法試験予備試験講師、プロレスリングアナウンサー、ラジオパーソナリティやTV出演など、複業家としても活躍。

著書・監修書に『改訂版　世界一おもしろい　日本史の授業』、『笑う日本史』『「カゲロウデイズ」で中学歴史が面白いほどわかる本』（以上、KADOKAWA）、『1日1ページで身につく！　歴史と地理の新しい教養365』（幻冬舎新書）、『くわしい 中学公民』（文英堂）など多数。

アイム総理（そうり）
歴代（れきだい）101代（だい）64人（にん）の内閣総理大臣（ないかくそうりだいじん）がおもしろいほどよくわかる本（ほん）

2024年3月19日　初版発行

著者／伊藤 賀一（いとう がいち）
発行者／山下 直久
発行／株式会社KADOKAWA
〒102-8177　東京都千代田区富士見2-13-3
電話 0570-002-301（ナビダイヤル）
印刷所／株式会社加藤文明社印刷所
製本所／株式会社加藤文明社印刷所

●お問い合わせ
https://www.kadokawa.co.jp/
（「お問い合わせ」へお進みください）
※内容によっては、お答えできない場合があります。
※サポートは日本国内のみとさせていただきます。
※ Japanese text only

定価はカバーに表示してあります。

ISBN 978-4-04-604821-9　C0031